Gerd Oelsner

Nachhaltigkeitstreiber

Lokale Agenda 21, Kommunen
und Zivilgesellschaft
als Pioniere des Wandels

Für Valentin

Bibliografische Information der Deutschen Nationalbibliothek:
Die Deutsche Nationalbibliothek verzeichnet diese Publikation
in der Deutschen Nationalbibliografie; detaillierte bibliografische
Daten sind im Internet über www.dnb.de abrufbar.

© 2022 oekom verlag, München
oekom – Gesellschaft für ökologische Kommunikation mbH
Waltherstraße 29, 80337 München

Layout und Satz: Reihs Satzstudio
Korrektur: Maike Specht
Umschlaggestaltung: Mirjam Höschl, oekom verlag
Druck: CPI books GmbH, Leck

Inhaltsverzeichnis

Inhaltsverzeichnis

Inhaltsverzeichnis

Inhaltsverzeichnis

Einleitung und Dank

Mit dem historischen »Erdgipfel« der Vereinten Nationen im Jahr 1992 in Rio de Janeiro betritt das Konzept einer nachhaltigen Entwicklung die politische Arena. Anschließend verbreiten es weltweit vor Ort viele Lokale-Agenda-21-Prozesse. Besonders häufig geschieht dies in Deutschland, wo das bürgerschaftliche und zivilgesellschaftliche Engagement die Prozesse prägt. Allerdings ebbt die Agendawelle auch schnell wieder ab. Trotzdem findet sie zahlreiche nachfolgende Initiativen und hinterlässt bis heute viele Spuren.

Was können wir heute daraus lernen? Dieser Blick zurück nach vorn steht als Frage im Mittelpunkt des Buches. Welche Schlussfolgerungen können wir aus den Entwicklungen und Diskussionen der letzten 30 Jahre für die heutige und künftige Arbeit für eine nachhaltige Entwicklung ziehen? Welche großen Entwicklungs- und Diskussionslinien sind erkennbar?

Der Fokus liegt dabei auf der Umsetzung vor Ort und den beiden »Nachhaltigkeitstreibern« Kommunen und Zivilgesellschaft. Sie haben gemeinsam mit Bürgerinnen und Bürgern vor Ort die Agenda 21 zum Leben erweckt. Sie waren nach der Rio-Konferenz 1992 die treibenden Kräfte. Ihr Zusammenwirken verdient deshalb besondere Beachtung. Wie prägend ist die Lokale Agenda 21 als Gemeinschaftsinitiative der Stadtgesellschaft oder Dorfgemeinschaft für spätere kommunale Nachhaltigkeitsprozesse und bis heute?

Ich stütze mich dabei vor allem auf über 20 Jahre Erfahrung im Rahmen des Agenda- und Nachhaltigkeitsbüros Baden-Württemberg, das als Landeseinrichtung Kommunen und Initiativen berät. Hierbei sammelten sich viele Primärquellen und Studien an, die als Grundlagen dienen. Die in der Anfangsphase der Lokalen Agenda 21 äußerst reichhaltige und wissenschaftliche Diskussion zu diesen Prozessen wird, soweit möglich, berücksichtigt, ist aber nicht die Hauptinformationsquelle. Dabei werden vorwiegend aus öffentlichen Mitteln geförderte Studien einbezogen.

Trotz des möglichst engen Bezugs zu Quellentexten werden nur wenige und kurze Originalzitate verwendet, um den Lesefluss nicht zu stören. Auch deshalb werden die Fußnoten möglichst als »Sammelfußnoten« gebündelt und reduziert.

Über Baden-Württemberg hinaus gehen dabei bundesweite Erfahrungen ein, die auch durch entsprechende Vernetzungen wie die früheren regelmäßigen Treffen der Landes-Agendastellen und das Projekt RENN (Regionale Netzstellen Nachhaltigkeitsstrategien) einen regen Erfahrungsaustausch ermöglichten.

Für kommunale Nachhaltigkeitsaktivitäten als Hauptgegenstand wird begleitend der internationale Rahmen in kurzen Kapiteln zu den wichtigen Weltkonferenzen und Dokumenten einbezogen. Ein weiterer wichtiger Rahmen sind nationale und regionale Nachhaltigkeitsstrategien, Impulse der Zivilgesellschaft und wissenschaftliche Konzepte für eine nachhaltige Entwicklung. Sie fließen hinsichtlich ihrer Bedeutung für das umfassende Konzept Nachhaltigkeit und für dessen Umsetzung vor Ort ein.

Das Buch ist auch ein geschichtlicher Abriss, da es durch die Einschübe zu den wichtigen internationalen Konferenzen nach dem Rio-Erdgipfel von 1992 eine historische Abfolge der Diskussionen und Entwicklungen in ihren großen Linien aufzeigen will. Dabei stimmen die anderen Kapitel zeitlich nicht immer genau mit diesen Zeiträumen zwischen den Konferenzen überein. Die auch historische Darstellung ist durchgehend im Präsens formuliert. Das Buch hat folgenden Aufbau:

◆ Neben der wegweisenden Konferenz von Rio 1992 im ersten Kapitel werden in Kapitel vier der Weltgipfel in Johannesburg 2002 und in Kapitel neun der Weltgipfel Rio plus 20 im Jahr 2012 sowie die daraus entstandenen 17 UN-Nachhaltigkeitsziele mit ihren inhaltlichen Impulsen behandelt. Die anderen Kapitel dazwischen ordnen sich in diese drei historischen Rahmensetzungen ein, gehen aber teilweise darüber hinaus.

◆ Den inhaltlichen Hauptstrang des Buches mit der Umsetzung einer nachhaltigen Entwicklung vor Ort behandeln die Kapitel drei mit der Startphase der Lokalen Agenda 21, Kapitel fünf mit ihrer Weiterführung und Stagnation und Kapitel sechs mit ihrer Weiterentwicklung zu kommunalen Nachhaltigkeitsprozessen. Kapitel acht und elf schildern neue zivilgesellschaftliche und kommunale Nachhaltigkeitsinitiativen in den jeweiligen Zeiträumen, deren aktueller Stand in der »Kommune als Aktionsraum« folgt in Kapitel zwölf.

- Die dafür wichtigen inhaltlichen Rahmensetzungen und Impulse durch Wissenschaft, Zivilgesellschaft, Bund und Länder behandeln die Kapitel zwei, sieben und zehn.

- Eine gewisse Ausnahme macht das Kapitel dreizehn mit der Schilderung des bürgerschaftlichen Klimaschutzes als eines wesentlichen Entwicklungsstrangs der Lokalen Agenda 21 seit ihren Anfängen, um so auch dem »Megathema Klimaschutz« gerecht zu werden.

- Die beiden letzten Kapitel ziehen zunächst ein Fazit zu den Impulsen der Lokalen Agenda 21 als »Rio plus 30« und machen abschließend Vorschläge für die weitere Arbeit als »Rio 30 plus«.

Dieser Aufbau macht gewisse Wiederholungen unvermeidlich. In den Kapiteln zur örtlichen Umsetzung ist eine große Anzahl an konkreten Beispielen als gesondert markierte Textpassagen enthalten. Sie zeigen, wie zahlreich und vielfältig die Umsetzung einer nachhaltigen Entwicklung vor Ort erfolgt. Sie unterstreichen die treibende Rolle von Zivilgesellschaft und Kommunen in diesem Prozess. Drei seit ihrem Beginn auch heute noch aktive Lokale-Agenda-21-Prozesse bilden als Beispiele begleitend in den jeweiligen Kapiteln einen roten Faden durch das Buch. Bei den Beispielen werden umfassend nachhaltige ausführlicher dargestellt als die stärker thematisch ausgeprägten.

Besonders dadurch ist das Buch umfangreicher geworden als geplant. Ein weiterer Grund dafür ist die notwendig ausführliche Schilderung der inhaltlichen Grundlagen, besonders in der Anfangsphase. Diese sind heute nicht mehr bewusst, durch ihre grundlegenden Impulse aber von großer Bedeutung für Verständnis und Umsetzung einer nachhaltigen Entwicklung. Ein schnelleres und selektives Lesen des Buches erleichtern erstens das ausführliche Inhaltsverzeichnis und kurze Übersichten am Anfang der einzelnen Kapitel zu den dort behandelten Themen. Zweitens gibt es am Ende eines jeden Kapitels ein zusammenfassendes »Fazit«, das alleine ein Verständnis dieses Kapitels und auch für die folgenden Ausführungen ermöglicht.

Ich verwende die Begriffe »Nachhaltigkeit« und »nachhaltige Entwicklung« gleichermaßen und ohne Differenzierung. Auch Bezeichnungen wie

»Konzepte« oder »Leitlinien« sind in diesem Zusammenhang keine bewusste Unterscheidung. Dies ist der Unschärfe der Begriffe geschuldet. Das Gleiche gilt für die Bezeichnungen »Nichtregierungsorganisationen« und »Zivilgesellschaft«.

Die meisten Kapitel und Beispiele des Buches wurden im vierten Quartal 2021 abgeschlossen, nur die letzten Kapitel berücksichtigen noch neuere Quellen. Anders als zunächst geplant, wird auf das Thema »Die Pandemie und die Folgen« nur kurz und allgemein unter dem Thema Resilienz eingegangen, da fundierte und belastbare Schlussfolgerungen zum Erstellungszeitpunkt nicht möglich sind.

Die dem Buch zugrunde legenden Erfahrungen wurden gemeinsam mit vielen Mitstreiterinnen und Mitstreitern gemacht. Stellvertretend für alle danke ich besonders den folgenden Personen: Im Agenda- und Nachhaltigkeitsbüro des Landes Baden-Württemberg waren Birgit Bastian und Astrid Sebastian über einen langen Zeitraum zwei tolle und eigenständige Mitarbeiterinnen, ohne die ich diese Arbeit nicht hätte leisten können.

In der Landesanstalt für Umwelt als Träger dieses Büro erwiesen sich Werner Franke und Rosemarie Zimmermann als zwei sehr faire, geduldige und belastbare Vorgesetzte, wie man sie sich nicht besser wünschen kann. Wären alle Posten im öffentlichen Dienst so besetzt, hätte Deutschland weniger Bürokratieprobleme.

Im zuständigen Umweltministerium Baden-Württemberg war Manfred Schmidt-Lüttmann in erster Linie kein Vertreter einer vorgesetzten Behörde, sondern ein Kollege, mit dem man auf Augenhöhe prima am gemeinsamen Anliegen schaffen konnte.

Von den vielen aktiven Agendakommunen seien stellvertretend Petra Schmitz aus Ulm und Tillmann Stottele aus Friedrichshafen genannt, mit denen ich über zwei Jahrzehnte immer wieder zusammenarbeiten durfte. Später kam noch Albert Geiger aus Ludwigsburg dazu. Von ihnen und vielen anderen Aktiven aus Kommunen habe ich unwahrscheinlich viel gelernt.

Im Rahmen des Erfahrungsaustausches der Landes- bzw. Bundes-Agendastellen waren besonders mit Albrecht Hoffmann und Norbert Stamm die Kontakte und Diskussionen intensiver. Im bundesweiten Netzwerk RENN (Regionale Netzstellen Nachhaltigkeitsstrategien) gilt das für Danielle Rodarius und Klaus Reuter, häufig mit längeren Gesprächen in Berliner Hotelbars am Vorabend unserer Sitzungen.

Aus den Reihen der Wissenschaft danke ich Ellen Frings vom ifeu-Institut für Energie- und Umweltforschung, die ohne inhaltliche Abstriche Theorie und Praxis beziehungsweise Elfenbeinturm und Rathaus unter einen Hut bringt. Hinzu kommen Hans Diefenbacher und Volkert Teichert von der Forschungsstätte der Evangelischen Studiengemeinschaft (FEST) Heidelberg, die sicher noch so lange weiterwirken werden, bis Nachhaltigkeitsindikatoren zum Standard geworden sind. Jobst Kraus gestaltete die Evangelische Akademie Bad Boll als gemeinsame Ideenwerkstatt für die Lokale Agenda 21 und zu einem Ort, den man immer wieder gerne aufsucht.

Stellvertretend für alle Personen, die einem über einen langen Zeitraum auch mit größeren Pausen immer wieder zum Thema Nachhaltigkeit begegnen und inspirieren, seien Ulla Burchardt vom Rat für nachhaltige Entwicklung (RNE) und Franz-Albert Heimer sowie Thomas Haigis aus dem bürgerschaftlichen Engagement erwähnt.

Ausdrücklich erwähnt werden muss die *Süddeutsche Zeitung*, die auch über hier zitierte Artikel hinaus durch ihren Qualitätsjournalismus ständig wertvolle Anregungen und Hinweise beispielsweise zum Thema Bauen gab, denen ich nachgehen konnte.

Schließlich seien noch die immer geduldigen, aber bei Anfragen sehr schnellen Registraturen beziehungsweise Archive besonders gelobt. Stellvertretend als Personen sind dies bei der Landesanstalt für Umweltschutz Baden-Württemberg in Karlsruhe Ulrike Reichert und beim Archiv des Deutschen Bundestags in Berlin Ireen Thomas. Gleiches gilt für Clemens Herrmann beim herausgebenden Verlag oekom.

Das Buch ist meinem Neffen und Patenkind Valentin Luley gewidmet, der während des Schreibens ums Leben kam und dem ich wichtige Impulse zum Thema »Buddhismus für eine Kultur der Nachhaltigkeit« verdanke.

Kapitel 1

Internationaler Einschub Eins

Der Erdgipfel in Rio 1992 und die Agenda 21 –
Nachhaltigkeit betritt die politische Arena

Die Konferenz der Vereinten Nationen für Umwelt und Entwicklung (United Nations Conference on Environment and Development – UNCED) vom 3. bis 14. Juni 1992 in Rio de Janeiro markiert eine entscheidende historische Wegmarke für das Leitbild einer nachhaltigen Entwicklung. Es findet weltweit Eingang in Politik und Gesellschaft.

Zwanzig Jahre nach der ersten Weltumweltkonferenz in Stockholm setzt allein schon der Umfang neue Maßstäbe: Neben Vertreterinnen und Vertretern von über 170 Staaten nehmen zahlreiche Vertreterinnen und Vertreter von Nichtregierungsorganisationen teil. Auch wenn verschiedene Angaben zur Anzahl der Teilnehmenden voneinander abweichen, ist insgesamt von über 20.000 Personen auszugehen. Auch die Teilnahme der Zivilgesellschaft markiert eine neue Qualität, viele beteiligen sich am parallel stattfindenden »Global Forum« der Nichtregierungsorganisationen.[1]

Die Konferenz geht auf eine Empfehlung der Weltkommission für Umwelt und Entwicklung zurück, die unter der Leitung von Gro Harlem Brundtland nach dreijähriger Arbeit 1987 ihren Abschlussbericht *Unsere gemeinsame Zukunft (Our common future)* vorlegt. Er enthält mit einer ausführlichen Begründung das Konzept einer nachhaltigen Entwicklung mit der inzwischen »klassischen« Formulierung als »Entwicklung, die die Bedürfnisse der Gegenwart befriedigt, ohne zu riskieren, dass künftige Generationen ihre eigenen Bedürfnisse nicht befriedigen können«. Dabei verwendet die deutsche Übersetzung zunächst noch den Begriff »dauerhafte Entwicklung«.[2]

Ziel der Kommission ist, einen nachhaltigen und bis ins 21. Jahrhundert reichenden globalen Entwicklungspfad aufzuzeigen. Das Hauptaugenmerk liegt dabei auf den Faktoren Bevölkerung, Nahrung, Artenschwund, Energie, Industrie und Besiedlung. Diese stehen nicht isoliert voneinander, sondern befinden sich in einem wechselseitigen Abhängigkeitsverhältnis. In ihrem Vorwort weist Gro Harlem Brundtland Bürgergruppen und Zivilgesellschaft eine zentrale Rolle zu, um das öffentliche Bewusstsein zu wecken und politische Veränderungen herbeizuführen.

Auch auf Basis der Empfehlungen dieses *Brundtland-Berichtes* und mehrjähriger Vorarbeiten bringt der Weltgipfel 1992 eine Reihe von Dokumenten hervor: die völkerrechtlich verbindenden Verträge der Klimakonvention und Konvention über die biologische Vielfalt, eine Walderklärung, die Rio-Deklaration und die Agenda 21.[3]

Die *Erklärung von Rio zu Umwelt und Entwicklung (Rio-Deklaration)* enthält 27 knappe Grundsätze. Dabei stehen die Menschen im Mittelpunkt einer nachhaltigen Entwicklung. Sie haben im Einklang mit der Natur das Recht auf ein gesundes und produktives Leben. Anknüpfend an die Definition des *Brundtland-Berichtes*, wird nachhaltige Entwicklung als Recht verankert. Einer der Grundsätze betont die Beteiligung der Bürger und Öffentlichkeit auf allen Ebenen.

Die Agenda 21

Das umfangreichste und bekannteste Dokument der Rio-Konferenz bildet die Agenda 21. Dieses weltweite Aktionsprogramm für eine nachhaltige Entwicklung umfasst vier Hauptteile mit 40 Kapiteln. Die Präambel weist die erfolgreiche Umsetzung in erster Linie den Regierungen als Aufgabe zu. Dafür bilden Konzepte, Pläne, Leitsätze und Prozesse auf nationaler Ebene entscheidende Voraussetzungen. Ferner sind eine umfassende Beteiligung der Öffentlichkeit und die Mithilfe von Nichtregierungsorganisationen und anderen Gruppen notwendig. Die Agenda 21 versteht sich als ein dynamisches Programm, das sich im Laufe der Zeit angesichts veränderter Umstände und Bedürfnisse fortentwickeln kann.

Teil I – »Soziale und wirtschaftliche Dimensionen« – enthält unter anderem die Themen Armutsbekämpfung, Änderung der Konsumgewohnheiten, eine nachhaltige Siedlungsentwicklung oder die Integration von Umwelt- und Entwicklungszielen in die Entscheidungsfindung als ein zentrales Anliegen der Agenda 21. Bestandteil dabei ist die Verabschiedung nationaler

Nachhaltigkeitsstrategien unter möglichst großer Beteiligung. Der umfangreiche Teil II – »Erhaltung und Bewirtschaftung der Ressourcen für die Entwicklung« – beschreibt in 14 Kapiteln ökologische Handlungsfelder wie den Schutz der Erdatmosphäre, die Erhaltung der biologischen Vielfalt oder eine nachhaltige Landwirtschaft.

Teil III zur »Stärkung der Rolle wichtiger Gruppen« greift ein Hauptanliegen der Agenda 21 auf. Ihre Umsetzung ist eine Gemeinschaftsaufgabe unter Beteiligung der Öffentlichkeit und gesellschaftlicher Gruppen sowie deren Engagement. Die Präambel nennt dazu auch neue Formen der Partizipation und die Mitwirkung von Einzelpersonen, Gruppen und Organisationen. Die folgenden Kapitel behandeln neun für die Agenda 21 wichtige Gruppen: Frauen, Kinder und Jugendliche, eingeborene Bevölkerungsgruppen und ihre Gemeinschaften, Nichtregierungsorganisationen, Kommunen, Privatwirtschaft, Arbeitnehmer und Gewerkschaften, Wissenschaft und Technik sowie Bauern.

Kapitel 27 beschreibt Nichtregierungsorganisationen als wichtige Partner für eine nachhaltige Entwicklung. Für die Umsetzung der Agenda 21 sollen formelle und informelle Organisationen und Basisgruppen als Partner anerkannt werden. Dies betrifft alle Ebenen: die internationale, die staatliche und die örtliche Ebene durch eine intensive Kommunikation und Zusammenarbeit. Betont werden Partnerschaft und Dialog zwischen örtlichen Nichtregierungsorganisationen und Kommunen.

Kapitel 28 weist den Kommunen eine entscheidende Rolle für die Information und Mobilisierung der Öffentlichkeit zu. Jede Kommunalverwaltung soll im Dialog mit ihren Bürgern, örtlichen Organisationen und der Privatwirtschaft eine kommunale Agenda 21 beschließen. Ausdrücklich wird als Ziel die Beteiligung von Jugendlichen und Frauen genannt. Durch diese Konsultation und Herstellung eines Konsenses bekommen einerseits die Kommunen Informationen für ihre beste Strategie, andererseits schärft dies das Bewusstsein der privaten Haushalte für eine nachhaltige Entwicklung. Die verabschiedeten Programme dienen als Basis zur Bewertung und Modifizierung kommunalpolitischer Programme, Leitlinien, Gesetze und Vorschriften. Eine Lokale Agenda 21 ist damit wie die Agenda 21 insgesamt ein gemeinsam erstelltes und umzusetzendes Handlungsprogramm auf örtlicher Ebene. Als Ziel soll dabei die Mehrheit der Kommunalverwaltungen der einzelnen Länder durch einen Konsultationsprozess mit den Bürgern schon bis 1996 einen Konsens für eine Lokale Agenda 21 erreicht haben, was sich später in der Umsetzung als illusorisch erweist. In das Kapitel gehen Vorschläge einer internationalen Konferenz des Bundesumweltministeriums und anderer Ministerien mit der dort verabschiedeten *Berliner Erklärung* aus dem Jahr 1992 ein.[4]

Teil IV der Agenda 21 enthält »Möglichkeiten der Umsetzung«. Die einzelnen Kapitel behandeln Themen wie die Förderung des öffentlichen Bewusstseins, internationale institutionelle Rahmenbedingen mit der Bildung einer UN-Kommission für nachhaltige Entwicklung, die erneute Betonung der wichtigen Rolle der Staaten für die Umsetzung der Agenda 21 auf nationaler Ebene und ein Kapitel über Informationen zur Entscheidungsfindung. Dazu sollen Indikatoren auf allen Ebenen als solide Grundlage für Entscheidungen entwickelt werden. Der letzte Punkt wird sich bei der folgenden Umsetzung als wichtiges Thema herausstellen.

Die in der Agenda 21 deutlich gewordene neue Qualität der zentralen Rolle des nicht staatlichen Bereichs und der Zivilgesellschaft unterstreicht auch das »Global Forum« der Nichtregierungsorganisationen im Rahmen des Weltgipfels mit mehr als 1000 Veranstaltungen. Das Forum verabschiedet über 30 »Verträge« (»Treaties«) mit der Zielsetzung, die Nichtregierungsorganisationen regional und überregional zusammenzubringen. Die dort verabschiedete »Erdcharta« mündet später in eine internationale Initiative, die bis heute aktiv ist. Ursprünglich war diese Charta als völkerrechtliches Dokument des »offiziellen« Weltgipfels vorgesehen, wird aber durch die Rio-Deklaration ersetzt. Weitere »Verträge« betonen die Stärkung örtlicher Gemeinschaften und die Rolle von demokratischen, nachhaltigen Städten und Gemeinden. Wichtige Elemente hierbei sind wirtschaftliche Kooperativen und die Partizipation der Bürger.[5]

FAZIT

Nachhaltigkeit als partizipative Gemeinschaftsaufgabe

Der historische Weltgipfel in Rio de Janeiro 1992 und die dort verabschiedete Agenda 21 formulieren insgesamt Essentials für die weitere Diskussion und Umsetzung einer nachhaltigen Entwicklung, auch für entsprechende Strategien oder Programme:

- Eine nachhaltige Entwicklung ist das Gemeinschaftswerk der gesamten Gesellschaft.
- Die Agenda 21 ist ein dynamisches Programm, das sich angesichts veränderter Umstände und Bedürfnisse weiterentwickeln kann.
- Die nationalen Regierungen sollen unter breiter Beteiligung Nachhaltigkeitsstrategien entwickeln und verabschieden.
- Nichtregierungsorganisationen und Zivilgesellschaft nehmen als Akteure und Partner in diesem Prozess eine zentrale Rolle ein.
- Die Kommunen sind für die Zusammenarbeit mit der Zivilgesellschaft und die notwendige Mobilisierung der Bevölkerung von entscheidender Bedeutung.
- Die Bevölkerung soll sich an den Prozessen beteiligen können und einen umfassenden Bewusstseinswandel zu einem nachhaltigen Verhalten vollziehen.

Die Agenda 21 und der Rio-Gipfel machen Zivilgesellschaft und Bürgerbeteiligung zu unentbehrlichen Faktoren in politischen Prozessen für eine nachhaltige Entwicklung. Eine starke Zivilgesellschaft, ihr Zusammenspiel mit der Politik und ihre kommunikative Macht in der Öffentlichkeit sind wesentliche Elemente der »deliberativen Demokratie« von Jürgen Habermas. Dort fallen Entscheidungen durch Diskussionen, und eine vitale Bürgergesellschaft spielt eine große Rolle.[6] Diese Elemente werden hier zu konstitutiven Wesensmerkmalen einer nachhaltigen Entwicklung und für politische Prozesse insgesamt. Der Begriff der nachhaltigen Entwicklung selbst wird auch in der umfangreichen Agenda 21 nicht genauer erläutert, sondern lediglich in der Rio-Deklaration in enger Anlehnung an den *Brundtland-Bericht* von 1987 als Recht auf Entwicklung beschrieben, das den Entwicklungs- und Umweltbedürfnissen heutiger und künftiger Generationen in gerechter Weise entsprechen muss.

Kapitel 2

Nachhaltiges und zukunftsfähiges Deutschland

Impulse aus Zivilgesellschaft, Wissenschaft und Politik

Wie greifen in Deutschland Akteure die Ergebnisse der Rio-Konferenz auf nationaler Ebene für die Umsetzung vor Ort auf? Hierfür werden im Folgenden die wichtigsten Eckpunkte und Dokumente verschiedener Akteure des Nach-Rio-Prozesses unter zwei Fragestellungen beleuchtet:

♦ Welche Rahmensetzungen nimmt man für die örtliche Ebene thematisch, politisch oder inhaltlich vor?

♦ Welche Rolle spielen Kommunen und örtliche Initiativen für die Umsetzung von Nachhaltigkeit in übergreifenden und nationalen Nachhaltigkeitskonzepten?

Wichtige Impulse kommen dabei aus den Nichtregierungsorganisationen, der Wissenschaft und der Politik – oft auch gemeinsam durch Kooperationen oder in entsprechenden Strukturen. Auf die praktische Umsetzung vor Ort auch aus Sicht dieser Akteure geht später Kapitel drei ein.

Nichtregierungsorganisationen als Vorreiter

Für die Umsetzung der Agenda 21 auf nationaler Ebene übernehmen die Nichtregierungsorganisationen in Deutschland die Vorreiterrolle. Ein halbes Jahr nach der Rio-Konferenz gründen 35 Verbände im Dezember 1992 das »Forum Umwelt & Entwicklung«. Es soll gemeinsam die Umsetzung der Rio-Beschlüsse vorantreiben und begleiten. Arbeitsgruppen behandeln dafür Themen wie Lebensweisen oder eine nachhaltige Entwicklung. Eine Projektstelle als Koordination und Sprachrohr wird beim Deutschen Naturschutzring (DNR) angesiedelt und von Bundesministerien finanziell gefördert. Das Forum begleitet seitdem diesen Prozess und ist 30 Jahre später noch aktiv. In Publikationen wie *Drei Jahre nach Rio – Bilanz 1995* sieht das Forum Umwelt & Entwicklung auf der kommunalen Ebene und der Lokalen Agenda 21 einen entscheidenden Faktor bei der Verwirklichung der Agenda 21. Dies betrifft sowohl die aktive Beteiligung der Bevölkerung als auch eine Veränderung der Lebensgewohnheiten für einen nachhaltigen Konsum.[1]

Auch wenn die Nichtregierungsorganisationen von den Ergebnissen des Rio-Gipfels und später auch seiner politischen Umsetzung enttäuscht sind, heben sie besonders ihre neue und gewachsene Rolle hervor. Die Agenda 21 ist für sie auch ein Aktionsprogramm zur Partizipation der Bevölkerung und der nicht staatlichen gesellschaftlichen Gruppen. Der Präsident des Deutschen Naturschutzrings (DNR), Wolfgang Engelhardt, betont die entscheidende Rolle der Umsetzung vor Ort. Dort sollen die Nichtregierungsorganisationen nach dem Motto »Global denken, lokal handeln« aktiv werden. Eine ihrer Hauptaufgaben ist und bleibt für ihn die Sensibilisierung der Menschen für eine Änderung ihrer Lebensgewohnheiten. Das Forum Umwelt & Entwicklung hebt fünf Jahre nach der Rio-Konferenz die wichtige Rolle von lokalen Bürgerinitiativen, Kirchen, Umweltorganisationen, Dritte-Welt-Organisationen und Einzelpersonen bei der Initiierung der langsam beginnenden Prozesse der Lokalen Agenda 21 hervor und fordert deren Unterstützung durch die verschiedenen staatlichen Ebenen.[2]

Die Studie *Zukunftsfähiges Deutschland*

Den wichtigsten Impuls für die Nachhaltigkeitsdiskussion in Deutschland nach der Rio-Konferenz und weit darüber hinaus setzt 1995 die Studie *Zukunftsfähiges Deutschland – Ein Beitrag zu einer global nachhaltigen Entwicklung*. Der Bund für Umwelt und Naturschutz Deutschland (BUND) und das katholische Hilfswerk Misereor beauftragen dafür das Wuppertal-Institut für Klima, Umwelt und Energie. In einem längeren und auch partizipativen, diskursiven Prozess erstellen 14 Autoren und Autorinnen sowie 14 weitere Mitarbeitende in knapp anderthalb Jahren ein wirklich bahnbrechendes Werk, das als Buch über 400 Seiten umfasst. Die Studie wird im Oktober 1995 auf einer Konferenz mit prominenter Beteiligung und mehreren hundert Teilnehmenden der Öffentlichkeit vorgestellt.[3]

Der Projektleiter Reinhard Loske begründet die neue deutsche Begrifflichkeit »zukunftsfähig« für das englische »sustainable« doppelt: Sprachlich klinge »dauerhaftes Deutschland« schrecklich, und eine Zukunftsdiskussion müsse Ökologie und Gerechtigkeit miteinander verbinden. Die Studie betont den ganzheitlichen Ansatz einer nachhaltigen Entwicklung, da Umweltprobleme nicht isoliert von wirtschaftlichen und sozialen Entwicklungen zu sehen sind. Umwelt und Entwicklung sind zwei Seiten einer Medaille.

Methodisch baut die Studie auf dem aus den Niederlanden stammenden Konzept des »Umweltraums« auf, den Menschen in der natürlichen Umwelt nutzen können, ohne ihn zu beeinträchtigen. Jede und jeder hat das gleiche Recht auf eine intakte Zukunft – heute und in der Zukunft. Auf dieser methodischen Grundlage werden ehrgeizige Umweltziele formuliert, die insgesamt eine Verbrauchs- und Emissionsreduktion von 80 bis 90 Prozent bis zur Mitte des 21. Jahrhunderts vorsehen. Diese quantitativen Ziele werden zur Erfolgskontrolle mit Indikatoren versehen und mit qualitativen Leitbildern für Akteure wie Wirtschaft, Gesetzgebende, Bürgerinnen und Bürger oder Engagierte verknüpft. Die insgesamt acht Leitbilder greifen Ideen und Initiativen von Akteuren auf und umfassen die Bereiche Raum und Zeit (besonders Mobilität), Wirtschaft, Konsum, Infrastruktur, Land und Landwirtschaft, Städte als Lebensraum sowie internationale Gerechtigkeit und globale Partnerschaft. Sie werden in »Wendeszenen« durch konkrete Veränderungsprojekte veranschaulicht.

Wandel ist für die Studie nicht das Ergebnis einer umfassenden Strategie, sondern kommt durch eine Vielzahl von Akteuren im Kleinen und Großen zustande. Diese setzen andere Prioritäten und neue Routinen bzw. Strukturen. Der Prozess ist weder planbar noch prognostizierbar und auch nicht allzu sehr staatszentriert vorstellbar. Die Studie fordert eine politische Reform durch mehr Mitsprache- und Entscheidungsmöglichkeiten für Einzelne und Nichtregierungsorganisationen.

Die Stadt hat als Lebensraum und Organisationsform gesellschaftlichen Handelns einen hohen Stellenwert für eine zukunftsfähige Entwicklung. Nachdem dort Bürgerbeteiligung schon länger Anwendung findet, kommen jetzt neue Beteiligungsformen bei der Formulierung von Leitbildern und Stadtentwicklungsplänen zur Anwendung. Arbeitskreise oder runde Tische entwickeln konkrete Projekte unter Einbeziehung der Öffentlichkeit und nicht nur mit Expertinnen und Experten. Die seit der Rio-Konferenz 1992 diskutierte Lokale Agenda 21 rückt die Kommune als Ganzes ins Blickfeld. Stadtentwicklung ist ein integriertes, gleichgewichtiges Zusammenwirken von Ökologie, Ökonomie und Sozialem. Die Stadt fördert zukunftsfähige Lebensstile und arbeitet mit Verbraucherinitiativen oder lokalen Gruppen zusammen. Die nachhaltige Stadtentwicklung in Heidelberg dient als Beispiel und konkrete »Wendeszene«. Eine Zukunftsfähigkeit der Stadt ist nur im Miteinander von Stadt und Land bzw. der Region möglich.

Die Studie findet breite Resonanz in der Öffentlichkeit. Allein im ersten Jahr nach dem Erscheinen finden dazu über tausend Veranstaltungen statt. Eine handliche Kurzfassung dürfte zur Verbreitung beigetragen haben. Materialien wie ein Handbuch für Schule und Lehrerbildung *Die Zukunft denken – die Gegenwart gestalten* bereiten die Studie auch für wichtige Bereiche auf.[4] Darin ziehen Reinhard Loske und Ernst Ulrich von Weizsäcker vom Wuppertal-Institut für Klima, Umwelt, Energie ein Jahr nach Veröffentlichung der Studie eine vorläufige Bilanz. Sie benennen nicht nur wichtige Essentials zur Entwicklung und Vermittlung von Nachhaltigkeitskonzepten, sondern erklären so auch den großen Erfolg der Studie:

◆ Fragen der Nachhaltigkeit brauchen eine interdisziplinäre wissenschaftliche Bearbeitung. Sie müssen ferner dialogorientiert bearbeitet werden. Die Erstellung der Studie bezieht sowohl verschiedene wissenschaftliche Disziplinen als auch gesellschaftliche Akteure ein.

◆ Nachhaltigkeit erfordert Werturteile, von denen die Studie die internationale und intergenerative Chancengleichheit bei der Nutzung von Naturgütern beinhaltet.

◆ Nachhaltigkeit braucht neue Allianzen und starke Partner. Bund und Misereor genießen durch ihre Glaubwürdigkeit großen gesellschaftlichen Respekt. Sie sind als mitgliederstarke Organisationen mit entsprechender Verbreitung in die Fläche gut verankert. Zwei Organisationen aus unterschiedlichen Bereichen beauftragen ferner ein renommiertes wissenschaftliches Institut, was eine neue und sehr erfolgreiche Konstellation schafft.

◆ Nachhaltigkeit muss verständlich sein und entsprechend vermittelt werden, um sie über Expertenkreise hinaus vor allem Pragmatikerinnen und

Pragmatikern sowie breiten Bevölkerungskreisen näherzubringen. Über eine verständliche Sprache hinaus präsentiert die Studie bei den Leitbildern zu deren Veranschaulichung dafür gute Praxisbeispiele.

◆ Nachhaltigkeit ist ein Suchprozess, der niemals abgeschlossen ist. Die Studie versucht den Nachhaltigkeitsansatz für Deutschland zu operationalisieren, was weitere Konkretisierungen und auch Korrekturen beinhaltet.

Weitere Impulse aus Wissenschaft und Politik

Ausführlich und auch kritisch Bezug auf die Studie *Zukunftsfähiges Deutschland* nimmt der Rat von Sachverständigen für Umweltfragen (SRU) in seinem *Umweltgutachten 1996. Zur Umsetzung einer dauerhaft-umweltgerechten Entwicklung.* Der Rat ist seit 1972 für die Bundesregierung als eine der ältesten Institutionen wissenschaftlicher Beratung in der deutschen Umweltpolitik tätig. Der Rat begrüßt ausdrücklich, dass die Studie die Bedeutung der Region als zentralen räumlichen Bezugspunkt für die Verwirklichung einer nachhaltigen Entwicklung hervorhebt. Dabei spricht er noch von einer »dauerhaften umweltgerechten Entwicklung«. Aufgrund seiner Analyse sieht der Rat vor allem eine deutliche Schrittmacherrolle der Kommunen und Regionen bei der Umsetzung einer nachhaltigen Entwicklung. Er betont die Initiative von Umwelt- und Entwicklungsverbänden sowie der Kirchen für viele solcher Projekte und schreibt den Hochschulen, Akademien und Volkshochschulen bei der Vermittlung und Konkretisierung des Nachhaltigkeitskonzepts eine besondere Bedeutung zu. Der Umweltrat drückt seine Hoffnung aus, dass die vielversprechenden Aktivitäten der Lokalen Agenda 21 weiter fortgesetzt werden.[5]

1998 legt die Enquete-Kommission des Deutschen Bundestages »Schutz des Menschen und der Umwelt – Ziele und Rahmenbedingungen einer nachhaltig zukunftsverträglichen Entwicklung« ihren Abschlussbericht vor. Enquete-Kommissionen bestehen aus Bundestagsabgeordneten und von ihnen benannten Sachverständigen und bearbeiten abseits des Tagesgeschäfts Probleme von übergeordneter Bedeutung. Schon im Februar 1992 richtet der Bundestag eine Enquete-Kommission »Schutz des Menschen und der Umwelt – Bewertungskriterien und Perspektiven für umweltverträgliche

Stoffkreisläufe in der Industriegesellschaft« ein, die Ende der 12. Legislaturperiode ihren Endbericht zu diesem Themenkomplex vorlegt. Da die Kommission nicht alle Teilbereiche bearbeiten kann, setzt der Deutsche Bundestag im Juni 1995 die neue Kommission ein.

Der Abschlussbericht *Konzept Nachhaltigkeit – Vom Leitbild zur Umsetzung* entwickelt zunächst das integrative Leitbild einer nachhaltig zukunftsverträglichen Entwicklung. Aufgrund der komplexen Zusammenhänge zwischen den drei Dimensionen von Ökologie, Ökonomie und Sozialem müssen diese integrativ behandelt werden, auch um nicht auf Kosten der Enkel und Urenkel zu leben. Neben ausgewählten Beispielfeldern wie Boden, Informations- und Kommunikationstechnik, Bauen und Wohnen beschreibt der Bericht Elemente einer deutschen Nachhaltigkeitsstrategie zur Umsetzung der Agenda 21. Wesentliche Voraussetzungen einer Nachhaltigkeitsstrategie sind Langfristigkeit, die Integration der drei Dimensionen der Nachhaltigkeit sowie lokale, regionale und globale Orientierungen im Sinne des Subsidiaritätsprinzips. Zu den wesentlichen Bestandteilen gehört unter anderem die Partizipation der gesellschaftlichen Akteure.

Dabei erfordert Nachhaltigkeit als regulative Idee einen gesellschaftlichen Suchprozess, in dem Diskurse eine zentrale Rolle spielen. Die dortigen Teilnehmer sind in doppelter Hinsicht »lernende Organisationen«: Sie geben Impulse für Lernprozesse in der Gesellschaft nach außen und nehmen selbst welche von außen auf. Die Beteiligung von Akteuren soll sich nicht auf gesellschaftliche Gruppen wie Wirtschaft, Umweltverbände oder Sozialpartner beschränken. Sie schließt auch die unterschiedlichen staatlichen Ebenen, die Länder und Kommunen ein. Dabei übernimmt der Staat eine führende, den gesellschaftlichen Prozess aktivierende Rolle. Eine nachhaltige, zukunftsverträgliche Entwicklung gestaltet sich als ein gesellschaftlicher Such-, Lern- und Entscheidungsprozess, begleitet von permanenten dynamischen wirtschaftlichen und strukturellen Veränderungen. Eine ausführlich begründete Forderung der Kommission ist die Einrichtung eines Rates für eine nachhaltige, zukunftsverträgliche Entwicklung.

Die Kommission befasst sich im November 1996 in einer Anhörung unter dem Titel »Kommunen und nachhaltige Entwicklung: Beispiele für eine lokale Agenda 21« auch mit der Umsetzung vor Ort. Die Anhörung zeigt deutlich, dass die Kommunen bisher von Bund und Ländern kaum Unterstützung zur Initiierung entsprechender Prozesse erhalten. Für die

Kommission ergeben sich aus der Anhörung folgende konkrete Forderungen an Bund und Länder:

- Einrichtung einer bundesweiten Informations- und Beratungsstelle zur Lokalen Agenda 21
- Bereitstellung von Informationsmaterialien für Kommunen
- Schaffung von Fortbildungsmöglichkeiten und stärkere Förderung der Umweltbildung zur Verstärkung des Nachhaltigkeitsgedankens.

Die Anhörung präsentiert auch erste Beispiele aus Kommunen zur Umsetzung einer Lokalen Agenda 21 und schlägt sich auch im Abschlussbericht nieder, worauf in Kapitel drei eingegangen wird. In einer anderen Anhörung mit Nichtregierungsorganisationen im September 1997 wird mehrfach positiv auf die Lokale Agenda 21 Bezug genommen. Sie könne als Beispiel auch für die Beteiligung auf übergeordneten Ebenen dienen und sollte stärker unterstützt werden. Die beiden großen Umweltverbände Naturschutzbund Deutschland (NABU) und der Bund für Umwelt und Naturschutz Deutschland (BUND) unterstreichen die Wichtigkeit der Rio-Konferenz und des Themas Nachhaltigkeit für ihre Organisationen. Sie fordern eine nationale Nachhaltigkeitsstrategie sowie die Einrichtung eines nationalen Umweltrates.[6]

Initiativen der Bundesregierung

Nach einer ersten Studie *Nachhaltiges Deutschland* 1997 zu den Bereichen Energie, Nahrung und Mobilität legt das Umweltbundesamt (UBA) 2002 eine zweite Studie *Nachhaltige Entwicklung in Deutschland* vor. Diese widmet sich den Bereichen Tourismus, Industrie und Ressourcen. Wichtig für die Nachhaltigkeitsdiskussion sind die angewendeten drei Szenarien als denkbare Entwicklungen:

- Ein »Status-quo-Szenario« bedeutet lediglich die Fortsetzung der gegenwärtigen Trends.
- Ein »Effizienzszenario« setzt auf technische Optimierungen.
- Ein »Nachhaltigkeitsszenario« verbindet veränderte gesellschaftliche Rahmenbedingungen und individuelle Werthaltungen nach den Prinzipien einer nachhaltigen Entwicklung, die eine untrennbare Einheit von sozia-

ler Verantwortung, wirtschaftlicher Leistungsfähigkeit und dem Schutz der natürlichen Umwelt bildet. Der Schutz von Natur und Umwelt spielt dabei eine zentrale Rolle, auch für die Lebensgrundlagen kommender Generationen.

Die Studie unterstreicht mit diesen Szenarien die Notwendigkeit eines umfassenden Bewusstseinswandels der Bevölkerung für ein nachhaltiges Konsumverhalten im Alltag. Eine Politik der Nachhaltigkeit ist nicht nur eine staatliche Aufgabe. Sie erfordert die Eigenverantwortung und den Gestaltungswillen aller gesellschaftlichen Akteure sowie aller Bürgerinnen und Bürger durch Kommunikation, Kooperation, Schaffung von Anreizen und Information. Unter den bisherigen Aktivitäten für eine nachhaltige Entwicklung hebt die Studie die vielen Initiativen für eine lokalen Agenda 21 hervor.[7]

Im Jahr 1998 legt das Bundesumweltministerium den Entwurf eines umweltpolitischen Schwerpunktprogramms »Nachhaltige Entwicklung in Deutschland« vor. Er unterstreicht die zentrale Bedeutung der Kommunen und beschreibt erste Schritte zur Unterstützung der Lokalen Agenda 21. Über den Bezug auf die Brundtland-Definition hinaus beschreibt der Entwurf unter Verweis auf die Rio-Konferenz nachhaltige Entwicklung als weltweit zentrales Leitbild, das wirtschaftliche Leistungsfähigkeit, soziale Verantwortung und Umweltschutz zusammenführt.

Da Nachhaltigkeit ökonomische, ökologische und soziale Ziele berücksichtigt, wird sie zur Aufgabe aller Politikbereiche. Hierfür spielen die Kommunen eine wichtige Rolle: Die Erarbeitung und Umsetzung einer Lokalen Agenda 21 bietet viele Chancen, in konkreten Projekten mit Beteiligung der betroffenen Bürgerinnen und Bürger ökologische, soziale und ökonomische Ziele gemeinsam zu verfolgen. Wie schon in der oben genannten Studie des Umweltbundesamtes soll eine nachhaltige Entwicklung zur eigenverantwortlichen Aufgabe aller Bürgerinnen und Bürger sowie der gesellschaftlichen Gruppen gemacht werden. Eine nachhaltige Entwicklung im Bewusstsein der Menschen und der Gesellschaft zu verankern ist eine dauerhafte Gestaltungsaufgabe, die eine entsprechende Bildungs- und Aufklärungsarbeit erfordert.

In enger Anlehnung an die Agenda 21 unterstreicht der Entwurf den Charakter der Lokalen Agenda 21 als Dialogprozess. Über die Verwaltung hinaus ist das Engagement der gesellschaftlichen Gruppen vor Ort von entscheidender Bedeutung. Bund und Länder können die Kommunen bei solchen Prozessen durch Leitfäden, Arbeitshilfen oder Modellprojekte unterstützen. Das Bundesumweltministerium nennt hierfür seine Aktivitäten wie das Modellprojekt für einen Agenda-21-Prozess in Berlin-Köpenick, Angebote zum Erfahrungsaustausch oder die Erstellung eines gemeinsamen Handbuchs mit dem Umweltbundesamt. Die zentrale Rolle der Kommunen für eine nachhaltige Entwicklung betonen das Bundesumweltministerium bzw. die Umweltministerkonferenz und die kommunalen Spitzenverbände in gemeinsamen Erklärungen.[8]

Für die Umsetzung einer nachhaltigen Entwicklung und der Agenda 21 schafft die Bundesregierung einen »Staatssekretärsausschuss für nachhaltige Entwicklung« und im Jahr 2001 den »Rat für nachhaltige Entwicklung (RNE)« als Beratungsgremium aus Persönlichkeiten des öffentlichen Lebens. Der Staatssekretärsausschuss bereitet den Entwurf einer Nachhaltigkeitsstrategie vor, den die Bundesregierung nach öffentlicher Diskussion im April 2002 beschließt. Die umfangreichen *Perspektiven für Deutschland – Unsere Strategie für eine nachhaltige Entwicklung* schildern ausführlich das Leitbild und die Schwerpunkte einer nachhaltigen Entwicklung in Deutschland.

Ein aktiver Motor dafür ist die Lokale Agenda 21, in der die Bürgerinnen und Bürger gemeinsam mit der Kommunalpolitik Ideen entwickeln. Die Bundesregierung unterstützt diese Aktivitäten, zum Beispiel durch die Einrichtung einer bundesweiten Agendatransferstelle. Die Kommunen sind mit den Lokale-Agenda-21-Prozessen ein Akteur, mit dem Nachhaltigkeit gemeinsam gestaltet wird. Darüber hinaus werden ausführlich andere staatliche und gesellschaftliche Akteure beschrieben: Bundesregierung, Bundesländer, Wirtschaft, Gewerkschaften, Umwelt- und Naturschutzverbände, Landwirtschafts- und Verbraucherverbände, Nichtregierungsorganisationen im Entwicklungsbereich, Wissenschaft oder die Kirchen. Die Nachhaltigkeitsstrategie kann nur als gesellschaftlicher Prozess erfolgreich sein, wenn alle Akteure das Thema auch zu ihrer Sache machen.[9]

Nachhaltige Entwicklung als umfassender, integrativer und vernetzter Prozess

Beiträge von Nichtregierungsorganisationen, Wissenschaft und Politik greifen ab 1992 die wesentlichen Eckpunkte der Rio-Konferenz für die Umsetzung einer nachhaltigen Entwicklung auf und entwickeln sie weiter. Einen besonderen Stellenwert nimmt hierbei die Studie *Zukunftsfähiges Deutschland* ein. In den verschiedenen Beiträgen zeigen sich deutliche Gemeinsamkeiten. Dies betrifft besonders das Leitbild einer nachhaltigen Entwicklung. Über den Bezug zum *Brundtland-Bericht* mit der Wahrung der Bedürfnisse künftiger Generationen hinaus wird das Leitbild einer nachhaltigen Entwicklung weiterentwickelt. Es wird als Zusammenhang der drei Dimensionen Ökologie, Ökonomie und Soziales beschrieben. Es hat damit einen umfassenden, integrativen, vernetzten und systemischen Charakter. Als gebräuchliches Bild hierfür dient oft das »Dreieck der Nachhaltigkeit« mit diesen Dimensionen als Eckpunkten.[10] Dabei sind die natürlichen Lebensgrundlagen als ökologische Belastungsgrenze von besonderer Bedeutung.

Dieser umfassende Nachhaltigkeitsbegriff knüpft eng an die *Grenzen des Wachstums – Bericht des Club of Rome* von 1972 an, der bahnbrechend für die Diskussion zu diesem Thema ist. Das dort verwendete Weltmodell als dynamisches System weist auf die vielfältigen Beziehungen und Wechselwirkungen verschiedener Faktoren wie Kapital, Rohstoffvorräte oder Umweltbelastungen hin. Zielführende Lösungen vom nicht ständig möglichen Wachstum hin zum notwendigen Gleichgewicht müssen diese vernetzende Gesamtsicht beachten. Frederic Vester konkretisiert diese Sichtweise der Welt als ein vielfältig vernetztes System mithilfe der Kybernetik für die Gestaltung unserer Lebensweise anhand konkreter Anwendungen zum Beispiel für »Ballungsgebiete in der Krise«.[11]

Hieraus folgt, dass eine nachhaltige Entwicklung die gesamte Gesellschaft umfasst. Die entsprechenden Konzepte und Strategien müssen als Gemeinschaftsaufgabe alle staatlichen und gesellschaftlichen Akteure auch mit ihren eigenen Beiträgen einbeziehen. Im Vergleich zur Agenda 21 werden häufig die Kirchen als neuer Akteur benannt. Was die Agenda 21 als dynamisches Programm beschreibt, wird hier als Nachhaltigkeitsstrategie zu einem offenen und sich ständig weiterentwickelnden Such-, Diskussions-, Lern- und Entscheidungsprozess. Dafür werden Schwerpunkte und Ziele benannt, ein genauer Weg kann und soll nicht formuliert werden. Entscheidend für die Umsetzung einer nachhaltigen Entwicklung sind die Beteiligung und ein Bewusstseinswandel der Bevölkerung, wofür Nachhaltigkeit verständlich, konkret und praxisnah zu vermitteln ist.

Für die Umsetzung einer nachhaltigen Entwicklung und die Beteiligung der Bevölkerung spielen die Kommunen eine zentrale Rolle, wobei der Zusammenhang mit der Region bzw. der ländlichen Umgebung betont wird. Vor Ort wird Nachhaltigkeit konkret, und mit der Bevölkerung werden gemeinsam Vorschläge erarbeitet und umgesetzt. Auch auf dieser Ebene spielt die Zivilgesellschaft eine aktive und wichtige Rolle. Die beginnenden Prozesse der Lokalen Agenda 21 werden als treibende Kraft zur Umsetzung der Agenda 21 in Deutschland gelobt und sollen von den staatlichen Ebenen unterstützt werden.

Kapitel 3

Theorie, Praxis und Startphase der Lokalen Agenda 21 in Deutschland

Die Umsetzung der Lokalen Agenda 21 in Deutschland beginnt recht schleppend und auch langsamer als in anderen europäischen Ländern, was in der erwähnten Anhörung der Bundestags-Enquete-Kommission »Schutz des Menschen und der Umwelt« im November 1996 vor allem auf die fehlende Unterstützung durch Bund und Länder zurückgeführt wird. Als immer mehr Bundesländer Landes-Agenda-21-Stellen und Förderprogramme zur Unterstützung einrichten, beschließen Kommunen in den Gemeinderäten zunehmend eine Lokale Agenda 21.

Ab 1997 finden immer mehr regionale, landes- und bundesweite Veranstaltungen zur Information und zum Erfahrungsaustausch statt, die reges Interesse finden und zur Verbreitung der Lokalen Agenda 21 beitragen. So übersteigt bei Landesveranstaltungen in Nordrhein-Westfalen und Baden-Württemberg die Nachfrage das Raumangebot. An der zweitägigen, gemeinsam vom Bundesumweltministerium und den kommunalen Spitzenverbänden durchgeführten bundesweiten Konferenz »Nachhaltige Entwicklung in Kommunen – Lokale Agenda 21« nehmen im Juni 1998 rund 650 Personen teil.[1] Gemeinderatsbeschlüsse zur Lokalen Agenda 21 dienen als Kennzahl ihrer Verbreitung. Sie werden ab 1997 regelmäßig von CAF-Agendatransfer in Bonn, der Landes- und späteren Bundesstelle für die Lokale Agenda 21, zusammengestellt. Sie zeigen bundesweit einen ständigen Zuwachs:

- 131 Gemeinderatsbeschlüsse zur Lokalen Agenda 21 im Dezember 1997
- 597 Gemeinderatsbeschlüsse zur Lokalen Agenda 21 im Oktober 1998
- 1315 Gemeinderatsbeschlüsse zur Lokalen Agenda 21 im Oktober 1999
- 1651 Gemeinderatsbeschlüsse zur Lokalen Agenda 21 im September 2000
- 2051 Gemeinderatsbeschlüsse zur Lokalen Agenda 21 im September 2001
- 2291 Gemeinderatsbeschlüsse zur Lokalen Agenda 21 im März 2002.

Damit hat zehn Jahre nach der Rio-Konferenz knapp jede sechste Kommune in Deutschland einen Gemeinderatsbeschluss zur Lokalen Agenda 21 gefällt, was allerdings noch wenig zu wirklichen Aktivitäten aussagt, sondern als Willenserklärung lediglich den ersten Schritt bildet. Diese Kennzahl fällt regional und nach Gemeindegrößen teils sehr unterschiedlich aus, worauf später noch eingegangen wird.

Die Lokale Agenda 21 kommt in Deutschland zwar mit einiger Verspätung an, sie trägt das Thema Nachhaltigkeit aber dann vor Ort in die Fläche. Wie verlaufen dabei die Lokale-Agenda-21-Prozesse? Das starke Anwachsen bringt eine rege Diskussion zu Qualitätsmerkmalen und viele Handreichungen mit Vorschlägen zur Umsetzung in den Kommunen hervor. Die wichtigsten Leitfäden und Empfehlungen werden zunächst zusammenfassend ausgewertet und daran anschließend die reale Entwicklung der Lokalen Agenda 21 geschildert.

Die Theorie:
Lokale Agenda 21 als Handlungsprogramm

Der Deutsche Städtetag veröffentlicht im Jahr 1995 als Orientierungshilfe für die Umsetzung der Agenda 21 in den Kommunen die Handreichung *Städte für eine umweltgerechte Entwicklung – Materialien für eine Lokale Agenda 21*. In enger Anlehnung an die Gliederung der Agenda 21 zeigen diese für 19 meist umweltpolitische Handlungsfelder mit einer jeweiligen kurzen Bestandsaufnahme Ziele und Handlungsmöglichkeiten auf.[2]

Die Diskussion zur Umsetzung der Lokalen Agenda 21 wird zunächst maßgeblich von Materialien des im Jahr 1990 gegründeten »Internationalen Rats für kommunale Umweltinitiativen« (International Council for Local Environmental Initiatives – ICLEI) beeinflusst. Sein *European Local Agenda Planning Guide* ist 1996 auch Grundlage der Publikation *Lokale Agenda 21* des Bundesministeriums für Raumordnung, Bauwesen und Städtebau. Dort beschreibt ICLEI in enger Anbindung an das Kapitel 28 der Agenda 21 die Erstellung einer Lokalen Agenda 21 als partizipatorischen Prozess zur Erstellung eines Handlungsprogramms. Andere Leitfäden von Bund *(Handbuch Lokale Agenda 21 – Wege zur nachhaltigen Entwicklung in Kommunen)* und Ländern wie Bayern, Baden-Württemberg, Hessen und Thüringen übernehmen meist diese Zielsetzung und die dort geschilderten Schritte.[3]

Auch die Enquete-Kommission des Deutschen Bundestages »Schutz des Menschen und der Umwelt« orientiert sich daran in ihrem Abschlussbericht und formuliert drei Wesensmerkmale einer Lokalen Agenda 21:

1. Die Lokale Agenda 21 ist ein kommunales Handlungsprogramm mit festgelegten Zielen und Maßnahmen.

2. Die Lokale Agenda 21 soll zu Konsensbildung zwischen den verschiedenen gesellschaftlichen Akteuren wie Bürgerinnen und Bürgern, Kommunalverwaltung, Wirtschaft, Kirchen oder Umweltverbänden beitragen.

3. Die Lokale Agenda 21 stellt einen systematischen, schrittweisen Planungsprozess dar, einschließlich der Umsetzung konkreter Projekte.[4]

Die meisten Leitfäden ergänzen dies noch um die Organisation des Prozesses und weisen fast durchgehend folgende Schwerpunkte und Elemente auf:

◆ In der Start- und Strukturierungsphase kann die Initiative für eine Lokale Agenda 21 von verschiedenen Akteuren wie Gemeinderat, Kommunalverwaltung oder der Zivilgesellschaft ausgehen. Nach dem Grundsatzbeschluss des Gemeinderats werden in der Verwaltung Verantwortliche als Ansprechpartner (z. B. als Agendabeauftragte) benannt bzw. neu geschaffen.

◆ Zur Beteiligung der Bürgerinnen und Bürger sowie der gesellschaftlichen Gruppen werden entsprechende Gremien wie Agendaforen, Agendabeiräte oder Agenda-Arbeitskreise eingerichtet.

◆ In der Programmphase erfolgt zunächst eine Bestandsaufnahme. Es werden Leitbilder, Ziele und Schwerpunkte formuliert. Maßnahmen zur Umsetzung sollen möglichst konkret sein. Die Erstellung des Programms erfolgt unter Beteiligung und Information der Öffentlichkeit.

◆ In der Umsetzungsphase diskutiert und beschließt der Gemeinderat das erstellte Aktionsprogramm zur Lokalen Agenda 21. Dabei erfolgen auch Festlegungen zur Umsetzung und Weiterführung. Nach der Veröffentlichung des Programms beginnt die Umsetzung.

Alle Leitfäden weisen darauf hin, dass es keinen Musterablauf für eine Lokale Agenda 21 geben kann und nur ein möglicher Verfahrensvorschlag gemacht wird. Oft werden für die einzelnen Schritte gute Beispiele aus Kommunen geschildert. Die Lokale Agenda 21 kann und soll auf schon Vorhandenem in den Kommunen aufbauen.

Aus den Leitfäden sticht das aus einem Forschungsvorhaben entstandene *Handbuch Lokale Agenda 21 – Wege zur nachhaltigen Entwicklung in den Kommunen* hervor, das ICLEI gemeinsam mit Kommunen für das Bundesumweltministerium bzw. das Umweltbundesamt erstellt. Es nennt drei Grundvarianten für eine Lokale Agenda 21, die über die bisherigen Schilderungen zur Erstellung eines Aktionsplans hinausgehen:

◆ Der »systematische Weg« erstellt einen Lokale-Agenda-21-Aktionsplan als neues Instrument der Kommunalplanung. Er eignet sich besonders für Kommunen ohne größere Erfahrungen mit der Entwicklungsplanung und Bürgerbeteiligung.

◆ Der »strategische Weg« baut auf vorhandenen Planungsinstrumenten auf, der Aktionsplan fügt diese als eine Art Klammer zusammen. Er schließt Lücken und integriert Themen durch Einführung der noch fehlenden Aspekte in Fachplanungen.

◆ Der »aktionsbezogene Weg« nimmt den Agendaprozess als Anlass, viele Akteure zu guten Aktionen anzuregen, und ist ein von Öffentlichkeitsarbeit, Dialog und der Umsetzung von Projekten geprägter Prozess. Die Aufstellung eines Aktionsplans ist nicht beabsichtigt.

Die Erweiterung mit der letzten Variante betrifft vor allen die Beteiligung der Akteure außerhalb der Kommunalverwaltung: Die Mitwirkung ist nicht auf das Erstellen eines Aktionsplans beschränkt. Sie beinhaltet jetzt auch eigene Aktivitäten und Projekte. Der zunächst von ICLEI formulierte alleinige Weg der Lokalen Agenda 21 als Erstellung eines Aktionsplans wird durch die im Jahr 1998 schon deutlich sichtbare andere Praxis in deutschen Kommunen und deren Berücksichtigung hier korrigiert.

Die Praxis:
Lokale Agenda 21 als projektorientierter Prozess

Die Umsetzung der Lokalen Agenda 21 ist seit ihrem Beginn in Deutschland Thema vieler Untersuchungen. Das Deutsche Institut für Urbanistik (difu) führt dazu seit dem Jahr 1996 Erhebungen bei den Mitgliedsstädten des Deutschen Städtetages durch. Darüber hinaus zeigen Befragungen und Auswertungen von Bundesländern sehr umfassend und detailliert die Umsetzung der Lokalen Agenda 21.[5] Ferner fließen in die folgenden Ausführungen viele eigene Erfahrungen ein.

Schon die ersten Ergebnisse des difu zeigen eine Tendenz, die später alle weiteren Untersuchungen bestätigen: Kernelemente der Lokalen Agenda 21 sind nicht neue Handlungsfelder, Inhalte oder Ziele. Den Kern bildet die Durchführung eines Konsultationsprozesses mit der Bevölkerung, lokalen Organisationen und der Wirtschaft. Partizipation und Integration sind das Charakteristikum der Lokalen Agenda 21. Die gängige Form der Beteiligung sind dabei thematische Arbeitskreise. Die aktive Beteiligung erfolgt am besten durch konkrete Projekte, deren erfolgreiche Umsetzung für die Motivation der Akteure zwingend erforderlich ist. Auch die Untersuchung und Begleitung der ersten Lokalen Agenda 21 in Berlin-Köpenick bestätigt dies. Dort werden parallel zur Entwicklung programmatischer Vorstellungen greifbare Einzelprojekte zur Verdeutlichung des Prinzips Nachhaltigkeit und zur Motivation empfohlen.

Der in den meisten Leitfäden empfohlene Dreischritt mit Leitbilderstellung, Erarbeitung eines Handlungsprogramms und Umsetzung von Maßnahmen wird in der Praxis zum Dreischritt: Beschluss und Auftakt, Bildung von Arbeitsgruppen und Umsetzung von Projekten. Dazu findet nach dem Beschluss des Gemeinderats meist eine öffentliche Auftaktveranstaltung statt. Dort werden die Lokale Agenda 21 vorgestellt und Möglichkeiten zur Mitarbeit angeboten, wozu konkrete Vorschläge gesammelt oder angeboten werden. Neben Vorträgen bietet häufig ein Markt der Möglichkeiten einen Überblick, welche nachhaltigen Initiativen in der Kommune bereits aktiv sind. Schon auf der Veranstaltung oder direkt im Anschluss werden thematische Arbeitskreise gebildet. In kleineren Kommunen orientiert man sich dabei oft an den drei Dimensionen der Nachhaltigkeit Wirtschaft, Soziales und Umwelt. Diese Arbeitskreise oder Arbeitsgruppen diskutieren konkrete

Projekte und setzen diese gemeinsam mit der Kommune um. In der Verwaltung unterstützt sie dabei eine zuständige Person oder ein Agendabüro. Kleinere Projekte werden meist zeitnah alleine oder gemeinsam mit der Verwaltung umgesetzt, für größere Vorhaben wird der Gemeinderat beteiligt. In manchen Kommunen steuern gemeinsame Lenkungskreise oder Agendaforen aus Verwaltung, Gemeinderäten und Arbeitskreisverantwortlichen den Prozess der Lokalen Agenda 21. Häufigste Themen sind laut den Erhebungen Energie und Klimaschutz, gefolgt vom Thema Mobilität.

Die Anfangsphase und ersten Aktivitäten eines Lokale-Agenda-21-Prozesses werden im Folgenden an drei Lokale-Agenda-21-Prozessen aufgezeigt, die seit ihrer Gründung auch im Oktober 2021 noch aktiv sind und ihre Arbeit fortlaufend dokumentieren. In den späteren Kapiteln fünf und vierzehn wird die weitere Fortführung dieser Prozesse anhand ausgewählter (und bei Weitem nicht aller!) Aktivitäten kurz beispielhaft geschildert. Die Kommunen decken verschiedene Kommunengrößen und Regionen in Deutschland ab: Allensbach in Baden-Württemberg als kleine Gemeinde mit gut 7000 Einwohnerinnen und Einwohnern, Dortmund in Nordrhein-Westfalen als Großstadt mit rund 590.000 Einwohnerinnen und Einwohnern und Falkensee in Brandenburg als mittelgroße Kommune mit etwa 35.000 Einwohnerinnen und Einwohnern. Als Beispiel für den Auftakt und die Startphase einer Lokalen Agenda 21 wird dabei die Stadt Dortmund ausführlicher behandelt.[6]

Lokale Agenda 21 in der Praxis von drei Kommunen (Eins): Die Startphase bis zum Jahr 2002

Die Stadt **Dortmund** fasst im Jahr 1998 den Beschluss für eine Lokale Agenda 21, im März 1999 wird das Agendabüro eingerichtet. Im Jahr 2000 finden zwei Agendawerkstätten mit 40 Personen aus Verbänden, Wirtschaft, Organisationen, Politik und Verwaltung statt, um einen organisatorischen Rahmen und Schwerpunkte für die weitere gemeinsame Agendaarbeit zu definieren. Besonderes Schwergewicht wird mit einer eigenen Arbeitsgruppe auf den Bereich der Bürgerbeteiligung gelegt.

Der Teilnehmerkreis der Agendawerkstätten bildet vorerst für das Jahr 2001 den »Konsultationskreis Lokale Agenda in Dortmund« als Kommunikations- und Informationsgremium zur Lokalen Agenda 21 in Dortmund. Er erarbeitet die weiteren Spielregeln der Zusammenarbeit und legt sechs Schwerpunktthemen für die weitere Arbeit fest: Nachhaltiger Umgang mit Ressourcen, Nachhaltiges Wirtschaften, Bauen – Wohnen – Leben, Nachhaltige Mobilität, Nachhaltigkeitsindikatoren und -leitbilder sowie Nachhaltige Bildung und Schule. Der erste Dortmunder Agendakongress im April 2001 geht in Vorträgen und Workshops auf die kommende Agendaarbeit ein. Die Workshops markieren den Start für sechs Arbeitsgruppen zu den oben genannten Themen. Alle Gruppen einigen sich auf Termine, die zukünftig über Presse und Internet bekannt gegeben werden. Sie stehen allen Interessierten offen. Aufgelockert wird das Programm durch die kulturelle Auseinandersetzung eines Impro(visations)-Theaters mit dem Thema Nachhaltigkeit unter aktiver Einbindung des Publikums. Ein weiterer Schwerpunkt ist die Präsentation von Projekten auf dem »Markt der Möglichkeiten« durch etwa 40 Initiativen, Verbände und Fachbereiche aus der Verwaltung. Sie stellen die Bandbreite möglicher Agendathemen vor. Die auf dem Kongress präsentierte Broschüre *Gute Beispiele nachhaltiger Entwicklung in Dortmund* zeigt bisherige Aktivitäten auf.

Ab Sommer 2001 werden Veranstaltungen des Agendaforums zu verschiedenen Projekten und Themen der Nachhaltigkeit durchgeführt. Sie sind auch zur Präsentation der sechs Arbeitsgruppen offen für alle Interessierten und sollen nicht organisierten Bürgerinnen und Bürgern den Lokale-Agenda-21-Prozess transparenter machen. Auf Wunsch der Arbeitskreise übernimmt das Agendabüro die Moderation, Einladung und Ergebnissicherung der Arbeitskreise. Die Arbeitsgruppen initiieren und planen Projekte, Aktionen und Workshops und führen diese durch. Der oben erwähnte Konsultationskreis wird als Gremium zur Beratung und Unterstützung bei der Ausgestaltung des Lokale-Agenda-21-Prozesses installiert. Aus der Fülle der vielen Aktivitäten, die in den Jahresberichten auf der Homepage der Stadt Dortmund dokumentiert sind, seien hier nur einige beispielhaft erwähnt: Mit dem ersten Dortmunder Schülerinnen- und Schülerkongress wird im Jahr 2001 die erste Projektphase des bundesweiten Modellprojekts »Agenda 21 in der Schule« erfolgreich beendet. Das aus Graz stammende Projekt »ÖKOPROFIT« zur Kooperation und Auszeichnung mit Unternehmen zu Umweltschutzaktivitäten wird fortgesetzt, ebenso das Projekt »Privathaushalte (er)leben Agenda«. Zur landesweiten Aktionswoche »Zukunft. Gestalten. Mitmachen.« finden in Dortmund im Juli 2002 fast 40 Veranstaltungen, Aktionen, Vorträge und Ausstellungen statt. Die Verwaltung diskutiert und erarbeitet mit externen Akteuren eine Reihe von Masterplänen zu Themen wie Verkehr, Umwelt oder Wohnen.

In **Falkensee** beginnt im Jahr 2000 der Prozess einer bürgerschaftlich getragenen Lokalen Agenda 21 durch die Initiative des BUND, der Bürgerinitiative »Schönes Falkensee« und des »Hauses am Anger«. Es erfolgt die Gründung der Lokalen Agenda 21 Falkensee mit fünf Arbeitsgruppen (AGs): Wirtschaft, Stadtentwicklung und Verkehr, Bildung, Umwelt-Klima-Energie und Zusammenleben in der Stadt.

Die Stadtverordnetenversammlung unterstützt im Jahr 2001 einstimmig die Lokale Agenda 21 und ruft die örtlichen Akteure zur Mitarbeit auf. Im Juni findet ein Workshop »Lokale Agenda 21: Falkensee auf dem Weg in das neue Jahrtausend – Vision und Ziele einer nachhaltigen Stadtentwicklung« statt. Im März 2002 erfolgt die Eröffnung des Agendabüros mit zwei ABM-Kräften. Die Agenda 21 Falkensee erhält ihr Logo im Rahmen des »Agendalogo-Wettbewerbes«. Die AG Zusammenleben führt zwei Ost-West-Dialoge durch. Die AG Stadtentwicklung erstellt eine Stellungnahme zum Verkehrsentwicklungsplan 2002.Die bisherigen Erfolge und Aktivitäten werden in der »Agenda 21 Ausstellung« zur Woche der Zukunftsfähigkeit den Bürgerinnen und Bürger vorgestellt. Die AG Umwelt prämiert den schönsten Ökogarten im Rahmen eines Wettbewerbs und stößt das nächste Projekt »Offene Gärten« an.

In **Allensbach** findet nach dem Beschluss des Gemeinderats im Juli 2001 im November die Auftaktveranstaltung zur Lokalen Agenda 21 mit der Sammlung von ersten Projektideen statt. Es werden vier Arbeitskreise gebildet. Der Arbeitskreis »Energie, Ressourcen, Klimaschutz« startet im Gemeindeblatt Artikelreihen zu Klimaschutz, Energiesparen und Ökostrom (»Wechsler des Monats«). Der Gemeinderat stellt das Dach der örtlichen Bodanhalle für eine Photovoltaikanlage zur Verfügung. Die drei weiteren Arbeitskreise behandeln die Schwerpunkte Landschaft und Tourismus, Familie und Freizeit sowie Wirtschaft und Verkehr. Themen sind dabei Wanderwege, eine flexible Ganztagsbetreuung für Kinder oder ein attraktiverer Wochenmarkt.

Lokale Agenda 21 in Europa

Von europäischer Ebene gehen wesentliche Impulse zur Umsetzung der Lokalen Agenda 21 aus. Im Mai 1994 verabschiedet die europäische Konferenz für zukunftsbeständige Städte und Gemeinden mit 600 Teilnehmenden die *Charta von Aalborg*, maßgeblich gestaltet vom 1990 gegründeten »Internationalen Rat für kommunale Umweltinitiativen« (International Council for Local Environmental Initiatives – ICLEI). Sie bekräftigt die Umsetzung der Lokalen Agenda 21 und benennt Schwerpunkte für die Umsetzung. Die Bürger sollen als Schlüsselakteure zusammen mit der örtlichen Gemeinschaft in die Lokale Agenda 21 einbezogen werden. Eine Folgekonferenz mit 1000 Teilnehmenden beschließt im November 1996 den *Lissaboner Aktionsplan von der Charta zur Umsetzung* mit weiteren Konkretisierungen. Die kommunale Verwaltung soll treibende Kraft im Prozess der Lokalen Agenda 21 sein. Zur Konsultation und Partnerschaft wird die Einrichtung eines Lokale-Agenda-21-Forums mit Interessenvertretern empfohlen. Durch eine systematische Maßnahmenplanung will man von der Analyse zum Handeln gelangen.[7]

Viele deutsche Kommunen beziehen sich in ihren Gemeinderatsbeschlüssen zur Lokalen Agenda 21 auf die *Charta von Aalborg*. Die Studie des Umweltbundesamtes (UBA) *Lokale Agenda 21 im Europäischen Vergleich* zeigt große Übereinstimmungen der Lokalen Agenda 21 in Deutschland mit fünf anderen Ländern (Großbritannien, Niederlande, Polen, Schweden und Spanien). Wesentliches Merkmal ist dabei übereinstimmend die Beteiligung der örtlichen Bevölkerung an der Erstellung und Umsetzung, wobei allerdings die Vorstellungen von Beteiligung stark variieren. Auch die Innovationsanstöße und Impulse der Lokalen Agenda 21 beziehen sich überwiegend auf die Durchführung eines örtlichen Dialogs. Die Kommunalpolitik wird besonders durch neue Formen der Kommunikation und Kooperation bereichert. Neue Kooperationen entstehen sowohl in der Verwaltung, von dieser mit örtlichen Akteuren und zwischen diesen Akteuren selbst.

Auch hinsichtlich des Verständnisses von Nachhaltigkeit als schonende Nutzung von natürlichen Ressourcen und der Integration von Themen besteht Übereinstimmung. Der Bezug zu den wichtigsten örtlichen Problemen wird ebenfalls in allen Ländern als wesentlich eingestuft, ebenso ein Ratsbeschluss zu Beginn. Unterschiede stellt die Studie über die Rolle konkreter Projekte fest. In Deutschland, Schweden und den Niederlanden drängt der Wunsch nach konkreten Maßnahmen die Aufstellung eines Aktionsplans mit Zielen in den Hintergrund. In Großbritannien, Spanien und Polen stellen Maßnahmen und Projekte den zweiten Schritt zur Umsetzung des Aktionsplans dar. Auch die erste Ländergruppe will allerdings Aktionen durch Leitziele zusammenführen. Festzuhalten bleibt insgesamt, dass neue Formen der Beteiligung und konkrete Projekte wie in Deutschland auch in allen Vergleichsländern eine Schlüsselrolle in Lokale-Agenda-21-Prozessen einnehmen.[8]

Verknüpfung der Lokalen Agenda 21 mit anderen kommunalen Prozessen

Beim Start der Lokalen Agenda 21 in den deutschen Kommunen wenden diese schon eine Reihe von Prozessen und Instrumenten an, mit denen sich bezüglich Zielsetzung und Methoden teilweise Überschneidungen ergeben. Sinnvoll ist es deshalb, mögliche Synergieeffekte zu nutzen, um Doppelstrukturen und blockierende Konkurrenzsituationen in den Kommunen zu vermeiden. Gemeinsamkeiten zeigen sich besonders bei dem für die Lokale Agenda 21 zentralen Merkmal der Bürgerbeteiligung mit Prozessen wie Stadtmarketing, Stadtentwicklung oder Dorferneuerung. Werden das Stadtmarketing nicht nur als kommerziell ausgerichtetes Citymarketing betrachtet und Stadtentwicklungskonzepte über den Schwerpunkt baulichräumliche Entwicklung hinaus erweitert, können beide mit der Lokalen Agenda 21 zu umfassenderen kommunalen Nachhaltigkeitskonzepten zusammengeführt werden. Da wie bei der Lokalen Agenda 21 auch die Umsetzung dieser Konzepte in den Kommunen unterschiedlich erfolgt, müssen die vielen möglichen Anknüpfungspunkte entsprechend der örtlichen Situation individuell ausgestaltet werden. Hierauf weisen eine Reihe von Studien und Publikationen hin, die auch kommunale Beispiele zur Verknüpfung enthalten. Wie dies auf so erfolgreiche Weise in die Praxis umgesetzt wird, dass es auch 20 bis 25 Jahre später in inzwischen weiterentwickelter Form im Jahr 2021 immer noch Bestand hat, zeigen die beiden folgenden Beispiele aus Kommunen.[9]

In **Öhringen**, einer Stadt im nördlichen Baden-Württemberg mit ungefähr 22.000 Einwohnerinnen und Einwohnern, ist der 1994 gestartete Stadtmarketingprozess der Vorläufer der Lokalen Agenda 21. Vier Unterarbeitskreise erarbeiten Maßnahmenkataloge und ein Leitbild. Im Jahr 1998 schlägt der Oberbürgermeister die Aufstellung einer Lokalen Agenda 21 vor, um damit die erfolgreiche, aber inzwischen stagnierende Arbeit des AK Stadtmarketing auszubauen.

Nach dem Beschluss des Gemeinderats nimmt 1999 das Agendabüro als Stabsstelle im Bereich des Oberbürgermeisters seine Arbeit auf. Für die personelle und thematische Erweiterung zur Öhringer Agenda 21 werden, anknüpfend an die Strukturen des Stadtmarketings, vier Arbeitsgruppen gebildet: Umwelt & Wirtschaft, Siedlung & Landwirtschaft sowie Mobilität, Energie, Klima und Soziales, Kultur, Freizeit. Diese Gruppen bilden die Basis der Beteiligungsstrukturen. In den Arbeitsgruppen werden Ideen und Anregungen gesammelt und in konkrete Projekte überführt. Die Akteure entwickeln daraus Empfehlungen, die an den koordinierenden Arbeitskreis »Stadtmarketing und Öhringer Agenda 21« gehen. Dieser besteht aus den Sprechern der Arbeitsgruppen, Vertretern des Gemeinderats, dem Agendakoordinator und der Verwaltungsspitze. Er berät über die weiteren Schritte, leitet die angenommenen Vorschläge über die Verwaltung an den Gemeinderat weiter oder gibt in Einzelfällen die Projektideen mit einer ausführlichen Begründung zur Nacharbeit an die Gruppen zurück. Maßnahmen, die keinen Beschluss des Gemeinderats erfordern, gehen den Stadträten als Information zur Kenntnisnahme zu.

In **Heidelberg** gründen Initiativen und Einzelpersonen im Jahr 1995 den öffentlichen »Runden Tisch Nachhaltiges Heidelberg«. Um die dort entstandene Frage nach den wichtigen Handlungsfeldern für eine nachhaltige Entwicklung zu beantworten, beauftragt die Oberbürgermeisterin das örtliche ifeu-Institut für Umwelt- und Energieforschung, die bisherigen städtischen Aktivitäten zu untersuchen und zu bewerten. Die Studie *Nachhaltiges Heidelberg. Für eine lebenswerte Umwelt. Darstellung und Bewertung bisheriger Aktivitäten der Stadtverwaltung und Vorschläge für eine Lokale Agenda 21* empfiehlt, den schon bestehenden Stadtentwicklungsplan als »Heidelberger Agenda 21« aufzufassen. Er deckt viele Themen der Agenda 21 ab. Ferner hat Heidelberg schon viele nachhaltige Aktivitäten vorzuweisen und im Bereich der Bürgerbeteiligung Vorbildliches geleistet.

Der Gemeinderat beschließt die Umsetzung einer Lokalen Agenda 21 auf der Basis des Stadtentwicklungsplans. Der *Stadtentwicklungsplan Heidelberg 2010. Leitlinien und Ziele* enthält eine Präambel für ein neues Leitbild mit Bezug zu den Leitzielen des Stadtentwicklungskonzepts aus dem Jahr 1974 und der *Charta von Aalborg*. Heidelberg strebt demnach eine Entwicklung an, die unter Bewahrung seiner unverwechselbaren Eigenart gleichermaßen sozial verantwortlich, umweltverträglich und wirtschaftlich erfolgreich ist. Eine ämter- und dezernatsübergreifende Projektgruppe bereitet die Umsetzung der Lokalen Agenda 21 vor. Im Jahr 1999 wird ein Agendabüro eingerichtet. Die konkreten Aktivitäten von Verbänden, Initiativen, Betrieben, Bürgern und Fachämtern finden in Projektgruppen statt. Darüber hinaus erfolgt die Bürgerbeteiligung in Zukunftswerkstätten, über Beteiligungsformen in kommunalen Planungsprozessen oder mit anderen Formaten. Der Agendaprozess wird in Heidelberg insgesamt weitgehend an vorhandene Strukturen angebunden. Bestehende Initiativen und Aktivitäten werden integriert und unter dem Dach der Lokalen Agenda 21 zusammengeführt.

Die Lokale-Agenda-21-Prozesse werden auf diese Weise erfolgreich mit schon bestehenden Prozessen und Instrumenten verbunden. Die in vielen Handreichungen geforderte Verknüpfung mit dem zu dieser Zeit ebenfalls neuen Instrument des Öko-Audits zur Etablierung eines Umweltmanagementsystems in Verwaltungen ist Thema in Kapitel fünf. Die ebenfalls häufig vorgeschlagene Verbindung mit der Verwaltungsmodernisierung und einem neuen Steuerungsmodell sehen die Kommunen selbst in der Praxis kaum. Diese Instrumente zielen vor allem auf die Konsolidierung der öffentlichen Haushalte ab und haben zu diesem Zeitpunkt in den kommunalen Verwaltungen wenig verändert. Ihre Verknüpfung mit dem Öko-Audit und der

Lokalen Agenda 21 ist auch Bestandteil des Modells bzw. Leitbilds einer »Nachhaltigkeitskommune« zur Weiterführung der Lokalen Agenda 21 und ebenfalls Thema im Kapitel fünf.

Hemmnisse und Erfolgsfaktoren der Lokalen Agenda 21

Schon in den ersten Erhebungen zur Umsetzung der Lokalen Agenda 21 durch das Deutsche Institut für Urbanistik (difu) nennen die befragten Kommunen vor allem zwei Hemmnisse: Finanzknappheit und Personalmangel. Diese allerdings für viele andere Prozesse und die Kommunalpolitik insgesamt zutreffenden Punkte bestätigen nahezu alle weiteren Untersuchungen. Zu den fehlenden Kapazitäten kommt in der Verwaltung eine Struktur hinzu, die auf solche neuen, offenen und partizipatorischen Prozesse wie die Lokale Agenda 21 nicht eingestellt ist. Politik und Gemeinderat mit ihren eingespielten Gewohnheiten sind in ihrem Selbstverständnis verunsichert, sehen die Lokale Agenda 21 häufig als Konkurrenz und geben ihr nicht die notwendige Unterstützung.

Beim dritten Akteur, der Bevölkerung, bleibt die Teilnahme insgesamt auf relativ wenige und dafür sehr Aktive (»Die üblichen Verdächtigen«) beschränkt. Diese haben teils überzogene Erwartungen und werden durch die genannten Restriktionen in Verwaltung und Politik frustriert. Die Teilnahme an den Prozessen nimmt deshalb ab, was bei den insgesamt relativ wenigen und sehr aktiven bürgerschaftlichen Trägern dieser Prozesse einschneidende Wirkungen haben kann. In Politik bzw. Verwaltung und Zivilgesellschaft fehlen häufig die Kenntnisse und das gegenseitige Verständnis für die jeweils teils völlig andere Arbeitsweise. Die offenen Lokale-Agenda-21-Prozesse haben oft keine Regeln, Planung und Verbindlichkeit.

Susanne Stark sieht in ihrer wissenschaftlichen Studie *Implementation der Lokalen Agenda 21 in Verwaltungshandeln am Beispiel Energie* ein wichtiges Hemmnis in der Unterschätzung des gesamten Veränderungsprozesses als Erfolg für sich. Nicht nur die Zahl der abgeschlossenen Maßnahmen und Projekte kann als Erfolg gelten, sondern auch deren Voraussetzung mit einem erfolgreich durchgeführten Verständigungs- und Klärungsprozess. Wird dieser Maßstab nicht angelegt, gilt der Prozess ohne greifbare Ergebnisse als gescheitert. Entscheidend für Susanne Stark ist, ob die Verwaltung ein neues

Selbstverständnis entwickeln kann und bürgerschaftliches Engagement als Ausdruck politischer Willensbildung anerkennt und fördert. Die Offenheit für neue Akteure und Ideen muss mit verbindlichen Entscheidungsstrukturen kombiniert werden.

Ein zusätzliches Hemmnis dürfte der völlig andere Verlauf der Lokale-Agenda-21-Prozesse als die zunächst angedachte schrittweise Erstellung eines Programms sein: Sobald Probleme auftreten, die so nicht vorhersehbar waren, fehlen dafür zunächst Lösungen. Insgesamt sind es Anpassungsprobleme in Strukturen und bei Akteuren mit einem neuen und kooperativen Politikansatz, die zu Hemmnissen werden.[10]

Spiegelbildlich wird der Abbau der Hemmnisse zwangsläufig zu wichtigen Erfolgsfaktoren der Lokalen Agenda 21: ausreichende finanzielle und personelle Ressourcen in der Verwaltung sowie die Unterstützung von Amtsspitze und Politik. Für die Motivation der bürgerschaftlichen Akteure und den Erfolg der Prozesse sind die Erarbeitung und Umsetzung konkreter Projekte von herausragender Bedeutung. Sie zeigen reale Fortschritte auf dem eingeschlagenen Weg und sind Erfolgserlebnisse für die Fortsetzung der Arbeit. Viele Empfehlungen lauten deshalb, sich zunächst auf konkrete Projekte und kleine, machbare Schritte zu konzentrieren. Wichtig ist eine kontinuierliche Öffentlichkeitsarbeit, um das Thema nachhaltige Entwicklung der Bevölkerung nahezubringen.

Ein wesentlicher Erfolgsfaktor betrifft den gesamten Lokale-Agenda-21-Prozess und die beteiligten Akteure: Das neue kooperative Politikmodell zur Zusammenarbeit von Verwaltung, Politik und Bürgerschaft bzw. Zivilgesellschaft muss von allen gewollt sein und gelernt werden. Die kommunalen Akteure müssen einen partnerschaftlichen Politikstil anstreben und dafür auch ihr Rollenverständnis überdenken bzw. anpassen. Als fester und gesetzlich verfasster Struktur kommt der Verwaltung eine Schlüsselrolle zu. Aktivierende Impulse können und sollen von allen Akteuren ausgehen. Jenseits eingefahrener Abläufe muss die Lokale Agenda 21 als neues Such-, Lern- und Experimentierfeld für eine nachhaltige Entwicklung anerkannt werden, bei der zwangsläufig auch Fehler gemacht werden und Rückschläge eintreten können. Die dabei recht komplexen Prozessstrukturen sind so aufzubereiten und zu vermitteln, dass sie für alle Akteure und die Öffentlichkeit verständlich und nachvollziehbar sind. Politik und Verwaltung müssen Strukturen und Angebote für bürger- und zivilgesellschaftliches Engagement schaffen, das so zwar nicht konstant mit der immer gleichen Intensität, aber dauerhaft und langfristig zur festen Größe der Kommunalpolitik wird. Engagement und oft kleine Projekte sind mit einer langfristigen Zielsetzung zu verbinden, um damit sowohl einen umfassenden Rahmen als auch eine erkennbare Perspektive zu haben. Über die konkrete Projektarbeit hinaus sind die Bürgerinnen und Bürger auch an den Entscheidungen der Politik zu beteiligen.

Vorschläge zur Weiterführung der Lokalen Agenda 21 und Leitbild »Nachhaltige Bürgerkommune«

Anknüpfend an die festgestellten Hemmnisse und Erfolgsbedingungen, machen schon die Erhebungen und Untersuchungen der Bundesländer Vorschläge für eine effektive Weiterführung der Lokalen Agenda 21.[11] Der aufgrund der inzwischen gemachten Erfahrungen aktualisierte Leitfaden *Lokale Agenda 21. Ein Einstieg für Kommunen* des Agendabüros Baden-Württemberg empfiehlt die Entwicklung von Leitlinien als gemeinsame Klammer für die vielen konkreten Projekte in den Kommunen.

Die *Auswertung Lokaler Agenda 21-Prozesse in Nordrhein-Westfalen* und eine vergleichende Analyse der Agendaprozesse in Berlin-Köpenick, München und Aschaffenburg des Mitarbeiters von caf-agenda-transfer Jürgen Anton schlagen eine Mischung aus Konsultation und Umsetzung vor. Statt einer Trennung in Phasen und eines schritt- oder stufenweisen Prozessverständnisses wird ein rekursiv-spiralförmiges Modell vorgeschlagen. Hier wechseln sich Konsultation und Umsetzung immer wieder ab und stoßen neue Aktivitäten an. Sinnvoll ist der Einsatz von strategischen und strukturverändernden strategischen Leitprojekten. Statt rein geschlossener Arbeitsgremien soll es einsteigerfreundliche Strukturen geben. Ausgestattet mit entsprechenden lokal angepassten Strukturen zur Kooperation der Akteure und zur effektiven Umsetzung, wird die Lokale Agenda 21 zum langfristigen Lernprozess.

Die bis dahin mit Abstand umfangreichste deutsche Auswertung *Evaluierung der Kommunalen Agenda 21 in Bayern* empfiehlt, unter dem Leitbild einer »Nachhaltigen Bürgerkommune« eine dialogorientierte und partnerschaftliche Politik zu stärken. Für die künftige Ausrichtung der Lokalen Agenda 21 zeigen drei Strategiemodelle mögliche Schwerpunkte auf:

◆ Das »Optimierungsmodell« knüpft am unmittelbarsten an die gängige Praxis in den Kommunen an. Die Lokale Agenda 21 besteht als freiwilliger und wenig reglementierter Prozess weiter. Sie entfaltet sich in Kooperationen und Netzwerken der zivilen Akteure ohne systematische Verknüpfung mit der alltäglichen Gemeindepolitik.

◆ In der anspruchsvollsten Variante des »Integrationsmodells« werden Initiativen zur Kommunalentwicklung von der Politik gefördert und von allen Akteuren getragen. Die Lokale Agenda 21 hebt sich als eigenständiger Konsultationsprozess nicht mehr von der übrigen Entscheidungspraxis in der Kommune ab. Die Zusammenarbeit zwischen den Akteuren wird systematisch gefördert.

◆ Im »Kombinationsmodell« wird die Lokale Agenda 21 stärker formalisiert und nimmt Verfahrenscharakter an. Sie wird mit anderen Instrumenten kombiniert. Die Verwaltung übernimmt eine zentrale Funktion und bedient sich systematisch und nach Bedarf der Konsultation und Mitwirkung der Akteure, die so zu einem etablierten Bestandteil der kommunalen Praxis wird. Die Lokale Agenda 21 ist zeitlich begrenzt, wirkt formal aber möglichst weiter.

Das Leitbild einer »Nachhaltigen Bürgerkommune« wird auch vom Agendabüro Baden-Württemberg zur Weiterführung der Lokalen Agenda 21 empfohlen und präzisiert. In beiden Bundesländern gibt es aktive und von den Ländern unterstützte Netzwerke des bürgerschaftlichen Engagements. Damit geht es bei diesen Vorschlägen einerseits um die Verknüpfung der beiden zentralen Aspekte Nachhaltigkeit und Bürgerengagement zur Weiterführung der Lokalen Agenda 21, andererseits aber auch um die Verknüpfung beider Ansätze. Die *Evaluierung der Kommunalen Agenda 21 in Bayern* erläutert in einem Kapitel ausführlich das neue Leitbild und ordnet dies in den umfassenden Rahmen einer »aktiven Bürgergesellschaft« ein. Diese propagiert mit Alois Glück auch ein prominenter bayerischer Politiker und fordert mit ausdrücklichem Bezug zum Leitbild Nachhaltigkeit eine neue »Kultur der Verantwortung«.

Das Agendabüro Baden-Württemberg will mit der »Nachhaltigen Bürgerkommune« Bürgerbeteiligung und Nachhaltigkeit als Wesensmerkmale der Lokalen Agenda 21 dauerhaft institutionalisieren. Darüber hinaus sollen

ein umfassender Rahmen für die vielen Agendaprojekte und eine Verknüpfung mit anderen Prozessen erreicht werden. Mit Bezug auf praktische Beispiele in Kommunen werden drei Themenschwerpunkte und zwölf »Bausteine« zur Umsetzung vorgeschlagen:

- Zur Förderung des Bürgerengagements werden Anlaufstellen und Beteiligungsmöglichkeiten geschaffen. Neben der Förderung des freiwilligen
Engagements sollen auch Ehrenamtliche in ihrem Tätigkeitsbereich für
das Thema Nachhaltigkeit gewonnen werden. Die Zusammenarbeit von
Bürger- und Zivilgesellschaft, Politik und Verwaltung stellen institutionalisierte Zukunftsräte sicher.

- Um Nachhaltigkeit umzusetzen, schaffen die Verwaltungen entsprechende Strukturen und führen ein Umwelt- bzw. Energiemanagement ein.
Die Kommunen unterziehen Vorhaben einer Nachhaltigkeitsprüfung
und bilanzieren in regelmäßigen Nachhaltigkeitsberichten mit Indikatoren die kommunale Entwicklung.

- Den umfassenden Rahmen schafft ein Agendaprogramm zur nachhaltigen Stadtentwicklung. Für den notwendigen Bewusstseinswandel der
Bevölkerung ist eine intensive Bildungs- und Aufklärungsarbeit erforderlich. Künftig soll die globale Perspektive auch im kommunalen Handeln
stärker zum Tragen kommen, zum Beispiel mit der Beschaffung und
Förderung fair gehandelter Produkte durch die Verwaltung.[12]

Den detailliertesten Vorschlag zur Weiterführung enthält ein von der Deutschen Bundesstiftung Umwelt (DBU) gefördertes zweijähriges Forschungsprojekt *Bedingungen institutioneller Stabilisierung lokaler Agenda 21-Prozesse.*
Zentrale Annahme ist, dass sich die Lokale Agenda 21 nur dann dauerhaft
stabilisieren lässt, wenn sie institutionell dort verankert wird, wo zentrale
kommunale Zukunftsentscheidungen diskutiert und getroffen werden. Auf
der Grundlage von Fallstudien beschreibt die Studie Stabilisierungselemente
der Lokalen Agenda 21 und umreißt drei Szenarien einer zukünftigen Entwicklung. Ein »Werkzeugkasten« enthält Stabilisierungsinstrumente und
-strategien zu neun Bereichen, die weitgehend mit den auch oben beschriebenen Erfolgsfaktoren übereinstimmen: politische Unterstützung, thematische Integration der drei Nachhaltigkeitsdimensionen, Vernetzung der Akteure, effizientes Prozessmanagement, Öffentlichkeitsarbeit, Partizipation

und ein Nachhaltigkeitscontrolling. Zwei Bedingungen sprechen die politischen Ebenen oberhalb der kommunalen Ebene an: eine regionale bzw. überregionale Vernetzung zum Erfahrungsaustausch, Unterstützung der Lokale-Agenda-21-Prozesse durch die Bundesländer und ein nationaler Nachhaltigkeitsdiskurs. Für die weitere Entwicklung der Lokalen Agenda 21 hat die Verknüpfung des bürgerschaftlichen Engagements in Initiativen und Projekten mit dem institutionellen Organisationshandeln von Verwaltung und Politik zentralen Stellenwert. Es zeichnen sich drei unterschiedliche Nachhaltigkeitsszenarien mit einer jeweils anderen Rolle und Funktion der Lokalen Agenda 21 ab:

- Im Szenario »Lokale Agenda 21 als Motor und Transmissionsriemen nachhaltiger Stadtentwicklung« wird die Lokale Agenda 21 zum vernetzenden und kommunikativen Motor nachhaltiger Stadtentwicklung. Nach der ersten Phase ihrer Etablierung als eigenständiger kommunalpolitischer Akteur muss sie sich so weiterentwickeln, dass sie das Leitbild Nachhaltigkeit in die verschiedenen kommunalen Handlungsfelder transportiert. Aufgabe der Lokalen Agenda 21 ist hier, das Netz nachhaltigkeitsorientierter Akteure und Praktiken immer dichter zu knüpfen. Sie soll Lernnetzwerke schaffen und nachhaltige Prozesse in Verwaltung, Wirtschaft und dem Alltagsleben anstoßen. Sie ist ein sich entwickelndes und auch organisatorisch sich ständig veränderndes Netzwerk verschiedener Akteure. Idealerweise sind in diesen breiten dialogisch-kooperativen Prozess alle gesellschaftlichen Gruppen, Politik und Verwaltung eingebunden, die dafür ein neues Rollenverständnis entwickeln müssen. Dieses Szenario wäre »neuer Wein in neuen Schläuchen«. Es ist sehr anspruchsvoll und nach Einschätzung der Autoren kaum zu realisieren.

- Das zweite Szenario »Lokale Agenda 21 als Netzwerk lokaler Nachhaltigkeitsprojekte« beschränkt die Lokale Agenda 21 im Wesentlichen auf die Entwicklung und Vernetzung von Projekten. Schwerpunkt ist hier die Mobilisierung zivilen, bürgerschaftlichen Engagements. Die Lokale Agenda 21 hat eine eher komplementäre Funktion zur Kommunalpolitik. Fraglich ist für die Autoren, ob sich die Lokale Agenda 21 in diesem Szenario »Alter Wein in neuen Schläuchen« stabilisieren lässt.

◆ »Lokale Agenda als zeitlich begrenzter Input, um effektive kommunal-politische Maßnahmen in Richtung Nachhaltigkeit anzustoßen«, lautet das dritte Szenario. Hier hat die Lokale Agenda 21 nach der Konsultationsphase ihre eigentliche Funktion erfüllt. Dialogisch-vernetzende Kommunikationsprozesse lassen sich weder auf Dauer verankern, noch ist ihre Fortsetzung erwünscht. Auf die Diskussionsphase folgen effektive Maßnahmen. Die Kommunalpolitik kann durchaus nachhaltiger werden, behält aber ihre Form mit dem Primat der Parteipolitik und Verwaltung bei. Dieses Szenario wäre »Neuer Wein in alten Schläuchen«. Es bezeichnet zwar eine realistische Variante, allerdings hat die Lokale Agenda 21 hier keinen Stellenwert mehr.

Die Gemeinsamkeiten mit der Studie *Evaluierung der Kommunalen Agenda 21 in Bayern* sind durch die teilweise identischen Autoren bzw. Institute zu erklären. Das »Forum Umwelt & Entwicklung« und die »Servicestelle Kommunen in der Einen Welt« der Bundesregierung knüpfen im Jahr 2002 in ihrer Bilanz *Nachhaltigkeit Lokal – Lokale Agenda 21 in Deutschland – Eine Zwischenbilanz 10 Jahre nach Rio* an die hier gemachten Stabilisierungsvorschläge und Szenarien an. Ihrer Einschätzung nach finden sich ein Großteil der deutschen Kommunen im Jahre 2002 vor dem Weltgipfel in Johannesburg im dritten Szenario wieder, auch durch deutliche Ermüdungserscheinungen vieler Lokale-Agenda-21-Prozesse. Einige weitere Kommunen haben die Qualität des zweiten Szenarios erreicht, das Niveau des ersten Szenarios noch keine Kommune, auch wenn hier Annäherungen feststellbar sind. Auch die dortigen Empfehlungen für zukunftsfähige Kommunen, die an eine »Kommunale Rio+10-Erklärung von Berlin« anknüpfen, orientieren sich an diesem Werkzeugkasten.[13] Inwiefern diese Leitbilder, Szenarien und andere Modelle für die Lokale Agenda 21 dann später wirklich zutreffen, ist Thema der Kapitel fünf und vierzehn.

Eine Weiterführung und Institutionalisierung der Lokalen Agenda 21 als feste kommunalpolitische Größe beinhalten besonders die Stabilisierung des bürger- und zivilgesellschaftlichen Engagements und die Verbindung mit den verfassten Gremien der Kommunalpolitik. Wie dies in der Praxis gelingt, zeigt im Oktober 2021 seit über 25 Jahren das Beispiel Unterhaching, einer Pionierkommune der Lokalen Agenda 21 mit etwa 20.000 Einwohnerinnen und Einwohnern nahe München.

Durch Impulse aus dem kirchlichen Umfeld beschließen im Juli 1995 in **Unterhaching** in einer Versammlung Bürgerinnen und Bürger, die Vorgaben des Kapitels 28 der Agenda 21 umzusetzen und gemeinsam mit dem Gemeinderat und der Verwaltung eine Lokale Agenda 21 zu entwickeln. Der Bürgermeister unterstützt das Vorhaben, und Ende des Jahres gibt es eine Organisationsstruktur. Bei der Konstitution des neuen Gemeinderats wird die neue Form der Bürgerbeteiligung einstimmig in die Geschäftsordnung des Gemeinderats aufgenommen.

Der schon bestehende Umweltbeirat mit vom Gemeinderat berufenen Bürgerinnen und Bürgern wird in den Umweltbeirat/Lokale Agenda 21 umgewandelt. Er hat beratende Funktion, seine Anträge müssen vom Gemeinderat bearbeitet werden. Er ist durch eine von der Bürgerschaft erstellte Satzung auf die Ziele der Agenda 21 verpflichtet. Mitglieder sind die Umweltbeauftragten der im Gemeinderat vertretenen Fraktionen und die von den Agenda-Arbeitskreisen und der Agendavollversammlung gewählten Sprecherpersonen. Die Rolle dieser Gremien ist in der Gründungssatzung der Lokalen Agenda 21 Unterhaching geregelt.

Die vierteljährlich stattfindende Vollversammlung beschließt die Einrichtung von Arbeitskreisen, die möglichst monatlich und offen für Interessierte tagen. Die Arbeit erfolgt im Wesentlichen projektbezogen. Alle Projekte entstehen aus Ideen, die von der Bürgerschaft im Rahmen der Vollversammlung vorgetragen und zur Bearbeitung dem entsprechenden Arbeitskreis zugeordnet werden. Voraussetzung ist, dass sich der oder die Vorschlagende zur Bearbeitung dem Arbeitskreis anschließen muss. Projektentwürfe werden im Umweltbeirat/Lokale Agenda 21 eingehend mit den dortigen Gemeinderäten diskutiert. Je nach Art des Projekts muss ein Antrag an den Gemeinderat gestellt werden. Der Umweltbeirat/Lokale Agenda 21 ist damit die entscheidende Schnittstelle zwischen Bürgerschaft, Gemeinderat und Verwaltung, die unter Einhaltung der Spielregeln der Gemeindeordnung ein Miteinander aller Akteure der Lokalen Agenda 21 sicherstellt. Diese 1996 entstandene Grundstruktur der Lokalen Agenda 21 Unterhaching hat auch 25 Jahre später noch Bestand.[14]

Die Lokale Agenda 21 als neues partizipatives und kooperatives Politikmodell

Die Umsetzung der Lokalen Agenda 21 in Deutschland setzt in der Fläche erst etwa fünf Jahre nach der Rio-Konferenz ein. Im Jahr 2002 haben rund 2300 Kommunen eine Lokale Agenda 21 in ihren Gemeinderäten beschlossen. Die zahlreichen Handreichungen zur Umsetzung der Lokalen Agenda 21 von Bund und Ländern orientieren sich eng am Kapitel 28 der Agenda 21. Die Lokale Agenda 21 wird als Erstellung und Umsetzung eines Handlungsprogramms beschrieben, wofür es keine Musteragenda geben kann, sondern jede Kommune ihren Weg finden muss.

Anders als in der Theorie beschrieben, besteht die Praxis der Lokalen Agenda 21 allerdings vor allem aus der Umsetzung konkreter Projekte, die von thematischen Bürgerarbeitskreisen erarbeitet und gemeinsam mit der Verwaltung umgesetzt werden. Der empfohlene Dreischritt Leitbild – Handlungsprogramm – Umsetzung wird in der Praxis zum Dreischritt Auftakt – Arbeitsgruppen – Projekte.

Da schon andere und teilweise ähnliche Prozesse in den Kommunen umgesetzt werden, ist eine Verknüpfung mit der Lokalen Agenda 21 sinnvoll, was in Kommunen bei Stadtentwicklungsplänen oder Stadtmarketingprozessen auch langfristig erfolgreich in die Praxis umgesetzt wird.

Erfahrungen und Erhebungen zeigen typische Hemmnisse und Erfolgsfaktoren für die Lokale Agenda 21. Hemmnisse sind fehlende personelle und finanzielle Ressourcen sowie eine mangelnde Unterstützung durch Politik und Verwaltung, aber auch überzogene Erwartungen in der Bürgerschaft. Alle Akteure müssen erst lernen, mit den Anforderungen der lokalen Agenda 21 als neuem kooperativen und partizipativen Politikmodell umzugehen.

Spiegelbildlich zeigen sich die Erfolgsfaktoren der Lokalen Agenda 21: entsprechend finanziell und personell ausgestattete Agendastellen in der Verwaltung und die Schaffung kooperativer Arbeitsstrukturen für die beteiligten Akteure. Projekte und konkrete Schritte der Umsetzung werden immer wieder als wichtige Erfolgserlebnisse für den Prozess und die Beteiligten hervorgehoben.

Von zentraler Bedeutung ist insgesamt, die Lokale Agenda 21 als gemeinsamen Such- und Lernprozess für eine nachhaltige Entwicklung mit teilweise experimentellem Charakter zu begreifen, der auch Rückschläge einschließt. Alle Akteure müssen einen gleichberechtigten, partnerschaftlichen Politikstil akzeptieren und ihr bisheriges Rollenverständnis entsprechend anpassen. Auf die Beachtung dieser Erfolgskriterien laufen auch Vorschläge zur Optimierung und Weiterführung der Lokale-Agenda-21- Prozesse hinaus.

Wichtig für die Etablierung der Lokalen Agenda 21 als feste kommunalpolitische Größe sind die Stabilisierung des bürger- und zivilgesellschaftlichen Elements und seine Verbindung mit den verfassten Gremien der Kommunalpolitik, Verwaltung und Gemeinderat. Das Beispiel einer auch 25 Jahre nach ihrer Gründung immer noch aktiven Agenda-Pionierkommune zeigt, wie solche Strukturen in der Praxis auch langfristig erfolgreich funktionieren und fest in der Gemeindesatzung verankert sind. Hinzu kommt eine Rahmensetzung für das langfristige Ziel Nachhaltigkeit.

Den Kern der Lokalen Agenda 21 bildet – wie auch im Kapitel 28 der Agenda 21 beschrieben – die Durchführung eine Konsultationsprozesses mit der Bevölkerung, lokalen Organisationen und der Wirtschaft. Partizipation und Integration sind das Charakteristikum der Lokalen Agenda 21. Sie ist ein neues und auch komplexes kooperatives und partizipatives Politikmodell. Dies zeigen auch die Vergleiche mit anderen europäischen Ländern.

Mit den Lokale-Agenda-21-Prozessen sind Kommunen und Zivilgesellschaft wesentliche Nachhaltigkeitstreiber und Motoren zur Umsetzung der Agenda 21. Sie verbreiten als Türöffner das Thema Nachhaltigkeit in Deutschland, häufig mit dem Schwerpunkt Energie und Klimaschutz.

Kapitel 4

Internationaler Einschub Zwei

Rio plus zehn und
der Weltgipfel in Johannesburg 2002

Der Folgekongress zum Erdgipfel 1992 dient im Vorfeld zur Bilanzierung unter dem Motto »Rio plus zehn«: Was wurde seitdem erreicht und umgesetzt? Die verschiedenen Bilanzen fallen durchgehend recht durchwachsen aus. Die positiven Ansätze von Rio werden zu wenig umgesetzt. Die Fortschritte in den verschiedenen Themenbereichen sind zu klein, um die erkannten Probleme zu lösen. Besonders die nationalen Regierungen als wichtige Adressaten für die Umsetzung der Agenda 21 stehen im Kreuzfeuer der Kritik aus den Reihen der Nichtregierungsorganisationen. Industrieländer wie Deutschland lassen den Worten keine Taten folgen und verlieren zunehmend an Glaubwürdigkeit.

Unstrittig ist dabei insgesamt aber die Einschätzung, dass im Gegensatz dazu Lokale-Agenda 21-Prozesse eine aktive und positive Rolle für die Umsetzung der Rio-Beschlüsse spielen. Für das von der Heinrich-Böll-Stiftung initiierte »Jo'-burg-Memo« internationaler Nachhaltigkeitsexperten und -expertinnen hat der Erdgipfel von Rio nicht bei den nationalen Regierungen, sondern bei den Initiativen auf der Mikroebene den größten Anklang gefunden. Er hat in der Folge einen Raum der Legitimation für nonkonformes und innovatives Verhalten geschaffen. Die Lokale Agenda 21 ist dabei im eher düsteren Nachhaltigkeitsgesamtprozess ein »Lichtpunkt«. Wesentlicher Treiber der Umsetzung ist die Zivilgesellschaft, der Weltgipfel von Rio 1992 wird damit im Rückblick zum »Leitstern der Bürgergesellschaft«.[1]

Rio plus zehn lokal:
Bilanz der Lokalen Agenda 21 weltweit und in Deutschland

Einen Überblick zur weltweiten Entwicklung der Lokalen Agenda 21 zehn Jahre nach Rio gibt die im Auftrag der Vereinten Nationen vom International Council for Local Environmental Initiatives (ICLEI) erstellte Übersicht *Second local Agenda 21 survey.*[2] Dort sind Ende 2001 weltweit 6416 Lokale-Agenda-21-Prozesse in 113 Ländern erfasst. Die Lokale Agenda 21 ist dabei mit 5292 Prozessen in Europa und einem Anteil von über 80 Prozent eine vorwiegend europäische Veranstaltung. Mit Abstand am stärksten vertreten ist Deutschland mit 2042 Lokale-Agenda-21-Prozessen, das ist weltweit fast jeder dritte. In Europa stechen außerdem vor allem Skandinavien sowie west- und südeuropäische Länder hervor. Schweden, Großbritannien und die Niederlande können dabei fast oder vollständig eine 100-prozentige Umsetzung in den Kommunen vorweisen. Das sind in Großbritannien 425 Kommunen, und nur Italien erreicht mit 429 Kommunen zahlenmäßig eine ähnliche Dimension.

Nach Europa verzeichnen an zweiter Stelle Asien und die Pazifikregion 674 Lokale-Agenda-21-Prozesse in 17 Ländern, wobei allerdings über zwei Drittel aus den drei Ländern Südkorea, Australien und Japan stammen. Es folgt Afrika mit 151 Lokale-Agenda-21-Prozessen in 28 Ländern, von denen alleine 55 Prozent aus den vier Ländern Simbabwe, Südafrika, Tansania und Kenia kommen. Lateinamerika weist 119 Lokale-Agenda-21-Prozesse in 17 Ländern vor, zu 57 Prozent aus den drei Ländern Brasilien, Chile und Peru. Von den 79 Lokale-Agenda-21-Prozessen im Mittleren Osten aus 13 Ländern stellt die Türkei alleine 50. In Nordamerika gibt es 101 Lokale-Agenda-21-Prozesse, davon 87 in den USA und 14 in Kanada.

Die Lokale Agenda 21 wird dabei insgesamt als partizipatorischer Prozess unter Beteiligung gesellschaftlicher Organisationen (»Stakeholder«) beschrieben, um die Ziele der Agenda 21 auf lokaler Ebene mit einem langfristig angelegten Plan zu erreichen. Formelle Strukturen der Beteiligung und die Einbindung in die Kommunalpolitik zeichnen die Prozesse aus. Als wesentliches Hemmnis wird weltweit die fehlende finanzielle und politische Unterstützung durch die nationalen Regierungen genannt.[2]

Angesichts der hier erfassten zahlenmäßigen Dimensionen stellt sich auch die Frage, inwieweit die in Deutschland immer wieder geübte Kritik an der zu schwachen Umsetzung der Agenda 21 in der Mehrheit aller deutschen Kommunen sinnvoll und gerechtfertigt ist. Wie in Kapitel fünf noch näher behandelt, erfolgt die Umsetzung der Lokalen Agenda 21 vorwiegend in größeren Kommunen. Ferner sind einige Hundert (meist größere) Kommunen wie in anderen als Vergleich genannten europäischen Ländern wesentlich einfacher durch übergeordnete Ebenen zu erreichen und zu unterstützen als über 10.000 (meist kleinere) Kommunen in Deutschland.

Rein zahlenmäßig liegt Deutschland bei der Umsetzung der Lokalen Agenda 21 im internationalen Vergleich weit an der Spitze und könnte sich so auch durchaus zum »Weltmeister« küren. Natürlich sind die Unterschiede zwischen den entwickelten Industrieländern und den Ländern in Afrika, Lateinamerika und auch in Asien ein wesentlicher Faktor für den Grad der Umsetzung. Jedoch auch innerhalb der Industrieländer liegt Deutschland zahlenmäßig unangefochten an der Spitze. Wenn die Lokale Agenda 21 auch weltweit als wesentlicher Treiber zur Umsetzung einer nachhaltigen Entwicklung im Sinne der Beschlüsse von Rio 1992 gilt, haben die Agendaaktiven in den deutschen Kommunen hierzu einen wesentlichen Anteil beigetragen.

Diese Kritik, dass nur 16 Prozent der deutschen Kommunen zehn Jahre nach Rio aktiv die Agenda 21 umsetzen, äußert auch eine *Kommunale Rio +10-Erklärung von Berlin* einer vom »Forum Umwelt & Entwicklung« mitveranstalteten Tagung für zukunftsfähige Kommunen. Positiv sind innovative Ansätze in den Lokale-Agenda-21-Prozessen festzustellen, die aber oft nicht umgesetzt werden und zu einer gewissen Erschöpfung und Ratlosigkeit führen. Kritisiert wird die Politik auf den verschiedenen Ebenen, die diese Ansätze zu wenig unterstützt.

Deutlich positiver fällt die Bilanz der Untersuchung *Nachhaltigkeit Lokal. Lokale Agenda 21 in Deutschland. Eine Zwischenbilanz 10 Jahre nach Rio* aus, welche das »Forum Umwelt & Entwicklung« und die »Servicestelle Kommunen in der Einen Welt« veröffentlichen. Bei allen Schwächen und Ermüdungserscheinungen ist die Lokale Agenda 21 zu einem wichtigen »Transmissionsriemen« des Nachhaltigkeitskonzepts in die kommunale Politik geworden. Sie bildet den Rahmen für örtliche Nachhaltigkeitsprozesse und -initiativen. Viele Prozesse zeigen eine »neue politische und planerische Kultur« mit der Einbindung von Interessengruppen und Bürgerschaft als »Herzstück«.[3]

Die Stärkung der Lokalen Agenda 21 und der Beteiligung auf allen Ebenen bildet deshalb auch ein Handlungsfeld der »10 Punkte für Nachhaltige Entwicklung«, die ein breites Bündnis von Nichtregierungsorganisationen in Deutschland im Vorfeld der nächsten Weltkonferenz fordern. Ferner sollen neue Initiativen für einen nachhaltigen Lebensstil angestoßen werden. Weitere Schwerpunkte betreffen Themenfelder wie die Bekämpfung der Armut oder den Klimaschutz. Zentral ist die Forderung nach konkreten Initiativen der Politik für eine nachhaltige Entwicklung statt der bisherigen Absichtserklärungen.[4]

Ergebnisse des Weltgipfels von Johannesburg

Der Weltgipfel für nachhaltige Entwicklung (World Summit on Sustainable Development – WSSD) vom 26. August bis zum 4. September 2002 in Johannesburg soll vor allem die Umsetzung der Rio-Beschlüsse und der Agenda 21 voranbringen. Vier dort beschlossene Dokumente sind dabei von besonderer Bedeutung.[5]

Eine kurze *Erklärung von Johannesburg für nachhaltige Entwicklung* bekräftigt nochmals mit Bezug zu Agenda 21 und Rio 1992 die Umsetzung einer nachhaltigen Entwicklung als wechselseitige und sich gegenseitig verstärkende Säulen der ökonomischen und sozialen Entwicklung sowie des Umweltschutzes auf der lokalen, nationalen und regionalen Ebene. Übergeordnete Ziele und Voraussetzungen dafür sind vor allem die Beseitigung der Armut, der Schutz und die Bewirtschaftung der natürlichen Ressourcen sowie die Veränderung der Konsumgewohnheiten und Produktionsweisen. Mit dem beschlossenen Durchführungsplan will man vom Plan zur Tat kommen.

Der umfangreiche *Durchführungsplan des Weltgipfels für nachhaltige Entwicklung* enthält neben diesen drei Schwerpunkten noch Kapitel zu Themen wie Gesundheit oder Globalisierung und besonders regionale Initiativen für Asien, Afrika und Lateinamerika. Ausführlich wird der institutionelle Rahmen für eine nachhaltige Entwicklung erläutert, wobei eigene Punkte die Stärkung der Lokalen Agenda 21 und die Beteiligung wichtiger nicht staatlicher Gruppen fordern. Der Durchführungsplan bringt dabei in einigen Punkten eine Weiterentwicklung und Konkretisierung der Agenda 21:

- eine klarere Definition der Nachhaltigkeit als integrierte Strategie
- die Betonung des Zusammenwirkens der verschiedenen politischen Ebenen und Akteure und die Umsetzung durch nationale Nachhaltigkeitsstrategien
- eine Schwerpunktsetzung auf die oben genannten Themen
- Armutsbekämpfung als weltweiter Schwerpunkt und
- konkrete Vereinbarungen.

Insgesamt ist der Weltgipfel schon im Vorfeld durch Blockaden besonders vonseiten der USA geprägt, um genauere Festlegungen beispielsweise zu erneuerbaren Energien zu verhindern. Dies kann teilweise durch gemeinsame Initiativen einzelner Staaten und der Europäischen Union für darin vereinbarte Ziele unterhalb der Ebene der Vereinten Nationen verhindert werden.

Parallel zum Weltgipfel verabschiedet eine eigene Konferenz von Kommunen zwei Abschlussdokumente. Im kurzen *Aufruf von Johannesburg* fordern die Kommunen als Schnittstelle zwischen Regierungen und Bevölkerung die nationalen Regierungen auf, die Kommunen als eine unbedingt notwendige Regierungs- und Verwaltungsebene anzuerkennen. Anknüpfend an die im Jahr 2000 von den UN beschlossenen »Millenniumsziele«, verpflichten sich die Kommunen, bis zum Jahr 2015 recht allgemein formulierte Ziele zu Handlungsfeldern wie Wasser, Gesundheit, Energie oder Bildung umzusetzen.

Die ausführlichere *Erklärung der Kommunen an den Weltgipfel für nachhaltige Entwicklung* betont in vier Grundsätzen das übergeordnete Prinzip der Nachhaltigen Entwicklung, eine wirksame demokratische Dezentralisierung, eine gute Regierungs- und Verwaltungsführung sowie Zusammenarbeit und Solidarität. Dafür soll die Kooperation mit den nationalen Regierungen, der internationalen Gemeinschaft und der Zivilgesellschaft erfolgen. Die Kommunen bekräftigen erneut die Unterstützung der Agenda 21 und verpflichten sich,

- die Millenniumsziele der UN zu unterstützen
- die Kapazitäten der Kommunen für die Umsetzung einer nachhaltigen Entwicklung gemeinsam mit den nationalen Regierungen und der internationalen Gemeinschaft zu stärken

- Nachhaltigkeitsstrategien für Kommunen zu entwerfen
- in den nächsten zehn Jahren auf den Erfolgen der Lokalen Agenda 21 aufzubauen und ihre Umsetzung mit Kampagnen und Programmen zu beschleunigen
- Städtepartnerschaften und die internationale Zusammenarbeit von Kommunen anzugehen
- eine neue Kultur der Nachhaltigkeit zu entwickeln einschließlich einer nachhaltigen Beschaffungspolitik, einem entsprechenden Konsumverhalten, einer nachhaltigen Planung und Finanzierung, einem nachhaltigen Umgang mit Ressourcen sowie der Förderung des Gesundheitswesens und von sauberen Energiequellen
- eine wirksame und transparente Form der Kommunalverwaltung zu entwickeln, die auch die Zusammenarbeit mit örtlichen Organisationen der Zivilgesellschaft, die gleichberechtigte Beteiligung der Frauen und die aktive Einbeziehung benachteiligter Gruppen umfasst
- Kommunen durch ein integriertes Management ganzheitlich zu führen.

Weitere Kapitel der Erklärung enthalten detaillierte Anforderungen an Staatsregierungen, Vereinte Nationen und internationale kommunale Vereinigungen zur Stärkung der Lokalen Agenda 21, der Rolle der Kommunen sowie der Kooperation und Partnerschaft der verschiedenen Ebenen und Akteure. Sowohl die eigene Konferenz als auch die dort beschlossenen Dokumente markieren einen deutlichen Fortschritt im Vergleich zum Weltgipfel in Rio von 1992 und zeigen die gestiegene Bedeutung der Kommunen für die Umsetzung einer nachhaltigen Entwicklung, auch durch die vielen Lokale-Agenda-21-Prozesse.

Von der Anzahl der Teilnehmenden erreicht der Johannesburger Weltgipfel ähnliche Dimensionen wie der Erdgipfel in Rio zehn Jahre davor, auch wenn das gleichzeitig stattfindende Forum der Nichtregierungsorganisationen deutlich dahinter zurückfällt. Bei einem auswertenden Treffen von Teilnehmerinnen und Teilnehmern des Weltgipfels bei der inzwischen eingerichteten Bundesweiten Servicestelle Lokale Agenda 21 in Bonn zeigen sich stark unterschiedliche Eindrücke aus Johannesburg: Teilnehmende an den offiziellen Sitzungen sind von der ermüdenden Gipfeldiplomatie und den Ergebnissen frustriert. Besucherinnen und Besucher des reichhaltigen

Rahmenprogramms hingegen berichten begeistert von fruchtbaren Treffen, einem ergiebigen Erfahrungsaustausch, präsentierten Projekten, interessanten Diskussionen und neuen Kontakten.

Auch das unterstreicht nochmals, wie und von wem Nachhaltigkeit seit Rio umgesetzt und mit Leben erfüllt wird: den vielen meist zivilgesellschaftlichen und kommunalen Initiativen. Die auf dem Treffen gemeinsam verfasste Erklärung *Johannesburg und die Kommunen – wie geht es weiter?* sieht trotz der unbefriedigenden Ergebnisse des Weltgipfels wichtige Anknüpfungspunkte für die lokale Ebene zur Fortführung und Intensivierung der Aktivitäten für eine nachhaltige Entwicklung. Dies betrifft die zentrale Rolle der lokalen Ebene insgesamt für die weitere Umsetzung einer nachhaltigen Entwicklung insgesamt und für in Johannesburg angesprochene Themen wie Energie oder einen nachhaltigen Lebensstil.[6]

Der Geschäftsführer des Forums »Umwelt & Entwicklung«, Jürgen Maier, fasst das Fazit zu den Ergebnissen des Johannesburger Weltgipfels kurz und treffend zusammen: »Mehr war nicht drin«, und konstatiert, dass am Ende entgegen allen Erwartungen doch »einige ganz brauchbare Ergebnisse« zu verzeichnen seien.[7]

FAZIT

Rio plus zehn und Johannesburger Weltgipfel – und sie bewegt sich doch ...

In den zehn Jahren nach dem Erdgipfel von Rio hat die Nachhaltigkeit weltweit vor allem vor Ort Füße bekommen: durch die Lokale Agenda 21, Bürgerengagement, Zivilgesellschaft und Mikropolitik vieler Initiativen. Die Lokale Agenda 21 als Aktivposten der Umsetzung ist in Deutschland besonders ausgeprägt: Fast jeder dritte Lokale-Agenda-21-Prozess weltweit stammt im Jahr 2002 von hier. Dabei ist die Lokale Agenda 21, weltweit gesehen, auch eine weitgehend europäische Angelegenheit.

Diese wichtige Rolle der Kommunen und der lokalen Ebene schlägt sich auch auf dem Johannesburger Weltgipfel 2002 mit einer eigenen Konferenz und dort beschlossenen Dokumenten nieder, die eine deutliche Weiterentwicklung und Konkretisierung im Vergleich zum Rio-Weltgipfel von 1992 markieren.

Präziser und umfassender definiert als in Rio 1992 wird auch in den verabschiedeten Dokumenten des Weltgipfels der Begriff »Nachhaltigkeit« mit den drei sich gegenseitig beeinflussenden Säulen Umwelt, Wirtschaft und Soziales. Der beschlossene Durchführungsplan ist mit den formulierten Schwerpunkten und Vereinbarungen insgesamt konkreter als die Agenda 21, die zusammen mit den anderen Beschlüssen von Rio 1992 weiterhin die gemeinsame Grundlage bildet. Betont wird die Zusammenarbeit der verschiedenen Ebenen und Akteure sowie die wichtige Rolle von Kommunen, Lokaler Agenda 21 und Zivilgesellschaft.

Angesichts der destruktiven Blockadehaltung mancher Länder wie der USA und der sehr unterschiedlichen Umsetzung der Lokalen Agenda 21 stellt sich auch die Frage, ob – wie in Johannesburg auch praktiziert – gemeinsame Initiativen der aktiven Staaten und Organisationen als Vorreiter nicht die besseren Zugpferde für eine nachhaltige Entwicklung weltweit sind. Sie könnten zumindest solche internationalen Gipfelveranstaltungen als bewegendes Element gut ergänzen.

Kapitel 5

Stagnation, Erfolgsfaktoren und Impulse der Lokalen Agenda 21

Eine erste Bilanz

Die Bilanzen zu »Rio plus 10« im Vorfeld des Johannesburger Weltgipfels unterstreichen die zentrale Rolle der Kommunen für die Umsetzung der Agenda 21 und einer nachhaltigen Entwicklung insgesamt. Dies wird durch die dortige Konferenz der Kommunen mit den verabschiedeten Dokumenten nochmals verdeutlicht.

Bringen sie die Verbreitung der Lokalen Agenda 21 in Deutschland weiter voran? Welche Erfolgsfaktoren zeichnen diese Prozesse aus, welche Impulse können sie setzen, welche Schwachpunkte lassen sich erkennen? Diese Fragen stehen im Mittelpunkt einer ersten Bilanz zur Lokalen Agenda 21 in Deutschland.

Weitere Entwicklung, Stagnation und das Aufgeben der Lokalen Agenda 21 als Ziel der Politik

Die Gemeinderatsbeschlüsse zur Lokalen Agenda 21 als Kennzahl ihrer Verbreitung zeigen bundesweit zunächst einen weiteren Zuwachs:

- 2291 Gemeinderatsbeschlüsse zur Lokalen Agenda 21 im März 2002
- 2293 Gemeinderatsbeschlüsse zur Lokalen Agenda 21 im März 2003
- 2471 Gemeinderatsbeschlüsse zur Lokalen Agenda 21 im Juli 2004
- 2605 Gemeinderatsbeschlüsse zur Lokalen Agenda 21 im Juli 2005
- 2610 Gemeinderatsbeschlüsse zur Lokalen Agenda 21 im Juli 2006.

Damit stagnieren im Jahr 2006 die Beschlusszahlen auf einem Niveau, bei dem durchschnittlich jede fünfte Kommune in Deutschland eine Lokale Agenda 21 beschlossen hat. Allerdings zeigen sich dabei nach Bundesländern deutliche Unterschiede: In Nordrein-Westfalen und Hessen sind es etwa zwei Drittel, im Saarland 60 Prozent aller Kommunen. In Bayern und Baden-Württemberg ist es jede dritte Kommune, in Thüringen gut jede vierte und in Mecklenburg-Vorpommern etwa jede fünfte. Die anderen Bundesländer liegen deutlich dahinter.

Ein Grund dafür sind die unterschiedlichen Unterstützungen und Hilfen der Bundesländer, die die *Gemeinsame Erklärung der Umweltminister-konferenz und der Präsidenten der kommunalen Spitzenverbände (Deutscher Städtetag, Deutscher Landkreistag, Deutscher Städte- und Gemeindebund) zur Lokalen Agenda 21 vom 8. Mai 1998 in Heidelberg* als Forderung enthält. Demnach soll die Lokale Agenda 21 länderspezifisch durch Stellen für den Informations- und Erfahrungsaustausch, Informationen, methodische Hilfestellungen wie Leitfäden oder Modellprojekte unterstützt werden.[1]

Diese Unterstützung fällt nach Bundesländern sehr unterschiedlich aus. Die mit Stellen und Finanzmitteln im Vergleich zu den anderen Ländern relativ gut ausgestatteten Bundesländer Nordrhein-Westfalen, Hessen, Bayern und Baden-Württemberg stellen deshalb auch alleine über 60 Prozent der Lokale-Agenda-21-Kommunen in Deutschland. Dies zeigt, wie regionale Unterstützungsstrukturen örtliche Nachhaltigkeitsprozesse verbreiten und voranbringen.

Ein weiterer begünstigender bzw. hemmender Faktor ist die Größe der Kommunen, wie eine entsprechende Aufschlüsselung für Baden-Württemberg zeigt. Alle Stadtkreise (in der Regel mit über 100.000 Einwohnerinnen und Einwohnern) weisen dort einen Beschluss zur Lokalen Agenda 21 auf, bei den kleinen Gemeinden unter 5000 Einwohnerinnen und Einwohnern sind es nur noch 15 Prozent. Die Abstufungen dazwischen zeigen eine klare Tendenz: Je kleiner und zahlreicher die Kommunen, desto weniger Aktivitäten sind für eine Lokale Agenda 21 zu verzeichnen. Große Flächenstaaten mit vielen kleinen Gemeinden tun sich deshalb deutlich schwerer.

Auch bundesweit setzt die Gemeindestruktur der weiteren Verbreitung der Lokalen Agenda 21 Grenzen: Im Jahr 2001 haben 89 Prozent der Kommunen in Deutschland weniger als 10.000 Einwohnerinnen und Einwohner. Allerdings zeigen auch hier Erfahrungen aus Baden-Württemberg, dass örtlich-regionalisierte Unterstützungen auf Landkreisebene wie im Bodenseekreis mit der großen Kreisstadt Friedrichshafen als erfolgreiches Vorbild zwei Drittel der kleinen kreisangehörigen Kommunen für die Lokale Agenda 21 gewinnen können. Je näher die regionalen Unterstützungsstrukturen den Gemeinden sind, desto besser funktioniert deren Ansprache.[2]

Der weiteren Ausbreitung der Lokalen Agenda 21 stehen allerdings vor allem auch Stagnationstendenzen in den örtlichen Prozessen selbst im Wege, die in den Kommunen auch zur Zurückstellung oder Einstellung der Lokalen Agenda 21 führen. Ursachen dafür sind:

+ stark geschrumpfte finanzielle und personelle Ressourcen in den Verwaltungen

+ mangelnde Unterstützung durch die Kommunalpolitik

+ dadurch bedingte Frustration der ehrenamtlich Aktiven

+ fehlende Betroffenheit in der Bevölkerung, für die Nachhaltigkeit und Lokale Agenda 21 weiterhin abstrakte und wenig fassbare Begriffe sind

+ weniger Zeit und fehlende Anreize für freiwilliges Engagement

+ die Vielfalt verschiedener ähnlicher Prozesse und Instrumente, die auch von den übergeordneten Ebenen immer wieder durch neue Modellprojekte angestoßen werden

+ die »ganz normalen Hoch und Tiefs« solcher längerfristig angelegten Prozesse und die dabei zu bewältigenden »Mühen der Ebene« nach einer meist intensiven und erfolgreichen Startphase, um den Prozess zu verstetigen.

Die fehlende Unterstützung macht sich auch auf Landes- und Bundesebene bemerkbar. Immer mehr Landes-Agendabüros werden zurückgefahren oder aufgelöst, wie zum Jahresende 2007 das Landes-Agendabüro Nordrhein-Westfalen, wo auch die bundesweite Agendatransferstelle angesiedelt ist. Bis dahin bringt ein seit zehn Jahren stattfindender regelmäßiger Erfahrungsaustausch der Landes-Agendastellen mit der organisierenden Bundes-Agendastelle eine äußerst effektive Vernetzung, besonders um sich auszutauschen und voneinander zu lernen.

Mit den Auflösungen der Agendastellen im Bund, in den meisten Ländern und in vielen Kommunen gibt die Politik insgesamt das Ziel und die Unterstützung der Lokalen Agenda 21 auf allen politischen Ebenen auf. Wenn ein bundesweites Agendabüro nur für einen Zeitraum von fünf Jahren unterstützt wird, haben die früheren und in Kapitel zwei geschilderten

Positionen einer nachhaltigen Entwicklung als Such- und Lernprozess keinen Niederschlag in der Politik gefunden. Angesicht erstmals auftretender Schwierigkeiten Nachhaltigkeitsprozesse nach kurzer Zeit schon abzuschreiben zeigt auch das kurzfristige Denken der Politik, das nach wie vor wenig nachhaltig geprägt ist.

Allerdings stellt sich angesichts der dargestellten weltweiten Zahlen auch für Deutschland die Frage, ob das Potenzial für die weitere Verbreitung der Lokalen Agenda 21 hierzulande nicht ohnehin ausgeschöpft ist und jetzt eine Stabilisierung der erreichten Prozesse erfolgen sollte. Vielerorts wird die Lokale Agenda 21 fortgesetzt, wie auch die drei ausgewählten Beispielkommunen zeigen. Die dargestellten Aktionen geben dabei besonders für Dortmund, das jährlich umfangreiche Zwischenberichte zur Lokalen Agenda 21 erstellt, nur einen kleinen Ausschnitt wieder. Sie sollen sowohl die verschiedenen Themen als auch Linien der Kontinuität und Weiterentwicklung aufzeigen.

Lokale Agenda 21 in der Praxis von drei Kommunen (Zwei): Weiterentwicklung zwischen den Jahren 2003 und 2012[3]

In der kleinen Gemeinde **Allensbach** initiiert der Agenda-Arbeitskreis Energie, Ressourcen, Klima eine Bürgersolaranlage auf der Bodanrückhalle, die im September 2003 feierlich eingeweiht wird. Im Jahr 2004 findet ein Solarfest statt. Die Lokale Agenda 21 gibt im Jahr 2005 eine Handwerkerliste heraus, die umfassende Informationen über Energiesparmöglichkeiten, alternative Energien und die Angebote der örtlichen Betriebe enthält. Im selben Jahr erfolgt die Erstellung einer Wanderwegekarte und im Sommer die Einrichtung einer Kinderferienbetreuung. Im Jahr 2006 wird die Aktion »Parke nicht auf unsren Wegen« durchgeführt. Im Jahr 2007 beteiligt man sich an der Aktion »Kindermeilen« des Klimabündnisses europäischer Kommunen. Im Jahr 2008 erhält die Lokale Agenda 21 einen von mehreren Preisen des Landes. Im Jahr 2009 nimmt man wie in anderen Jahren auch am Energietag Baden-Württemberg teil, dabei zeigen örtliche Unternehmen ihr Angebot zum Energiesparen und zum Klimaschutz. Im Jahr 2010 erscheint der *Allensbacher Gesundheitswegweiser* mit entsprechenden Adressen. Ein neuer Barfußpfad wird im Jahr 2011 im Rahmen des Walderlebnispfades angelegt, der Kindern die Natur näherbringt. Der Walderlebnispfad Allensbach wird im Jahr 2012 fertiggestellt.

In der mittelgroßen Stadt **Falkensee** finden durch die Agenda-Arbeitsgruppe (AG) Umwelt im Jahr 2003 erstmals »Tage der offenen Gärten« und eine Pflanzenbörse statt, die später kontinuierlich fortgesetzt werden. Im Jahr 2004 führt die AG Stadtentwicklung eine Planungswerkstatt für die Zentrumsentwicklung durch. Ein Förderverein der Lokalen Agenda 21 wird gegründet. Im Jahr 2005 erfolgt die Inbetriebnahme der ersten Bürgersolaranlage Falkensee auf den Werkstätten für behinderte Menschen. Auf Anregung der AG Umwelt wird Umweltpapier in der Stadtverwaltung eingesetzt. Im Jahr 2006 kann die Verwendung von Umweltpapier auf Schulen ausgedehnt werden. Beim achten GEO-Tag der Artenvielfalt forschen und arbeiten Kinder zu diesem Thema.

Im Jahr 2007 wird die *Falkenseer Gartenfibel – eine Planungshilfe für Haus und Garten* in Zusammenarbeit mit dem Grünflächenamt der Stadt Falkensee erstellt. Die zweite Bürgersolaranlage wird auf dem Dach der Europaschule eingeweiht. Im Jahr 2008 wird die dritte Ausbildungsbörse in der Stadthalle von der Lokalen Agenda 21 mitorganisiert. Im Jahr 2009 startet die Aktion »1000 neue Bäume für Falkensee« auf der Herbstpflanzenbörse mit Pflanzung eines Schattenbaumes. Im Jahr 2010 nehmen die AG Stadtentwicklung und die AG Umwelt Stellung zu mehreren Bebauungsplänen. Im Jahr 2011 werden die ersten Straßenbäume im Rahmen der Aktion »1000 neue Bäume« gespendet und gepflanzt. Im Jahr darauf feiert die Pflanzenbörse ihr 20-jähriges Jubiläum.

In der Großstadt **Dortmund** wird im Jahr 2003 eine FreiwilligenAgentur eingerichtet, die sowohl Bürgerinnen und Bürger als auch Organisationen und Vereinen als Kontakt- und Austauschbörse zur Verfügung steht. Die dritte »ÖKOPROFIT«-Runde für nachhaltiges Wirtschaften startet mit elf Betrieben. 2004 werden im Planungs- und Umweltdezernat insgesamt fünf Masterpläne zu den Themen Umwelt, Mobilität, Einzelhandel, Wirtschaftsflächen und Wohnen im Dialog erarbeitet. Der dritte Dortmunder

Agenda-Kongress findet zum Thema »Zeit zu fairem Handel(n)« statt. Die Arbeit im Dortmunder Agendaprozess orientiert sich im Jahr 2005 an den Schwerpunkten Fairer Handel/Eine Welt, Erneuerbare Energien, Nachhaltige Mobilität, Bildung für nachhaltige Entwicklung und Nachhaltiges Wirtschaften. Das neu eingeführte »Agenda-Siegel« zur Auszeichnung von nachhaltigen Projekten verzeichnet mit 19 Projekten eine Verdreifachung gegenüber dem Vorjahr. Beim jährlich stattfindenden Energiesparwettbewerb werden im Jahr 2006 30 Schulen bei einer Auszeichnungsfeier im Rathaus zur »Energiesparschule« ernannt und erhalten Geldpreise. Der Dortmunder Solarmarkt findet zum dritten Mal mit Ausstellungen, Vorträgen und Aktionen statt. Zum »Tag der Regionen 2007« führt der Arbeitskreis Bildung und Schule einen Infomarkt in der Innenstadt durch. Die Stadt Dortmund erlässt eine Rundverfügung, keine Produkte mehr aus ausbeuterischer Kinderarbeit zu beschaffen.

Im Jahr 2008 erhalten bei einem Schülerkongress im Rathaus nach Abschluss der Landeskampagne »Agenda 21 in der Schule« 25 Dortmunder Schulen die erreichte Zertifizierung. Im Jahr darauf findet zum fünften Mal in den Sommerferien die »Fluss Stadt Land-Sommerakademie Wasser-Forscher« für Kinder statt. 2010 wird das dritte Projekt »WIR WOHNEN ANDERS« als Mehrgenerationenwohnen bezugsfertig. Die Kinderakademie zum Fairen Handel »Meine Deine Unsere Welt« geht in den Sommerferien in die fünfte Runde. Im Jahr 2011 beschließt der Rat der Stadt Dortmund, das erstellte Handlungsprogramm Klimaschutz 2020 durch die Verwaltung umzusetzen und ein Dienstleistungszentrum Energieeffizienz einzurichten. Beim 2012 bereits zum neunten Mal durchgeführten Wettbewerb zum Dortmunder Agenda-Siegel werden zwölf nachhaltige Aktivitäten mit Geldpreisen ausgezeichnet. Nach einer weiteren Runde im Projekt »ÖKOPROFIT« sind in Dortmund inzwischen 101 Unternehmen mit diesem Umweltsiegel zertifiziert.

Schwieriges Terrain:
Lokale Agenda 21 in kleinen Gemeinden

Die Lokale Agenda 21 geht in Deutschland zunächst von den größeren Städten aus. Die meisten Handreichungen sind auf solche Kommunen und den umfassenden Prozess zur Erstellung eines Handlungsprogramm zugeschnitten.

Allerdings starten bald und erfolgreich eigene Aktivitäten für kleinere Kommunen. Das Projekt »Aufblühende Dörfer« der Evangelischen Akademie Bad Boll und der Heinrich-Böll-Stiftung in Baden-Württemberg zeigt anhand von kleinen Gemeinden wie Pleidelsheim mit etwa 5000 Einwohnerinnen und Einwohnern, wie dort die Lokale Agenda 21 umgesetzt werden kann. Nach gut besuchten Auftaktveranstaltungen erfolgt in Zukunftswerkstätten mit der Gründung von Arbeitsgruppen eine Schwerpunktsetzung, die bald zur erfolgreichen Umsetzung von ersten Projekten führt. Die Erfahrungen werden zeitnah zusammen mit Beispielen aus anderen Gemeinden vom Landes-Agendabüro in entsprechenden »Arbeitsmaterialien« aufgearbeitet und weiterverbreitet. Als Art »Dorfagenda« schält sich dabei folgendes Bild heraus: Drei Agenda-Arbeitsgruppen zu den Themen Soziales/Miteinander, Umwelt/Naturschutz und Verkehr/Mobilität setzen mit Unterstützung des Agendabüros im Hauptamt der Gemeinde drei bis vier Projekte um und bereiten zwei bis drei weitere vor.

Ferner finden sich erste Beispiele mit Gemeinden mit weniger als 5000 Einwohnerinnen und Einwohnern, die zusammen Lokale-Agenda-21-Prozesse einleiten und dafür gemeinsame Agendastellen beispielsweise bei Volkshochschulen zur Unterstützung einrichten. Auch die bundesweite Agendaservicestelle veröffentlicht dazu Materalialien.[4]

Auch diese und andere Aktivitäten wie eigene Veranstaltungsformate führen aber nicht zu einer ähnlichen Akzeptanz der Lokalen Agenda 21 wie in größeren Kommunen, wie eine Aufschlüsselung der Gemeinderatsbeschlüsse nach Kommunengrößen für Baden-Württemberg im Jahr 2002 zeigt: Während alle Stadtkreise mit in der Regel über 100.000 Einwohnerinnen und Einwohnern zu 100 Prozent und große Kreisstädte mit über 20.000 Einwohnerinnen und Einwohnern noch zu 88 Prozent eine Lokale Agenda 21 beschlossen haben, sind es bei den kleineren kreisangehörigen Städten und Gemeinden unter 20.000 Einwohnerinnen und Einwohnern nur noch 26 Prozent. Der Anteil sinkt noch weiter, wenn man diese Gemeindegrößen weiter aufschlüsselt, und beträgt bei Gemeinden unter 5000 Einwohnerinnen und Einwohnern nur noch 15 Prozent.[5]

Die Größe der Kommune ist ein stark limitierender Faktor für die Umsetzung einer Lokalen Agenda 21. Strukturelle Ursachen dafür sind:

♦ weniger finanzielle und personelle Ressourcen der Gemeinden, besonders für ein unterstützendes Agendabüro in der Verwaltung

♦ ein wesentlich kleinerer Handlungsspielraum, um Maßnahmen für eine nachhaltige Entwicklung umzusetzen, weil hier oft die nötigen Zuständigkeiten oder das Personal fehlen und viele Probleme nur regional lösbar sind

♦ kaum umwelt- und entwicklungspolitische Nichtregierungsorganisationen vor Ort als Treiber und Ansprechpartner für einen Nachhaltigkeitsprozess

♦ die Einbindung der aktiven Ehrenamtlichen in den vielen Vereinen, die damit kaum Zeit für weiteres freiwilliges Engagement haben. Die notwendige personelle ehrenamtliche Basis reduziert sich damit oft auf wenige Schlüsselpersonen, von denen dann der Prozess stark abhängt.

Hinzu kommen die schon oben geschilderten allgemeinen Probleme von Lokale-Agenda-21-Prozessen, die sich teilweise für kleine Gemeinden noch verstärken. Die nur unzureichend überwundene Abstraktheit der Begriffe »Nachhaltigkeit« und »Agenda 21« schlägt sich noch stärker nieder, weil Gemeinderäte und Politik gegenüber solchen Ansätzen dort meist noch skeptischer sind. Auch dürften der hohe Anspruch und Umfang eines umfassenden Lokale-Agenda-21-Prozesses diese »abwartende Haltung« noch verstärken.

Auch die Unterstützung durch die Politik fällt hier durch die dominierende Stelle des Bürgermeisters noch stärker ins Gewicht, was sowohl positiv als auch negativ sein kann. In den oben genannten Beispielen wird dies immer wieder deutlich. Oft initiieren Bürgermeister diesen Prozess und machen ihn als treibende Kraft in der Praxis zur viel zitierten »Chefsache«. Ferner bietet die Überschaubarkeit kleiner Gemeinden auch Vorteile: Menschen und potenzielle Leitfiguren lassen sich leichter ansprechen, man kennt sich ja.

In kleineren Kommunen spielt insgesamt die Praxisnähe solcher Prozesse eine noch größere Rolle. Angesicht der begrenzten politischen Zuständigkeiten der Gemeinden können oft nur relativ kleine Projekte umgesetzt werden, die deswegen im Mittelpunkt stehen. Auch erfordert die geringere Zahl an Aktiven eine stärkere Konzentration auf einzelne Schwerpunkte, manchmal auch nur ein Thema gleichzeitig. Für den ländlichen Raum erweisen sich dabei Themen wie Tourismus oder Landwirtschaft als besonders wichtig. Wenn es gelingt, die gut verankerten Vereine einzubinden und statt einzelner Leitpersonen ein kleines Kernteam zu bilden, laufen Lokale-Agenda-21-Prozesse in kleinen Gemeinden besser, werden akzeptiert und auch stabiler.

Eine weitergehende Bearbeitung drängender Themen für eine nachhaltige Entwicklung erfordern jedoch gemeinsame Aktivitäten mit anderen Gemeinden und dem übergeordneten Landkreis, was bei Kernproblemen und wichtigen Agendaschwerpunkten wie Mobilität besonders deutlich wird. Für den Enzkreis in Baden-Württemberg ist deshalb die Unterstützung und Vernetzung der Lokalen Agenda 21 in den Gemeinden ein wesentlicher Baustein beim Start seiner eigenen Kreisagenda, die in kreiseigenen Themen und der Vorbildfunktion des Landratsamtsamtes weitere Schwerpunkte sieht. Dabei bearbeiten auch gemeindeübergreifende Arbeitskreise mit aktiven Ehrenamtlichen aus dem ganzen Kreisgebiet Themen wie Mobilität oder Naturschutz. Eine solch verknüpfte, gleichzeitig örtliche und regionale Ausrichtung kann am ehesten die aufgezeigten vorhandenen strukturellen Hemmnisse kleiner Gemeinden für die Lokale Agenda 21 oder ähnliche Prozesse überwinden. Allerdings können sich solche und auch andere gemeindeübergreifende Ansätze für gemeinsame Lokale-Agenda-21-Prozesse nicht in der Fläche etablieren.[6]

Projekte als Schlüsselelement der Lokalen Agenda 21

»Ohne jeden Zweifel sind die vielen Projekte zur Entwicklung einer ›Local Agenda 21‹ eine der wirklichen Erfolgsgeschichten des Rio-Prozesses«, stellt der frühere deutsche Umweltminister und spätere Exekutivdirektor des Umweltprogramms der Vereinten Nationen (UNEP) Klaus Töpfer in einer Bilanz *Vom Rhein nach Rio – Umweltpolitik wird global* im Jahr 2006 fest.[7]

Projekte, die von Bürgerinnen und Bürger in Arbeitskreisen oder Projektgruppen entwickelt und mit der Unterstützung der Kommune umgesetzt werden, bilden eine wesentliche Triebfeder der Lokale-Agenda-21-Prozesse und ein Charakteristikum für ein neues Politikmodell in den Kommunen. Es ist eine aktive Mitwirkung und Beteiligung, bei der die Bevölkerung selbst handelt. Es geht nicht um Wünsche an die Politik oder die Ablehnung bestimmter Maßnahmen: Es ist die positive Gestaltung vor Ort durch eigene, selbst mit anderen entwickelte, gemeinsam umgesetzte und von der Kommune unterstützte Aktivitäten. Projekte werden dabei sehr weit gefasst, es geht um die Umsetzung konkreter Maßnahmen in der Praxis.

Welche Themen und Projekte hierbei besonders wichtig und häufig sind, diskutieren bei ihrem letzten Bundestreffen die bundesweite Agendatransferstelle und die Länder-Agendabüros und veröffentlichen die Ergebnisse im April 2007 im Rahmen der Broschüre *Nachhaltigkeit. Das Plus vor Ort!*.[8] Dabei ziehen sich fünf Themen wie ein roter Faden von der europäischen über die Bundesebene und Länder bis in die Kommunen. In diesen Schwerpunkten werden bestimmte Projekte und Maßnahmen besonders häufig und erfolgreich schon seit Jahren vor Ort umgesetzt:

◆ Im Klimaschutz sind dies Bürger- und Gemeinschaftssolaranlagen, lokale bzw. regionale Solarvereine und -initiativen, kommunale Klimaschutzkonzepte und -programme, die Förderung des Umweltverbundes (Fuß, Fahrrad, ÖPNV, Carsharing) im Verkehr sowie die Bürgerberatung und Öffentlichkeitsarbeit zum Beispiel durch Energietage/-wochen.

◆ Bildung für eine nachhaltige Entwicklung wird gefördert durch Veranstaltungs- und Programmangebote für alle Bevölkerungsgruppen, Lehrpfade (zu erneuerbaren Energien, Naturschutz oder nachhaltige Landwirtschaft), klima- und solarfreundliche Schulen, Agenda-21-Schulen und Kindergärten sowie Lernpartnerschaften zwischen Wirtschaft und Schulen.

◆ Natürliche Ressourcen werden geschont durch kommunale Aktivitäten zum Flächenmanagement und -recycling, Energie- und Umweltmanagement in Betrieben, Kirchen und kommunalen Verwaltungen, kommunale Zertifikate für ökologisches Bauen sowie Lerngärten und -pfade zum Natur- und Artenschutz.

◆ Ein nachhaltiger Lebensstil wird unterstützt durch (öko-)faire Städte-, Agenda- und Partnerschaftskaffees, nachhaltige Beschaffung in der Kommunalverwaltung, Vermarktungsstrukturen regionaler Produkte, Aktionen zu gesunder Ernährung besonders mit Kindern und Jugendlichen und die Förderung der ökologischen Landwirtschaft.

◆ Den sozialen Zusammenhalt stärken Bürgertreffs und -häuser für alle Generationen und Kulturen, ein kooperatives Stadtteil- und Quartiersmanagement, Interkulturelle Gärten, Bürgerstiftung sowie Bürger- und Beteiligungshaushalte.

Die Übersicht vermittelt einen guten Überblick und Querschnitt der Lokale-Agenda-21-Projekte bzw. -Aktivitäten. Was Kommunen als wichtige »Schlüsselprojekte« einschätzen, ermittelt das Landes-Agendabüro Baden-Württemberg in den Jahren 2006 und 2007 bei den jährlichen Treffen zum Erfahrungsaustausch. Überraschend sind sowohl die breite Streuung der genannten Projekte als auch die Unterschiede nach größeren und kleineren Kommunen. Kommunen über 20.000 Einwohnerinnen und Einwohnern (in der Regel Stadtkreise und große Kreisstädte) nennen Energieberatung, Energie-Infotage und Bürgersolaranlagen – also alles Projekte aus dem Schwerpunkt Klimaschutz und Energie. Die kreisangehörigen Gemeinden unter 20.000 Einwohnerinnen und Einwohnern benennen Lehrpfade und Leitbilder. Insgesamt sind Bürgersolaranlagen bei allen Kommunen das häufigste Schlüsselprojekt. Eine Übereinstimmung zwischen größeren und kleineren Kommunen gibt es auch bei den wichtigsten Schwerpunkten mit den Themen Energie und Verkehr, die man als Oberthema Klimaschutz zusammenfassen kann.

Die Bundesländer fördern wie in Brandenburg oder Baden-Württemberg die Umsetzung von Agendaprojekten. Dabei ergibt eine Evaluierung der ersten beiden geförderten Jahrgänge für Baden-Württemberg, dass alle Projekte auch umgesetzt werden. Viele Projektsammlungen und -übersichten fördern den Erfahrungsaustausch und verbreiten örtliche Agendaprojekte als »Agendaschneebälle«, wie das folgende Beispiel eines der oben genannten Projekte zeigt.

Der »Café Friederico« ist der Agendakaffee der Lokalen Agenda 21 **Friedrichshafen** und der erste faire Städtepartner- bzw. Agendakaffee in Baden-Württemberg. Bei diesen Kaffees sorgen der Name mit Ortsbezug und die dadurch bessere Ansprache der Bevölkerung für eine stärkere Verbreitung fair gehandelter Produkte. Als Idee eines Agendabürgerforums wird er in einer Projektgemeinschaft mit dem örtlichen Weltladen und einem regionalen Großhändler für Fairtradeprodukte umgesetzt. Das erarbeitete Konzept sieht zunächst die Einführung in der Stadtverwaltung vor. Ab Herbst 1999 wird der »Café Friederico« unter dem Logo der Lokalen Agenda 21 Friedrichshafen im Rathaus, im städtischen Krankenhaus und in anderen Einrichtungen ausgeschenkt. Darüber hinaus erfolgt der Verkauf im Weltladen, in Bioläden und im Krankenhauskiosk.

Eine intensive Öffentlichkeitsarbeit mit der eigenen Verpackung und eigenem Logo sowie Etiketten, Faltblättern und Tischaufstellern sorgt für weitere Verbreitung. Der Friedrichshafener Verein Eine Welt entwickelt einen Kaffeeparcours, der auf Schautafeln verschiedene Themen rund um den Kaffee vorstellt. Das Gesamtkonzept ist sehr erfolgreich und sorgt in den ersten drei Jahren für eine Verdreifachung des verkauften Fairtradekaffees in Friedrichshafen. Der »Café Friederico« wird weiterentwickelt, beispielsweise durch verschiedene Sorten. Er ist auch über 20 Jahre später immer noch im Verkauf. Er steht für einen besonders erfolgreichen »Agendaschneeball«, der über 100 Nachahmerprojekte in Baden-Württemberg findet.[9]

Projekte werden so zu einem wesentlichen Erfolgsfaktor der aktiven Bürgermitwirkung in der Lokalen Agenda 21 und einem zentralen Element dieser Prozesse. Projekte dienen auch zur Einbindung von Akteuren und Zielgruppen. Kinder und Jugendliche sowie die Wirtschaft werden in der Agenda 21 sowohl in eigenen Kapiteln als auch im Kapitel 28 zu Kommunen als wichtige Partner benannt und im Folgenden dargestellt.

Einbindung wichtiger Zielgruppen (Eins): Das Beispiel Wirtschaft

Eine Kooperation der Lokalen Agenda 21 mit der Wirtschaft kann Unternehmen als Sponsoren, als Partner für gemeinsame Projekte und besonders für nachhaltiges Handeln im Betrieb gewinnen. In den Lokale-Agenda-21-Prozessen gibt es Beispiele aus verschiedenen Bereichen wie Anreize für nachhaltige Betriebe durch Gütesiegel und Auszeichnungen, die Unterstützung nachhaltiger Produkte durch Publikationen und auch eine kontinuierliche Zusammenarbeit in gemeinsamen Agenda-Arbeitskreisen. Besonders häufig sind Konvoiprojekte zur gemeinsamen Schulung, Beratung und Auszeichnung für die Einrichtung von Umweltmanagementsystemen. Diese bilden auch eine wesentliche Anforderung der Agenda 21 an die Privatwirtschaft und werden dort »als eine der höchsten unternehmerischen Prioritäten und als Schlüsseldeterminante für eine nachhaltige Entwicklung« benannt.[10] Stark verbreitet wird dabei durch die Lokale Agenda 21 in deutschen Kommunen das aus Graz stammende Projekt »ÖKOPROFIT« (ÖKOlogisches PROjekt Für Integrierte UmweltTechnik).

Die Stadt **München** startet 1998 im Rahmen der Lokalen Agenda 21 als erste deutsche Kommune dieses Umweltberatungsprogramm, an dem sich in den ersten vier Jahrgängen 71 Betriebe beteiligen. Die drei Bausteine – Workshops, Arbeitsmaterialien und Beratungen vor Ort – führen nach einem Jahr zur Auszeichnung als »ÖKOPROFIT-Betrieb«. 2018 feiert ÖKOPROFIT-München sein zwanzigjähriges Jubiläum mit einer stolzen Bilanz: Seit 1998 hat München 296 ÖKOPROFIT-Betriebe ausgezeichnet, die ihre Energie- und Materialeffizienz verbessert haben. Alle Branchen oder Betriebsgrößen können sich beteiligen. Zu diesem Zeitpunkt wurden deutschlandweit in über 100 Kommunen mehr als 4.000 ÖKOPROFIT-Betriebe ausgezeichnet, wobei München bundesweit interessierte Kommunen berät. ÖKOPROFIT München ist eine Kooperation Münchner Betriebe, der städtischen Referate für Arbeit und Wirtschaft bzw. für Gesundheit und Umwelt, des Abfallwirtschaftsbetriebs München, der Industrie- und Handelskammer für München und Oberbayern und der Stadtwerke München.[11]

Einbindung wichtiger Zielgruppen (Zwei):
Das Beispiel Kinder und Jugendliche

In der Lokalen Agenda 21 zeigen zahlreiche örtliche Beispiele, wie Kinder und Jugendliche angesprochen und eingebunden werden. Im Mittelpunkt stehen dabei meist pädagogische Angebote, wobei die Schule als Aktionsort herausragt. Viele Projekte betreffen »Agendaschulen« oder das Thema Energie und Klimaschutz, zum Beispiel als Energiesparschulen. Auch für Kitas und Kleinkinder gibt es erlebnispädagogische Angebote, die spielerisch, anschaulich und praktisch das Thema Nachhaltigkeit vermitteln. Häufig werden diese als Ferienprogramme angeboten. Kinder können »Agendadiplome« erwerben, wenn sie eine Reihe von Angeboten absolvieren und dafür öffentlichkeitswirksam ausgezeichnet werden. Zum Einsatz kommen dabei auch Theaterstücke und andere kulturelle Elemente. Selbstorganisierte und von städtischen Agendabüros unterstützte »Schülertage« werden wie die anderen Angebote oft zu festen Einrichtungen. Weniger stark ausgeprägt ist die Beteiligung von Kindern und Jugendliche an der Kommunalpolitik. Einzelne Kommunen veranstalten »Kindergipfel«, um so die Wünsche einzufangen, oder beteiligen Jugendliche an der Stadtgestaltung, wie auch das folgende Beispiel zeigt.

Im Rahmen der Lokalen Agenda 21 **Erfurt** werden Kinder und Jugendliche in kindgerechter Form an der Zukunftsgestaltung der Stadt in Bereichen wie der Stadtplanung und -gestaltung beteiligt. Zum Einsatz kommen Zukunftswerkstätten an Schulen, Kinder- und Jugendbürgertische, Workshops und andere Formate. In einer Ausstellung »Guten Tag, Zukunft« zeigen Erfurter Kinder und Jugendliche ihre Wünsche und Träume. In der Pädagogischen Hochschule Erfurt finden ein Seminar und eine Ausstellung »Beteiligung von Kindern und Jugendlichen« statt. Auch an und mit Schulen werden Stadt und Lokale Agenda 21 aktiv. Nachdem im Jahr 2004 eine Neuauflage des erstmalig im Schuljahr 1999/2000 durchgeführten Energiesparprojektes an Erfurter Schulen startet, wird das Projekt »Erfurter Schulen sparen Energie« seitdem jährlich durchgeführt. Nach einer Startveranstaltung Anfang 2004 erhalten Ende des Jahres die ersten Erfurter

Energiesparschulen ihre Auszeichnung. Im Vergleich zu einem Startwert werden im Teil eins des Projektes die Verbrauchswerte berechnet. Im Rücklauf wird ein Teil der eingesparten Kosten an die Schulen zurücküberwiesen und dem Schulbudget zugeordnet. Dieses in Hamburg schon 1994 eingesetzte »Fifty-fifty-Projekt« findet bundesweit Verbreitung. Ein zweiter Teil – der Kreativteil – soll Kindern und Jugendlichen nachhaltige Denk- und Verhaltensweisen nahebringen und sie in vielfältiger Form anregen, sich dem Thema »Nachhaltigkeit« zu nähern.

Als Energiesparschule wird jedes Jahr die Schule mit den höchsten prozentualen Einsparungen ausgezeichnet und erhält den »Energiesparpokal« als Zeichen ihres Engagements. Durch solche und andere Aktivitäten entwickelt sich Erfurt zur »Bildungsstadt« mit einem eigenen Bildungsleitbild und wird als Stadt der UN-Weltdekade »Bildung für nachhaltige Entwicklung« ausgezeichnet.[12]

Die Lokale Agenda 21 als neues Politikmodell: Aktive Bürgerschaft und Kommunen

»Die Arbeitsgruppen sind das Herzstück der LA-21-Prozesse«, stellt Anke Rheingans-Heintze in ihrer Untersuchung zu Lokale-Agenda-21-Prozessen fest. Der gewählte Organisationsstil zeichnet sich durch Merkmale wie Selbstorganisation, Autonomie oder fehlende Hierarchien aus und verschafft dem Engagement die nötigen Freiräume, in denen jede und jeder freiwillig tätig ist. Andere Untersuchungen und viele Erfahrungen aus der Lokalen Agenda 21 bestätigen diese zentrale Rolle thematischer Arbeitskreise als bevorzugte, fast schon »klassische« Arbeitsform des Bürgerengagements in der Lokalen Agenda 21.[13]

Die Arbeitsgruppen/-kreise konzentrieren sich nach Beginn der Arbeit relativ schnell auf konkrete Projekte, die meist zeitnah umgesetzt werden. Arbeits- und Projektgruppen verfestigen sich teilweise zu eigenen Strukturen, wenn das Thema bzw. Projekt so dauerhaft gesichert und bearbeitet werden kann. Als offene und relativ schwache Organisationsform enden die Arbeitsgruppen nicht als »Laberrunden« ohne Ergebnis, wenn Kommune und Aktive gemeinsam Spielregeln für effektives Arbeiten finden. Dies zeigen gut die in Kapitel drei geschilderten Beispiele aus Unterhaching und Öhringen. Arbeitskreise sind kreative Ideenwerkstätten, die konkrete Lösungen für örtliche Probleme vorschlagen und, soweit möglich, selbst mit umsetzen. Bürgerinnen und Bürger bringen sich dort sowohl durch ihr berufliches Wissen als auch als »Expertinnen und Experten des Alltags« ein. Die Arbeitsgruppen sind damit eine »aktive« Form der Bürgerbeteiligung, anders als eine beratende Beteiligung bei politischen Prozessen. Dort kann man Vorschläge machen, nicht aber mitentscheiden.

Dabei sind kleinere Gruppen mit 10 bis 15 Mitarbeitenden am effektivsten, sie laufen jedoch Gefahr, sich abzuschotten. Einige wenige und besonders Aktive tragen als »harter Kern« die Hauptlast der Arbeit und wirken dadurch als vorwärtstreibende Motoren. Um sie bildet sich eine Gruppe, die mehr oder weniger aktiv mitarbeitet. Durch Projekte beispielsweise für Schulen werden zeitweise oder dauerhaft andere Akteure gezielt eingebunden. Durch mehr öffentlichkeitswirksam angelegte Aktionen werden breitere Kreise angesprochen. Die zivilgesellschaftlich bzw. bürgerschaftlich Aktiven bilden so die Form einer »Agendazwiebel« mit verschiedenen Ringen bzw. Schichten.

Die durch die Arbeitsgruppen angestoßenen Projekte wirken als mehrfacher »Agendaschneeball«. Sie versuchen Zielgruppen und Bevölkerung für ein nachhaltiges Verhalten zu gewinnen. Sie ziehen bei Erfolg vor Ort weitere Projekte nach sich, wenn klar ist, dass sich diese Form des Engagements lohnt. Sie finden in anderen Städten Nachahmerinnen und Nachahmer, wobei sie bei der Übertragung oft noch weiter verbessert werden.

Zur Stabilisierung und Verstetigung des zivilgesellschaftlichen Engagements bilden sich in vielen Orten Agenda- und Nachhaltigkeitsvereine als feste eigene Organisationsform, auch zu einzelnen Themen wie Klimaschutz und Energie. Eine bundesweite Recherche ermittelt im Jahr 2003 über 70 Vereine, die einen direkten Bezug zur Lokalen Agenda 21 aufweisen. Von zehn näher untersuchten Agendavereinen sind dabei im Jahr 2021 immer noch sechs aktiv, von denen einige hier mit ihren Aktivitäten in der Anfangsphase kurz geschildert werden.[14]

In Hamburg, Dresden und Trier gründen sich zwischen den Jahren 1997 und 1999 Agenda- und Nachhaltigkeitsvereine.

In **Hamburg** entsteht 1997 der Verein »Stiftung Zukunftsrat Hamburg e. V.« aus dem bereits seit 1996 bestehenden Netzwerk mehrerer Organisationen und Verbände. Er will besonders durch Forschungsaufträge sowie Bildungs- und Öffentlichkeitsarbeit die Umsetzung der Agenda 21 fördern und dafür (öffentliche) Mittel beschaffen. Mitglieder können Einzelpersonen, Gruppen, Organisationen oder Unternehmen sein. Aktive Arbeitsgruppen bearbeiten Themen wie Wirtschaft, Verkehr oder erneuerbare Energien in der Entwicklungszusammenarbeit. Projekte sind Nachhaltigkeitskonferenzen, die Entwicklung eines Indikatorensatzes oder eine Broschüre zum Verbraucherverhalten.

In **Dresden** entsteht 1998 der Verein »Lokale Agenda 21 für Dresden e. V.« aus dem Initiativkreis für eine Dresdner Agenda 21. Er versteht sich als Katalysator und Kommunikationsplattform für eine nachhaltige Entwicklung. Mitglieder können ebenfalls Einzelpersonen, Gruppen oder Institutionen sein. In der Satzung sind die Zusammenarbeit mit der Stadt und der Oberbürgermeister als Vorstandsmitglied verankert. Es gibt Arbeitskreise und Themengruppen, wesentlich für die Arbeit ist eine hohe Projektorientierung. Beispiele sind jährliche Agendaprojektwettbewerbe, eine Vortragsreihe zur Stadtentwicklung oder zwei Agenda-21-Messen »Schüler gestalten Zukunft«.

In **Trier** wird der Verein »Lokale Agenda 21 e. V.« auf Bestreben der »Initiative Zukunftsfähiges Trier e. V.« gemeinsam mit der Stadt Trier 1999 gegründet. Er will die Agenda 21 für Stadt und Region umsetzen. Als Grundlage dient auch der Stadtratsbeschluss zur Aufstellung einer Trierer Agenda, der als Anlage der Satzung beigefügt ist. Ähnlich wie bei den beiden oben geschilderten Vereinen können sowohl einzelne Personen als auch Organisationen Mitglied sein. Tätigkeitsbereiche sind Öffentlichkeitsarbeit, Beteiligung der Bevölkerung oder nachhaltige Projekte. Beispiele dafür sind zwei regionale Klimagipfel, ein Netzwerk für nachhaltige Unternehmen oder die Trierer Agendawochen.

Diese und andere Agendavereine verkörpern damit sowohl als Rechtsform als auch in ihrer Arbeit ein wesentliches Merkmal der Lokalen Agenda 21: die Vernetzung und Zusammenarbeit der verschiedenen örtlichen Akteure untereinander und mit der Bevölkerung. Die Lokale Agenda 21 schafft erstmals in organisierter Form örtliche Foren und Räume zur Diskussion über die zukünftige, nachhaltige Entwicklung der Kommune. Es werden Netzwerke aufgebaut und gemeinsame Projekte verwirklicht. Nicht die Ablehnung oder Verhinderung politischer Vorhaben, sondern gemeinsame konstruktive Veränderung für eine nachhaltige Entwicklung steht im Mittelpunkt.

Unabdingbar ist dabei die Zusammenarbeit mit der Verwaltung. Agendabüros schaffen dafür die nötige Schnittstelle zwischen Zivilgesellschaft bzw. der aktiven Bevölkerung und der Kommune. Sie sind als Kümmerer und Vermittler das »Agendascharnier« für ein gemeinsames Wirken der beiden Akteure und besonders für die konkrete Umsetzung von Projekten oder gemeinsamen Aktivitäten. Dieser Dialog wird zum »Trialog«, wenn bei größeren Vorhaben die Zustimmung des Gemeinderats erforderlich ist.

Neben dieser Form der »aktiven« Bürgermitwirkung durch eigenes Handeln erfährt die »beratende« Bürgerbeteiligung bei politischen Planungen und Entscheidungen durch die Lokale Agenda 21 einen deutlichen Aufschwung. Auch hier haben diese Konsultationsprozesse durch veränderte Rollen und Arbeitsstile der Beteiligten einen neuen und experimentellen Charakter. Dabei kommt eine ständig wachsende Zahl von Methoden und Verfahren zur Anwendung. Am häufigsten sind die vom Zukunftsforscher Robert Jungk entwickelten »Zukunftswerkstätten« mit ihren drei Phasen einer einleitenden Kritikphase als Bestandsaufnahme, einer Utopiephase zur Formulierung von Zukunftsentwürfen und einer Praxisphase zur Umsetzung der entwickelten Vorschläge. Die Form und Phasen der »Zukunftswerkstätten« werden dabei – wie schon vorher in ihrer langjährigen Geschichte – in der Lokalen Agenda 21 verändert, angepasst und weiterentwickelt. Bei Planungen und Prozessen zur Stadtentwicklung wird die Bürgerbeteiligung in vielfältiger Form zum allgemeinen Standard.[15]

Für Lokale-Agenda-21-Prozesse insgesamt wird die Zusammenarbeit der drei wichtigen kommunalen Akteure Verwaltung/Kommune, Gemeinderat/Politik und Zivilgesellschaft/Bürgerschaft zum entscheidenden Erfolgsfaktor. Diese kann als »magisches Dreieck« einer nachhaltigen Kommunalentwicklung als Gemeinschaftswerk zum Erfolg verhelfen oder es als »Bermudadreieck« scheitern lassen. Das »Agendadreieck« mit den drei wichtigen Akteursgruppen trägt in institutionalisierter Form als Gremium mit Bezeichnungen wie Agendabeirat, Lenkungskreis oder Nachhaltigkeitsrat zur Stabilisierung und zum Erfolg der Lokale-Agenda-21-Prozessse bei.

Eine entscheidende immanente Schwachstelle der Lokalen Agenda 21 ist, die ursprüngliche Konzeption als beteiligungsorientierte Erstellung eines Handlungsprogramms nicht den realen projektorientierten Prozessen mit einer anderen Form der Bürgermitwirkung anzupassen. Die Lokale Agenda 21 ist in der Praxis kein geplanter, in aufeinanderfolgenden Schritten gegliederter und insgesamt geschlossener Prozess, sondern ein offener Prozess mit vielen Elementen und Projekten. Mit Akteuren, die nicht bloß Vorschläge für ein Handlungsprogramm machen und beschließen lassen, sondern diese oft gemeinsam mit der Kommune und Kooperationspartnern selbst umsetzen. Natürlich brauchen diese Aktivitäten eine Richtung und einen Rahmen für das gemeinsame Ziel einer nachhaltigen Entwicklung. Sie brauchen einen Kompass und Leitplanken, aber keinen fest vorgegebenen Weg. Diese fehlende Verbindung zwischen der vorherrschenden Projektorientierung und einem verbindenden »Agendarahmen« als Grundlage trägt zum Einschlafen vieler Lokale-Agenda-21-Prozesse bei. Diese verlaufen dabei so vielfältig, dass sie sich kaum in bestimmte »Modelle« pressen lassen. Solche Prozesse dauern sehr lange und müssen immer erneuert werden. Dies nicht genügend verdeutlicht zu haben dürfte zur Ungeduld aller Akteure mit entsprechenden Frustrationen und Konsequenzen geführt haben.

Die in Kapitel drei ausführlich geschilderten Szenarien der Studie *Bedingungen institutioneller Stabilisierung lokaler Agenda-21-Prozesse* kommen einer Charakterisierung der Entwicklung dieser Prozesse am nächsten. Auch wenn es in der Realität viele Zwischenformen gibt, arbeiten sie wichtige Elemente verschiedener Pfadmöglichkeiten heraus. Im dritten Szenario der Lokalen Agenda 21 als lediglich zeitlich befristeter Prozess bleibt diese nach einigen Jahren bestenfalls als kleine zivilgesellschaftliche Nische zurück, auch wenn manche Projekte oder Arbeitsgruppen dauerhaft und oft mit anderem Namen weiter existieren. Dies beschreibt die Realität in vielen Kommunen. Das zweite Szenario mit der Lokalen Agenda 21 als Netzwerk lokaler Nachhaltigkeitsprojekte ist Praxis vieler Kommunen, die den Prozess fortsetzen. Hier überwiegt die bürgerschaftliche Komponente, die die Kommune zwar unterstützt, aber keinen umfassenden Nachhaltigkeitsrahmen durch Leitbilder oder ein Programm aufweist. Nur das erste Szenario mit der Lokalen Agenda 21 als Motor und Transmissionsriemen nachhaltiger Entwicklung weist einen umfassenden kommunalen Nachhaltigkeitsprozess vor, der bürgerschaftliche Aktivitäten und Beteiligung der »Stadtgesellschaft« zu einer zielgerichteten Nachhaltigkeitsstrategie zusammenfügt. Wie zivilgesellschaftliches Engagement dauerhaft in einen solchen umfassenden und gemeinsam getragenen kommunalen Nachhaltigkeitsprozess überführt wird, zeigt das folgende Beispiel.[16]

In **Augsburg** wird die Lokale Agenda 21 als Ergebnis des Weltgipfels von Rio 1992 erstmals auf einem Workshop der »Werkstatt Solidarische Welt e. V.« im Oktober 1995 vorgestellt, worauf eine Stadtratsfraktion einen Antrag zur Lokalen Agenda 21 stellt. Nach weiteren Vorbereitungstreffen folgt ein Treffen mit einem Verwaltungsvertreter, der das Thema Lokale Agenda 21 für Augsburg mit der Kenntnisnahme der entsprechenden Materialien des Deutschen Städtetages als erledigt ansieht.

Das »1. Bürgerforum Zukunftsfähiges Augsburg« diskutiert und verabschiedet im Mai 1996 ein Konzept und einen Vorschlag an den Stadtrat zum Start eines Lokale-Agenda-21-Prozesses in Augsburg. Ein Fachforum Energie wird gegründet. Nach weiteren Bürgerforen und Anträgen weiterer Gemeinderatsfraktionen beschließt der Umweltausschuss der Stadt Augsburg im Juli 1996 die Unterstützung der bürgerschaftlich geschaffenen Strukturen, die Durchführung eines Konsultationsprozesses zur Erstellung einer Augsburger Agenda 21 und die Einrichtung eines Umweltbeirats sowie einer unterstützenden Stelle im Umweltreferat als Geschäftsstelle Lokale Agenda 21. Im Jahr 1997 wird ein städtischer Beirat eingerichtet, der alle drei Jahre vom Stadtrat berufen wird und ein direktes Antragsrecht an den Stadtrat hat. Das Agendateam erarbeitet 1998 mit zivilgesellschaftlichen Akteuren 21 Leitlinien, woran sich im Jahr 2000 ein »Augsburger Nachhaltigkeitsindex« mit Indikatoren anschließt. Mehrere runde Tische mit Vertretern aus allen »stadtgesellschaftlichen« Bereichen entwickeln daraus Ziele. Nach einer Überprüfung durch die Stadtverwaltung verabschiedet der Stadtrat 2004 das *Handlungsprogramm Nachhaltigkeit*. Dessen Umsetzung wird 2010 im Augsburger Nachhaltigkeitsbericht anhand von Indikatoren und vielen zivilgesellschaftlichen Aktivitäten dargestellt. Die Stadt Augsburg hat damit auf Initiative der Zivilgesellschaft gut funktionierende kommunale Lokale-Agenda-21-Strukturen geschaffen und einen Nachhaltigkeitsprozess unter Einbindung aller stadtgesellschaftlichen Akteure aus Verwaltung, Politik, Wirtschaft und Zivilgesellschaft fest etabliert, der auch noch nach 25 Jahren Bestand hat.

Solch umfassende kommunale Nachhaltigkeitsstrategien sind die Ausnahme in den Prozessen der Lokalen Agenda 21 in Deutschland, es dominiert das projektorientierte bürgerschaftliche und zivilgesellschaftliche Element. Dabei gibt es intensive Versuche, durch neue Instrumente Nachhaltigkeit in der Verwaltung und Kommunalpolitik zu implementieren. Zwei dieser Impulse werden im Folgenden geschildert und anschließend die Frage gestellt, inwieweit sich die Lokale Agenda 21 als Teil eines weltweiten Programmes Agenda 21 erweist.

Impulse für Instrumente (Eins): Kommunale Nachhaltigkeitsindikatoren und -berichte

Das Kapitel 40 der Agenda 21 mit der Forderung, Indikatoren als Grundlage für die Entscheidungen zu entwickeln, führt im Rahmen der Lokalen Agenda 21 zu einer intensiven Diskussion über kommunale Nachhaltigkeitsindikatoren. Indikatoren sollen die Fortschritte für eine nachhaltige Entwicklung messen, Nachhaltigkeitsberichte sollen die Entwicklung dokumentieren und Aktivitäten bilanzieren. Die vier Bundesländer Baden-Württemberg, Bayern, Hessen und Thüringen veröffentlichen im Jahr 2000 den Leitfaden *Indikatoren im Rahmen einer Lokalen Agenda 21*, entwickelt von der »Forschungsstätte der Evangelischen Studiengemeinschaft«(FEST), wodurch in der Folge oft von den »FEST-Indikatoren« die Rede ist. Er enthält 24 Indikatoren zu den vier Bereichen Ökologie, Ökonomie, Soziales und Partizipation. Im Jahr 2001 startet die Deutsche Umwelthilfe mit der bundesweiten Agendatransferstelle den »Wettbewerb Zukunftsfähige Kommune«, der mit 37 Indikatoren zu den Bereichen (»Leitkategorien«) Wohlbefinden, Soziale Gerechtigkeit, Umweltqualität und Ressourceneffizienz sowie Wirtschaftliche Effizienz arbeitet, die nochmals in Unterkategorien aufgeteilt sind.

Dies verdeutlicht bereits ein großes Problem für die Zielgruppe Kommunen: Diese und weitere konkurrierende Indikatorensätze tragen zur Verwirrung und Verunsicherung bei, dieses Instrument in der Praxis anzuwenden. Als das Umweltbundesamt (UBA) im Jahr 2003 im Rahmen eines Forschungsprojektes die Vielzahl verschiedener Indikatorensätze auswerten lässt, ergeben sich dabei klare »De-facto-Kernindikatoren«, die in den meisten Vorschlägen vorkommen. Auf dieser Basis gelingt es dann in relativ kurzer Zeit, »gemeinsam empfohlene Indikatoren zur kommunalen Nachhaltigkeit« aus den wichtigsten Indikatorensystemen zu bilden, wobei diese 20 Indikatoren die drei Dimensionen der Nachhaltigkeit Wirtschaft, Soziales (»Gesellschaft«) und Umwelt behandeln.[17]

Trotz intensiver Bemühungen mit Beratungen, Datenserviceangeboten und Workshops gelingt es in der Regel nicht, Indikatoren und Nachhaltigkeitsberichte über die oft nur einmalige oder zweimalige Erhebung bzw. Erstellung hinaus als Instrument in den Kommunen fest zu verankern. Kommunale Nachhaltigkeitsindikatoren bewegen sich bei der Umsetzung in die Praxis in einem permanenten Teufelskreis: Wenn die Daten leicht verfügbar sind und beispielsweise durch landes- oder bundesweite Erhebungen vorliegen, sind sie zu allgemein, um einigermaßen trennscharf als Mess- und Kontrollinstrument für einzelne Entscheidungen dienen zu können. Andererseits erfordern genauere Kenngrößen als Steuerungsinstrument eigene Erhebungen, die Kommunen bis auf wenige Ausnahmen in Großstädten mit statistischen Ämtern nicht leisten können. Indikatoren eignen sich besser, um den Zustand der Kommune allgemein zu erfassen, nicht aber als trennscharfes Steuerungsinstrument. Die intensive und aufwendige Diskussion im meist wissenschaftlichen Überbau steht im umgekehrten Verhältnis zur relativ geringen Anwendung in der Gesamtheit der Kommunen. Zwar bringt die Lokale Agenda 21 eine intensive Befassung mit dem Thema Indikatoren hervor, doch diese findet vorwiegend in Expertenkreisen statt. Indikatorengestützte Nachhaltigkeitsberichte werden meist nur im Rahmen wiederkehrender Pilotprojekte für kommunale Nachhaltigkeitsstrategien erstellt. Nur wenige und meist größere Kommunen etablieren dauerhaft dieses Instrument, wie das folgende Beispiel zeigt.

Die Stadt **Bonn** legt im Jahr 2004 mit der Teilnahme am oben geschilderten Wettbewerb »Zukunftsfähige Kommune« den Grundstein für eine seitdem etablierte Berichterstattung einer nachhaltigen Entwicklung der Stadt. Im Anschluss an den Wettbewerb beschließt der Hauptausschuss die Fortschreibung der erhobenen Kennzahlen in einem Turnus von drei Jahren. Unter Beteiligung von 33 städtischen und externen Stellen sowie Betrieben wird der zweite Bonner Nachhaltigkeitsbericht mit der Fortschreibung der Indikatorwerte für den Berichtszeitraum 2005 bis 2007 erstellt. Weitere folgen, im Jahr 2018 wird der nunmehr fünfte Nachhaltigkeitsbericht vorgelegt. Er hat immer noch die Grundstruktur der vier Leitkategorien Wohlbefinden, Soziale Gerechtigkeit, Umweltqualität und Ressourceneffizienz und Wirtschaftliche Effizienz, erweitert aber schon den Indikatorensatz mit Bezug zu den neuen 17 UN-Nachhaltigkeitszielen aus dem Jahr 2015 (siehe Kapitel neun).

Als eine der ersten Städte in Deutschland und auch weltweit legt Bonn im Jahr 2020 einen freiwilligen kommunalen Bericht *(Voluntary Local Review)* zum Umsetzungsstand der Agenda 2030 mit den 17 UN-Nachhaltigkeitszielen, den »Sustainable Development Goals (SDGs)«, vor. Er folgt der Systematik der 2019 verabschiedeten kommunalen Nachhaltigkeitsstrategie Bonns. Sie hat das Ziel, die SDGs zunächst in den sechs Handlungsfeldern Mobilität, Klima und Energie, Natürliche Ressourcen, Arbeit und Wirtschaft sowie Gesellschaftliche Teilhabe und Geschlechtergerechtigkeit umzusetzen. Anhand von 46 Indikatoren zeigt er die Entwicklung in diesen Themenfeldern. Der neue Bericht verknüpft damit die langjährige Nachhaltigkeitsberichterstattung der Stadt Bonn mit den Zielen der 2019 verabschiedeten kommunalen Nachhaltigkeitsstrategie.[18]

Impulse für Instrumente (Zwei): Öko-Audit, Kirchen und kommunales Umweltmanagement

Im Jahr 1993 schafft die EG-Öko-Audit-Verordnung EMAS (Eco-Management and Audit Scheme) zunächst für gewerbliche Unternehmen ein freiwilliges europäisches Umweltmanagementsystem mit Gütesiegel sowie Zertifizierung. Es wird auf andere Bereiche wie öffentliche Verwaltungen ausgedehnt. Im Jahr 1998 werden nach einem Pilotprojekt die ersten beiden deutschen Kommunen Isny und Leutkirch in Oberschwaben zertifiziert. Vor allem Bayern und Baden-Württemberg unterstützen dabei die Kommunen und stoßen auf Resonanz. Eine veröffentlichte Übersicht *Kommunales Öko-Audit in Baden-Württemberg* weist im Jahr 2003 über 80 Kommunen und neun Landkreise mit über 160 Standorten aus, darunter viele Schulen im Rahmen einer eigenen Förderung. Ansonsten werden vor allem Bau- und Betriebshöfe, Rathäuser bzw. alle kommunalen Einrichtungen, Stadtwerke oder touristische Einrichtungen als Standorte für das Umweltmanagement genannt. Für Tourismusgemeinden wird ein eigenes Projekt durchgeführt, um das Öko-Audit auch als Marketinginstrument auf das ganze Gemeinde-gebiet auszudehnen, da eine intakte und schöne Umwelt einen wesentlichen Grund für den Urlaub in Deutschland bildet.[19]

Dabei gilt das Öko-Audit gleich in mehrfacher Hinsicht als wichtiger Baustein für eine Lokale Agenda 21. Es trägt wesentlich zur Reduzierung des Ressourcenverbrauchs durch die Verwaltung bei. Gleichzeitig nimmt die Kommune damit eine Vorbildfunktion für die Entwicklung einer Lokalen Agenda 21 ein. Dies gilt besonders auch für die Wirtschaft als wichtige Ziel-gruppe, die ebenfalls Umweltmanagementsysteme einführen soll. Ferner soll für die Kommune als Akteur über die Verwaltung hinaus die systema-tische Vorgehensweise mit den elementaren Schritten Umweltleitlinien, Umweltpolitik, Umweltprüfung, Umweltprogramm und die Einrichtung eines Auditteams für die Entwicklung einer Lokalen Agenda 21 eingesetzt werden. Vorbild dafür ist das Gemeindenetzwerk »Allianz in den Alpen«, dessen Erfahrungen in einer eigenen Studie mit einem Leitfaden zur Ein-führung der Lokalen Agenda 21 in kleinen Gemeinden aufgearbeitet wer-den. Auch viele Leitfäden und Handreichungen aus Bund und Ländern zur Lokalen Agenda 21 betonen das Öko-Audit als Instrument für eine nachhal-tige Kommunalverwaltung und wollen es mit der Verwaltungsmodernisie-rung als wesentlichen Kern einer »Nachhaltigkeitskommune« verbinden.[20]

Die Umsetzung in den Kommunen zeigt dabei große Probleme. Der Zeitaufwand für die Verwaltung und die Kosten für die nötige externe Be-ratung sowie die Validierung sind hoch. Für die Einführung des Umwelt-managementsystems werden bis zu 18 Monate veranschlagt. Hinzu kommen Schwierigkeiten mit der Öko-Audit-Verordnung selbst. Sie bezieht sich zunächst auf einzelne Standorte von Unternehmen, während sich beispielsweise die weltweite ISO-Norm 14.000 auf das ganze Unternehmen bezieht. Dies führt für eine Kommunalverwaltung mit vielen Dezernaten, Ämtern und Einrichtungen zu erheblichen Schwierigkeiten. Ferner erfolgt die Lokale Agenda 21, wie gezeigt, in der Praxis vor allem durch Bürgerprojekte und nicht, wie zunächst geplant, als systematische Erstellung eines Handlungsprogramms, wie es auch das Öko-Audit vorsieht. Das EG-Öko-Audit erweist sich aus diesen Gründen als für Kommunen weniger praktikabel und findet keine Verankerung. Ein Blick auf das zuständige Register zeigt im Jahr 2021 lediglich noch die Gemeinde Teningen und einige weitere kommunale Einrichtungen aus Baden-Württemberg mit einem EG-Öko-Audit und einer Umwelterklärung.[21]

Erfolgreiche Verbreitung findet eine vereinfachte EMAS-Variante hingegen in Kirchengemeinden. Die Evangelische Landeskirche Württemberg entwickelt im Jahr 2000 mit dem »Grünen Gockel« ein formal vereinfachtes System, das die Anforderungen der EG-Öko-Audit-Verordnung erfüllt. Die Kirchengemeinden erreichen so mit weniger Formalitäten bzw. Dokumentationspflichten sowie geringeren Kosten die gleiche Wirksamkeit. Der »Grüne Gockel« beruht vor allem auf dem ehrenamtlichen Engagement von ausgebildeten kirchlichen Umweltauditorinnen und -auditoren. Sie begleiten und moderieren die Einführung des Umweltmanagementsystems, wobei großer Wert auf die Umweltkommunikation und die Ansprache der Kirchengemeinde gelegt wird. Auch die Zertifizierung kann durch kirchliche Umweltrevisorinnen oder -revisoren erfolgen. Der »Grüne Gockel« findet auch als »Grüner Hahn« mit über 700 zertifizierten Kirchengemeinden bzw. kirchlichen Einrichtungen deutschlandweit Verbreitung. Die beteiligten Einrichtungen schließen sich im ökumenischen Netzwerk »Kirchliches Umweltmanagement« (KirUm) zusammen. Darüber findet er Nachahmer im europäischen Ausland: als »Grüner Güggel« in der Schweiz, als »Gallo verde« in Italien, als »Eglise verte« in Frankreich sowie in Slowenien, Tschechien, in Spanien, in anglikanischen, katholischen und reformierten Kirchen in Großbritannien. Für die Kirchen bildet er eine besonders erfolgreiche von vielen anderen Aktivitäten im Rahmen der Lokalen Agenda 21.[22]

Das Beispiel des EG-Öko-Audits zeigt, dass Instrumente wie ein anspruchsvolles Umweltmanagementsystem für Betriebe nicht ohne Weiteres auf kommunale Verwaltungen übertragbar sind. Im Falle der Lokalen Agenda 21 kommt hinzu, dass der Prozess anders verläuft als zunächst geplant.

Auch für die Einbindung der Wirtschaft setzt sich in der Lokalen Agenda 21, wie oben geschildert, das vereinfachte System ÖKOPROFIT durch. Außerdem etabliert sich mit dem zentralen Thema Klimaschutz ein kommunales Energiemanagement mit eigenen Systemen und Labeln.

Think global – act local?
Lokale Agenda 21 und Eine Welt

»Global denken – Lokal handeln« wird immer wieder als Charakteristikum der Lokalen Agenda 21 genannt. Für die Leitfiguren und Motoren der Prozesse ist der globale Bezug zur Agenda 21 mit Sicherheit ein großer Motivationsschub. Man ordnet sich in einen großen, sinnstiftenden Rahmen ein und kann diesen als Bezugspunkt verwenden. Für die meisten Projekte und in den Arbeitskreisen aktiven Personen ist dies in der Realität kaum der Fall. Oft geht es um lokale Vorhaben zur Lösung lokaler Probleme. Beim Klima- und Ressourcenschutz ist der globale Bezug erkennbar, bei vielen anderen Themen nicht. Sie folgen mehr dem Motto »Lokal denken – lokal handeln«. Auch hat das Thema Nachhaltigkeit im Sinne von integrierten Lösungen mit ökologischem, ökonomischem und sozialem Bezug weniger Bedeutung als die Lösung eines konkreten Problems selbst.

Dabei spielt auch die sinkende Relevanz von globalen (Umwelt-)Konferenzen eine Rolle. Der Erdgipfel von Rio de Janeiro 1992 mit seinen Impulsen für eine Lokale Agenda 21 bleibt genauso historisch wie wahrscheinlich einmalig. Er gibt den entscheidenden und lang anhaltenden Schub für die örtlichen Aktivitäten. Der Folgegipfel von Johannesburg löst keine weiteren Impulse mehr vor Ort aus, dieser Konferenztyp läuft zusehends ins Leere.[23]

Allerdings ist das Thema »Eine Welt« als eigener Schwerpunkt in der Lokalen Agenda 21 in vielen Kommunen und Projekten ein wichtiges Element. Wie eine Untersuchung im Jahr 1999 zeigt, sind Eine-Welt-Aktivitäten vor allem in größeren Kommunen festzustellen. Wichtigste Themen sind Fairer Handel, Altkleider/Saubere Kleider und Projektpartnerschaften. Als Aktionsformen werden besonders Bildungs- und Öffentlichkeitsarbeit, politische Einflussnahme und erlebnisorientierte Aktionsformen genannt. Für die große Mehrheit der Befragten sind neue Kooperationen die wesentliche neue Qualität der Eine-Welt-Aktivitäten in den Lokale-Agenda-21-Prozessen, neue Themen oder neue Aktionsformen spielen eine nachgeordnete

Rolle. Die Kommunen in Nordrhein-Westfalen weisen im bundesweiten Vergleich deutlich mehr Eine-Welt-Aktivitäten als Kommunen in anderen Bundesländern auf. Jede vierte Kommune ist hier aktiv, was auf das Eine-Welt-Promotoren- und -Promotorinnen-Programm und eine stärkere Förderung von Projekten zur Entwicklungszusammenarbeit im Rahmen des Gemeindefinanzierungsgesetzes zurückzuführen ist. Eine weitere Untersuchung für Nordrhein-Westfalen im Jahr 2000 zeigt auch, dass selbst in diesem Bundesland mit dem bundesweit stärksten Eine-Welt-Bezug in der Lokalen Agenda 21 nur sehr wenig Städte- oder Projektpartnerschaften mit Kommunen des Südens zu verzeichnen sind. Eine im Jahr 2003 durchgeführte Studie zu den Handlungsspielräumen der Kommunen für Eine-Welt-Aktivitäten in den verschiedenen Bereichen listet insgesamt 17 mögliche Handlungsansätze mit schon umgesetzten Beispielen auf. Genannt werden unter anderem Eine-Welt-Bilanzen, Eine-Welt-Foren, Ausweitung von Städtepartnerschaften, Unterstützung von Schulpartnerschaften und Einbeziehung des Themas in den Unterricht, interkulturelle Projekte oder eine nachhaltige Beschaffung. Für das letzte Thema stehen auch die zahlreichen Städte-, Partnerschafts- und Agendakaffees, auch als Beispiel zur Ansprache der Bevölkerung für einen nachhaltigen Lebensstil.[24]

Vorschläge
zur Weiterführung der Lokalen Agenda 21

Die Arbeit und dabei aufgetretenen Probleme der Lokalen Agenda 21 führen bald zu intensiven Diskussionen und Optimierungsvorschlägen durch die Agendaberatungsstellen auf Landes- und Bundesebene oder aus der Wissenschaft. Für die Weiterführung der Lokale-Agenda-21-Prozesse werden sowohl kurzfristig angelegte »Sofortmaßnahmen« als auch Vorschläge für ein Qualitätsmanagement oder eine prinzipielle Neuausrichtung gemacht. Die oft vorgenommene Hinterlegung mit bereits praktizierten kommunalen Beispielen zeigt dabei auch, dass diese Vorschläge gut realisierbar sind und aus den Kommunen selbst stammen. Bei Vorschlägen aus der Wissenschaft ist dies nicht immer der Fall.

Ein halbes Jahr nach dem Johannesburger Weltgipfel diskutieren auf Einladung der bundesweiten Agendatransferstelle im Dezember 2002 über 30 Expertinnen und Experten »Anknüpfungspunkte für die lokale Agenda 21 in Deutschland«. Maßnahmen wie beispielsweise die Stärkung des bürger-schaftlichen Engagements oder die Förderung integrativer Zusammen-arbeit in der Verwaltung sollen Politik künftig zukunftsfähiger gestalten. Eine bürgernahe und zukunftsfähige Verwaltung soll besonders durch ein Nachhaltigkeitsmanagement realisiert werden. Als prioritäre Themen der weiteren Arbeit werden Energie und die Verringerung der Flächeninan-spruchnahme genannt.

Eine Zusammenstellung aus Baden-Württemberg enthält kommunale Beispiele zur »Neubelebung und Weiterführung der Lokalen Agenda 21« mit folgenden Schwerpunkten: Zwischenbilanzen sollen den bisherigen Prozess aufarbeiten und neue Perspektiven aufzeigen. Offene Foren oder das Internet können neue Projektideen einholen. Agendasprecher oder Agendavereine können die ehrenamtlichen Agendastrukturen stärken. Agendastrukturen können durch die Neustrukturierung der Arbeitskreise angepasst werden. Zur Stabilisierung der Prozesse können Strukturen wie Agendaforen oder Instrumente wie Nachhaltigkeitsberichte beitragen, die auch zur Entstehung neuer Themen beitragen.[25]

Sehr detailliert ausgearbeitet und pilothaft erprobt ist der Vorschlag »Prozessindikatoren für die Lokale Agenda 21« der Fachhochschule Erfurt. Sechs für die Organisation und Gestaltung der Lokalen Agenda 21 wichtige Zielfelder werden durch jeweils drei Vertiefungen als Ansatz für Prozessindi-katoren hinterlegt. Zielfelder und Kriterien für die Gestaltung der Lokalen Agenda 21 sind: Sie ist strukturiert (z. B. in klassische Schritte eingeteilt), zielorientiert (z. B. mit Leitbild und Teilzielen versehen), partizipatorisch (politisch tragfähig auf breiter Basis stehend), selbsttragend (wird z. B. dauer-haft fortgeführt), ergebnisorientiert (z. B. mit konkreten Projekten verbun-den) und überschaubar (z. B. handlungsorientiert durch konkrete Aktionen). Eine Einstufung dieser Kriterien und eine grafische Darstellung in einem Netzdiagramm ermöglichen die Identifikation von Stärken und Schwächen. Dabei stehen nicht das konkrete Ergebnis, sondern die regelmäßige Aus-einandersetzung mit diesen Fragen durch die Akteure im Mittelpunkt des Prozesses. Wenig konkret bleibt hingegen ein anderer Vorschlag für ein »Nachhaltiges Qualitätsmanagement«, der sehr allgemein Instrumente aus dem Qualitätsmanagement auf die Lokale Agenda 21 überträgt.[26]

Auf dem letzten bundesweiten Erfahrungs- und Informationsaustausch der Landes- und Bundes-Agendastellen entsteht im April 2007 eine Publikation mit Vorschlägen für die »Generation 15 plus« der Lokalen Agenda 21. Sie muss sich einerseits pragmatisch und handlungsorientiert gezielt auf ausgewählte Schwerpunktprojekte für eine nachhaltige Entwicklung konzentrieren, wozu Beispiele zum Thema Flächenmanagement und Energie genannt werden. Diese sollen an aktuellen Herausforderungen ansetzen und gleichzeitig auch die Menschen mitnehmen. Andererseits muss die Lokale Agenda 21 ihre Ergebnisse im politisch-administrativen System verankern und mit strategischen Steuerungs- und Managementsystemen verknüpfen. Diese Verbindung von Umsetzungsorientierung und strategischer Steuerung ist ein wesentliches Kennzeichen der »Generation 15 plus«, wenn diese erfolgreich sein soll. Von zentraler Bedeutung dabei ist die durch die Lokale Agenda 21 gestiegene oder gar neu entdeckte Bürgerbeteiligung. Die vielfach eingeleiteten Schritte hin zur Bürgerkommune und »kooperativen Demokratie« können den Boden für diese neue Generation bereiten. Die Potenziale dafür sind vorhanden, sie müssen nur genutzt werden.[27]

In diese Richtung zielt auch umfassender der Vorschlag einer »Nachhaltigkeitskommune«, der sich in der Diskussion zur Lokalen Agenda 21 wesentlich stärker niederschlägt als in der Praxis ihrer Umsetzung. Eine »Nachhaltigkeitskommune« zeichnet sich als neues Leitbild für Kommunen durch eine durchgeführte Verwaltungsreform, ein eingeführtes Umweltmanagement (Öko-Audit), das Selbstverständnis als Bürgerkommune und die aktive Unterstützung der Lokalen Agenda 21 aus. Die Nachhaltigkeitskommune als neues Leitbild löst die Verwaltungstypen der Ordnungskommune, Dienstleistungskommune und Bürgerkommune nicht ersatzlos ab, sondern baut auf diesen auf. Sie wird insgesamt nur grob umrissen.

Die genannten Charakteristika sind sicher unstreitig. Allerdings sind die Verwaltungsreform und das kommunale Öko-Audit, die in dieser Pilotstudie verknüpft werden, für die Kommunen und die Lokale Agenda 21 nur schwer realisierbar. Sie sollten allgemeiner als Nachhaltigkeitsmanagement in der Verwaltung mit der Verankerung von Nachhaltigkeit als Querschnittsaufgabe gefasst werden. Die für die Lokale Agenda 21 zentrale Aktivierung und Beteiligung der Bürgerinnen und Bürger sollten sich auch im Begriff deutlich niederschlagen. Eine »nachhaltige Bürgerkommune« ist hier als Bezeichnung und Leitbild besser geeignet. Dies führt von der Weiterführung der Lokalen Agenda 21 hin zu ihrer Weiterentwicklung zu kommunalen Nachhaltigkeitsbausteinen und -prozessen als Thema des nächsten Kapitels.[28]

Externe Impulse für Bürgerengagement und Bürgerbeteiligung

Wesentliche Kennzeichen der Lokalen Agenda 21 in Deutschland sind das Voneinanderlernen und die Übertragung erfolgreicher Projekte und Instrumente aus anderen Orten in die eigene Kommune. Dies gilt auch für Instrumente, die nicht primär aus Nachhaltigkeitsprozessen stammen und das Thema Bürgerengagement und -beteiligung betreffen. Das durch die brasilianische Stadt Porto Alegre praktizierte und viel diskutierte Modell eines Bürger- und Beteiligungshaushalts findet auch Eingang in die Kommunen der Lokalen Agenda 21. Eine Bürgerbeteiligung besonders im zentralen »Königsrecht des Parlaments« hat naturgemäß hohen Stellenwert. Zur Finanzierung von Aktivitäten und besonders auch kleineren Bürgerprojekten werden Bürgerstiftungen auch durch Lokale-Agenda-21-Prozesse angestoßen. Wie groß diese multiplizierende Wirkung dieser Instrumente durch die Lokale Agenda 21 ist, lässt sich nicht abschätzen. Aktuelle Beispiele und Zahlen finden sich in Kapitel zwölf.[29]

Zu wenig Beachtung für die Institutionalisierung und Weiterführung der Lokale-Agenda-21-Prozesse findet ein viel beachtetes Modell der Bürgerbeteiligung in der oberbayerischen Gemeinde Weyarn mit ihren knapp 3500 Einwohnerinnen und Einwohnern. Hier werden auch ohne Bezug zur Lokalen Agenda 21, aber mit starken Übereinstimmungen zu den dortigen »Systemelementen« und großer Ähnlichkeit zum im vorhergehenden Kapitel geschilderten Beispiel Unterhaching Bürgerarbeitskreise als wesentliches Element der Bürgerbeteiligung fest in der Gemeindesatzung verankert.

In Weyarn verabschiedet der Gemeinderat im Jahr 2008 einstimmig die knapp fünfseitige *Satzung zur Weiterführung der Bürgerbeteiligung in der Gemeinde Weyarn*, die auf längere positive Erfahrungen zur Bürgerbeteiligung aufbaut. Sie verankert die institutionalisierte Bürgerbeteiligung und ergänzt den herkömmlichen Entscheidungsprozess über den gewählten Gemeinderat durch eine klar beschriebene Organisationsstruktur mit festen Regeln. Im Mittelpunkt stehen wie bei der Lokalen Agenda 21 Bürgerarbeitskreise, die sich autonom gründen, öffentlich tagen, ihre Tätigkeiten dokumentieren und ihre Projekte regelmäßig in einem Steuerungsgremium beraten. Sie haben ein Recht auf ein jährliches Budget, auf Weiterbildung und auf externe Beratung. Laut Gemeindehomepage gibt es im Oktober 2021 insgesamt 13 Arbeitskreise, die auch wie der Arbeitskreis Energie und Umwelt eine nachhaltige Entwicklung als Ziel haben. Das Steuerungsgremium setzt sich aus gewählten und von den Arbeitskreisen bestimmten Mitgliedern zusammen. Es tagt vierteljährlich und öffentlich. Es fungiert als koordinierende Instanz der Arbeitskreise, wo deren Planungsergebnisse besprochen werden. Diese werden mit den Budgetanforderungen anschließend dem Gemeinderat als Beschlussvorlagen vorgelegt. Als eine direkt dem Bürgermeister unterstellte hauptamtliche Koordinationsstelle innerhalb der Bürgerbeteiligung ist ein »Mitmachamt« Informationsdrehscheibe zwischen Arbeitskreisen, Steuerungsgremium, Verwaltung und Gemeinderat. Auch die jährliche Budgetanmeldung der Arbeitskreise und dessen Verwaltung erfolgen durch diese hauptamtliche Stelle.[30]

FAZIT

Erfolgsfaktoren und Probleme der Lokalen Agenda 21 als neues partizipatives Politikmodell

Etwa ab dem Jahr 2006 stagnieren sowohl Anzahl als auch Umsetzung der Lokale-Agenda-21-Prozesse, wobei sich deutliche Unterschiede nach Bundesländern und ihrer Unterstützung zeigen. Erreicht werden allerdings vor allem mittlere und größere Kommunen, nicht aber die Mehrzahl der vielen kleinen Gemeinden. Fehlende materielle und personelle Ressourcen, eine zu geringe politische Unterstützung und Frustrationsprozesse der Aktiven tragen zum Einschlafen vieler Aktivitäten bei. Mit der Auflösung der bundes- und landesweiten Agendastellen sowie vieler kommunaler Agendabüros gibt die Politik insgesamt die Lokale Agenda 21 als zu förderndes Ziel auf.

Praktische und erfolgreiche Projekte sind der Erfolgsfaktor der Lokalen Agenda 21. Sie wirken in mehrfacher Hinsicht als »Agendaschneebälle«, indem sie Menschen ansprechen, in ihrer Kommune ein erfolgreiches Beispiel für weitere Projekte sind und in anderen Kommunen Nachahmer finden. Besonders häufig und erfolgreich sind Bürgersolaranlagen oder Agendakaffees. Auch wichtige Zielgruppen wie Wirtschaft und Kommunen werden vor allem durch Projekte angesprochen, wie Konvois zum betrieblichen Umweltmanagement oder Aktivitäten mit Schulen, Kindern und Jugendlichen belegen.

Das »Herzstück« der Lokalen Agenda 21 bilden thematische Arbeitsgruppen. Sie werden zu Ideenwerkstätten für eine nachhaltige Entwicklung. Dort entstehende Vorschläge werden oft zeitnah von den Aktiven realisiert, die die Form einer »Agendazwiebel« mit verschiedenen Schichten bilden: wenige aktive Motoren, weitere Mitstreiterinnen und Mitstreiter, erreichte Zielgruppen in Projekten oder die Bevölkerung durch Öffentlichkeitsaktionen. Viele Projekte sind ein »weiches« Instrument zur Aufklärung und Bildung für eine nachhaltige Entwicklung. Diese neue und aktive Form der Bürgermitwirkung prägt den Charakter der Lokalen Agenda 21 als neues, partizipatives Politikmodell. Das zivilgesellschaftliche und bürgerschaftliche Engagement als tragendes und treibendes Element der Lokalen Agenda 21 wird in manchen Städten erfolgreich als feste Vereinsstruktur etabliert. Auch diese benötigen wie alle Lokale-Agenda-21-Prozesse die Zusammenarbeit mit der Kommune. Wichtig sind dafür Stellen als »Agendascharniere« an der Schnittstelle von Verwaltung und Zivilgesellschaft bzw. aktiver Bürgerschaft. Für die Umsetzung größerer Vorhaben und den Prozess insgesamt ist die politische Unterstützung durch den Gemeinderat notwendig. Das »Agendadreieck« als Zusammenarbeit von Kommune/Verwaltung, Gemeinderat/Politik und Bürgerschaft/Zivilgesellschaft wird zum entscheidenden Erfolgsfaktor für einen kommunalen Nachhaltigkeitsprozess.

Die Lokale Agenda 21 zeichnet eine »doppelte Bürgermitwirkung« durch eine aktive Beteiligung in Arbeitskreisen/Projekten und eine beratende Beteiligung an politischen Entscheidungen und Prozessen aus. Die Bürgerbeteiligung an der Stadtentwicklung erhält durch die Lokale Agenda 21 einen deutlichen Aufschwung. Von den vielen eingesetzten Formaten finden vor allem Zukunftswerkstätten Anwendung.

Die entscheidende immanente Schwäche der Lokalen Agenda 21 zeigt sich in mehrfacher Hinsicht: Es gelingt nicht, die aktive bürgerschaftliche und zivilgesellschaftliche Komponente mit einem politischen Planungsprozess zu verbinden. Das ursprünglich angedachte und in der Praxis kaum verwirklichte Konzept eines schrittweisen partizipativen Prozesses zur Erstellung eines Programms wird nicht an die Realität angepasst. Das projektorientierte aktive Element wird nicht mit einem zusammenfassenden und zielsetzenden »Agendarahmen« verknüpft. Die Lokale Agenda 21 wird nicht als offener Prozess gesehen, für den lediglich Eckpunkte und Leitplanken formuliert werden können, nicht aber planmäßig die einzelnen Schritte.

Viele weiterlaufende Lokale-Agenda-21-Prozesse bleiben stark bürgerschaftlich und zivilgesellschaftlich geprägt. Wie dieses Engagement dauerhaft zu einem umfassenden und gemeinsam von allen Akteuren getragenen kommunalen Nachhaltigkeitsprozess wird, zeigen erfolgreiche kommunale Beispiele.

Als ein wesentlicher hemmender Faktor für Lokale-Agenda-21-Prozesse erweist sich auch die Größe der Kommune. Erste Erfahrungen und die zunächst vorgeschlagenen Konzepte zur Umsetzung beziehen sich meist auf Städte. Kleine Gemeinden verfügen nicht über die nötigen Ressourcen oder Zuständigkeiten, das notwendige ehrenamtliche Engagement ist dort schon stark in Vereinen gebunden und für diese neuen Prozesse oft auf sehr wenige Personen beschränkt. Deren möglicher Wegfall macht sich dann umso stärker bemerkbar.

Die Erfahrungen mit den Lokale-Agenda-21-Prozessen insgesamt machen eines deutlich: Sie benötigen sehr aktive Personen als Motoren und Treiber, die meist aus der Zivilgesellschaft, aber auch aus Politik und Verwaltung kommen.

Die Lokale Agenda 21 gibt Impulse für neue Instrumente zur Implementierung von Nachhaltigkeit in Verwaltung und Politik. Das EG-Öko-Audit erweist sich nach ersten Erfolgen als zu bürokratisch und aufwendig. Eine angepasste Variante findet als »Grüner Gockel« in Kirchengemeinden im In- und Ausland große Verbreitung. Auch Indikatoren als Kontroll- und Messinstrument für kommunale Nachhaltigkeitsentscheidungen können nicht breiter in den Kommunen verankert werden. Die für die Indikatoren vorliegenden Daten sind zu allgemein und eignen sich mehr für eine allgemeine Zustandsbeschreibung. Genaue Steuerungsgrößen erfordern deshalb einen hohen Erhebungsaufwand. Erfolgreiche Beispiele mit etablierten und indikatorengestützten Nachhaltigkeitsberichten gibt es vor allem in größeren Städten.

Das immer wieder genannte Motto »Global denken, lokal handeln« als Merkmal der Lokalen Agenda 21 schlägt sich vor allem im eigenen Themenbereich »Eine Welt« in vielen Projekten nieder. Es ist aber kein durchgehendes Prinzip dieser Prozesse, in denen viele Aktivitäten örtliche Themen unter dem Motto »Lokal denken – lokal handeln« angehen.

Die Probleme der Lokale-Agenda-21-Prozesse führen zu Diskussionen und Vorschlägen zur Optimierung und Weiterführung. Unter anderem werden für eine »Generation 15 plus« eine Schwerpunktsetzung auf zentrale Themen wie Klimaschutz und eine bessere Verankerung der Aktivitäten in Politik und Verwaltung in Verbindung mit einer umfassenden strategischen Steuerung genannt. Die mit der Lokalen Agenda 21 vielfach begonnenen Schritte zu einer »kooperativen Demokratie« haben die Voraussetzung für eine neue Generation kommunaler Nachhaltigkeitsprozesse geschaffen, die jetzt genutzt werden können. Allerdings werden Bürgerarbeitskreise und weitere Systemelemente der Lokalen Agenda 21 wie Anlaufstellen oder Steuerungsgremien zu selten per Gemeindesatzung institutionalisiert.

Kapitel 6

Die Weiterentwicklung der Lokalen Agenda 21 zu kommunalen Nachhaltigkeitsprozessen

Die weitere Entwicklung der Lokalen Agenda 21 untersucht und dokumentiert im Jahr 2012 sehr umfassend die bundesweite Studie *Rio+20 vor Ort.* Weitere Ansätze und Untersuchungen aus Bundesländern ergänzen diese Erkenntnisse auch für kleinere Kommunen. Ein europäisches Forschungsprojekt erprobt pilothaft ein integriertes Nachhaltigkeitsmanagementsystem auch in deutschen Kommunen. Wichtige Impulse gehen von einem Bürgermeisterdialog aus, den der Rat für nachhaltige Entwicklung (RNE) der Bundesregierung initiiert. Als wichtiger eigener Schwerpunkt bildet sich auch für Kommunen das Thema »Bildung für eine nachhaltige Entwicklung« heraus.

Lehren und Weiterentwicklung der Lokalen Agenda 21: Die Studie *Rio +20 vor Ort*

Das Institut für Zukunftsstudien und Technologiebewertung (IZT) legt im Jahr 2012 gemeinsam mit anderen Einrichtungen und gefördert vom Bundesministerium für Umwelt, Naturschutz und Reaktorsicherheit (BMU), dem Umweltbundesamt (UBA) und von der Deutschen Bundesumweltstiftung (DBU) die Studie *Rio +20 vor Ort – Bestandsaufnahme und Zukunftsperspektiven lokaler Nachhaltigkeitsprozesse in Deutschland* vor. Diese umfassendste deutsche Studie und ihre Teilstudien zur Lokalen Agenda 21 in Deutschland zeichnen die Entwicklungslinien der Prozesse bis zum Jahr 2011 nach und formulieren wichtige Erkenntnisse zu kommunalen Nachhaltigkeitsprozessen.[1]

Die Lokale Agenda 21 ist als Besonderheit im internationalen Vergleich von Beginn an stark zivilgesellschaftlich geprägt, die Zivilgesellschaft erweist sich als »Motor« dieser Prozesse. Die Projektleiterin Katrin Nolting betont in einem Interview die im vorhergehenden Kapitel geschilderte »doppelte Partizipation« dieser Prozesse: Bürgerschaftliche Akteure sind nicht nur aktiver geworden, sie fordern auch zunehmend eine Beteiligung bei politischen Entscheidungen ein. Um zivilgesellschaftliches Engagement zu stärken, sollten niedrigschwellige und akteurspezifische Zugänge geschaffen werden. Auch die drei Länderstudien zu Bayern, Nordrhein-Westfalen und Thüringen zeigen die Vielfalt und Vielgestaltigkeit kommunaler Nachhaltigkeitsaktivitäten. Während in den großen und mittleren Städten oft umfassende Lokale-Agenda-21-Prozesse und Nachhaltigkeitsansätze entstanden sind, arbeiten kleinere Kommunen eher sektoral und projektorientiert.

In den letzten Jahren hat ein sichtbarer Wandel von Lokale-Agenda-21-Prozessen stattgefunden. In einigen Kommunen – genannt werden als Beispiele die auch in diesem Buch geschilderten Beispiele Dortmund, Heidelberg und Augsburg – hat sich unter diesem Namen ein erfolgreicher, umfassender Ansatz für eine nachhaltige Kommunalentwicklung etabliert. Dabei sind zumeist folgende gemeinsame Qualitätsmerkmale erkennbar:

- die Unterstützung der politischen Spitze und die institutionelle Verankerung
- die offene Kommunikation und Unterstützung des Prozesses durch Politik und Verwaltung
- eine entsprechend finanziell und personell ausgestattete Agendastelle in der Verwaltung
- das Verständnis als kommunale Nachhaltigkeitsstrategie und Querschnittsaufgabe
- eine Evaluierung der Ergebnisse und eine Weiterentwicklung von Zielen, Konzepten und Instrumenten
- Bürgerbeteiligung als wichtiger Ansatz einer zukunftsfähigen Stadt- und Gemeindeentwicklung
- die Bearbeitung mehrerer Themenbereiche mit einem meist gut sichtbaren thematischen Fokus
- das Einbinden wichtiger Akteure und die Mobilisierung einer breiteren Öffentlichkeit.

Allerdings kommt der Lokale-Agenda-21-Prozess nach oft Erfolg versprechenden Anfängen in vielen Kommunen zum Erliegen und wird teilweise in andere Formen überführt. Diese Prozesse werden dann in veränderter Form und anderen Bezeichnungen weitergeführt. In vielen Kommunen gibt es einen klaren Trend zu sektoralen Strategien, besonders zum Thema Energie und Klimaschutz. Als institutionalisierter und pragmatischer Ansatz wird Nachhaltigkeit auf diese Weise in einem Bereich konkretisiert und umgesetzt. Einige Kommunen fokussieren unter Verzicht auf die Bezeichnung »Lokale Agenda 21« auf eine kommunale Nachhaltigkeitsstrategie, die jetzt oftmals direkt von der kommunalpolitischen Ebene initiiert und gesteuert wird.

Die Partizipationsprozesse in deutschen Kommunen haben in Deutschland durch die Lokale Agenda 21 nicht nur einen deutlichen Schub erfahren, sie mobilisieren auch Potenzial für kreative Lösungen vor Ort und fördern Innovationen.

Die beiden Teilstudien zu Nordrhein-Westfalen und zur »Bildung für nachhaltige Entwicklung« entwickeln Stufenmodelle für kommunale Nachhaltigkeitsprozesse. Die »Landesarbeitsgemeinschaft Agenda 21 NRW (LAG 21 NRW)« klassifiziert als vier Stufen bzw. Typen die »Start-up-Kommunen« ohne nennenswerten Nachhaltigkeitsaktivitäten, die »Minimalisten« mit ausbaufähigen Nachhaltigkeitsansätzen, die »sektoral starken Nachhaltigkeitskommunen« mit einzelnen gut ausgebauten Schwerpunktthemen zur Nachhaltigkeit und schließlich die »integrierten Nachhaltigkeitskommunen«.

Zur weiteren Entwicklung von Lokaler Agenda 21 und kommunalen Nachhaltigkeitsprozessen formuliert die Gesamtstudie detaillierte Empfehlungen zu drei Schwerpunkten:

◆ Nachhaltigkeit soll fest in den Kommunen auch als Pflichtaufgabe verankert werden. Sektorale Ansätze sollen genutzt und das Erreichen von Zielen durch Indikatoren evaluiert werden.

◆ Partizipation soll auch durch gezielte Zugänge für die Zivilgesellschaft verstärkt, Lernprozesse in Politik und Verwaltung forciert und die Vorbildfunktion der öffentlichen Hand genutzt werden.

◆ Die Rahmenbedingungen sollen auf allen politischen Ebenen durch personelle und finanzielle Ressourcen verbessert und die Vernetzung gefördert werden.

Die Länderstudien empfehlen zusätzlich einen symbolischen Neustart kommunaler Nachhaltigkeitsaktivitäten im Rahmen einer Großen Transformation (siehe nächstes Kapitel), die Unterstützung zivilgesellschaftlichen Engagements durch hauptamtliche Strukturen und die Verknüpfung mit Nachhaltigkeitsstrategien in den Bundesländern.

Eine vom Europasekretariat von ICLEI (Local Governments for Sustainability) erstellte Teilstudie als Überblick über die Ausprägungen lokaler Nachhaltigkeitsprozesse weltweit arbeitet fünf Grundtypen heraus, von denen allerdings nur die ersten beiden spezifisch auf Kommunen bezogen sind.

Der Typ »Kommunale Strategie« wird von Kommunalverwaltungen ins Leben gerufen, die darin große Chancen für eine positive Entwicklung der Stadt oder Gemeinde sehen. Der Typ »Zivilgesellschaftliche Initiative« hat seinen Kern in Netzwerken auf lokaler oder höherer Ebene, die mit eigenen Aktionen das Thema Nachhaltigkeit bearbeiten. ICLEI macht ihn in starkem Maße für die Anfänge der Lokalen Agenda 21 in Deutschland aus. Nimmt man die Ergebnisse der Bundesstudie und der Länderstudien hinzu, sind zivilgesellschaftliche Nachhaltigkeitsprozesse nicht nur in der Startphase der Lokalen Agenda 21, sondern auch in ihrer Weiterführung und Weiterentwicklung zu kommunalen Nachhaltigkeitsprozessen ein prägendes Element. Die Länderstudie zu Bayern betont Bürgerbeteiligung in ihrem Fazit als zentrales Element einer nachhaltigen Entwicklung auch über die Lokale Agenda 21 hinaus. Der gesellschaftliche Wille und die Partizipation der Bürgerinnen und Bürger werden weiterhin gebraucht. Die anderen Grundtypen kommunaler Nachhaltigkeitsprozesse von ICLEI beziehen sich auf gemeinsame Aktionen von Verbänden, auf nationale Programme und auf internationale Partnerschaften.

Die Weiterführung in Gemeinden und kleineren Kommunen

Die beiden Länderstudien zu Thüringen und Bayern bei *Rio +20 vor Ort* halten für kleine Gemeinden fest, dass dort zwar kaum umfassende Nachhaltigkeitsprozesse, aber durchweg viele Nachhaltigkeitsaktivitäten zu verzeichnen sind. In Oberfranken gibt es Ansätze, um mit einer interkommunalen Kooperation und starker Bürgerbeteiligung Regionen zukunftsfähig zu machen. In Thüringen arbeiten kleinere Kommunen viel häufiger punktuell und projekt- oder themenorientiert.

In Baden-Württemberg wird die Weiterentwicklung der Lokalen Agenda 21 durch »Kommunale Nachhaltigkeitsbausteine« in Gemeinden mit meist unter 10.000 Einwohnerinnen und Einwohnern aus Baden-Württemberg und Bayern untersucht. Der Fokus liegt dabei auf dem zentralen Element der Bürgerbeteiligung. In allen untersuchten Kommunen gibt es Ansprechpartnerinnen und Ansprechpartner in der Verwaltung zur Unterstützung des freiwilligen Engagements. Sie sind der Kontakt für Arbeitskreise und bürgerschaftliche Aktivitäten, bilden für diese die Schnittstelle zu Verwaltung bzw. Gemeinderat und organisieren die Öffentlichkeitsarbeit. Sie sind das oben beschriebene wichtige »Agendascharnier« für solche Aktivitäten. Eine Institutionalisierung zur Zusammenarbeit von Bürgerschaft, Gemeinderat und Verwaltung (»Agendadreieck«) mit eigenen Gremien erfolgt kaum. Man handelt meist flexibel, beispielsweise durch Absprachen oder Berichte im Gemeinderat.

Alle untersuchten Kommunen unterstützen bürgerschaftliche Aktivitäten durch Räumlichkeiten und Gemeindemedien, die meisten Kommunen tun das auch finanziell. Die häufigste Organisationsform sind thematische Arbeitskreise, wobei sich zunehmend festere Formen wie Energiegenossenschaften herausbilden. Klimaschutz ist das vorherrschende Thema, Bürgersolaranlagen sind das wichtigste Schlüsselprojekt. Als häufigste Formen der Bürgerbeteiligung haben sich Zukunftswerkstätten bzw. ähnliche Veranstaltungsformen und Bürgerbefragungen bewährt. Bürgerversammlungen, Zukunftswerkstätten und Informationsveranstaltungen dienen dabei mehr der Aktivierung der Bevölkerung und weniger der Beteiligung an politischen Veranstaltungen.

Die notwendige kontinuierliche Öffentlichkeitsarbeit für solche Prozesse erfolgt über die gemeindeeigenen Medien wie Gemeindeblatt oder Homepage. Die Untersuchung erweitert ein Modellprojekt mit schon länger aktiven Kommunen und konnte nicht alle Aspekte einbeziehen. Die Erfahrungen mit schon länger laufenden Nachhaltigkeitsprozessen zeigt zusätzlich, dass Leitbilder und entsprechende Rahmensetzungen wichtige Bausteine sind, um solche Prozesse langfristig zu stabilisieren.[2]

Nachhaltige Bürgerkommune

Schon die Studie *Evaluierung der Kommunalen Agenda 21 in Bayern* formuliert 2003 ausführlich das »Leitbild der nachhaltigen Bürgerkommune«. Es vereint die zwei Leitbilder einer nachhaltigen Entwicklung bzw. der Bürgerkommune und überträgt deren Grundsätze auf die kommunale Ebene. Nachhaltige Bürgerkommune handelt an erster Stelle von den Aufgaben und dem Zusammenspiel der Akteure im politischen Gemeinwesen. Als Charakteristikum orientiert sich die Kommunalentwicklung an den Grundsätzen einer nachhaltigen Entwicklung.

Auf Initiative des Bayerischen Staatsministeriums für Umwelt und Gesundheit wird im Jahr 2007 das Netzwerk Nachhaltige Bürgerkommune Bayern (NENA) gegründet. Es bietet aktiven Kommunen eine Plattform für nachhaltige Entwicklung mit spezifischen Angeboten zu Weiterbildung, Vernetzung und Kommunikation. Das Leitbild der nachhaltigen Bürgerkommune wird weiter präzisiert, wozu in einer Art Selbstcheck ein Fragenkatalog Kriterien zum zentralen Charakteristikum Bürgerbeteiligung und den drei Säulen einer nachhaltigen Entwicklung Wirtschaft, Soziales/Kultur und Umwelt als eine Art Kompass formuliert. Im Jahr 2014 wird das Netzwerk Nachhaltige Bürgerkommune als »Zentrum für nachhaltige Kommunalentwicklung« fortgeführt, vom Bayerischen Ministerium für Umwelt und Verbraucherschutz gefördert und vom Landesnetzwerk Bürgerschaftliches Engagement Bayern e. V. umgesetzt.[3]

Integriertes und zyklisches Nachhaltigkeitsmanagement für Kommunen

Mit dem recht groß angelegten europäischen Projekt »Managing Urban Europe 25« erprobt das Europasekretariat von ICLEI (Local Governments for Sustainability) mit Kooperationspartnern ab dem Jahr 2005 pilothaft die Einführung eines zyklischen Nachhaltigkeitsmanagements in Kommunen. Deutsche Kommunen sind daran stark beteiligt. Ziel ist es, die kommunalen Erfahrungen mit Umweltmanagementsystemen zu verbreitern und weiterführend ein integriertes Nachhaltigkeitsmanagement für Kommunen zu entwickeln, modellhaft umzusetzen, anzupassen und für weitere Kommunen bereitzustellen.

Ergebnis ist ein aus fünf Schritten bestehender Managementzyklus, der nach einem weiteren Projekt in Rheinland-Pfalz im noch heute online verfügbaren *Handbuch Projekt 21 – Einstieg in ein zyklisches Nachhaltigkeitsmanagement* detailliert dargestellt wird:

1. In einer Bestandsaufnahme zu Beginn werden Daten zur Nachhaltigkeit in der Kommune erhoben und in einem Nachhaltigkeitsbericht zusammengestellt.

2. Im nächsten Schritt, der Zieldefinition, werden gemeinsam mit wichtigen Entscheidungsträgern Ziele und Maßnahmen entwickelt.

3. Diese Ergebnisse werden als Handlungsprogramm vom Rat beschlossen.

4. Gemeinsam mit der Bürgerschaft erfolgt die Umsetzung in Form von Projekten, Maßnahmen und organisatorischen Veränderungen. Ein Monitoring kontrolliert die Umsetzung und hält die Zielerreichung fest.

5. Mit der Berichterstattung und Evaluierung bilanziert man, was sich verändert hat, aktualisiert den Nachhaltigkeitsbericht und beginnt den nächsten Zyklus.

Erfahrungen und Handbuch verdeutlichen dabei ein Problem: den Aufwand für Kommunen. Im Handbuch wird für die dort aufgelisteten 30 Einzelschritte zwölfmal eine externe Begleitung empfohlen. Auch bei den Modellkommunen ist dies ein Problem. Das geschilderte Modell findet deshalb auch keine große Verbreitung in deutschen Kommunen. Ausnahme ist die auch im Projekt vertretene Stadt Ludwigsburg als inzwischen viel beachtetes Beispiel für ihr integriertes Stadtentwicklungskonzept.[4]

Der Start für das integrierte Stadtentwicklungskonzept (SEK) »Chancen für **Ludwigsburg**« erfolgt im Jahr 2004 auf Initiative des Oberbürgermeisters und einen Grundsatzbeschluss des Gemeinderats. Die Beteiligungsphase beginnt 2005 durch leitfadengestützte Interviews mit Vertretern aus allen gesellschaftlichen Bereichen. Von Anfang an wird der Gemeinderat über alle Ergebnisse informiert. Die Auftaktveranstaltung im Jahr 2005 läutet eine neue Phase der Bürgerbeteiligung, den »Dialogsommer« mit zahlreichen Veranstaltungen, ein. Zentraler Baustein der öffentlichen Beteiligung ist die erste Zukunftskonferenz 2005, wo Vertreter aus allen Bereichen des Stadtlebens Visionen, Ziele und Ideen zu elf Themenfeldern entwickeln. Der zweite Teil der Zukunftskonferenz führt 2006 die bisherigen Beiträge zu Leitprojekten und Maßnahmen zusammen, und es bilden sich Netzwerke für die Umsetzung. Seitdem finden alle drei Jahre Zukunftskonferenzen als »Herzstück« der Beteiligung statt. Der Gemeinderat beschließt 2006 mit großer Mehrheit die Leitsätze und strategischen Ziele in elf Themenfeldern.

Mit einem integrierten Nachhaltigkeitsmanagement erfolgt die Steuerung der nachhaltigen Stadtentwicklung in einem Zyklus mit den geschilderten fünf Schritten. Nach der Bestandsaufnahme entwickeln die Zukunftskonferenzen die Ziele weiter. Der Gemeinderat beschließt die Leitsätze und Ziele. Die Umsetzung erfolgt durch »SEK-Masterpläne« in jedem der elf Themenfelder. Die Berichterstattung und Evaluierung erfolgen durch Indikatoren, die der Gemeinderat im Jahr 2009 beschließt.

Neben der intensiven und kontinuierlichen Beteiligung von Bürgerschaft, Stadtgesellschaft und Gemeinderat ist vor allem das im Jahr 2008 gegründete Querschnittsreferat »Nachhaltige Stadtentwicklung« in der Verwaltung entscheidend für Umsetzung und Erfolg des Ludwigsburger Konzepts. Ein wichtiger Baustein ist die Aktivierung der Bürgerschaft, für die es eine Anlaufstelle bzw. einen Fachbereich in der Verwaltung mit enger Verbindung zur Lokalen Agenda 21 gibt. So entstehen aus dem Bürgerbeteiligungsprozess bürgerschaftliche Projekte, die von Bürgerinnen und Bürgern selbst organisiert werden. Diese Gruppen arbeiten projektbezogen und kontinuierlich. In Ludwigsburg ist damit die für die Lokale Agenda 21 und kommunale Nachhaltigkeitsprozesse äußerst wichtige Verbindung von aktiver Bürgerschaft und einem umfassenden nachhaltigen Stadtentwicklungskonzept gelungen.

Die Notwendigkeit eines gemeinsamen integrierten Nachhaltigkeitsprozesses und gemeinsamen Vorgehens betont eine vom Umweltbundesamt (UBA) und Bundesumweltministerium (BMU) im Jahr 2010 herausgegebene Broschüre, die dafür vor allem praktische Beispiele aus Kommunen heranzieht und in einem »Hebelmodell« darstellt. Sie wird hier deswegen erwähnt, weil die dort vorgeschlagenen Lösungen nochmals die im vorhergehenden

Kapitel zentralen Erfahrungen der Lokalen Agenda 21 unterstreichen. Kommunale Nachhaltigkeitsprozesse brauchen Motoren, wichtig ist das Einbinden sowie Zusammenwirken der zentralen Akteure Politik, Verwaltung und Bürgerschaft/Zivilgesellschaft in möglichst institutionalisierter Form. Partizipation ist ein zentraler Hebel auch zur Integration von Politik- und Nachhaltigkeitsprozessen.[5]

Dialog »Nachhaltige Stadt« und Umsetzung in Kommunen

Im Jahr 2009 eröffnet der Rat für nachhaltige Entwicklung der Bundesregierung (RNE) den Dialog »Nachhaltige Stadt« für in diesem Bereich besonders aktive Kommunen. Oberbürgermeister und politische Vertreter aus zunächst 16 Städten diskutieren dort ihre Erfahrungen und formulieren als erstes gemeinsames Produkt ein Grundsatzpapier *Strategische Eckpunkte für eine nachhaltige Entwicklung in Kommunen*. Die dort formulierten Essentials betreffen vier Eckpunkte:

1. Um Nachhaltigkeit von den Menschen her zu denken, muss dies mit den Menschen konkret und lebendig durch Partizipation und Öffentlichkeitsbeteiligung geschehen. Die Menschen sollen ihre Belange selbst in die Hand nehmen und Eigeninitiative und Engagement gefördert werden. Nachhaltigkeit erhält durch konkrete Projekte vor Ort ein Gesicht. Dies entspricht der hier im vorhergehenden Kapitel entwickelte Quintessenz der Lokalen Agenda 21. Gemeinsam mit der Stadtbevölkerung, Wirtschaft und Verbänden sollen Zukunftsbilder der Stadt entwickelt und diese fortlaufend konkretisiert werden. Besondere Bedeutung hat hierbei der Klimaschutz.

2. Nachhaltigkeit heißt, nicht mehr als die zur Verfügung stehenden Ressourcen zu verbrauchen, auch in finanzieller Hinsicht. Dies beinhaltet die Angleichung von Ausgaben und Einnahmen, eine langfristige Planung unter Nachhaltigkeitsaspekten und die Herstellung von Kostentransparenz. Nachhaltigkeitsprüfungen sollen künftig den haushälterischen Umgang mit finanziellen und natürlichen Ressourcen sicherstellen.

3. Nachhaltigkeit ist als Querschnittsaufgabe zu verstehen und umzusetzen. Sie muss zur Chefsache werden und bei der politischen Spitze angesiedelt sein. Kommunale Unternehmen sollen sich am Leitbild der Nachhaltigkeit ausrichten. Die Kommunalverwaltung soll in verschiedenen Bereichen eine Vorreiterrolle übernehmen und ihre Beschaffung nachhaltig ausrichten.

4. Die Nachhaltigkeitsaktivitäten auf den verschiedenen staatlichen Ebenen sollen zwischen Kommunen, Ländern, dem Bund und der Europäischen Union besser abgestimmt werden. Dies erfordert eine stärkere Einbindung der Kommunen bei der Entwicklung von Nachhaltigkeitsstrategien. Auch bei der Messung von Nachhaltigkeit durch Indikatoren soll eine bessere Abstimmung der verschiedenen Ebenen erfolgen.

Die Oberbürgermeister benennen in diesen vier Eckpunkten mit insgesamt 14 Unterpunkten wesentliche Essentials für eine kommunale Nachhaltigkeitspolitik, die in einer umfangreichen Publikation »Städte für ein nachhaltiges Deutschland« noch weiter ausgeführt und mit praktischen Beispielen hinterlegt werden.[6] Da sieben der 16 Kommunen des Dialogs »Nachhaltige Stadt« aus Baden-Württemberg kommen, erhebt das dortige Landes-Agendabüro über den Städtetag Baden-Württemberg die bisherige Umsetzung ausgewählter Maßnahmen, die sowohl in diesen »Eckpunkten« als auch im baden-württembergischen Konzept der »Kommunalen Nachhaltigkeitsbausteine« vorkommen.

Die Antworten von rund jeder vierten der 100 befragten größten Kommunen in Baden-Württemberg zeigen, dass drei Viertel der Kommunen Zukunftswerkstätten und ähnliche Verfahren zur Bürgerbeteiligung einsetzen, Rahmenkonzepte (Stadtentwicklungsprogramme, Masterpläne, Leitbilder) erstellt haben, über Klimaschutzkonzepte verfügen und eine nachhaltige (in diesem Falle: faire) Beschaffung umsetzen. Gut die Hälfte der antwortenden Kommunen arbeitet mit Nachhaltigkeitsindikatoren. Dagegen gibt es kaum Nachhaltigkeitsprüfungen auf kommunaler Ebene.

Kommunen und Bildung
für eine nachhaltige Entwicklung

In den Lokale-Agenda-21-Prozessen haben viele Projekte durch ihre aufklärende Zielrichtung den Charakter informellen Lernens. Die im Jahr 2005 gestartete »UN-Dekade Bildung für nachhaltige Entwicklung« (BNE) wird auch auf Kommunen übertragen und knüpft oft an diese Aktivitäten der Lokalen Agenda 21 an. In Baden-Württemberg tritt die Förderung von BNE-Projekten an die Stelle der bisherigen Agenda-Projektförderung.

Seit dem Jahr 2006 wird die Auszeichnung als Stadt, Gemeinde oder Landkreis der UN-Weltdekade »Bildung für nachhaltige Entwicklung« bei der Erfüllung bestimmter Kriterien verliehen. Dazu gehören beispielsweise die Verankerung von BNE im Leitbild der Kommune, konkrete Maßnahmen und Aktivitäten zur Förderung von BNE im Rahmen des Nationalen Aktionsplanes oder Darstellung die BNE-Aktivitäten auf der städtischen Homepage.

Bis Ende 2011 werden 13 Kommunen ausgezeichnet, die vernetzende Strukturen aufbauen und eine gemeinsame Erklärung formulieren. Kommunen sollen BNE demnach als Querschnittsaufgabe in Leitbildern und Strategieplänen verankern. Bürgerbeteiligung wird auch als Bildungsaufgabe gesehen, eine wesentliche Aufgabe von BNE sind Befähigung und Motivation der Bürgerinnen und Bürger, um sich in politische Beteiligungsprozesse einzubringen.

Da Bildung wesentlich vor Ort stattfindet, ist die Kommune hier nicht nur Akteur, sondern auch Aktionsraum. Dies zeigt beispielhaft das Projekt der konsumkritischen Stadtführungen, das auch als zunächst gefördertes BNE-Pilotprojekt durch zivilgesellschaftliche Initiativen und Strukturen vor Ort umgesetzt und vielerorts verbreitet wird.

Die Stadt **Aalen** als ausgezeichnete Kommune der UN-Weltdekade zeigt, wie Ansätze und Strukturen der Lokalen Agenda 21 für BNE genutzt und neu belebt werden können. Das auch als UN-Dekade-Projekt mehrfach ausgezeichnete Projekt »Aalen nachhaltig erleben – erlebnisorientierte Bildung für nachhaltige Entwicklung in der ganzen Stadt« ist zunächst nur für das zehnjährige Jubiläum der Lokalen Agenda 21 als Veranstaltungsreihe geplant und wird dann zur fortlaufenden Erlebniskonzeption weiterentwickelt. Erfolgreich umgesetzt werden Informations- und Aktionstage zu Energie oder BNE und der Tag der Regionen. Hinzu kommen Umweltprojekttage an Schulen, Energieexkursionen und Veranstaltungen in Zusammenarbeit mit der Hochschule und der Volkshochschule. In diesem Zusammenhang entsteht auch ein Leitfaden für nachhaltige Events. Als weiteres BNE-Projekt wird mit der Hochschule Aalen eine Umweltzertifizierung »Grüner Aal« entwickelt, was Schulen und Bildungseinrichtungen eine Umweltzertifizierung ohne bürokratischen Aufwand ermöglicht.[7]

FAZIT

Der Impuls der Lokalen Agenda 21 wirkt weiter

Auch nach der weitestgehenden Aufgabe der Lokalen Agenda 21 als Ziel der Politik wirkt ihr Impuls für eine nachhaltige Kommunalentwicklung weiter. Kommunale Nachhaltigkeitsprozesse werden unter anderem Namen fortgeführt, häufig sektoral im Bereich Energie und Klimaschutz. Die im internationalen Vergleich stark zivilgesellschaftlich geprägten Lokale-Agenda-21-Prozesse in Deutschland führen zu einer neuen Qualität der Partizipation in doppelter Hinsicht: Nicht nur das bürgerschaftliche Engagement, auch die Beteiligung an Planungs- und Stadtentwicklungsprozessen nimmt deutlich zu und etabliert sich in den Kommunen.

Bürgerbeteiligung fördert auch kreative Lösungen und Innovationen. Diese und andere Erfahrungen zeigen, dass besonders Zukunftswerkstätten sehr häufig Anwendung finden. Während größere Kommunen auch umfassende Nachhaltigkeitsstrategien anstreben, verlaufen Nachhaltigkeitsprozesse in kleinen Gemeinden sehr stark sektoral und projektorientiert.

Ein groß angelegtes europäisches Modellprojekt kann ein zyklisches Nachhaltigkeitsmanagement in Deutschland nur in einzelnen Kommunen verankern. Mit dem »Dialog ›Nachhaltige Stadt«« vermittelt der Rat für nachhaltige Entwicklung der Bundesregierung (RNE) seit dem Jahr 2009 wichtige Impulse für eine nachhaltige Kommunalentwicklung. Das erste Positionspapier von Oberbürgermeistern formuliert als »Strategische Eckpunkte für eine nachhaltige Entwicklung in Kommunen« Partizipation und Öffentlichkeitsbeteiligung, die Ausweitung der Nachhaltigkeit auf das kommunale Finanzwesen, Nachhaltigkeit als Querschnittsaufgabe auch in der Verwaltung und eine bessere Abstimmung der verschiedenen politischen Ebenen. Dies deckt sich mit den Empfehlungen einer bundesweiten Studie zu *Rio +20 vor Ort*. Die Empfehlungen bestätigen nochmals die Erfahrungen aus den Lokale-Agenda-21-Prozessen.

Mit dem Schwerpunkt »Bildung für nachhaltige Entwicklung« knüpfen Kommunen häufig an die Aktivitäten der Lokalen Agenda 21 an und stellen dies bewusst in den Rahmen einer nachhaltigen Stadtentwicklung.

Kapitel 7

Politischer Rahmen und Impulse nach Johannesburg
Postwachstumsdebatte und Große Transformation

Mit der im Jahr 2002 verabschiedeten Deutschen Nachhaltigkeitsstrategie, dem Rat für nachhaltige Entwicklung (RNE) und anderen Elementen schafft die Bundesregierung Grundlagen und Strukturen für die Umsetzung einer nachhaltigen Entwicklung in Deutschland. Inhaltliche Impulse nach dem Johannesburger Weltgipfel gehen allerdings besonders von der in Deutschland aufkommenden Postwachstumsdiskussion und anderen Beiträgen für eine Große Transformation aus.

Politischer Rahmen für eine nachhaltige Entwicklung

Während die im Jahr 2002 verabschiedete deutsche Nachhaltigkeitsstrategie (siehe Kapitel zwei) die Lokale Agenda 21 noch als Motor einer nachhaltigen Entwicklung in Deutschland hervorhebt, werden Lokale Agendagruppen im *Fortschrittsbericht 2004 – Unsere Strategie für eine nachhaltige Entwicklung, Perspektiven für Deutschland* der Bundesregierung zwei Jahre später nur noch beiläufig erwähnt. Stark hervorgehoben wird die »unschätzbare Rolle« der Zivilgesellschaft mit vielen Initiativen und Projekten vor Ort. Kritik wird an den Kommunen geübt, bei denen eine große Lücke zwischen Anspruch und Wirklichkeit klafft. Neben guten Beispielen treten Hemmnisse auf, um die lokale Ebene mit innovativen Formen der Bürgerbeteiligung für eine nachhaltige Politik zu stärken. Der RNE als Verfasser dieses Kapitels stellt eine Renaissance der Werteorientierung fest und klassifiziert bürgerschaftliches Engagement als »Zukunftsformel für das Funktionieren der Gesellschaft«, das allerdings bei Initiativen zur Nachhaltigkeit noch am Anfang steht. Insgesamt lobt der RNE die Zivilgesellschaft, kritisiert die Kommunen und vermeidet den Begriff »Lokale Agenda 21«, der beide in vielen örtlichen Aktivitäten zusammenführt. Das zentrale Element der Lokale-Agenda-21-Prozesse, eine aktive Bürger- und Zivilgesellschaft, nimmt für den RNE allerdings eine herausragende Stellung für eine nachhaltige Entwicklung ein. In den beiden folgenden Fortschrittsberichten 2008 und 2012 erhalten RNE und die kommunalen Spitzenverbände eigene Kapitel, in denen sie besonders auf Schwerpunktthemen einer nachhaltigen Entwicklung eingehen.[1]

Insgesamt übernimmt der im Jahr 2001 eingerichtete RNE eine wichtige Scharnierfunktion zwischen Bundesregierung, nationaler Nachhaltigkeitsstrategie und Gesellschaft. Er berät als unabhängiges Gremium mit Persönlichkeiten des öffentlichen Lebens aus der Zivilgesellschaft, der Wirtschaft und der Wissenschaft die Bundesregierung zur Nachhaltigkeitspolitik, die ihn alle drei Jahre neu beruft. Seine Jahreskonferenzen werden zum zentralen Treffen der deutschen Nachhaltigkeitscommunity. Zum guten Besuch und der großen Resonanz dieser Veranstaltungen trägt als Zugpferd und Hauptrednerin die Bundeskanzlerin bei, die nach ihrer Wahl 2006 an allen Konferenzen teilnimmt. An die Stelle der bundesweiten Agendatransferstelle tritt im Jahr 2007 der jährlich in wechselnden Bundesländern stattfindende »Netzwerk-21-Kongress«. Er bildet eine wichtige bundesweite Plattform zum Austausch und zur Vernetzung zivilgesellschaftlicher und kommunaler Nachhaltigkeitsaktivitäten. Ersetzen kann er allerdings die wegfallenden Unterstützungsstrukturen auf Bundes- und Länderebene für kommunale und zivilgesellschaftliche Initiativen im Rahmen der Lokalen Agenda 21 nicht, genauso wenig wie die Servicestelle »Kommunen in der Einen Welt« (SKEW), die stark auf kommunale Entwicklungspolitik fokussiert ist.[2]

Ein Beispiel zur Verknüpfung einer landesweiten Unterstützung örtlicher Nachhaltigkeitsaktivitäten mit einer Landesnachhaltigkeitsstrategie ist der *Umweltplan Baden-Württemberg 2007–2012*. Der Umweltplan als Baustein einer Landesnachhaltigkeitsstrategie enthält ein eigenes Kapitel zur Lokalen Agenda 21, das gemeinsam mit den kommunalen Landesverbänden erstellt wird. Zur Weiterführung der Lokalen Agenda 21 sollen, anknüpfend an die bisherigen Erfolge, vor allem einzelne Bausteine umgesetzt werden, die als Hauptzielsetzungen Bürgerbeteiligung und Nachhaltigkeit schrittweise in den Kommunen umsetzen. Besonders erfolgreiche und multiplizierbare Beispiele sollen mit Unterstützung und Fördergeldern des Landes als »Schlüsselprojekte« möglichst flächendeckend umgesetzt werden. Als Themen dafür werden Konsum, kommunales Nachhaltigkeitsmanagement in der Verwaltung, das zentrale Thema Klimaschutz, Mobilität und Wirtschaft mit entsprechenden Aktivitäten wie nachhaltiger Beschaffung oder Bürgersolaranlagen benannt.[3]

Zukunftsfähiges Deutschland Zwei

Dreizehn Jahre nach der bahnbrechenden Studie *Zukunftsfähiges Deutschland* (siehe Kapitel zwei) erscheint die Neuauflage *Zukunftsfähiges Deutschland in einer globalisierten Welt. Ein Anstoß zur gesellschaftlichen Debatte,* die wieder vom Wuppertal Institut für Klima, Umwelt, Energie erstellt wird. Neben dem Bund für Umwelt und Naturschutz Deutschland (BUND) und »Brot für die Welt« kommt als Auftrags- und Mitherausgeber noch der evangelische Entwicklungsdienst (eed) hinzu.[4]

Auch mit der großen Wirkung der ersten Studie auf die Nachhaltigkeitsdiskussion in Deutschland ist im Jahr 2008 für ihre Nachfolgerin trotz einiger positiver Veränderungen keine Wende zu einer nachhaltigen Politik erkennbar. Die Studie will mit Anregungen, Vorschlägen und Visionen den notwendigen grundlegenden Wechsel schildern, um Anstöße für eine breite gesellschaftliche Diskussion zu geben. Den umfassenden Rahmen bildet der Übergang zu einer postfossilen Zivilisation. Die Studie übt Kritik am vorherrschenden Nachhaltigkeitsbegriff mit drei gleichberechtigten Zieldimensionen. Eine Politik der Zukunftsfähigkeit muss vordringlich die Grenzen der ökologischen Tragfähigkeit beachten und von hier aus Leitplanken für Wirtschaft und soziale Sicherheit formulieren. Einen ähnlichen Unbedingtheitsanspruch haben die Menschenrechte.

Die Studie gliedert sich in sechs Teile:

- Die Ausgangslage wird als dramatische Alternative von Nachhaltigkeit oder Selbstzerstörung charakterisiert.

- Die ökologischen Bilanzen in Deutschland und Europa sind zwölf Jahre nach der ersten Studie mit den dort geschilderten Indikatoren größtenteils negativ.

- Vier Leitbilder sollen Visionen sichtbar machen: ein kosmopolitisches Leitbild zur Verwirklichung der Weltbürgerrechte, ein ökologisches für einen ressourcenschonenden und naturverträglichen Wohlstand, ein sozialpolitisches für mehr Teilhabe und Einfluss der Bürgerinnen und Bürger in der Gesellschaft und ein wirtschaftspolitisches für den institutionellen Aufbau einer ganzheitlichen Wirtschaftsweise. Die Nachhaltigkeitsdimensionen und ihre Erweiterung sind dabei klar zu erkennen.

- Der nötige Kurswechsel in Deutschland und Europa wird vor allem durch den Umstieg auf die Solarwirtschaft und mehr Ressourceneffizienz sowie neue politische Prioritäten gesehen. An die Stelle von Deregulierung und Globalisierung sollen Regulierung und Regionalisierung treten.

- Für globale Übereinkünfte und den Übergang zu einer ökofairen Wirtschaftsweise soll Europa eine Vorreiterrolle übernehmen.

- Der letzte Teil behandelt das Engagement vor Ort: Ohne starkes zivilgesellschaftliches Engagement wird es keine Wende zur Nachhaltigkeit geben.

Dieser Schwerpunkt der Umsetzung einer nachhaltigen Entwicklung vor Ort mit einer starken Zivilgesellschaft bildet eine wesentliche Weiterentwicklung der ersten Studie. Schon im Leitbild zur Teilhabe betont die neue Studie die »Kommunen als Austragungsort von aktiver Bürgerschaft und praktizierter Demokratie«. Das bürgerschaftliche Engagement soll besonders in den Kommunen, aber nicht nur dort stärker gefördert werden. Um die aktive Bürgerschaft in ihrem Engagement zu unterstützen, werden als gute Beispiele institutionalisierte städtische Agendabüros genannt. Auch die zweite Schiene der Partizipation, die Beteiligung an politischen Entscheidungen, wird in der Studie betont, wobei auch bisher nicht erfasste Gruppen wie Kinder oder Migranten zu Wort kommen sollen.

Die Studie unterscheidet vier Möglichkeiten des Mitwirkens:

- »Mitstreiten« bei Planungen und Konzepten

- »Mitverhindern« von zerstörerischen Projekten wie Kohlekraftwerken, wobei Instrumente wie Bürgerbegehren oder Bürgerentscheide genutzt werden können

- »Mitoptimieren« durch Einbringen von Sachkunde auch durch die Umsetzung konkreter Einzelprojekte oder in Gremien wie Energieforen

- »Mitrealisieren« durch eigene Projekte wie Bürgersolaranlagen.

Stark betont werden auch die Verantwortung und Rolle jedes und jeder Einzelnen durch einen nachhaltigen Lebensstil.

In einem Ausblick skizziert die Studie als zwei Schwerpunkte Schritte zu einer solareffizienten Wirtschaft und zu einer ökofairen Weltwirtschaft. Ein neuer Gesellschaftsvertrag soll nicht nur das Verhältnis zwischen den Bürgern, sondern auch das Verhältnis zwischen Menschheit und Natur befrieden.

Die wesentlich umfangreichere Studie erreicht allerdings nicht die Wirkung ihrer Vorgängerin, was auch den geänderten gesellschaftlichen Rahmenbedingungen geschuldet ist: Die Aufbruchsstimmung des Weltgipfels von Rio 1992 und danach ist mittlerweile verflogen. Die Studie begegnet dem allerdings sehr gut mit dem Verweis auf viele positive Initiativen »von unten«. Diese kommen meist aus der Zivilgesellschaft, deren aktive Rolle genauso wie die für die Umsetzung wichtige örtliche Ebene unterstrichen wird. Besonders die vielen Beispiele aus dem Energiebereich schaffen die Verbindung zu den umrissenen großen Rahmensetzungen und zeigen, dass trotz aller Schwierigkeiten bereits viele Initiativen für eine nachhaltige Entwicklung aktiv sind.

Die Große Transformation und die »Pioniere des Wandels«

Der im Jahr 1992 als unabhängiges wissenschaftliches Beratergremium eingerichtete Wissenschaftliche Beirat der Bundesregierung Globale Umweltveränderungen (WBGU) veröffentlicht im Jahr 2011 eines seiner umfangreichen Hauptgutachten zum Thema »Welt im Wandel – Gesellschaftsvertrag für eine Große Transformation«. Das Konzept für die Transformation zur nachhaltigen Gesellschaft entwickelt der WBGU in Analogie zu ähnlichen historischen Transformationen wie der neolithischen Revolution mit der Verbreitung von Ackerbau und Viehzucht sowie der industriellen Revolution als Übergang von der Agrar- zur Industriegesellschaft.[5]

Waren diese Transformationen noch ungesteuerte Ergebnisse evolutionären Wandels, geht es bei der jetzigen historisch einmaligen Transformation zur klimaverträglichen Gesellschaft um einen umfassenden Umbau aus Einsicht, Umsicht und Voraussicht in einem relativ kurzen Zeitraum. Bei der Transformation zur Nachhaltigkeit hat der Klimaschutz zentrale Bedeutung, er ist eine »Conditio sine qua non« für eine nachhaltige Entwicklung. Das Gutachten konzentriert sich auf dieses Thema, ordnet es aber in den Zusammenhang einer umfasseneren ökologischen, ökonomischen und sozialen nachhaltigen Entwicklung ein. Der Übergang betrifft vor allem drei Hauptpfeiler der heutigen Weltgesellschaft, an denen eine Transformationspolitik ansetzen soll: Energiesysteme einschließlich Verkehr, urbane Räume und Landnutzungssysteme. Die Reduktion der CO_2-Emissionen bildet den wichtigsten Ansatzpunkt für die Transformation zur Nachhaltigkeit.

Für den WBGU geht es insgesamt um einen neuen »Weltgesellschaftsvertrag für eine klimaverträgliche und nachhaltige Weltwirtschaftsordnung«. Die Idee dieses virtuellen Vertrags besteht in der kollektiven Verantwortung von Individuen, Zivilgesellschaften, Staaten(gemeinschaft), Wirtschaft und Wissenschaft für die Abwendung von Klimawandel und anderen Gefährdungen. Hierfür werden drei »Kulturen« kombiniert: Achtsamkeit aus ökologischer Verantwortung, Teilhabe als demokratische Verantwortung und die Verpflichtung gegenüber zukünftigen Generationen als Zukunftsverantwortung.

Das zentrale Element dieses Gesellschaftsvertrages ist der »gestaltende Staat«. Er setzt für die Transformation aktiv Prioritäten, erweitert die Partizipationsmöglichkeiten für seine Bürgerinnen und Bürger und eröffnet der Wirtschaft Handlungsoptionen für Nachhaltigkeit. Bisherige Erfahrungen zeigen, dass die gesellschaftliche Dynamik für Transformationen über den gestaltenden Staat hinaus noch auf einer gemeinsamen Vision beruht und sich stark auf »Pioniere des Wandels« stützt.

Wie Forschungsergebnisse zeigen, kommt individuellen Akteuren bei der Veränderung von Gesellschaften eine größere Rolle zu als bisher angenommen. Diese »Pionieres des Wandels (»change agents«) setzen sich für Änderungen ein und treiben sie aktiv voran. Meistens sind es zunächst einzelne Personen oder kleine Gruppen. Sie verbreiten Innovationen, realisieren eine alternative Praxis, fordern gängige Verhaltensmuster heraus und schaffen bei neuen Gleichgesinnten eine dauerhafte Motivation zum sich selbst tragenden Wandel. Für ihre Entwicklung und Wirksamkeit sind in der Regel vier Elemente entscheidend: eine gewisse soziale Außenseiterposition, die Verbindung mehrerer Wissensbereiche, die Integration in ein förderliches Netzwerk und günstige Gelegenheitsstrukturen in dieser Zeit.

Die Wissenschaftlerin Kora Kristof unterscheidet vier erfolgssteigernde Rollen der Pioniere des Wandels:

- Als Fachpromotoren stoßen sie mit ihrer Fachkompetenz Veränderungen an, indem sie konkrete Lösungen entwickeln und die Umsetzung voranbringen
- Als Prozesspromotoren definieren sie die Probleme, gestalten die Veränderungsprozesse und kommunizieren mit den Beteiligten
- Als Machtpromotoren haben sie Einflussmöglichkeiten und verfügen über personelle bzw. finanzielle Ressourcen für den Veränderungsprozess
- Als Beziehungspromotoren kennen sie die relevanten Netzwerke, bewegen sich erfolgreich im komplexen Beziehungsgeflecht der Beteiligten und legen Konflikte erfolgreich bei.

Nach Kora Kristof können die vielfältigen Anforderungen an die Pioniere des Wandels fünf Hauptpunkten zugeordnet werden. Sie müssen wissen, wo sie warum hinwollen. Sie müssen Spaß am Verändern haben, den Kontakt mit anderen Menschen gut und gerne gestalten, Wirkung entfalten können und das nötige Fach- und Promotorenwissen mitbringen.[6]

Pioniere des Wandels finden sich in verschiedenen Tätigkeitsfeldern und auf allen Ebenen wie in Bürgerinitiativen, Protestbewegungen, Regierungs- und Nichtregierungsorganisationen, in der Wissenschaft oder unter Stadtplanern, Ingenieuren und Architekten. Der WBGU schildert für seine Schwerpunkte viele konkrete und erfolgreiche Beispiele, oft mit lokalen Energie- und Nachhaltigkeitsinitiativen.

Der gestaltende Staat schafft den Pionieren des Wandels Freiräume und fördert sie aktiv. Seine Idee ist untrennbar verbunden mit der Anerkennung der Zivilgesellschaft und der innovativen Kräfte in Verwaltung, Wirtschaft und Wissenschaft. Je mehr Pioniere des Wandels aktiv werden, sich vernetzen und Veränderungen anstoßen, desto eher werden Entscheidungsträger auch unpopuläre Entscheidungen anpacken.

Große Bedeutung misst der WBGU dem Wertewandel bei, der für solche Ziele feststellbar ist und genutzt werden muss. Für den WBGU handelt es sich bei dieser Großen Transformation um einen Paradigmenwandel von der fossilen zur postfossilen Gesellschaft, der als offener Suchprozess zu gestalten ist.

Ein Bezugspunkt des WBGU sind dabei die beiden Sozialwissenschaftler Claus Leggewie und Harald Welzer, die in *Das Ende der Welt, wie wir sie kannten* die Große Transformation zur postkarbonen Gesellschaft durch eine aktive Bürgergesellschaft beschreiben und wesentliche Elemente herausarbeiten. Eine nachhaltige Lösung der Probleme erfordert eine »kulturelle Revolution« und eine »Kultur der Achtsamkeit« durch ein permanentes Lernen in einer sich ständig verändernden Umgebung. Dabei bedeutet »Praxislernen« eine Form des Lernens, die Handlungsmuster selbst verändert. Das stärkste Motiv für die Veränderung von Praxis ist stets Praxis. Erfolge wecken die Lust auf weitere Veränderungen, sich mit Gleichgesinnten zu vernetzen und Andersdenkende zu überzeugen. Eine »Mikropolitik der kleinen Gruppen« initiiert durch lokale Praktiken das kulturelle Projekt des Gesellschaftsumbaus mit. Für den nachhaltigen Umbau der Gesellschaft ist dabei der Zusammenschluss der Pioniere des Wandels aus Bürger- und Zivilgesellschaft, Wirtschaft, Wissenschaft und aus dem politisch-administrativen System nötig.

Claus Leggewie und Harald Welzer konkretisieren sehr anschaulich den oft beschriebenen »Such- und Lernprozess« einer nachhaltigen Entwicklung. Sie betonen die Rolle lokaler Projekte und Prozesse für die Transformation noch stärker als der WBGU, der diese in Zusammenarbeit mit seinem »aktivierenden Staat« sieht. Unverzichtbare Elemente der Großen Transformation sind für alle die vorwärtstreibende Rolle der Zivilgesellschaft und die wichtige Rolle konkreter örtlicher Projekte.[7]

Postwachstumsdiskussion und nachhaltige Entwicklung

Besonders durch die Finanzkrise nimmt ab 2008 auch in Deutschland eine wachstumskritische Diskussion Fahrt auf, die in anderen Ländern wie Frankreich schon intensiver geführt wird. Die Diskussionen um »Postwachstum« oder »Degrowth« gehen dabei weit über die wirtschaftliche Dimension hinaus und umfassen wie das Konzept der nachhaltigen Entwicklung mit dem Einbezug der ökologischen und sozialen Fragestellungen die gesamte Gesellschaft.[8]

Beide Begriffe stehen für eine Vielfalt von Strömungen und Bewegungen, die verschiedene Wege einschlagen: Eine mehr theoretisch-orientierte diskutiert alternative Wirtschafts- und Gesellschaftsmodelle. Eine stärker praxisorientierte experimentiert mit konkreten, meist lokalen Alternativen und Projekten. Eine konfliktorientierte Bewegung versucht zum Beispiel, durch Protestaktionen umweltschädliche Projekte zu verhindern. Hier wird zunächst mit Bezug zum Konzept der Nachhaltigen Entwicklung die inhaltliche Rahmensetzung und Diskussion behandelt, konkrete Initiativen folgen im nächsten Kapitel.

Bei aller bunten Vielfalt lassen sich Gemeinsamkeiten von Postwachstum und Degrowth erkennen. Es geht weltweit um den Erhalt der ökologischen Lebensgrundlagen, um ein gutes Leben für alle Menschen zu ermöglichen. Dies setzt die Überwindung der zerstörerischen Wirtschaftsaktivitäten besonders im globalen Norden voraus. Dabei beziehen sich viele Bewegungen positiv auf den Begriff einer sozialökologischen Transformation.

Insgesamt lassen sich grob fünf Strömungen unterscheiden. Die erste zielt institutionenorientiert vor allem auf die Überwindung politischer Wachstumsfixierung durch Reformen. Als Vertreterin und maßgebliche Initiatorin der Studien *Zukunftsfähiges Deutschland* formuliert Angelika Zahrnt zusammen mit anderen Leitlinien und Schwerpunkte einer »Postwachstumsgesellschaft«. Dies erfordert zunächst eine Abkehr von der Politik des Wirtschaftswachstums. Ferner werden wachstumstreibende und -abhängige Bereiche, Strukturen und Institutionen wachstumsunabhängig umgebaut. Schließlich wird das Wachstum des Energie- und Ressourcenverbrauchs gestoppt und orientiert an Nachhaltigkeitszielen zurückgefahren. Damit gibt es weder ein Wachstumsgebot noch ein Wachstumsverbot. Angelika Zahrnt sieht große Schnittmengen mit der Diskussion um nationale Nachhaltigkeitsstrategien. Der Weg zur Postwachstumsgesellschaft wird von umfassender Partizipation getragen. Angelika Zahrnt formuliert dafür auch das neue Politikfeld einer »Suffizienzpolitik« als wichtigen Baustein einer nachhaltigen Entwicklung, um Wohlstand mit weniger Natur- und Materialverbrauch zu schaffen. Eine Suffizienzpolitik schafft den Rahmen für nachhaltige Lebensstile, für ihre Einforderung »ist die Zivilgesellschaft der zentrale Akteur«.[9]

Die zweite suffizienzorientierte Strömung zielt vor allem auf individuelle Verhaltensänderungen auch durch praktizierte lokale Alternativen. Für den wohl bekanntesten deutschen Vertreter einer Postwachstumsökonomie Niko Paech ruht diese »auf einer Theorie der Subsistenz und Suffizienz«.[10] Dadurch sollen strukturelle und kulturelle Wachstumstreiber weitestgehend ausgeschaltet werden: strukturelle Wachstumszwänge durch eine Ökonomie der Nähe zur Verkürzung oder Entflechtung komplexer Reduktionsketten, kulturelle durch genügsamere Lebensstile zur Reduzierung der Nutzung materieller Leistungen. Die Reduktion der industriellen Produktion erhöht auch durch die regionale Nähe der Versorgung die ökonomische Stabilität und Widerstandsfähigkeit (Resilienz). Zwar sind auch Veränderungen der politischen Rahmenbedingungen notwendig, beispielsweise durch Geld- und Finanzmarktreformen. Politische Entscheidungsträger werden aber erst eine Postwachstumspolitik betreiben, wenn sie dafür genügend Signale aus der Gesellschaft empfangen haben.

Die dritte »commonsorientierte« bzw. alternativökonomische Strömung konzentriert sich auf den Aufbau konkreter, meist lokaler Alternativen, die auch Niko Paech als erste Ansätze erwähnt und im nächsten Kapitel behandelt werden. Die vierte feministische Strömung ist (nur) für dieses Buch weniger von Interesse. Die fünfte kapitalismus- und globalisierungskritische Strömung weist indirekt auf einen wesentlichen Kritikpunkt der Postwachstumsökonomie an der nachhaltigen Entwicklung hin: den unklaren Begriff von Entwicklung besonders für die Länder des Südens. Schon das »Jo'burg-Memo« zum Weltgipfel in Johannesburg bemängelt, dass sich hinter dem Begriff einer nachhaltigen Entwicklung auch »Entwicklung als Wachstum« verbergen kann.

Zu klären wäre deshalb, welche Art von Wachstum und Entwicklung angestrebt werden soll. Dies greifen Vertreter von Degrowth und Postwachstumsökonomie – auch aus dem globalen Süden – auf. Eine Wachstumsabkehr im reichen globalen Norden schafft ökologischen Raum für eine Entwicklung im Süden, die allerdings andere, eigene, umwelt- und sozialverträgliche Wege gehen muss. Dafür gibt es dort eine reiche Vielfalt von Konzepten. Als Bezugspunkt der Postwachstumsdiskussion dienen vor allem die lateinamerikanischen Ansätze eines »Buen Vivir« (Guten Lebens). Dort steht der Mensch als Teil einer Gemeinschaft, die harmonische Beziehungen mit der Natur pflegt und ein würdiges Leben für alle anstrebt, im Mittelpunkt.[11]

Auch wenn Vertreter wie Niko Paech sich deutlich von Vertretern eines »grünen Wachstums« mit einer Entkoppelung von Wachstum und Ressourceneinsparung durch Effizienz und neuen Technologien abgrenzen, bedeutet dies für Postwachstum und Degrowth nicht, dass nichts mehr wachsen soll.

Manche Sektoren wie Bildung oder Gesundheit sollen »blühen«, andere dagegen schrumpfen. Dabei wird sogar der Begriff »selektives Wachstum« verwendet, den in Deutschland nach der Diskussion um den *Bericht des Club of Rome* in den Siebzigerjahren Erhard Eppler prägte. Das gilt auch für den zentralen Begriff des »Guten Lebens«, der ähnlich früher schon als »Lebensqualität« diskutiert wurde.[12]

Reinhard Loske weist darauf hin, dass die im Rahmen der Nachhaltigkeitsdebatte geführte Kontroverse zwischen Strategien von technikzentrierter Grüner Ökonomie (Effizienz) und der mehr sozialökologisch ausgerichteten Postwachstumsökonomie (Suffizienz) als Scheidelinie in der Realität und Praxis ohnehin so klar nicht existiert. In den kooperativen, gemeinwirtschaftlichen Wirtschaftsformen nachhaltigen Wirtschaftens finden neue Technologien selbstverständlich Anwendung, sei es bei der Photovoltaik in Bürgerenergiegenossenschaften oder beim Carsharing mit solarbetriebenen Elektroautos. Hinzuzufügen sind die gesamten Sharinginitiativen mit ihrer Nutzung des Internets und neue soziale Medien, die auch Thema des nächsten Kapitels sind.[13]

FAZIT

Neue Impulse für das Konzept einer nachhaltigen Entwicklung

Die seit dem Jahr 2004 regelmäßig erscheinenden Fortschrittsberichte zur Umsetzung der deutschen Nachhaltigkeitsstrategie lassen im Gegensatz zu dieser die Rolle der Lokalen Agenda 21 zur Umsetzung einer nachhaltigen Entwicklung weitgehend außen vor. Institutionell sind die Jahrestagungen des Rates für nachhaltige Entwicklung (RNE) und die jährlich stattfindenden Netzwerk-21-Kongresse wichtige bundesweite Plattformen zu Vernetzung und zum Erfahrungsaustausch. Die Verbindung zwischen einer Landesnachhaltigkeitsstrategie und Lokale-Agenda-21-Prozessen zeigt beispielhaft der *Umweltplan Baden-Württemberg*.

Die Neuauflage der Studie *Zukunftsfähiges Deutschland* erreicht im Jahr 2008 bei Weitem nicht die Wirkung ihrer Vorgängerin aus dem Jahr 1995, was aber generell für das Thema Nachhaltigkeit gilt. Sie präzisiert den Begriff »Nachhaltigkeit« mit der Grundlage der ökologischen Tragfähigkeit, von der die soziale und ökonomische Dimension abgeleitet werden. Die Studie betont die zentrale Rolle der Zivilgesellschaft und die Umsetzung vor Ort, die unterstützt werden soll.

Wichtige Impulse gibt der Wissenschaftliche Beirat der Bundesregierung Globale Umweltveränderungen (WBGU) im Jahr 2011 mit einer umfangreichen Arbeit zur Großen Transformation für eine nachhaltige Gesellschaft. Im Mittelpunkt steht das Thema Klimaschutz, eine entscheidende Rolle bei der Umsetzung spielt der »gestaltende Staat« mit erweiterten Partizipationsmöglichkeiten. Wichtige Akteure sind die »Pioniere des Wandels«, die Veränderungen anstoßen, in allen Lebensbereichen aktiv und oft zunächst Einzelpersonen sind. Sie werden in anderen wissenschaftlichen Arbeiten genauer beschrieben, besonders hinsichtlich einer erfolgreichen Wirkungsweise.

Frischen Wind in die erlahmende Nachhaltigkeitsdebatte kommt mit der Finanzkrise im Jahr 2008 durch die auch in Deutschland stark aufkommende Diskussion um »Postwachstum« und »Degrowth«. Hier wird theoretische Wachstumskritik mit einer sehr aktiven Komponente der Umsetzung alternativer, gemeinschaftsorientierter Ansätze vor Ort verknüpft. Dies weist durchweg Gemeinsamkeiten mit dem Rahmenprogramm der Agenda 21 und der praktischen Umsetzung vor Ort durch die Lokale Agenda 21 auf. Die vielen Ansätze der Postwachstumsdiskussion haben über die Wachstumskritik hinaus den weltweiten Erhalt der ökologischen Lebensgrundlagen und ein gutes Leben für alle als gemeinsame Ziele. Das verbindet sie mit dem Ziel einer nachhaltigen Entwicklung, an der sie allerdings den unklaren Begriff der Entwicklung kritisieren.

In allen Ansätzen werden die zentrale Rolle der Zivilgesellschaft und die praktische Umsetzung vor Ort betont. Nachhaltige Entwicklung und sozialökologische Transformation als übergeordnete Zielsetzungen weisen viele Gemeinsamkeiten auf, wobei Transformation begrifflich eine wesentlich dynamischere und aktiv gestaltete Veränderung zum Ausdruck bringt. Ferner benennt die ergänzende Bezeichnung »sozialökologisch« direkt wesentliche Dimensionen der angestrebten Veränderung, die im Nachhaltigkeitsbegriff zwar enthalten, aber nicht sofort deutlich im Namen zu erkennen sind.

Kapitel 8

Neue kommunale und zivilgesellschaftliche Initiativen für ein nachhaltiges Leben

Mit der Intensivierung der Postwachstumsdebatte entstehen besonders ab 2008 zunehmend örtliche und zivilgesellschaftliche Ansätze für gemeinwirtschaftliches, nachhaltiges Wirtschaften. Hinzu kommen neue kommunale Ansätze zur Nachhaltigkeit. In der Postwachstumsdebatte werden häufig die Ansätze Urban Gardening, Repaircafés oder Transition Towns als praktizierte Alternativen genannt. Hinzu kommt die Gemeinwohlökonomie, die sich in Deutschland ebenfalls stark verbreitet. Ein übergreifender Ansatz in Kommunen ist die Bewegung »Transition Towns«. Weitere Beispiele kommunaler Ansätze bilden die Netzwerke »cittàslow«, »Fairtrade Towns«, »Netzwerk deutscher Biostädte« und »Kommunen für biologische Vielfalt«.

Ein buntes Mosaik alternativer Ansätze des Wirtschaftens und Konsumierens

Die Postwachstumsdiskussion bringt eine Vielzahl von örtlichen und praktischen Ansätzen für eine alternative Wirtschaftsweise hervor. Sie lassen sich in drei große Gruppen aufteilen:

1. Viele Initiativen führen mit einer Verschmelzung von Konsum und Produktion zu »Prosumenten und Prosumentinnen«. Beispiele sind im Ernährungssektor die Initiativen für eine Solidarische Landwirtschaft (siehe Beispiel in Kapitel 15) oder Genossenschaften wie die vielen neu entstehenden Bürgerenergiegenossenschaften (siehe Kapitel 13).

2. Eine Ökonomie des Reparierens wird vor allem durch viele Repaircafés und Reparaturinitiativen umgesetzt (siehe unten).

3. Eine Sharing Economy wird in vielen Ansätzen zum Teilen, Tauschen, Leihen oder Mieten betrieben. Neben dem inzwischen fest etablierten Carsharing nimmt im Verkehrsbereich vor allem das Bikesharing zu (siehe Beispiel in Kapitel 13).[1]

Mit diesen Ansätzen wachsen nicht nur Bereiche wie Konsum und Produktion, sondern auch Zivilgesellschaft und Wirtschaft zusammen. Dabei werden traditionelle Formen der solidarischen Ökonomie wie Genossenschaften wiederbelebt und erleben einen neuen Aufschwung. In der aktuellen Diskussion um praktizierte alternative Wirtschaftsansätze vor Ort fällt auf, dass die in Deutschland weitverbreiteten und etablierten Weltläden dort oft keine Rolle spielen. Sie fördern nachhaltige Produkte und stehen als Modell für eine Wirtschaftsform, die stark ehrenamtlich getragen wird. Darüber hinaus sind sie mit ihren Bildungsaktivitäten und ihrer Öffentlichkeitsarbeit Multiplikatoren für nachhaltigen Konsum. Sie sind seit der Lokalen Agenda 21 wichtige Akteure für die Umsetzung einer nachhaltigen Entwicklung vor Ort. Insgesamt gehen die mit der Postwachstumsdebatte entstandenen Initiativen auch weit über den Wirtschaftsbereich hinaus und fördern eine nachhaltige Lebensweise, wie die folgenden Beispiele Urban Gardening, Reparaturinitiativen oder Transition Towns zeigen.

Urban Gardening und Essbare Stadt als Beiträge für ökologische und soziale Kommunen

Gemeinschaftsgärten (Community Gardens) entstehen durch Bürgerengagement in New York schon in den Siebzigerjahren des 20. Jahrhunderts. Ziele sind die kommerzfreie Bewirtschaftung ungenutzter städtischer Flächen als grüne, lebensfreundliche Naturräume für alle. Im Mittelpunkt steht der Gemüseanbau zur Selbstversorgung. Damit werden auch Fragen einer nachhaltigen Umgestaltung der Gesellschaft angesprochen. Im Jahr 1996 gestaltet eine Gruppe von Migranten-, Flüchtlings- und deutschen Familien einen ersten interkulturellen Garten in Geismar. Nach der Entstehung eines ersten interkulturellen Gemeinschaftsgartenvereins in Göttingen zwei Jahre später wächst das gemeinschaftliche Gärtnern in Deutschland ständig an und differenziert sich weiter aus. Es bilden sich Nachbarschafts- und Kiezgärten, spektakuläres »Guerilla-Gardening«, Frauengärten oder Stadtteilgärten. In Kassel gründet sich im Jahr 2009, angelehnt an das britische Vorbild der »edible city«, der Verein »Essbare Stadt«. Seitdem nimmt die Bewegung weiter zu, eine Vernetzungs- und Unterstützungsfunktion nimmt die »anstiftung« in München wahr, deren Vorstandsmitglied Christa Müller das Thema wissenschaftlich begleitet und aufarbeitet.[2]

Der »Verein Internationale Gärten e. V.« entsteht in **Göttingen** in den Neunzigerjahren während des Bosnienkrieges im Frauencafé des Beratungszentrums für Flüchtlinge. Auf die Frage, was sie hier in Deutschland am meisten vermissen, antworten die Frauen: »Unsere Gärten!« Die Idee für das inzwischen häufig kopierte Projekt »Internationale Gärten« ist geboren. Im Jahr 2018 kann der Verein sein 20-jähriges Jubiläum feiern. Die inzwischen drei Gärten in Göttingen sind soziale Orte, wo Geflüchtete, Migrantinnen und Migranten sowie deutsche Familien durch gemeinsames Gärtnern Beziehungen aufbauen. Sie geben durch interkulturelle Zusammenarbeit positive Beispiele für Völkerverständigung und wechselseitige Integration. Baumpflanzaktionen und andere Maßnahmen leisten einen Beitrag zum Klimaschutz. Das vielfach ausgezeichnete Projekt wird von der Stadt Göttingen unterstützt.

Der Verein »essbare Stadt e. V.« in **Kassel** ist seit dem Jahr 2009 als Dachprojekt zum Urban Gardening mit vielen Projekten aktiv: Gründung und Pflege von Gemeinschaftsgärten, Teilhabemöglichkeiten beim biologischen Gemüseanbau in der Stadt, gemeinsames Pflanzen von Nuss- und Obstgehölzen, Pflegen alter Obstbaumbestände, Vermittlung von Baumpatenschaften, Organisation gemeinsamer Ernte-, Saft- und Einmachaktionen, gemeinsames wöchentliches Kochen und Speisen, monatlicher Stammtisch sowie gelegentliche Filmabende, Workshops und Vorträge zum Thema »essbare und nachhaltige Stadt«. Eine Grundlage bildet die »Permakultur« als umfassende Planungs- und Gestaltungsmethode für nachhaltige, energieeffiziente Lebensräume. Eine beim Umwelt- und Gartenamt angesiedelte Arbeitsgruppe »essbare Stadt« dient der Flächenfindung, Koordination und Planung.

Das Selbstverständnis dieser Gemeinschaftsgärten als politische Bewegung manifestiert sich auch im Jahr 2014 in dem von rund 200 Projekten unterzeichneten Urban-Gardening-Manifest *Die Stadt ist unser Garten*.

Repaircafés und Reparaturinitiativen
zur Weiterverwendung von Produkten

Die Idee stammt aus den Niederlanden: In Amsterdam organisiert die Umweltjournalistin Martine Postma im Jahr 2009 das erste Repaircafé als Protest gegen Materialverschwendung und zur Erzeugung einer Gegenbewegung. Repariert werden vorwiegend Haushaltsgeräte, aber auch Fahrräder, Spielzeug oder Kleinmöbel. Besonders über die sozialen Netzwerke findet das Konzept große Verbreitung, das erste Repaircafé in Deutschland findet 2012 in Köln statt. Repaircafés sind recht einfach zu organisieren. Sie sind auch soziale Treffpunkte für Menschen, die in entspannter Umgebung bei Kaffee und mehr zum gemeinsamen Reparieren zusammenkommen. Die »anstiftung« in München vernetzt und unterstützt örtliche Initiativen, ein bundesweites »Netzwerk Reparatur Initiativen« wird gegründet. Wie solche Initiativen auch in kleinen Gemeinden möglich sind, zeigt folgendes Beispiel.[3]

Die etwas mehr als 3000 Einwohnerinnen und Einwohner umfassende Gemeinde **Bodnegg** in der Nähe des Bodensees unterstützt die seit dem Jahr 2015 aktive ehrenamtliche Reparaturinitiative mit Räumlichkeiten der örtlichen Schule, Werbung auf der Homepage und dem Bürgermeister als Schirmherrn. Das »Team von Reparatur & Kaffee« bietet seine Dienste einmal monatlich zwei Stunden am Samstagvormittag an. Außer für Ersatzteile fallen keine Kosten an. Auf der Gemeinde-Homepage werden für Bereiche wie Elektro, Textilien oder Holz einzelne Expertinnen und Experten namentlich benannt – verbunden mit dem Aufruf, dass weitere Tüftlerinnen und Tüftler im Team willkommen sind.

Gemeinwohlökonomie als umfassender Ansatz
nachhaltigen Wirtschaftens

Mit seinem im Jahr 2010 erscheinenden Buch *Gemeinwohl-Ökonomie* startet der österreichische »Attac«-Mitbegründer Christian Felber eine gleichnamige Bewegung, die sich ein Jahr später als Verein konstituiert. Künftig soll nicht mehr der Unternehmensgewinn alleine Ziel des Wirtschaftens sein, sondern das Unternehmen fünf zentrale demokratische Grundwerte einhalten: Menschenwürde, Solidarität, Gleichberechtigung, ökologische Nachhaltigkeit und Mitbestimmung. Diese bilden die waagrechte x-Achse der »Gemeinwohlbilanz« für Unternehmen. Auf der senkrechten y-Achse finden sich die »Berührungsgruppen« wie Lieferanten und Lieferantinnen, Geldgeber und Geldgeberinnen, Mitarbeiter und Mitarbeiterinnen oder Kunden und Kundinnen sowie das gesellschaftliche Umfeld. In den Schnittstellen werden Indikatoren gemessen, zum Beispiel wie ökologisch produziert oder ethisch verkauft wird.

Die Gemeinwohlökonomie fühlt sich mit ähnlichen Ansätzen wie der Postwachstumsökonomie verbunden und will die besten Bestandteile der verschiedenen Ansätze in einem partizipativen Suchprozess zu einer demokratischen Wirtschaftsordnung zusammenführen. Über die betriebliche Ebene hinaus wird eine umfassende Demokratisierung von Wirtschaft und Gesellschaft angestrebt.

Die große Wirkung und Ausbreitung der Gemeinwohlökonomie über Österreich hinaus beruhen allerdings vor allem auf der geschilderten Gemeinwohlbilanz für Unternehmen, die in drei Schritten erfolgt: Erstellung des Gemeinwohlberichts, externe Prüfung des Ergebnisses und Veröffentlichung der Gemeinwohlbilanz. Eine der Ersten in Deutschland erstellt die Sparda Bank München im Jahr 2011.

Unklar bleibt aber besonders bei der Gemeinwohlbilanz als wichtigstem Instrument dieses Ansatzes, wie sich diese zu vielen anderen Berichten und Instrumenten zum Umweltschutz oder zur Nachhaltigkeit verhält. Wo sind sie kompatibel? Können sie zusammengeführt werden? Wie gezeigt, wird durch die Lokale Agenda 21 besonders durch Konvois die Auszeichnung »ÖKOPROFIT« in den Betrieben weit verbreitet. Die Gemeinwohlökonomie präsentiert sich mit diesem Instrument und organisatorisch durch eigene Vereine als relativ geschlossenes eigenes System, das eine Zusammenführung mit anderen Ansätzen erschwert. Auf die erst später erstellte und praktisch umgesetzte Gemeinwohlbilanz für Kommunen wird im Kapitel elf eingegangen.[4]

Transition Towns:
Graswurzelbewegung für widerstandsfähige
und nachhaltige Gemeinden

Der britische Permakulturdozent Rob Hopkins legt im Jahr 2005 den Grundstein für die weltweite Bewegung der Transition Towns. Als positive Vision entwirft er mit seinen Studentinnen und Studenten einen Energie- und Kulturwendeplan für das irische Städtchen Kinsale mit etwa 2000 Einwohnerinnen und Einwohnern. Nach der Zustimmung durch die Politik gründet er mit diesen positiven Erfahrungen die erste Transition Town im südenglischen Totness. Die gemachten Erfahrungen werden in einem Handbuch und einem Leitfaden für andere aufbereitet.

Im Mittelpunkt steht eine Energiewende, die die Kommunen unabhängig vom Öl und damit resilient machen soll. Resilienz oder Widerstandsfähigkeit als Schlüsselbegriff gehen für ihn weit über das bekannte Konzept der Nachhaltigkeit hinaus. Eine weitere Grundlage ist die Permakultur als System zur Gestaltung nachhaltiger menschlicher Lebensgrundlagen. Neben praktischen Schritten ist eine positive Vision für die Kommune notwendig: Der Wunsch nach Veränderung muss von der Vorstellung getragen werden, was erreicht werden soll. Im Unterschied zur Lokalen Agenda 21 geht der Prozess »von unten« aus: durch bürgerschaftliche Energiewende-Initiativen, die zumindest anfangs unabhängig von Gemeinderat und Verwaltung agieren. Die Kommunalpolitik soll den Prozess nur unterstützen, nicht aber lenken. Erst aus einer gewissen Stärkeposition soll die allerdings für den Erfolg des Aktionsplans notwendige Zusammenarbeit mit der Kommune gesucht und hergestellt werden. In Totness hat die später gegründete Verbindungsgruppe zur Kommunalverwaltung eine Schlüsselstellung eingenommen.

Ein ständig fortgeschriebener Leitfaden für Transition-Initiativen liest sich in der Fassung des Jahres 2011 in den wichtigen Schritten wie die früheren Leitfäden zur Lokalen Agenda 21 (siehe Kapitel drei): Bildung einer Initiativgruppe und Aufbau eines Netzwerks, Startveranstaltung und Bildung von Themengruppen, Formate zur Bürgerbeteiligung (hier »Open-Space« und »World-Café«) und gute Öffentlichkeitsarbeit, »Aufbau eines guten Drahtes zur Verwaltung« und schließlich Aufstellung eines Energiewende-aktionsplans mit den von den Themengruppen erarbeiteten praktischen

Maßnahmen. Dabei wird empfohlen, sich auf die Schlüsselkriterien der Planung wie Stärkung der lokalen Autonomie und Widerstandsfähigkeit, der Lebensqualität und der CO_2-Minderung zu konzentrieren.

Man soll den Dingen möglichst freien Lauf lassen. Die Unterschiede zur Lokalen Agenda 21 liegen in dem nicht notwendigen Beschluss des Gemeinderats und in der Autonomie der Transition-Gruppen. Dies wird allerdings durch die Aussage relativiert oder zeitlich begrenzt, dass der Aufbau einer produktiven Beziehung zur örtlichen Verwaltung unbedingt nötig ist. Auch in der weiteren Praxis sind die Gemeinsamkeiten beider Ansätze mehr als deutlich: An die Stelle des angedachten Aktionsplanes treten konkrete Projekte. Transition-Initiativen werden zur Plattform für Gemeinschaftsgärten, Reparaturinitiativen, Gemeinschaftswohnprojekte, Urban Gardening oder Solidarische Landwirtschaft. Dies zeigt auch das Beispiel einer deutschen Transition Town.[5]

Die Transition Town **Hannover** startet im Jahr 2010 mit zunächst wenigen Aktiven und richtet noch im Gründungsjahr die erste deutschsprachige Transition-Konferenz aus. Der dort eingeladene Erste Stadtrat ist als Eröffnungsredner von der Initiative so angetan, dass er ihr ein Büro im Umweltzentrum und eine institutionelle Förderung durch die Stadt ermöglicht. Damit ist der auch von Ron Hopkins als essenziell angemahnte »gute Draht zur Verwaltung« sichergestellt.

Die Initiative organisiert sich als Verein und richtet zunächst Veranstaltungsreihen zu Themen wie »Post Oil City« oder »Hannover in Transition« mit einem abschließendem Visionskongress aus. Sie realisiert Urban-Gardening-Projekte wie die Küchengärten Limmer (»Kügäli«) oder den Palettengarten Linden-Nord (»Pagalino«). Neben thematischen Gruppen sind auch zwei Stadtteilgruppen in Hannover-Nord und -Süd mit Projekten wie einem Tauschtreff für gebrauchte Dinge oder einer großflächigen Streuobstwiese als »Apfelinsel« aktiv.

Cittàslow:
Kommunen mit Lebensqualität

Die internationale Vereinigung der lebenswerten Städte »cittàslow: Rete internazionale delle città del buon vivere« entsteht im Jahr 1999 in Italien. Schon seit 1986 setzt sich dort die »Slow Food«-Bewegung als Gegenpol zu Fast Food für regionale Produkte und eine bewusste Esskultur ein. Die Idee der Entschleunigung soll auf das Leben in den Städten ausgedehnt werden. Das Wort »cittàslow« setzt sich aus dem italienischen »città« für Stadt und dem englischen »slow« für langsam zusammen. Der Fokus liegt auf Klein- und Mittelstädten unter 50.000 Einwohnerinnen und Einwohnern. Das Netzwerk will die lokale Identität und Unverwechselbarkeit der Kommunen bewahren und weiterentwickeln, die Lebensqualität verbessern und eine nachhaltige Stadtentwicklung voranbringen. Dies soll die Verwaltung gemeinsam mit der Wirtschaft und der Bürgerschaft erreichen.

Die Hauptziele von cittàslow lassen sich mit den Begriffen »Lebensqualität«, »Entschleunigung« und »Nachhaltigkeit« beschreiben. Schwerpunkte sind eine nachhaltige Umweltpolitik, eine charakteristische Stadtstruktur, Gastfreundschaft, Kultur und Tradition, eine typische Kulturlandschaft, regionaltypische Produkte, regionale Märkte und Bewusstseinsbildung. Der detaillierte Kriterienkatalog umfasst die Politikfelder Energie und Umwelt, Infrastruktur, urbane Lebensqualität, Landwirtschaft, Tourismus und Handwerk, Gastfreundschaft, Bewusstsein und Bildung, sozialer Zusammenhalt und Partnerschaften. Diese Kriterien werden in einem Zertifizierungsprozess überprüft.

Den Antrag für eine cittàslow-Mitgliedschaft auf dieser Basis muss der Gemeinderat einstimmig (!) beschließen, um so von Beginn an auf einem breiten politischen Konsens aufbauen zu können. Das Verfahren ist damit recht anspruchsvoll, was ein Grund für die relativ geringe Verbreitung in deutschen Kommunen sein könnte, nachdem die erste deutsche Stadt im Jahr 2001 beitrat.

Vorsitz und Geschäftsführung für cittàslow in Deutschland liegen im Jahr 2021 bei der Stadt Deidesheim, dem folgenden Beispiel.[6]

Die an der deutschen Weinstraße gelegene Stadt **Deidesheim** mit knapp 4000 Einwohnerinnen und Einwohnern ist seit 2009 Mitglied bei cittàslow und vor allem touristisch geprägt. Sie wirbt schon auf der Startseite ihrer Homepage mit dem cittàslow-Logo und Informationen zu regionalen Produkten oder Biohöfen. Für Deidesheim ist cittàslow das Leitbild für eine Weiterentwicklung der drei Dimensionen von Nachhaltigkeit als Grundlage kommunalpolitischer Entscheidungen. Die generelle Freihaltung des Waldrands von jeglicher Bebauung schützt die Weinkulturlandschaft. Durch einen Grundsatzbeschluss wird auf Gentechnik in der Landwirtschaft und im Weinbau verzichtet. Die Stadt setzt auf ein behutsames Wachstum ohne ständige Ausweisung von Neubaugebieten. Für die Lebensqualität spielen Begegnungsstätten wie der Erlebnisgarten eine wichtige Rolle. Wie eine Studie zeigt, ist in Deidesheim mehr als drei Vierteln der Bürgerinnen und Bürger bekannt, dass ihre Stadt Mitglied bei cittàslow ist. 40 Prozent der Bevölkerung sehen seit der Mitgliedschaft eine Verbesserung der Lebensbedingungen.

Fairtrade Towns:
Kommunen und Zivilgesellschaft fördern faire Produkte

Fairtrade Towns sollen den fairen Handel durch die Vernetzung von Akteurinnen und Akteuren aus Zivilgesellschaft, Politik und Wirtschaft auf kommunaler Ebene fördern. Ihren Ausgangspunkt hat die weltweit erfolgreiche Kampagne im Jahr 2001 in der kleinen Stadt Garstang an der Nordwestküste Englands. Im Jahr 2009 wird mit Saarbrücken die erste Fairtrade Town in Deutschland ausgezeichnet. Eine Fairtrade Town muss fünf Kriterien erfüllen: Die Kommune verabschiedet einen Ratsbeschluss zur Unterstützung des fairen Handels und bietet bei allen Sitzungen zwei Produkte aus fairem Handel an. Eine Steuerungsgruppe wird zur Koordinierung der Aktivitäten gebildet und besteht aus mindestens drei Personen aus den Bereichen Zivilgesellschaft, Politik und Wirtschaft. In Handel und Gastronomie werden mindestens zwei Produkte aus fairem Handel angeboten. Wie viele Betriebe es sein müssen, hängt von der Einwohnerzahl der Kommune ab. Dies gilt auch für das vierte Kriterium: Öffentliche Einrichtungen wie Schulen, Ver-

eine und Kirchen-/Glaubensgemeinden bieten Informations- und Bildungsaktivitäten und fair gehandelte Produkte an. Die Steuerungsgruppe macht
Öffentlichkeitsarbeit über die Aktivitäten zum Thema Fairtrade in der Kommune, was sich in Berichten der lokalen Medien niederschlägt. Zum großen
Erfolg der Kampagne besonders auch in Deutschland dürften die klaren
und niederschwelligen Kriterien sowie viele Eine-Welt-Initiativen und Weltläden beigetragen haben, die hier mit der Kommune zusammenarbeiten.
Dies zeigt auch das folgende Beispiel.[7]

Die erste deutsche Fairtrade Town **Saarbrücken** führt vereint mit Koope-
rationspartnern aus Wirtschaft und Zivilgesellschaft viele Aktionen zum
fairen Handel durch: Fair- und Biofrühstücke in der Stadtbibliothek, die
»Fair.Führung« – einen Entdeckungsparcours im Botanischen Garten – oder
Aktionstage zum Weltfrauentag, an dem die Aktiven des fairen Handels in
Kooperation mit dem städtischen Frauenbüro fair gehandelte Rosen ver-
teilen. Bereits seit dem Jahr 2003 wird nur noch fair gehandelter Kaffee im
Rathaus ausgeschenkt.

Im Jahr 2008 folgt der Beschluss gegen Produkte aus ausbeuterischer
Kinderarbeit bei der kommunalen Beschaffung. 2009 wird der Uni-Cam-
pus zum Schwerpunktgebiet erklärt, um auch hier neue Zielgruppen für
fair gehandelte Produkte anzusprechen. Dies geschieht durch »Fairkostun-
gen«, einen Lieferservice an Institute sowie Pressearbeit und Teilnahme an
diversen Campusveranstaltungen. Im Saarbrücker Rathaus präsentieren
Models aus aller Welt zur Eröffnung der bundesweiten fairen Wochen in der
Modenschau »FAIR hat FLAIR« Kleidung aus Fairtrade-Baumwolle.

Deutsche Biostädte:
Biolebensmittel und Ökolandbau unterstützen

Seit dem Jahr 2010 arbeiten Städte, Gemeinden und Landkreise zusammen,
um Biolebensmittel und den ökologischen Landbau zu fördern. Um Mitglied des »Netzwerkes Bio-Städte, Gemeinden und Landkreise« zu werden,
benötigen Kommunen einen entsprechenden Ratsbeschluss, benennen eine
zuständige Stelle, verfolgen selbst definierte Ziele und setzen Maßnahmen

im Rahmen ihrer finanziellen Möglichkeiten zu diesem Thema um. Die Kooperationsvereinbarung des Netzwerkes benennt als Kooperationsfelder die Entwicklung gemeinsamer Strategien und Aktionen, die Bevorzugung von Biobetrieben, konzertierte Öffentlichkeitskampagnen, die Umstellung der kommunalen Beschaffung auf biologische und fair gehandelte Alternativen, gegenseitige Unterstützung bei der Acquisition von Fördermitteln, politische Einflussnahme auf übergeordnete Ebenen und die Zusammenarbeit mit dem europäischen Städteverbund »Città del Bio«. Im Oktober 2021 sind unter den Mitgliedern wie im folgenden Beispiel meist Großstädte zu finden.[8]

Die Stadt **Nürnberg** ist als Mitbegründerin des Netzwerkes schon seit dem Jahr 2003 auf Grundlage eines Gemeinderatsbeschlusses zur Förderung von Bioprodukten und ökologischem Landbau mit einem eigenen Team in der Stadtverwaltung aktiv. Das dafür geschaffene regionale Netzwerk spricht alle wichtigen Akteure an. Die Netzwerktreffen sind für alle Interessierten offen, vom Biounternehmer über Erzeuger, Initiativen, Erziehende und Lehrende bis hin zu Privatpersonen. Für Grundschulen gibt es einen Biolernkoffer zum Ausleihen. Die Technische Hochschule Nürnberg bietet inzwischen einen Studiengang zum Management in der Ökobranche an. Projekte fördern regionale Produkte auch im Rahmen einer »Ökomodellregion«.

In Kitas und Schulen wird der Anteil der Bioessen ausgebaut. Jeden Herbst freuen sich die Erstklässler und Erstklässlerinnen in der gesamten Metropolregion über ein kostenloses Biofrühstück in einer robusten Brotbox. Es gibt vielfältige Aktivitäten, um Bürgerinnen und Bürger anzusprechen. Im Juli findet jährlich im Herzen der Stadt ein großer Markt für Bioprodukte, Kultur, Kunst, Mode und Kinderspaß statt. Es werden eigene Biobürgerreisen angeboten. Auch die Nürnberger Messe ist mit der bundesweiten »Biofach«-Messe und dem jährlichen »Kongress StadtLandBio« aktiv. So verdient sich Nürnberg seinen Titel als »Biometropole«.

Kommunen für biologische Vielfalt

Seit dem Februar 2012 sind Gemeinden, Städte und Landkreise aus ganz Deutschland im Bündnis »Kommunen für biologische Vielfalt« für den Schutz und die nachhaltige Nutzung der biologischen Vielfalt aktiv. Kommunen können als eine Art Selbstverpflichtung die Deklaration »Biologische Vielfalt in Kommunen« unterzeichnen, um den Erhalt der biologischen Vielfalt als Grundlage einer nachhaltigen Stadt- und Gemeindeentwicklung stärker zu berücksichtigen und konkrete Maßnahmen zum Schutz der biologischen Vielfalt zu ergreifen. Themenfelder sind Grün- und Freiflächen im Siedlungsbereich, Arten- und Biotopschutz, nachhaltige Nutzung sowie Bewusstseinsbildung und Kooperation. Diese Schwerpunkte sind mit Maßnahmen hinterlegt, beispielsweise der Unterstützung von kommunalen Nachhaltigkeitsprozessen bzw. Beteiligung der Bürgerschaft beim Natur- und Klimaschutz. Das Bündnis fördert den Informationsaustausch und informiert über seine Homepage und einen Newsletter über aktuelle Entwicklungen. Es unterstützt die Kommunen bei der Öffentlichkeitsarbeit und bietet Fortbildungsangebote für Verwaltungsangestellte an. Ferner gibt es gemeinsame Aktionen und Projekte.[9]

Die Stadt **Norderstedt** richtet sich am Leitziel einer »Stadt im Grünen« aus. Ein Biotopverbundsystem durchzieht die Besiedlungsflächen und ermöglicht über kurze Wege Zugang zu öffentlichem Grün. Die Stadt legt gezielt Wildblumenwiesen mit regiozertifiziertem Saatgut und Informationstafeln an, um die biologische Vielfalt und besonders die Insektenfauna zu erhöhen. Jährlich findet in Zusammenarbeit mit dem Stadtpark an einem Sonntag ein Erlebnis- und Informationstag zur biologischen Vielfalt statt, der durch den Termin und ein reichhaltiges Angebot verschiedene Zielgruppen anspricht. Ein Pilotprojekt gestaltet ein naturnahes Schulgelände mit Wildblumensaatgut, heimischen Sträuchern und Obstbäumen, das auch für den Biologieunterricht genutzt werden kann. Im Rahmen des Projektes »Essbare Stadt« werden jedes Jahr die verschiedensten Sorten einer bestimmten Pflanzenart in der Stadt angebaut und so für Bevölkerung die Reichhaltigkeit der Artenvielfalt erlebbar.

Neue zivilgesellschaftliche und kommunale Impulse für eine nachhaltige Entwicklung

Im Umfeld der Postwachstumsdebatte gelangen viele neue zivilgesellschaftliche Initiativen und Impulse aus dem Ausland nach Deutschland: Repaircafés aus den Niederlanden, Transition Towns und Fairtrade Towns aus England, die Bewegung cittàslow aus Italien oder die Gemeinwohlökonomie aus Österreich.

Neben der großen Resonanz der vor Ort sehr praktisch agierenden Initiativen geben sie auch wichtige inhaltliche Impulse für eine nachhaltige Entwicklung: Resilienz als Widerstandsfähigkeit von Kommunen und Lebensqualität als wesentliche Zielsetzung der Nachhaltigkeit. Gemeinschaftsgärten und Essbare Städte zeigen anschaulich, wie sich Nachhaltigkeit in der Praxis ökologisch, sozial und wirtschaftlich auswirkt. Auch die thematische Schwerpunktsetzung und praktische Ausrichtung tragen zu ihrem Erfolg bei.

Die Initiativen kommen meist aus der Zivilgesellschaft und sind in der Regel auf die Zusammenarbeit mit der Kommune und anderen Akteuren ausgelegt. Im Unterschied zur Lokalen Agenda 21 sind die meisten Initiativen als »bottom-up« und nicht »top-down« einzuschätzen. Sie zeichnen sich damit durch eine stärker unabhängige und selbsttragende Struktur aus, sind aber ab einem gewissen Zeitpunkt auf die Zusammenarbeit mit der Kommune angewiesen. Diese können sie bei erfolgreicher Arbeit aus einer stärkeren Position angehen.

Bei dem übergreifenden kommunalen Ansatz der Transition Towns wird eine weitere zentrale Gemeinsamkeit mit der Lokalen Agenda 21 deutlich. Was in beiden Ansätzen als Erstellung eines umfassenden Aktionsplans angedacht ist, wird in der Praxis zur Umsetzung von vielen Projekten. Bei den Transition Towns ist dabei der Charakter einer Plattform für eigenständige Ansätze wie Gemeinschaftsgärten, die vielen Angebote zum Teilen oder Reparaturinitiativen stärker ausgeprägt.

Eine gewisse Ausnahmestellung nimmt die Gemeinwohlökonomie ein. Sie bietet ein inhaltlich ausgearbeitetes und umfassendes Dach zur Nachhaltigkeit für Betriebe, einer wichtigen Zielgruppe der (Lokalen) Agenda 21.

Bei vielen Ansätzen gehen Konsum und Produktion (»Prosumenten«) sowie Zivilgesellschaft und Wirtschaft ineinander über, was auch eine neue Qualität darstellt. Es geht nicht mehr nur um eine neue Wirtschafts-, sondern um eine neue Lebensweise. Mit den neuen Ansätzen wird das Thema Nachhaltigkeit praxis- und alltagsbezogen in die Lebenswelt der Menschen gebracht. Nachhaltige Lebensstile bilden mit dem Schwerpunkt Konsum ein wesentliches Anliegen des Johannesburger Weltgipfels, auch wenn dieser nicht direkt als Bezugspunkt dient.

Kommunale Bündnisse, Netzwerke und Kampagnen stellen Themen wie den fairen Handel, biologische Vielfalt oder Biolebensmittel und ökologischen Landbau in den Mittelpunkt. Sie machen damit ebenfalls eine nachhaltige Entwicklung für die Bevölkerung konkreter und greifbarer.

Kapitel 9

Internationaler Einschnitt Drei: Rio plus 23

Die Agenda 2030 und die 17 UN-Nachhaltigkeitsziele

Die UN-Konferenz für nachhaltige Entwicklung »Rio +20« in Rio de Janeiro im Jahr 2012 findet in einem völlig anderen historischen Umfeld als ihre Vorgängerin im Jahr 1992 statt. Es herrscht keine Aufbruchstimmung, sondern Krisenstimmung durch die internationale Finanzkrise oder durch Kriege wie in Afghanistan. Die Konferenz bildet vor allem eine Zwischenstation beim Zusammenfügen zweier internationaler und bisher nebeneinanderlaufender Prozesse: der Weiterentwicklung der mit der Agenda 21 im Jahr 1992 begonnenen Nachhaltigkeitsagenda und der Entwicklungsagenda mit den acht Millenniumszielen aus dem Jahr 2000, die auf einen Zeitraum von 15 Jahren angelegt sind. Beide Prozesse werden zu einer »Post-2015-Agenda« zusammengeführt, wofür die Konferenz Rio +20 beschließt, umfassende Ziele für eine nachhaltige Entwicklung – »Sustainable Development Goals (SDGs)« – auszuformulieren.[1]

Die Konferenz Rio plus 20 als wichtige Weichenstellung künftiger Nachhaltigkeitspolitik

Auf der »UN Conference on Sustainable Development« (Rio plus 20) werden im Juni 2012 vor allem drei Schwerpunkte behandelt: nachhaltiges Wirtschaften (Green Economy), die Reform der UN-Institutionen (Institutional Framework for Sustainable Development, IFSD) und die Entwicklung globaler Ziele für eine nachhaltige Entwicklung (Sustainable Development Goals [SDGs]). Sie finden sich im Abschlussdokument *Die Zukunft, die wir wollen (The future we want)* wieder.[2]

Einleitend betont das Dokument nochmals die gemeinsame Vision einer nachhaltigen Entwicklung mit den drei bekannten Dimensionen und der Verantwortung für künftige Generationen. Die Grundsätze des Weltgipfels von Rio aus dem Jahr 1992 und weitere Aktionspläne werden bekräftigt, wobei es bei der bisherigen Umsetzung auch unzureichende Fortschritte oder Rückschläge gegeben hat. Bei der Einbindung wichtiger Gruppen werden neben der Zivilgesellschaft auch der öffentliche und der private Sektor hervorgehoben.

Ein eigenes Kapitel stellt das Ziel einer »grünen Wirtschaft« in den Zusammenhang von nachhaltiger Entwicklung und Armutsbekämpfung sowie eines dauerhaften Wirtschaftswachstums. Für den institutionellen Rahmen zur Umsetzung einer nachhaltigen Entwicklung wird ein hochrangiges politisches Forum eingerichtet, das die bisherige Kommission für nachhaltige Entwicklung ersetzt. Wichtig in diesem Zusammenhang ist auch die Stärkung der Rolle des Umweltprogramms der Vereinten Nationen als globaler Umweltbehörde. Bei der umfassenden Behandlung der einzelnen Themenbereiche wird ein ganzheitliches Konzept für eine nachhaltige Stadtentwicklung mit einer umfassenden Beteiligung der Akteure gefordert.

Abschließend wird die Festlegung eines Katalogs von Zielen für eine nachhaltige Entwicklung beschlossen. Sie sollen mit den Millenniumszielen übereinstimmen und aktionsorientiert, prägnant, gut kommunizierbar und zahlenmäßig begrenzt sein. Die Nachhaltigkeitsziele sollen bei allen nationalen Unterschieden global und für alle Länder anwendbar sein.

Mit Zustimmung der UN-Generalversammlung wird der Prozess zur Erstellung der Nachhaltigkeitsziele eingeleitet. Mit den neuen institutionellen Maßnahmen für ein hochrangiges politisches Forum und der Formulierung umfassender gemeinsamer Ziele nimmt die Konferenz Rio plus 20 sowohl organisatorisch als auch inhaltlich eine wichtige Weichenstellung für eine »Post-2015-Agenda« vor, die drei Jahre später in die Agenda 2030 mündet.

Agenda 2030,
Sustainable Development Goals (SDGs),
New Urban Agenda und Pariser Klimagipfel

Nach einem dreijährigen Diskussions- und Verhandlungsprozess verabschiedet die UN-Generalversammlung im September 2015 die Resolution *Transformation unserer Welt – die Agenda 2030 für nachhaltige Entwicklung.* Die darin enthaltene Erklärung der Staats- und Regierungschefs bekennt sich dazu, »die nachhaltige Entwicklung in ihren drei Dimensionen – der wirtschaftlichen, der sozialen und der ökologischen – in ausgewogener und integrierter Weise herbeizuführen«. Ferner verkündet sie »17 Ziele für nachhaltige Entwicklung und 169 zugehörige Zielvorgaben, die integriert und unteilbar sind«. Neben weiteren Kapiteln zu Finanzierung, Umsetzung und Überprüfung sind diese »Sustainable Development Goals (SDGs)« das Herzstück der neuen Agenda 2030 und sollen die Entscheidungen in den nächsten 15 Jahren lenken.[3]

Die ersten sechs Ziele behandeln, anknüpfend an die Millennium Development Goals, vorwiegend soziale Themenfelder: Bekämpfung der Armut, Beendigung des Hungers, Gesundheit, Bildung, Geschlechtergleichstellung und Zugang zu sauberem Wasser sowie zur Sanitärversorgung. Stärkere wirtschaftliche Schwerpunkte behandeln die Ziele sieben bis neun mit den Themenfeldern Energie, Wirtschaft und Vollbeschäftigung sowie Infrastruktur. Ziel zehn fordert die Verringerung der Ungleichheit zwischen den Ländern. Den Kommunen ist ein eigenes Ziel elf gewidmet, auf das noch eingegangen wird. Ziel zwölf behandelt nachhaltige Konsum- und Produktionsmuster. Mit stärker ökologischen Themen wie Klimawandel, Schutz der Meere und Schutz der Landökosysteme befassen sich die nächsten drei Ziele. Zwei übergreifende Ziele zu friedlichen Gesellschaften und zur Umsetzung bzw. globalen Partnerschaften schließen die 17 UN-Nachhaltigkeitsziele (dieser Begriff wird im Folgenden hier verwendet) ab.

Das UN-Nachhaltigkeitsziel (SDG) elf will Städte und Siedlungen inklusiv (das bedeutet anders als im deutschen Sprachgebrauch: unter Beteiligung aller), sicher, widerstandsfähig und nachhaltig gestalten. Dafür wird in einem Unterziel übergreifend eine Verstärkung der Aktivitäten für eine partizipatorische, integrierte und nachhaltige Siedlungsplanung und -steuerung bis zum Jahr 2030 gefordert. Als Einzelthemen werden Wohnen, nachhaltige Mobilität und Förderung des ÖPNV, eine Senkung der Umweltbelastung (mit den Schwerpunkten Luftqualität und Abfallbehandlung) sowie zugängliche Grünflächen und öffentliche Räume für alle genannt. Mehrfach betont wird der Schutz vor Katastrophen. Bis zum Jahr 2020 sollen mehr Städte integrierte Konzepte zur Inklusion (Bürgerbeteiligung), Ressourceneffizienz, zur Abschwächung des Klimawandels, zur Klimaanpassung und zur Widerstandsfähigkeit gegenüber Katastrophen beschließen. Die am wenigsten entwickelten Länder sollen beim Bau nachhaltiger und widerstandsfähiger Gebäude unterstützt werden. Zu den einzelnen Themen werden meist sehr allgemein gehaltene Ziele formuliert wie beispielsweise der Zugang zu angemessenem und bezahlbarem Wohnraum für alle oder der Ausbau des öffentlichen Nahverkehrs bis zum Jahr 2030.

Auch der Teil der Agenda 2030 mit der Erklärung der Staats- und Regierungschefs geht auf die Kommunen ein. Ein eigenes kurzes Kapitel betont die zentrale Bedeutung einer nachhaltigen Stadtentwicklung und eines nachhaltigen Stadtmanagements für die Lebensqualität der Bevölkerung. Als weitere Stichworte finden sich persönliche Sicherheit, Innovation und Beschäftigung, die Reduzierung der negativen Auswirkungen urbaner Aktivitäten sowie gesundheits- und umweltschädlicher Chemikalien, Abfallreduzierung und -wiederverwertung und die effizientere Nutzung von Wasser und Energie. Die Auswirkungen der Städte auf das globale Klimasystem sollen so gering wie möglich gehalten werden.

Die Ausführungen zu den Kommunen sind im Vergleich zu den Dokumenten der früheren Weltkonferenzen wesentlich themen- und problembezogener. Anders als im Kapitel 28 der Agenda 21 wird kein eigener politischer Beschluss für ein kommunales Nachhaltigkeitsprogramm oder eine eigene Lokale Agenda gefordert. Allerdings betonen die Agenda 2030 und das extra für die Kommunen formulierte eigene Nachhaltigkeitsziel die Notwendigkeit einer partizipatorischen und integrierten Gestaltung für eine nachhaltige Entwicklung.

Mit Bezug zur Agenda 2030 umschreibt die »New Urban Agenda« der UN-Konferenz »Habitat III« zu Wohnen und nachhaltiger Stadtentwicklung im Jahr 2016 in Quito eine nachhaltige Stadtentwicklung. Neben der Betonung von Grundsätzen wie der Stärkung der Bürgerbeteiligung und des bürgerschaftlichen Engagements und einer integrativen, nachhaltigen Stadtplanung wird eine nachhaltige Stadtentwicklung in ihren drei Dimensionen sozial, wirtschaftlich und ökologisch genauer beschrieben. Die »New Urban Agenda« liefert so einen »Werkzeugkasten für moderne Städte«.[4]

Die UN-Generalversammlung 2015 wird durch eine Rede von Papst Franziskus aufgewertet. Er formuliert im selben Jahr in seiner als Buch erschienenen zweiten Enzyklika *Laudato si' – Über die Sorge für das gemeinsame Haus* das Ziel, zum Schutze unserer Erde »die gesamte Menschheitsfamilie in der Suche nach einer nachhaltigen und ganzheitlichen Entwicklung zu vereinen«, und beschreibt ausführlich »eine ganzheitliche Ökologie«.[5]

Die Agenda 2030 enthält zu den Themen Energie und Klimawandel auch im Vergleich zu den anderen Zielen nur relativ kurze Ausführungen, bezieht sich aber auf das schon im Jahr 1992 beschlossene Klimarahmenabkommen der Vereinten Nationen und die im Jahr 2015 dazu stattfindende 21. Tagung der Konferenz der Vertragsparteien in Paris. Auf dieser internationalen Klimakonferenz wird das völkerrechtlich bindende Pariser Abkommen beschlossen, das erstmals Pflichten für alle Staaten für die Zeit ab dem Jahre 2021 formuliert, wobei die nationalen Ziele von den Ländern festgelegt werden. Im Artikel zwei wird der Kampf gegen den Klimawandel ausdrücklich in den Zusammenhang mit einer nachhaltigen Entwicklung und der Beseitigung der Armut gestellt. Drei allgemeine Ziele werden formuliert:

1. Den Anstieg der durchschnittlichen Erdtemperatur deutlich unter zwei Grad Celsius über dem vorindustriellen Niveau zu halten und Anstrengungen zu unternehmen, den Temperaturanstieg auf eineinhalb Grad Celsius über dem vorindustriellen Niveau zu begrenzen.

2. Die Verbesserung der Fähigkeiten zur Klimaanpassung und die Stärkung der Widerstandsfähigkeit gegen Klimaänderungen, besonders bei der Erzeugung von Lebensmitteln.

3. Die Ausrichtung der internationalen Finanzströme auf eine emissionsarme und gegenüber Klimaänderungen widerstandsfähige Entwicklung.[6]

Auch mit dem gegenseitigen Bezug in beiden Dokumenten zu Nachhaltigkeit und Klimaschutz wird 2015 zum Jahr der wichtigen Zusammenführung der globalen Nachhaltigkeitsinitiativen mit einer völkerrechtlich verbindlichen Grundlage für das zentrale Themenfeld Klimaschutz.

Zur Weiterentwicklung und Umsetzung der Agenda 2030 finden alle vier Jahre »SDG-Gipfel« statt. Beim SDG-Gipfel im Jahr 2019 stellen 15 unabhängige Wissenschaftlerinnen und Wissenschaftler den ersten Weltnach-haltigkeitsbericht *(Global Sustainable Development Report, GSDR)* vor. Er benennt sechs konkrete Politikfelder als Zugangspunkte (»Entry Points«), deren fokussierte Behandlung über verschiedene Hebel (»Levers«) zu einer beschleunigten Umsetzung der Agenda 2030 führen kann. Als ein Zugangs-punkt wird die städtische Entwicklung, als ein Hebel Individualverhalten und gemeinsames Handeln benannt.[7]

FAZIT

Agenda 2030 und Pariser Klimaschutzabkommen als neue Grundlagen für Nachhaltigkeit

Die UN-Konferenz für nachhaltige Entwicklung »Rio plus 20« in Rio de Janeiro im Jahr 2012 spielt für die Diskussion und Umsetzung einer nachhal-tigen Entwicklung in Deutschland kaum eine Rolle. Auch der Schwerpunkt einer »grünen Wirtschaft« bleibt nur eine in sich widersprüchliche Formel, die gleichzeitig Wachstum und den Schutz der Ökosysteme beinhaltet. Von der Wirkung bestätigt dieser Gipfel die Erfahrungen von Johannesburg zehn Jahre früher: Die Agenda 21 und die Rio-Konferenz von 1992 bleiben ein ein-maliges historisches Ereignis, Weltgipfel dieser Art entfalten keine große Wirkung mehr.

Die Konferenz nimmt aber eine wichtige internationale Weichenstellung in mehrfacher Hinsicht vor: Sie verstärkt die institutionelle Umsetzung einer nachhaltigen Entwicklung durch die Vereinten Nationen und führt zwei zuvor getrennte UN-Verhandlungsprozesse, den 1992 mit dem Erdgipfel in Rio begründeten Nachhaltigkeits- bzw. Agendaprozess und den im Jahr 2000 begonnenen Prozess der Millenniums-Entwicklungsziele, zusammen.

Aus dieser »Post-2015-Agenda« entsteht 2015 die Agenda 2030 als Trans-formation für nachhaltige Entwicklung. Sie enthält 17 Nachhaltigkeitsziele (»Sustainable Development Goals [SDGs]«), die präziser und besser kommu-nizierbar als die bisherigen umfangreichen Programme den Rahmen und die Schwerpunkte für eine nachhaltige Entwicklung markieren. Ziele könn-ten als Rahmensetzung auch für die Umsetzung bessere Leitplanken bieten als die bisher durchformulierten Programme, da sie besser an thematische Bezugspunkte anknüpfen und mehr Spielräume lassen.

Die zentrale Bedeutung und eine gewisse Sonderrolle der Kommunen unterstreicht ein eigenes Nachhaltigkeitsziel, da die anderen Ziele meist thematisch ausgerichtet sind. Unklar ist, inwieweit Kommunen über die im eigenen Nachhaltigkeitsziel formulierten Themenbereiche auch alle weiteren Nachhaltigkeitsziele umsetzen sollen.

Widersprüchlich bleibt insgesamt die Betonung weiteren Wirtschaftswachstums bei gleichzeitiger Schonung der natürlichen Ressourcen als Zielsetzungen. Ferner fehlt mit Ausnahme der Nennung im Nachhaltigkeitsziel für Kommunen das Thema Mobilität als zentraler Problembereich einer nachhaltigen Entwicklung. Auch werden die Akteure für die Umsetzung nicht so klar benannt und adressiert, wie dies in der Agenda 21 der Fall ist.

Mit dem fast zeitgleich verabschiedeten Pariser Klimaschutzabkommen erhält der zentrale Bereich einer nachhaltigen Entwicklung eine verbindliche völkerrechtliche Grundlage.

Diese mehrfache Weichenstellung im Jahr 2015 schafft international gute Grundlagen für die weitere und bessere Umsetzung einer nachhaltigen Entwicklung und den Schwerpunkt Klimaschutz. Zum ersten Mal seit der Rio-Konferenz von 1992 erfolgt wieder ein deutlicher Schub, der eine neue Etappe für eine nachhaltige Entwicklung einleiten könnte. Inwieweit dies auf nationaler und kommunaler Ebene in Deutschland gelingt, ist auch ein Thema der nächsten Kapitel.

Kapitel 10

Neue Impulse
und Rahmensetzungen

Nachhaltigkeitsstrategien, Transformationsdesign,
Green New Deal und Donut-Ökonomie

Die Agenda 2030 und die 17 UN-Nachhaltigkeitsziele (SDGs) finden rasch Eingang in die deutsche Nachhaltigkeitsstrategie und entsprechende Konzepte der Bundesländer. Dabei wird die »Nachhaltigkeitsarchitektur« zur gemeinsamen Umsetzung mit Akteuren wie Zivilgesellschaft oder Kommunen weiter ausgebaut.

Neue inhaltliche Impulse für die Umsetzung einer nachhaltigen Entwicklung kommen besonders aus der deutschen und internationalen Wissenschaft. In Deutschland sind dies das Wuppertal Institut für Klima, Umwelt, Energie und der dort früher als verantwortlich für die Studie *Zukunftsfähiges Deutschland* tätige Reinhard Loske, deren Arbeiten rund zehn Jahre nach der Neuauflage der Studie fast den Charakter einer weiteren Aktualisierung haben. Der Risikoforscher Ortwin Renn erweitert eine nachhaltige Entwicklung um die Themen Risiken und Resilienz. Meistdiskutierter Autor für eine nachhaltige Transformation in Deutschland ist mit zahlreichen Publikationen und seiner »Stiftung Zukunftsfähigkeit FUTURZWEI« Harald Welzer.

International thematisieren renommierte Autoren wie Naomi Klein und Jeremy Rifkin einen »Green New Deal«, der auch von der Europäischen Union aufgegriffen wird. Kate Raworth liefert mit ihrer »Donut-Ökonomie« eine originale Beschreibung von Nachhaltigkeit, die sowohl die 17 UN-Nachhaltigkeitsziele als auch das Konzept der »Planetaren Leitplanken« als Grundlagen integriert.

Diese Rahmensetzungen und Impulse werden im Folgenden besonders hinsichtlich einer Weiterentwicklung und Umsetzung des Konzepts einer nachhaltigen Entwicklung mit Zivilgesellschaft und Kommunen beleuchtet.

Die Weiterentwicklung der deutschen Nachhaltigkeitsarchitektur in Bund und Ländern

Nach einer Dialogphase besonders mit nicht staatlichen Gruppen wird die deutsche Nachhaltigkeitsstrategie umfassend weiterentwickelt und im Januar 2017 von der Bundesregierung beschlossen. Sie soll als wesentlicher Rahmen für die Umsetzung der Agenda 2030 dienen. Sie präzisiert mit Bezug zur Brundtland-Kommission und dem Konzept der »Planetaren Leitplanken« den zugrunde liegenden Nachhaltigkeitsbegriff, der bei Erhaltung der weltweiten natürlichen Lebensgrundlagen ein Leben in Würde für alle beinhaltet. Nachhaltigkeitspolitik im 21. Jahrhundert ist technologische und gesellschaftliche Modernitätspolitik, besonders auch durch die Digitalisierung als Treiber wirtschaftlich-struktureller Veränderungen. Eine Modernitätspolitik setzt auch gesellschaftliche Innovation durch die Entwicklung einer Kultur der Nachhaltigkeit voraus. Nötig ist ein kultureller Wandel, der das Verhalten der Einzelnen, von sozialen Gruppen und auch der Gesellschaften insgesamt nachhaltig ausrichtet.

Ein eigenes Kapitel betont nachhaltige Entwicklung als Gemeinschaftswerk mit Einbeziehung der verschiedenen politischen Ebenen und gesellschaftlichen Akteure. Den größten Raum nimmt die Schilderung der Umsetzung der 17 UN-Nachhaltigkeitsziele in Deutschland ein, wozu drei Ebenen unterschieden werden: Maßnahmen mit Wirkungen in Deutschland, Maßnahmen durch Deutschland mit weltweiten Wirkungen und die konkrete Unterstützung anderer Länder mit der gemeinsamen Durchführung von Maßnahmen.

Die hier schon angedeutete stärkere Einbeziehung gesellschaftlicher Akteure schlägt sich in der Aktualisierung der Nachhaltigkeitsstrategie im Jahr 2018 nieder. Ein jährlich stattfindendes Forum Nachhaltigkeit im Bundeskanzleramt dient dem Austausch der Bundesregierung mit wichtigen Akteuren zur Umsetzung der Nachhaltigkeitsstrategie und der Agenda 2030. Eine Wissenschaftsplattform Nachhaltigkeit 2030 fungiert als Schnittstelle zwischen Wissenschaft, Gesellschaft und Politik.

Noch breiter angelegt ist das im Jahr 2016 für zunächst fünf Jahre gestartete Projekt »RENN – Regionale Netzstellen Nachhaltigkeitsstrategien«. Vier regionale Netzstellen im Bundesgebiet mit Kooperationspartnern in allen Bundesländern unterstützen und vernetzen Nachhaltigkeitsaktivitäten

und Akteure in den Regionen, wobei ein besonderer Fokus auf der Zivilgesellschaft und Kommunen liegt. Damit wird erstmals seit zehn Jahren
nach der Auflösung der Vernetzungsstruktur der Bundes- und Landes-Agendastellen wieder eine bundesweite Struktur geschaffen, die schon vor Ort
und in der Region aktive Organisationen fördert und zusammenführt. Die
RENN-Stellen bilden damit ein wichtiges Scharnier zwischen der Deutschen Nachhaltigkeitsstrategie und regionalen und örtlichen Aktivitäten.
Das Projekt stützt sich dabei auf bereits bestehende regionale Strukturen
und zivilgesellschaftliche Akteure und bezieht die Länderebene ein.

Die Weiterentwicklung der Nachhaltigkeitsstrategie im Jahre 2021 benennt besonders sechs Transformationsbereiche, in denen Maßnahmen vorrangig anzugehen sind: menschliches Wohlbefinden und soziale Gerechtigkeit, Energiewende und Klimaschutz, Kreislaufwirtschaft, Nachhaltiges
Bauen und Verkehrswende, Nachhaltige Agrar- und Ernährungssysteme
sowie eine schadstofffreie Umwelt. Einen wichtigen Hebel zur Umsetzung
bilden die gesellschaftliche Mobilisierung und Teilhabe durch die Beteiligung aller gesellschaftlichen Akteure und die Förderung freiwilligen Engagements. Ein eigenes Kapitel zum Gemeinschaftswerk Nachhaltigkeit unterstreicht nochmals die Notwendigkeit einer gesellschaftlichen Verankerung
von Nachhaltigkeit und die Wichtigkeit des bürgerschaftlichen Engagements. Hervorgehoben wird dabei auch die zentrale Rolle einer Bildung
für nachhaltige Entwicklung (BNE). Mit Bezug zur gemeinsamen Bund-
LänderErklärung vom 6. Juni 2019 für eine nachhaltige Entwicklung als Gemeinschaftswerk betont die Nachhaltigkeitsstrategie, dass ein nachhaltiges
Deutschland nur gelingen kann, wenn sich alle gesellschaftlichen Gruppen
gemeinsam aktiv dafür einsetzen.[1]

Nach und nach beschließen die Bundesländer Landesnachhaltigkeitsstra-
tegien, die auch auf die Agenda 2030 bezogen werden. Alle Länderstrate-
gien behandeln das Thema Energie und Klima, weitere Schwerpunkte sind
Bildung und nachhaltiges Wirtschaften. Besonders wichtig für ein Gemeinschaftswerk Nachhaltigkeit ist dabei die Ansprache und Einbindung gesellschaftlicher Akteure wie Zivilgesellschaft und Kommunen, die auf dieser
Ebene durch die größere Nähe besser als von der Bundesebene her möglich ist.

Über eine besonders gut ausgebaute Nachhaltigkeitsarchitektur verfügt
dabei Nordrhein-Westfalen. Seit dem Jahr 2001 ist dort als Netzwerk die

Landesarbeitsgemeinschaft Agenda 21 NRW e.V. (LAG 21 NRW) aktiv, um zivilgesellschaftliches und kommunales Handeln im Sinne einer Nachhaltigen Entwicklung zu vernetzen und mit einem vielfältigen Angebot zu unterstützen. Weitere Strukturen sind der regelmäßige Dialog »Chefsache Nachhaltigkeit« zum Austausch zwischen Land und Kommunen oder das »Fachforum Nachhaltigkeit NRW« mit rund 20 zivilgesellschaftlichen Organisationen unter der Koordination der LAG 21 NRW. In Thüringen organisiert das vom Verein »Zukunftsfähiges Thüringen e.V.« getragene Nachhaltigkeitszentrum Thüringen den »Bürgermeisterdialog zur nachhaltigen Kommunalentwicklung in Thüringen«, in dem sich Bürgermeister und Bürgermeisterinnen parteiübergreifend mit den Herausforderungen einer nachhaltigen Entwicklung beschäftigen. In Baden-Württemberg startet mit der Neuaufstellung der Landesnachhaltigkeitsstrategie die »Kommunale Initiative Nachhaltigkeit«. Hier bietet das aus dem früheren Landes-Agendabüro hervorgegangene Nachhaltigkeitsbüro Kommunen und Initiativen praxisnahe Hilfestellung für die Umsetzung einer nachhaltigen Entwicklung vor Ort.[2] Auf einzelne inhaltliche Schwerpunkte kommunaler Nachhaltigkeitsaktivitäten und -strategien wird in den nächsten Kapiteln eingegangen.

Zukunftsfähiges Deutschland Drei A: Konturen einer Nachhaltigkeitswende

Zwanzig Jahre nach der von ihm wesentlich mitverantworteten Studie *Zukunftsfähiges Deutschland* veröffentlicht der Politikwissenschaftler Reinhard Loske mit seiner *Politik der Zukunftsfähigkeit – Konturen einer Nachhaltigkeitswende* eine umfassende Beschreibung für eine nachhaltige Transformation. Er vermisst positive Visionen in der bisherigen Nachhaltigkeitsdebatte. Neben solchen Erzählungen positiver Beispiele von einzelnen Pionieren muss auch der politische Rahmen geändert werden. Politische und soziale Innovationen kommen heute aus der Zivilgesellschaft. Die vielen positiven Ansätze in den Neunzigerjahren mit Lokale-Agenda-21-Prozessen sind eingeschlafen, weil sie als Top-down-Ansätze nicht selbsttragend waren. Die vielen neuen Nachhaltigkeitsansätze zum Teilen/Sharing oder Reparieren wachsen von unten nach oben, ihre Zukunft hängt von der Unterstützung durch die Politik ab. Ausgangspunkt ist das Primat der Ökologie, die soziale Entwicklung muss sich an den gegebenen Naturbedingungen orientieren.

Ein wichtiges Erfolgskriterium für die verschiedenen ökologischen Wenden wie zu Energie oder Verkehr ist die Überführung positiver Nachhaltigkeitsansätze von der Nische in den Hauptstrom der Gesellschaft. Die Diffusionsmuster zur Verbreitung solcher Initiativen zeigen, dass diese meist eine Mischung aus Wertewandel, neuen sozialen Praktiken, Wandel von Lebensstil und Kultur, technischen Innovationen, politischer Rahmensetzung und staatlichem Handeln sind. Eine nachhaltige Entwicklung muss dabei als Ganzes gesehen werden und darf sich nicht auf einzelne Aspekte beschränken. Allerdings gibt es nicht den großen Nachhaltigkeitsmasterplan, der alles enthält.

Im Bereich der Wirtschaft haben kooperative und gemeinwohlorientierte Formen wie Teilen oder Reparieren das Potenzial, einen sehr großen Beitrag für eine nachhaltige Entwicklung zu leisten. Reinhard Loske konstatiert seit den Achtzigerjahren einen Wandel des ökologischen Diskurses vom mehr Ablehnenden zum Gestaltenden, ohne hier die Lokale Agenda 21 zu erwähnen, die dazu wesentlich beigetragen hat. Diese Hinwendung sollte zu einer stärkeren Nutzung der Bürgerkompetenz in einer neuen partizipativen und diskursiven Politik führen, die auch zu offeneren Politikinstitutionen und zu mehr Durchlässigkeit zwischen formeller und zivilgesellschaftlicher Politik führt.

Städte und Gemeinden sollen als »Reallabore der Nachhaltigkeit« gemeinsam von und mit aktiven Bürgerinnen und Bürgern gestaltet werden. In den dazu genannten Beispielen und Bereichen finden sich über Projekte wie Car- und Ridesharing hinaus viele, die in öffentlicher Verantwortung liegen wie eine Bauteilbörse durch das örtliche Entsorgungsunternehmen oder Zwischenzeitzentralen zur Nutzung leer stehender Gebäude.

Reinhard Loske umschreibt abschließend seinen Ansatz als pragmatische Mischung aus Denken und Handeln, aus Analyse und Aktion. Dies gelingt über die hier geschilderte Umsetzungsperspektive hinaus auch mit einer umfassenden Darstellung der Rahmenbedingungen für eine nachhaltige Entwicklung. Deutlich wird die Vielschichtigkeit einer sozialökologischen Transformation, die aber ganz wesentlich durch jetzt schon realisierbare Alternativen und die Zivilgesellschaft vorangebracht wird.[3]

Zukunftsfähiges Deutschland Drei B:
Nachhaltigkeit als kulturelle Revolution

Der Präsident des Wuppertal Instituts für Klima, Umwelt, Energie Uwe Schneidewind beschreibt zehn Jahre nach der Veröffentlichung der Studie *Zukunftsfähiges Deutschland Zwei* zusammen mit seinen Mitarbeiterinnen und Mitarbeitern *Die große Transformation.* Anknüpfungspunkt ist das in Kapitel sieben beschriebene Hauptgutachten des Wissenschaftlichen Beirats der Bundesregierung Globale Umweltveränderungen (WBGU), dessen Begriff der Großen Transformation Grundlage für ein identitätsstiftendes Narrativ ist. Spezifischer Ansatz des Buches ist die Beschreibung von Nachhaltigkeit als kultureller Revolution und zentralem Zivilisationsprojekt des 21. Jahrhunderts mit dem Konzept der »Zukunftskunst«. Auch wenn Technologien oder Politik wichtig sind, letztendlich »verändern Ideen und Wertvorstellungen die Welt«. Jede große Transformation ist letztlich eine moralische Revolution«.[4]

Arenen der großen Transformation sind sieben spezifische Wenden, darunter die Urbane Wende. Städte sind auch Experimentierorte für die große Transformation. Ihre nachhaltige Zukunft entscheidet sich aber weniger technologisch als vielmehr ökonomisch, institutionell und kulturell. Zentral ist eine veränderte »Governance«, es müssen neue Gleichgewichte für eine Stadtgestaltung »von unten« und »von oben«, »von innen« und »von außen«, zwischen Quartier und Region gefunden werden. In Zeiten der Globalisierung schafft die lokale Ebene neue Anknüpfungspunkte für (Orts-)Identität, die es als kulturelle Impulse zu nutzen gilt. Die Urbane Wende ist im Kern ein kultureller Prozess. Dieser benötigt Bilder möglicher Zukünfte als Motivation für die Akteure, die Erprobung neuer Partizipationsmuster und Plattformen für das weltweite Lernen der Städte voneinander. Auch hier gibt es einen starken Bezug zum WBGU mit seinem neuen Hauptgutachten zu Kommunen, auf das im nächsten Kapitel eingegangen wird.

Bei den Akteuren ist die Zivilgesellschaft »Taktgeber der großen Transformation«. Dabei ist ein erheblicher Wandel feststellbar. Es gibt viele neue Initiativen und soziale Bewegungen von unten, die konkrete Lösungsalternativen vorantreiben. Neben organisierten Akteuren sind es auch die individuellen »Pioniere des Wandels«, die Veränderungen anstoßen. Die Politik ist Katalysator und Mitgestalter von Veränderungsprozessen.

Das Konzept der »Zukunftskunst« meint die Fähigkeit, Transformations-prozesse im Sinne einer nachhaltigen Entwicklung in ihren verschiedenen Dimensionen (technologisch, ökonomisch, institutionell und kulturell) zu verstehen und auch aktiv zu beeinflussen. Die hier geschilderten Elemente werden zu einem »Wuppertaler Transformationsprozess« in zehn Bausteinen zusammengefasst. Dabei ist die Große Transformation immer vom kultu-rellen Ende her zu denken, da sie in neuen Wertvorstellungen ihren Aus-gangspunkt nimmt und auch darüber ihre zivilisatorische Kraft gewinnt. Als Bezugspunkt und Motor der großen Transformation dienen auch die 17 UN-Nachhaltigkeitsziele.

Insgesamt enthält das Buch viele Elemente und Schwerpunkte für eine große Transformation aus den zahlreichen Teilarbeiten des Instituts. Der Begriff »Zukunftskunst« als Klammer ist dabei für die Fähigkeit, Transfor-mationsprozesse umfassend in allen Dimensionen zu erfassen und zu gestal-ten, zwar neu, aber nicht verständlich genug dargelegt.

Risiken, Resilienz und Nachhaltigkeit

In seinem Buch *Das Risikoparadox. Warum wir uns vor dem Falschen fürch-ten* verbindet der Wissenschaftler Ortwin Renn, gestützt auf Arbeiten des »World-Risiko-Projekts«, die Risikoproblematik mit dem Nachhaltigkeits-konzept. Während viele als bedrohlich wahrgenommene Risiken oft über-schätzt werden, werden »systemische Risiken« unterschätzt. Gemeint sind Risiken, die lokal übergreifend oder global wirken, eng mit anderen Risiken vernetzt sind oder durch Politik und Gesellschaft unterschätzt werden. Sie sind in allen Lebensbereichen vorhanden oder können diese beeinflussen.

Dafür dient mit der Entstehung einer Pandemie ein inzwischen beklem-mend aktuelles »Paradebeispiel«: Ein zunächst örtlicher Krankheitserreger breitet sich in kürzester Zeit in alle Welt aus und ist nicht mehr einzugren-zen.[5] Sechs Jahre vor COVID-19 wird die Realität des Jahres 2020 prägnant beschrieben.

Zu den hoch vernetzten Risikobereichen gehört neben der hier zutage getretenen menschlichen Überheblichkeit in Bezug auf solche gesundheitli-chen Gefährdungen auch die Aushöhlung der ökonomischen und ökologi-schen Widerstandsfähigkeit (»Resilienz«) der Gesellschaft. Resilienz bedeutet die Widerstandsfähigkeit von Systemen auch gegenüber unwahrscheinlichen

Ereignissen und die Aufrechterhaltung grundlegender Funktionen. Nötig sind Strategien zur Erhöhung der Resilienz wie die Dezentralisierung der Funktionserfüllung oder die Diversifizierung der Techniken und Organisationsformen.

Zentrale Stellgröße für die weitere Entwicklung unserer Gesellschaften ist für das »World Risiko Projekt« die bisher mangelnde Steuerungsfähigkeit von gesellschaftlichen Prozessen als »Good Governance«. Dies bedeutet die kollektive Steuerrungsfähigkeit durch die Einbeziehung der vielen Akteure von der Wissenschaft über die Wirtschaft bis hin zur Zivilgesellschaft. Hinzu kommen Strukturen und Regelwerke, die positive, nachhaltige Verhaltens- und Lebensweisen fördern. Eine neue Steuerungskultur wird von einer deliberativen Demokratie und einer Hinwendung zu mehr Risikomündigkeit auf der individuellen Ebene flankiert.

Die von Ortwin Renn beschriebene Verknüpfung des Nachhaltigkeitskonzepts mit den Dimensionen Risiken und Resilienz wird noch in zwei weiteren Bereichen deutlich:

◆ COVID-19 hat wie andere Erkrankungen auch seinen Ursprung aller Wahrscheinlichkeit nach im Tierreich, weil der Mensch immer stärker in die Natur eindringt, was zum Sprung über die Artengrenze führt. Diese zunehmende Vergesellschaftung der Natur und besonders das »eigentümliche Mischverhältnis von Natur und Gesellschaft« bringen für den Soziologen Ulrich Beck schon 1986 Gefahren hervor, die sich über alles hinwegsetzen, was sich ihnen entgegenstellen könnte.[6]

◆ Dass der zunehmende Klimawandel inzwischen zu immer mehr Naturkatastrophen in aller Welt führt, wird bis auf wenige Ausnahmen inzwischen allgemein anerkannt und mit der Forderung nach mehr Klimaschutz verknüpft.

Eine nachhaltige Entwicklung bildet damit die Grundlage, um solchen und anderen Risiken von Grund auf begegnen zu können. Da der Klimawandel schon weit fortgeschritten ist, sind darüber hinaus Maßnahmen zur Resilienz erforderlich.

Transformationsdesign, modulare Revolutionen und Geschichten des Gelingens

Der Sozialwissenschaftler Harald Welzer prägt seit Jahren die bundesdeutsche Transformationsdebatte, wobei hier nur einige Elemente bezüglich der Rolle der Zivilgesellschaft, der örtlichen Ebene und des Nachhaltigkeitsbegriffs behandelt werden können. Sein Ausgangspunkt: Es gibt in den westlichen Gesellschaften heute mehr Initiativen und Akteure für ein anderes Wirtschaften und Leben als jemals zuvor. Dies geschieht nicht durch Manifeste oder Theorien, sondern mit ihrer praktischen Arbeit vor Ort. Es gibt damit nicht eine große, sondern viele kleine Transformationen. Auch bisherige Transformationen in der Geschichte waren ein Zusammenspiel von vielen kleinen Veränderungen.

Die im Entstehen begriffene soziale Bewegung zur Transformation der Gesellschaft setzt sich aus vielfältigen »Communitys of Practice« zusammen, die wie Solargenossenschaften oder Gemeinschaftsgärten gemeinsam an einer Aufgabe arbeiten. Solche Praktiken gelangen in die Gesamtgesellschaft, wenn Minderheiten in allen relevanten Gesellschaftsschichten sie tragen. Drei bis fünf Prozent der Bevölkerung reichen dann aus, um einen tiefgreifenden, nachhaltigen Wandel der Gesellschaft in Gang zu setzen. Um Gesellschaften zu verändern, werden keine Mehrheiten benötigt, da soziale Transformationen ungleichzeitig verlaufen.

Harald Welzer plädiert für »Modulare Revolutionen«, bei denen es um keine »Große Transformation« geht, »sondern um ein modulares Projekt aus sehr vielen kleinen Transformationen, die im Idealfall zusammenwirken und konkrete Utopien bilden«.[7] Den höchst unterschiedlichen Projekten ist gemeinsam, dass sie einen zum Teil winzigen Aspekt des gewöhnlichen Umgangs mit Menschen und Dingen verändern. Ein »neuer Realismus« will im Rahmen seiner Möglichkeiten und seiner Reichweite Veränderungen erreichen, die dann auch als Geschichten des Gelingens verbreitet werden, wozu auch die »Stiftung Zukunftsfähigkeit FUTURZWEI« aktiv ist. Je mehr konkrete Alternativen als positive Beispiele und »reale Utopien« praktiziert und aufgezeigt werden, desto sichtbarer und attraktiver wird die Transformation.

Den großen Rahmen für das »Transformationsdesign« bilden dabei die Aufrechterhaltung und Weiterentwicklung der erreichten zivilisatorischen Standards bei radikal reduziertem Naturverbrauch für eine »reduktive Moderne«. Harald Welzer verwirft dabei einerseits den Begriff »Nachhaltigkeit« als inzwischen untauglich, da er für alles Mögliche verwendet wurde. Andererseits plädierte er mit Bezug zur Brundtland-Definition dafür, die Nachhaltigkeitstransformation der heutigen Gesellschaften grundsätzlich als soziale Transformation zu denken. Sie muss die wirtschaftliche und soziale Praxis ändern und darf sich nicht auf die technische Lösung von Umwelt- und Nachhaltigkeitsproblemen fokussieren. Die dem Nachhaltigkeitsdiskurs zugrunde liegende und wünschenswerte Vision sollte positiv gewendet werden: als Gesellschaft, in der gutes Leben nicht auf Kosten anderer realisiert wird.

Harald Welzer weist der aktiven Zivilgesellschaft die zentrale Rolle für eine nachhaltige Entwicklung und eine sozialökologische Transformation zu. Die Veränderungspotenziale sieht er dabei weniger bei etablierten Organisationen, sondern bei individuellen Beiträgen wie Projekten, die als positive und konkrete Alternativen die Transformation von unten voranbringen. Wichtig sind positive Leitbilder und Visionen, da die Klima- und Nachhaltigkeitsdiskussion bisher oft warnend und negativ geführt wird.

Initiativen für einen Green New Deal

Mit ihrem »Green Deal« hat die Europäische Union im Jahr 2019 ein umfassendes Konzept und Gesetzgebungsprogramm verabschiedet, um Energieversorgung, Industrieproduktion, Verkehr und Landwirtschaft innerhalb von 30 Jahren klimaneutral umzubauen. Dabei sollen Angebote auch Akteure vor Ort in diese umfassende Nachhaltigkeitsstrategie einbinden. Die Initiative »Neues Europäisches Bauhaus« ruft alle Europäerinnen und Europäer auf, gemeinsam Vorstellungen von einer nachhaltigen, inklusiven und ansprechenden Zukunft für ihre Lebensräume zu entwickeln und zu realisieren. Ziel ist, Denken, Verhaltensmuster und Märkte an neuen Lebens- und Bauweisen auszurichten, auch durch Einwirkung auf das öffentliche Auftragswesen. In einem europäischen Klimapakt sollen vor Ort Klimabotschafterinnen und Klimabotschafter in ihrer Umgebung für den Klimaschutz werben und Aktivitäten anstoßen, was beispielsweise die Stadt Nürnberg als Aktion unterstützt.[8] Der amerikanische Zukunftsforscher Jeremy Rifkin ist an der Ausarbeitung beteiligt und lobt die Europäische Union dafür als weltweites Vorbild. Für ihn ist ein »Globaler Green New Deal« erforderlich, der nicht nur ein

Programm, sondern eine Ära und Transformation der Gesellschaft umfasst, eine »dritte industrielle Revolution«. Die gemeinsame Nutzung von virtuellen und physischen Gütern bildet den Eckpfeiler einer neuen Kreislaufwirtschaft, die den Ressourcenverbrauch deutlich reduziert und sich durch Sharing Economy und kooperativen Konsum auszeichnet.

Den Kern des Green New Deal bildet die Infrastruktur mit digitaler Kommunikation, erneuerbaren Energien und Elektromobilität, die alle weiter ausgebaut werden müssen. Der Green New Deal soll in jeder Phase durch »Peer Assemblys« aus Bürgerinnen und Bürgern als informelle Gremien begleitet werden, die die Stimme der Öffentlichkeit in den Prozess einbringen. Angesichts der Klimakrise benötigen wir ein »Zeitalter der Widerstandsfähigkeit«, was sich bei Jeremy Rifkin in Maßnahmen zur Erhöhung der Resilienz deutlich niederschlägt.[9]

Noch stärker betont die prominente Globalisierungskritikerin Naomi Klein die zentrale Rolle sozialer Bewegungen und anderer Akteure wie Wissenschaft oder Kommunen für den Erfolg eines Green New Deal. Der Prozess der Transformation ist schon im Gange, da bereits auf lokaler Ebene Modelle für eine gerechte Klimapolitik entwickelt und erprobt werden. Naomi Klein greift damit auch ein wesentliches Charakteristikum des historischen Vorbilds, des »New Deal« als großen Aufbauprogramms der USA in den Dreißigerjahren des 20. Jahrhunderts, heraus: »experimentalism« als Mut zum Experimentieren und undogmatische, tabufreie Suche nach Lösungen. Dort wurde Neuland beschritten, für das es keinen »Masterplan« gab, sondern ein Ausbalancieren von planmäßigem Vorgehen und Offenheit erforderte.

Als weitere Charakteristika des historischen Vorbilds lassen sich demokratische Führungsstärke der Regierung, Institutionen und Reformprojekte mit Symbolkraft, die Schlüsselrolle des Ausbaus der öffentlichen Infrastruktur, die wechselseitige Verstärkung von Regierungspolitik und gesellschaftlichem Veränderungsdruck sowie eine enorme Konfliktbereitschaft der Regierungen festhalten. Es ging zunächst vor allem darum, überhaupt eine starke gesellschaftliche Reformdynamik anzustoßen.[10]

Im eigentlichen Verständnis des amerikanischen Wortes »deal« als Vereinbarung wird ein Green New Deal auch zu einem neuen Gesellschaftsvertrag, um gemeinsam die notwendige Transformation von Wirtschaft und Gesellschaft zu bewerkstelligen. Die aufgezeigten, umfassenden und teils sehr konkreten Initiativen setzen eine nachhaltige Entwicklung und große Transformation in die Praxis um. Dabei knüpfen sie auch an schon laufende, meist zivilgesellschaftliche und örtliche Aktivitäten an oder wollen diese wie die Europäische Union einbeziehen. Inzwischen gibt es erste kommunale Ansätze für einen Green Deal, ein Beispiel findet sich in Kapitel 13.

Donut-Ökonomie und Planetarische Leitplanken

Wohl kein Ansatz hat die aktuelle internationale Nachhaltigkeits- und Transformationsdebatte in kurzer Zeit so beeinflusst wie Kate Raworth mit ihrem Konzept »Doughnut Economics«. Sie betont die Wichtigkeit, Veränderungsmodelle für ihre Verbreitung bildhaft darzustellen. Ihr Modell besteht im Wesentlichen aus einem Paar konzentrischer Ringe: dem inneren Ring als gesellschaftlichem Fundament und dem äußeren Ring als ökologischer Decke. Der Donut ist zwischen den beiden Ringen angesiedelt, und er beschreibt den Raum, der die Bedürfnisse der Menschen bei Wahrung der natürlichen Belastungsgrenzen befriedigt. Die gegenwärtige globale wirtschaftliche Entwicklung ist durch eine doppelte Dynamik gekennzeichnet: eine wachsende soziale Ungleichheit und eine sich verschärfende ökologische Krise.

Den inneren Ring als gesellschaftliches Fundament bilden zwölf Elemente wie zum Beispiel ausreichende Nahrung oder Gesundheit, die in den 17 UN-Nachhaltigkeitszielen enthalten sind. Den äußeren Ring markieren neun planetarische Belastungsgrenzen, wie sie eine internationale Wissenschaftlergruppe erstmals im Jahr 2009 beschrieben hat. Von diesen insgesamt neun Kategorien spielen das Klima und die Artenvielfalt als »Kerngrenzen« eine entscheidende Rolle.[11]

Mit Bezug zur jahrzehntelangen Diskussion für eine nachhaltige Entwicklung fordert Kate Raworth eine neue Art von Fortschritt. Ziel ist die Entwicklung eines dynamischen Gleichgewichts im Rahmen des dargestellten Donuts anstelle des bisherigen ständigen Wachstums. Ihre sozial und ökologisch ausgerichtete Donut-Ökonomie soll als Kompass für alle Ebenen dienen, auch für die lokale, was mit Beispielen hinterlegt wird. Dabei gibt es viele Wege, jedes Experiment zählt. Damit wird der politische Prozess zur Abwägung und Entscheidung zwischen verschiedenen Alternativen wichtiger denn je.

Kate Raworth hat inzwischen nicht nur eine theoretische Diskussion, sondern auch eine Vielzahl von Aktivitäten zur praktischen Umsetzung ihres Modells angestoßen. Auf die mögliche Umsetzung in Kommunen geht das nächste Kapitel ein.

Neue Strukturen und Konzepte für die Umsetzung einer nachhaltigen Entwicklung

Die deutsche Nachhaltigkeitsstrategie wird im Jahr 2017 auch mit der Ausrichtung an den 17 neuen Nachhaltigkeitszielen der Vereinten Nationen neu formuliert. Die dort geforderte Umsetzung einer nachhaltigen Entwicklung als Gemeinschaftswerk wird durch den Ausbau der bundesweiten Strukturen umgesetzt. Dabei wird mit den »Regionalen Netzstellen Nachhaltigkeitsstrategien – RENN« ein flächendeckender, regionaler Unterbau geschaffen. Anknüpfend an Aktivitäten zur Unterstützung der Lokalen Agenda 21, unterstützen auch manche Bundesländer Zivilgesellschaft und Kommunen bei ihren Aktivitäten.

Zwar wird die Studie *Zukunftsfähiges Deutschland* nach 1995 und 2008 nicht zum dritten Male aufgelegt, aber zwei Publikationen ihrer Verfasser treten an ihre Stelle. Für Reinhard Loske können die vielen neuen Ansätze aus der Zivilgesellschaft anders als die Lokale Agenda 21 Erfolg haben, wenn sie selbsttragend sind und die nötigen politischen Rahmenbedingen haben, wobei die Kommunen zu »Reallaboren« einer sozialökologischen Transformation werden.

Auch im neuen Transformationsmodell des Wuppertal Instituts für Klima, Umwelt, Energie ist die Zivilgesellschaft jene treibende Kraft, die Umwälzung ist vor allem eine kulturelle und moralische. Für beide Publikationen sind dabei besonders kleine und örtliche zivilgesellschaftliche Initiativen aktiv.

Ortwin Renn erweitert die Konzeption einer nachhaltigen Entwicklung um die Risikodimension, was die Stärkung gesellschaftlicher Resilienz erfordert und inzwischen von besonderer Aktualität ist. Alle drei Ansätze betonen die Notwendigkeit des Ausbaus partizipativer Strukturen. Der wohl populärste deutsche Transformationsforscher Harald Welzer sieht besonders durch die vielen Initiativen mit ihren positiven Beispielen keine große, sondern viele kleine Transformationen, die im Idealfall zusammenwirken.

Die Diskussion um einen »Green New Deal« schlägt sich in einer konkreten und groß angelegten Initiative der Europäischen Union nieder, die auf dieser Ebene den Rahmen für eine nachhaltige Transformation in den nächsten Jahren absteckt. Mit dem amerikanischen »New Deal« als historischem Vorbild hat das Konzept einer nachhaltigen Entwicklung besonders den experimentellen Charakter als Such- und Lernprozess gemeinsam. Ähnlich wie in den deutschen Diskussionsbeiträgen sind Zivilgesellschaft und lokale Initiativen für ein gemeinschaftliches, nachhaltiges Wirtschaften und Konsumieren die aktivsten Nachhaltigkeitstreiber eines »Green New Deal«. Jeremy Rifkin hebt dafür die zentrale Rolle des Internets auch als neue Infrastruktur der Transformation hervor.

Kate Raworth schafft mit ihrer »Donut-Ökonomie« die nicht nur bildhafte Konkretisierung einer nachhaltigen Transformation, die internationale Vereinbarungen wie die 17 UN-Nachhaltigkeitsziele und wissenschaftliche Konzepte wie die planetaren Belastungsgrenzen integriert.

Kapitel 11

Neue Konzepte, Instrumente und Strategien für kommunale Nachhaltigkeit

Auch für den kommunalen Bereich führen die 17 UN-Nachhaltigkeitsziele nach dem Jahr 2015 zu einer Belebung der Diskussion für eine nachhaltige Entwicklung. Einige der im vorhergehenden Kapitel geschilderten Ansätze werden auf die örtliche Ebene übertragen. Hinzu kommen Pilotprojekte und Modellkommunen in einzelnen Themenbereichen, die zu einer Vielfalt kommunaler Nachhaltigkeitsaktivitäten beitragen.

Inhaltlich arbeitet vor allem der WBGU (Wissenschaftlicher Beirat der Bundesregierung Globale Umweltveränderungen) in einem neuen umfassenden Hauptgutachten die Bedeutung der Kommunen für eine große Transformation heraus. Aufrufe und Handreichungen wollen die Umsetzung der 17 UN-Nachhaltigkeitsziele in den Kommunen vorantreiben, wozu auch Projekte wie die »Global Nachhaltige Kommune« oder der »Dialog ›Nachhaltige Stadt‹« beitragen.

Aus dem Ausland stammende Ansätze für eine nachhaltige Entwicklung wie Cradle to Cradle, die Gemeinwohl- oder die Donut-Ökonomie werden auf die kommunale Ebene übertragen. »Sharing Cities« werden international und auch in deutschen Kommunen aktiv. Der Club of Rome regt eine »Regenerative Urbanisierung« an.

In Deutschland erproben Modellprojekte und Wettbewerbe wie zum Beispiel »Zukunftsstadt«, »Smart Cities« oder »Wirtschaftsförderung 4.0« Schwerpunkte kommunaler Nachhaltigkeit. Diskutiert wird der Ansatz für eine »Postwachstumsstadt«. Das umfangreiche Forschungsprojekt »Nachhaltige Verwaltungen« macht Vorschläge zur nachhaltigen Gestaltung kommunaler Verwaltungen als Ansatz zur Entwicklung einer kommunalen Nachhaltigkeitssteuerung. Eine »Kultur der Nachhaltigkeit« soll auch auf kommunaler Ebene umgesetzt werden. Da sich einige Pilotprojekte und Ansätze im Oktober 2021 noch in einem frühen Stadium der Umsetzung befinden, ist hier meist nur eine kurze Darstellung und keine weitere Beurteilung möglich.

Ein normativer Kompass
für die Transformation der Städte

Anknüpfend an seine im vorhergehenden Kapitel dargestellte »Große Transformation«, legt der WBGU (Wissenschaftlicher Beirat der Bundesregierung Globale Umweltveränderungen) im Jahr 2016 ein neues Hauptgutachten *Der Umzug der Menschheit – Die transformative Kraft der Städte* vor. Mit mehr als 500 Seiten Umfang handelt es sich dabei um die wohl umfangreichste aktuelle Untersuchung kommunaler Nachhaltigkeitsprozesse, die auch internationale Erfahrungen einbezieht.[1]

Der neue Gesellschaftsvertrag für das notwendige Zusammenwirken der Akteure ist für den WBGU auch auf Städte übertragbar. Partizipative Stadtgesellschaften können sich über Ziele verständigen und jeweils eine eigene Stadtcharta für die urbane Transformation entwickeln. Städte sind Orte kontinuierlicher Aushandlungsprozesse sowie Orte von Innovation und Veränderung. Hier entstehen Nischeninnovationen, die Transformationsprozesse von unten speisen und befördern. Sie müssen mit Planungsprozessen von oben in Einklang gebracht werden. Eine Stadtgesellschaft benötigt daher Diversität und Gestaltungsautonomie, um den nötigen Freiraum für Innovationen zu schaffen. Jede Stadt muss ihren eigenen Transformationspfad entwickeln. Auch für den WBGU ist die Transformation ein gesellschaftlicher Such- und Lernprozess.

Ausgehend davon, entwickelt der WBGU einen »normativen Kompass« für die Transformation von Städten, die im Zusammenwirken und Ausbalancieren von drei Dimensionen erreicht werden kann:

+ Zur Erhaltung der natürlichen Lebensgrundlagen sollen sich die Städte und Stadtgesellschaften an den planetarischen Leitplanken orientieren und lokale Umweltprobleme lösen.

+ Eine umfassende Teilhabe soll durch universelle Mindeststandards in allen Stadtgesellschaften gesichert werden. Die Teilhabe muss dafür substanziell (z. B. Nahrung), politisch und ökonomisch sein. Der WBGU erweitert damit diesen Begriff über das übliche Verständnis der Beteiligung an Entscheidungen hinaus vor allem um die soziale Dimension.

◆ Mit »Eigenart« führt der WBGU eine neue Dimension für kommunale Nachhaltigkeitsprozesse ein. Sie betont die aktive Teilnahme am städtischen Leben und der Stadtentwicklung. In städtischen Lebensräumen sollen Voraussetzungen geschaffen werden, dass die Menschen in diesen Strukturen Selbstwirksamkeit entfalten und Lebensqualität für sich herstellen können. Ferner sollen sich Ortsidentität und ein sozialer Zusammenhalt entwickeln. Soziale und ökonomische Kreativitäts- und Innovationspotenziale, die durch das örtliche Zusammenwirken verschiedener Akteure entstehen, sollen gestärkt werden.

Der WBGU benennt acht Handlungsfelder, die aus seiner Sicht die größten Hebelwirkungen für die urbane Transformation zur Nachhaltigkeit haben. International breit diskutiert werden Dekarbonisierung (Energie und Klimaschutz), Mobilität, die baulich-räumliche Gestalt von Städten, Anpassung an den Klimawandel sowie Armutsbekämpfung und soziale Ungleichheiten. Hinzu kommen die bisher weniger diskutierten Handlungsfelder Flächennutzung, Materialien und Stoffströme sowie Gesundheit. Zwei Trends der Stadtentwicklung sollen umgekehrt werden: die räumliche Gestalt durch Bauen und Infrastruktur sowie das Zusammenleben und Zusammenwirken der Menschen in der Stadt.

Hinterlegt mit vielen kommunalen und internationalen Beispielen, beschreibt der WBGU »Urban Designer« als Akteure der urbanen Transformation. Urban Design ist die vielschichtige Gestaltung der Stadt durch unterschiedliche Akteure, die ihre Handlungen mehr oder weniger abstimmen. Unter »Transformativer Urban Governance« versteht der WBGU die Handlungen staatlicher und nicht staatlicher Akteure mit dem Ziel, einen grundlegenden Wandel zur Nachhaltigkeit in den Städten zu befördern. Dies beinhaltet sowohl formelle Institutionen als auch informelle Verfahrensweisen und Maßnahmen. Eine »kollaborative Governance« beruht auf starken Partizipationsstrukturen, der Anerkennung und Förderung der Eigeninitiative der Zivilgesellschaft und der Einbindung der Einwohnerinnen und Einwohner als gleichberechtigte Akteure. Es sollen Diskussions- und Experimentierräume geschaffen und Freiräume für eigenes Engagement eröffnet werden. Besonders unabhängige und oft kleinräumige Initiativen schlagen lokal angepasste Lösungen vor, machen Nischen ausfindig und sind Vorreiterinnen für Nachhaltigkeit. Solche Graswurzelinitiativen benötigen dabei Unterstützung von oben. Die Stärkung der Zivilgesellschaft und die Einbindung der Bevölkerung sind für den WBGU zwei Essentials für die nachhaltige Transformation der Städte.

Nicht nur für den WBGU ist **Kopenhagen** eine Pionierin nachhaltiger Kommunalentwicklung und wird dafür häufig als Vorbild genannt. Der WBGU betont dabei die Vorgehensweise, die auf die Alltagstauglichkeit für die Bürgerinnen und Bürger ausgerichtet ist. Kopenhagen ist offen für Experimente und Innovationen und erzeugt im Sinne des WBGU »eigenartige« Orte. Ein programmatisches Beispiel dafür ist »A Greener and Better Everyday Life – Local Agenda 21 Plan for Copenhagen 2012–2015«. Über die Vielzahl der gesetzlich vorgeschriebenen Beteiligungsprozesse hinaus setzt die Stadt zusätzlich auf innovative Konzepte wie die Befragung von Privathaushalten und integrative Konzepte zur Quartiersgestaltung.

Kopenhagen setzt sich bereits im Jahr 2012 das Ziel der Klimaneutralität bis zum Jahr 2025. Die Schaffung und der Erhalt von öffentlichen Grünräumen sind ein Eckpfeiler der Stadtentwicklungspolitik, ebenso wie die international viel beachtete Förderung des Radverkehrs für eine nachhaltige Mobilität. Hinzu kommen viele Maßnahmenprogramme beispielsweise für erneuerbare Energien und eine Klimaanpassungsstrategie. Kopenhagen dient immer wieder als Beispiel für eine nachhaltige Stadtplanung, was vor allem auf den Architekten Jan Gehl zurückgeführt wird. Der Zukunftsforscher Matthias Horx beschreibt in einer »Regnose«, einem Blick zurück aus der Zukunft im Jahr 2038, die bis dahin erfolgte »postindustrielle Urbanisierungsphase« als »die Kopenhagenisierung«, benannt nach der »Pionierstadt Kopenhagen«.[2]

Bezieht sich der WBGU in seiner Studie noch auf die im Jahr 2007 von den EU-Mitgliedsstaaten verabschiedete Leipzigcharta zur nachhaltigen europäischen Stadt, zeigt die Neue Leipzigcharta im Jahr 2020 auch mit ihrem Namen *Die transformative Kraft der Städte für das Gemeinwohl* den Bezug zum Ansatz des WBGU. Wie schon in der ersten Fassung strebt die

Charta eine integrierte und nachhaltige Stadtentwicklung an, die Bezug auf die 17 UN-Nachhaltigkeitsziele sowie den Green Deal der Europäischen Union nimmt und als neuen Fokus die Gemeinwohlorientierung hat. Ein ortsbezogener, partizipativer Mehrebenenansatz umfasst drei räumliche Ebenen: die Quartiersebene zur Förderung des Engagements vor Ort, die Kommunen für eine Gleichwertigkeit der Lebensverhältnisse und funktional zusammenhängende Räume wie beispielsweise Metropolregionen. Mit Bezug zur Nachhaltigkeit werden drei Dimensionen europäischer Städte benannt: die gerechte Stadt, die grüne Stadt (Beispiel Klimaneutralität) und die produktive Stadt (Beispiel Digitalisierung). Prinzipien guter Stadtentwicklung sind unter anderem eine gemeinwohlorientierte Stadtentwicklung und die Beteiligung von Wirtschaft, Zivilgesellschaft und der breiten Öffentlichkeit.[3]

Die lokale Umsetzung der 17 UN-Nachhaltigkeitsziele und »Global Nachhaltige Kommunen«

Von den 17 UN-Nachhaltigkeitszielen aus dem Jahr 2015 (siehe Kapitel neun) ist das Ziel elf den Kommunen gewidmet und fordert insgesamt eine partizipatorische, integrierte und nachhaltige Stadtentwicklung. Ferner werden Einzelthemen wie Wohnen, Mobilität oder Umweltschutz genannt. Für die Umsetzung auf kommunaler Ebene wirft dies mehrere Fragen auf: Sollen alle 17 Ziele und 169 Unterziele gleichermaßen berücksichtigt werden? Gibt es für Kommunen besonders wichtige Ziele? Welche Ziele können vor allem vor Ort umgesetzt werden?

Für den Deutschen Städtetag sind aus kommunaler Perspektive besonders vier Ziele relevant. Neben dem eigenen Ziel für Kommunen sind dies noch die Ziele zu Energie, Infrastruktur und Klimawandel. Mit dem Beschluss einer Musterresolution können Kommunen und Landkreise ihre Unterstützung für die Agenda 2030 signalisieren. Dort werden für die Übertragung auf die kommunale Ebene Nachhaltigkeitsstrategien als Querschnittsaufgabe sowie Maßnahmen zur Information und Vernetzung als »optionale« Schwerpunkte genannt. Sie können bestehende oder neue Maßnahmen und Strategien mit einem oder mehreren der Ziele in Zusammenhang bringen. Bis zum Oktober 2021 unterzeichnen knapp 200 Kommunen diese Musterresolution »2030-Agenda für Nachhaltige Entwicklung: Nachhaltigkeit auf kommunaler Ebene gestalten« des Deutschen Städtetags und des Rats der Gemeinden und Regionen Europas/Deutsche Sektion.[4]

Eine Untersuchung für das Umweltbundesamt kommt im Jahr 2017 zum Ergebnis, dass die Kommunen bisher bei der Umsetzung diesem Ansatz folgen und sich einzelne Nachhaltigkeitsziele herausgreifen. Eine dort vorgenommene Auswertung der erstellten Arbeiten und Materialien verschiedener Akteure kommt zur klaren Schlussfolgerung, dass Kommunen bei der Umsetzung aller 17 UN-Nachhaltigkeitsziele eine wichtige Rolle spielen, und plädiert für einen ganzheitlichen und partizipativen Ansatz. Trotz erster Erfahrungen fehlt laut einer Studie zweier Hochschulen im Jahr 2021 noch systematisches Wissen zur Umsetzung der 17 UN-Nachhaltigkeitsziele in den Kommunen. Die bisherige Resonanz auf die Musterresolution zeige aber, dass die Agenda 2030 noch nicht in den rund 11.000 deutschen Kommunen angekommen sei.[5]

Unterstützung bei der Umsetzung erhalten die Kommunen von der Bundesebene besonders durch die »Servicestelle Kommunen in der Einen Welt (SKEW)«, die Angebote wie ein Indikatorenportal, einen »SDG-Werkzeugkasten«, Beratungen oder Veranstaltungen unter dem Oberbegriff »Global Nachhaltige Kommune« bündelt. Ursprung und inhaltlicher Kern dieses Begriffs ist allerdings die Umsetzung von kommunalen Nachhaltigkeitsstrategien mit Bezug zur Agenda 2030 im Rahmen eines Projektes der Landesarbeitsgemeinschaft Agenda 21 NRW e. V. (LAG 21 NRW). Der Projektablauf gliedert sich in sechs Arbeitsschritte: Einrichtung von Arbeitsstrukturen, Bestandsaufnahme, Ausarbeitung eines Handlungsprogramms, Beschluss des Gemeinderats, Umsetzung und Monitoring sowie Evaluation und Berichterstattung.

Die Kommunen erhalten dabei externe fachliche Unterstützung. Im Sinne eines kontinuierlichen Verbesserungsprozesses werden diese Schritte als »klassischer« Managementzyklus in bestimmten Abständen wiederholt. Dabei sollen die Kommunen nicht gleichzeitig alle UN-Nachhaltigkeitsziele umsetzen: Diese sind in zwölf (später zehn) Themenfelder integriert, von denen die Kommunen zunächst sechs auswählen. Das im Jahr 2016 gestartete Projekt befindet sich in Nordrhein-Westfalen im Oktober 2021 in der dritten Projektstaffel und wird auch in anderen Bundesländern wie in Thüringen, im Saarland, in Baden-Württemberg oder in Bayern umgesetzt.[6]

Die Stadt **Solingen** kann als Kommune im Projekt Global Nachhaltige Kommune schon auf langjährigen Erfahrungen mit kommunalen Nachhaltigkeitsprozessen auch aus der Lokalen Agenda 21 aufbauen. Für das Projekt werden ein verwaltungsinternes Kernteam und eine Steuerungsgruppe mit 30 Mitgliedern aus Politik, Wirtschaft, Zivilgesellschaft, Wissenschaft und Verwaltung unter Leitung des Oberbürgermeisters gebildet. Auf einer ersten gut besuchten Nachhaltigkeitskonferenz wird die Bestandsaufnahme der Öffentlichkeit vorgestellt und diskutiert. Eine zweite Nachhaltigkeitskonferenz diskutiert ein halbes Jahr später die Zwischenergebnisse in Form der Leitlinien sowie strategischen und operativen Ziele. Nach einem intensiven zweijährigen Diskussionsprozess beschließt der Gemeinderat im September 2018 einstimmig die Solinger Nachhaltigkeitsstrategie. Das Handlungsprogramm enthält Ziele und Maßnahmen in sechs ausgewählten Themenfeldern. Insgesamt sind im Rahmen der Solinger Nachhaltigkeitsstrategie 210 Projekte geplant, sie alle sollen in den kommenden Jahren Praxis werden. Die dritte Solinger Nachhaltigkeitskonferenz im Oktober 2018 entwickelt dazu die ersten 16 Impulsprojekte weiter und erörtert Umsetzungsschritte. Im Jahr 2020 wird ein Nachhaltigkeitsbeirat gegründet, der laut Geschäftsordnung den Prozess der Lokalen Agenda 21 in Solingen fortführt und die Umsetzung der Nachhaltigkeitsstrategie fachlich begleitet.

Neben dieser umfassenden Umsetzung durch Kommunen zeigen noch zwei weitere Pilotprojekte beispielhaft, wie die 17 UN-Nachhaltigkeitsziele in laufende Stadtentwicklungsprozesse integriert oder durch zivilgesellschaftliche Initiativen vor Ort mit Leben erfüllt werden können.[7]

Die Stadt **Heidelberg** ist – wie als Beispiel in Kapitel drei geschildert – Vorreiterin einer nachhaltigen Stadtentwicklungsplanung im Rahmen der Lokalen Agenda 21. Der im Jahr 2006 fortgeschriebene Stadtentwicklungsplan (STEP) wird zuletzt im Jahr 2018 in einem Nachhaltigkeitsbericht evaluiert. Ein Jahr später beschließt der Gemeinderat die Erstellung des »Stadtentwicklungskonzepts (STEK) 2035« mit Bezug zu den 17 UN-Nachhaltigkeitszielen.

Die Erarbeitung erfolgt in zwei Phasen: Nach der Erstellung des Status-
berichts in den Jahren 2020 und 2021 soll bis zum Jahr 2022 der Zielkatalog
erstellt werden. Bürgerinnen und Bürger sowie weitere wichtige Interessengruppen sind in beiden Phasen beteiligt. Der Statusbericht mündet in die
Empfehlung, die bisherige Struktur des Stadtentwicklungskonzepts beizu-
behalten und die 17 UN-Nachhaltigkeitsziele und ihre Unterziele für eine
genauere Zielplanung zu nutzen, was durch entsprechende Indikatoren hinterlegt wird. Statusbericht und Diskussionsergebnisse der Bürgerbeteiligung
sind die Grundlage für die Vorschläge zu den neuen Zielen im STEK 2035,
das nach weiteren Diskussionen im Jahr 2022 im Gemeinderat beschlossen
werden soll.

In den Städten **Fürth** und **Nürnberg** zeigt die zivilgesellschaftliche Initiative
»Bluepingu e. V.« im Projekt des Umweltbundesamtes (UBA) »SDGs go
local«, wie die UN-Nachhaltigkeitsziele vor Ort erfahrbar gemacht und umgesetzt werden können. Eine nachhaltige Veränderung des Alltags erfolgt
exemplarisch zunächst in zwei Stadtteilen. Mit verschiedenen Angeboten sollen alle Alters- und Bevölkerungsgruppen eingebunden werden. Dazu sind
Projektgruppen wie das »Südstadt-Gärtla« aktiv, wo gemeinsam Hochbeete
gebaut werden. Das Projekt »Bunte SDG-Wände« bringt über Street-Art und
Graffitikunst nach und nach die 17 UN-Nachhaltigkeitsziele an die Wände,
um eine Auseinandersetzung darüber im öffentlichen Raum zu ermöglichen.
Montags gibt es eine kostenlose und praktische Onlinesolarberatung, zum
Beispiel für eine zukunftsfähige Wärme- und Stromversorgung in einem
Mehrfamilienhaus in Fürth. Im Sommer 2021 startet das vom UBA für zwei
Jahre geförderte Folgeprojekt »SDG go local – progressive«.

Dialog »Nachhaltige Stadt«:
Neue Positionspapiere

Im seit dem Jahr 2009 laufenden Oberbürgermeisterdialog »Nachhaltige
Stadt« des Rats für nachhaltige Entwicklung der Bundesregierung RNE
(siehe Kapitel sechs) erscheinen im Jahr 2015 die »Eckpunkte für eine nachhaltige Entwicklung in Kommunen« in einer überarbeiteten Fassung. Inhalt-

liche Eckpunkte und die vier Schwerpunkte Partizipation und Öffentlichkeitsbeteiligung, nachhaltiges Finanzwesen, Nachhaltigkeit als kommunale
Querschnittsaufgabe und die Abstimmung der Aktivitäten mit den politisch
übergeordneten Ebenen bleiben gegenüber der ersten Fassung als Themen
unverändert. Sie werden durch neue Themen ergänzt: Förderung nachhaltiger Lebensstile, Voranbringen der Energiewende im Dialog, Offenlegung
der Finanzsituation, die Vorreiterrolle der Verwaltung bei der nachhaltigen
Beschaffung, Bildung für nachhaltige Entwicklung und die Übernahme globaler Verantwortung mit Bezug zu den 17 UN-Nachhaltigkeitszielen.

Die dritte, völlig neu bearbeitete Auflage mit dem Titel *In unserer Hand –
strategische Eckpunkte für eine nachhaltige Entwicklung in Kommunen* im Jahr
2019 ist die zu diesem Zeitpunkt wichtigste Positionsbestimmung aus der
Kommunalpolitik, die prägnant und detailliert Schwerpunkte und Maßnahmen für eine kommunale Nachhaltigkeitspolitik beschreibt. Die inzwischen
36 Oberbürgermeisterinnen und Oberbürgermeister (mit regionalen Schwerpunkten in Baden-Württemberg und Nordrhein-Westfalen) bekennen sich
einleitend zum Ziel der Klimaneutralität, dem 1,5-Grad-Celsius-Ziel des
Pariser Klimaabkommens, zur Agenda 2030 und den 17 UN-Nachhaltigkeitszielen sowie zu den für Deutschland festgelegten Nachhaltigkeitszielen
der deutschen Nachhaltigkeitsstrategie.

Das Positionspapier formuliert drei strategische Eckpunkte und hinterlegt diese mit präzisen Einzelvorschlägen:

1. Nachhaltigkeit soll kommunal verankert und in alle Leistungsbereiche
   integriert werden. Sie ist Chefinnen- bzw. Chefsache und soll ressort-
   übergreifend zur kommunalen Querschnittsaufgabe gemacht werden. Sie
   braucht entsprechende Strukturen durch Nachhaltigkeitsbeauftragte und
   Steuerungsgruppen. Als Instrumente werden Nachhaltigkeitsprüfungen
   und -berichte genannt. Es sollen Nachhaltigkeitsstrategien und -ziele
   entwickelt und mit geeigneten Indikatoren hinterlegt werden. Eine nachhaltige Verwaltung zeichnet sich durch Klimaneutralität und nachhaltige
   Beschaffung aus. Auch in die Haushaltsplanung sollen Nachhaltigkeitsziele eingehen.

2. Nachhaltigkeit muss zum Gemeinschaftswerk werden, indem Engagement und politische Teilhabe der Menschen und örtlichen Akteure ermöglicht werden. Offene, transparente und wirksame Dialogprozesse über

wichtige Entscheidungen schaffen eine echte Beteiligung. Kreative Ansätze für nachhaltige Lebensstile werden gefördert. Wichtige Themen sind dabei Bildung für nachhaltige Entwicklung, Digitalisierung und die Zusammenarbeit mit der Wirtschaft.

3. Kommunen sollen als Akteure und Partner nachhaltiger Entwicklung im politischen System gestärkt und ihre Handlungsspielräume erweitert werden. Dies betrifft die bessere Abstimmung mit Bund und Ländern auch bei Themen wie nachhaltige Siedlungsentwicklung, Förderpolitik und öffentlicher Daseinsvorsorge. Die beteiligten Kommunen unterstützen Forderungen, Nachhaltigkeit ins Grundgesetz und die Länderverfassungen aufzunehmen. Die kommunale Entwicklungsarbeit soll gestärkt werden.

Die hier erfolgte Positionierung deutscher Nachhaltigkeitskommunen beschreibt genauso knapp wie umfassend Notwendigkeiten und Möglichkeiten kommunaler Nachhaltigkeitsprozesse und -aktivitäten.[8]

Gemeinwohlbilanzen für Kommunen

Die Gemeinwohlökonomie GWÖ (siehe Kapitel acht) setzt ihr Instrument der Gemeinwohlbilanz auch für Kommunen ein. Nach Erfahrungen mit ersten Pionierprojekten erstellen zwei Gemeinden im österreichischen Vorarlberg und als erste deutsche Gemeinde Kirchanschöring in Oberbayern im Jahr 2018 eine Gemeinwohlbilanz. Sie soll laut Zielsetzung durch die Gemeinwohlökonomie die »ethische Performance« der eigenen wirtschaftlichen Aktivitäten der Kommune analysieren und sichtbar machen. Ferner soll sie die Nutzung von Handlungsspielräumen zur Schaffung gemeinwohlfördernder Rahmenbedingungen bewerten.

Grundlage ist ein umfangreiches und mehrfach aktualisiertes Arbeitsbuch für Gemeinden mit dem Herzstück der Gemeinwohlmatrix für Kommunen. Diese bildet auf der waagrechten Achse die fünf Werte und Staatsprinzipien wie Menschenwürde, Gemeinnutz, Ökologische Nachhaltigkeit, Soziale Gerechtigkeit oder Transparenz ab. Auf der senkrechten Achse sind die fünf »Berührungsgruppen« enthalten, das sind Stakeholder und Bezugsgruppen der Kommune wie Lieferanten und Lieferantinnen, Finanzpartner und Finanzpartnerinnen, Politik und Verwaltung, Bevölkerung und Wirtschaft sowie Staat, Gesellschaft und Natur. Daraus ergeben sich 25 Themenfelder als Grundlage der Gemeinwohlbilanzierung wie ethisches Finanzgebaren, Gesamtwohl in der Gemeinde, Förderung ökologischen Verhaltens oder transparente Kommunikation und demokratische Einbindung. Die Gemeinwohlökonomie betont deren Übereinstimmung mit den 17 UN-Nachhaltigkeitszielen. Ob der Erstellungsprozess nur mit der Verwaltung oder durch die Einbeziehung von Gemeinderat und Bevölkerung gestaltet wird, bleibt der Gemeinde überlassen. Abschließend wird die Gemeinde durch einen externen Gutachter auditiert.

Die etwa 3300 Einwohnerinnen und Einwohner umfassende Gemeinde **Kirchanschöring** in Oberbayern ist die erste zertifizierte Gemeinwohlökonomie-Kommune in Deutschland. Die Erstellung des 130 Seiten umfassenden Gemeinwohlberichts erstreckt sich ab November 2017 über zehn Monate und erfordert rund 500 Arbeitsstunden der Verwaltung. Nach der Auftaktveranstaltung findet mit jeder der fünf »Berührungsgruppen« ein Vorbereitungs- und Besprechungsworkshop mit einem festen Kernteam statt. Dort werden die gesammelten Ergebnisse und Daten vorgestellt und der Erfüllungsgrad entsprechend der Gemeinwohlmatrix diskutiert. Nach der Verschriftlichung der Ergebnisse wird ein Berichtsentwurf erstellt. Nach zwei weiteren Workshops mit dem Kernteam und den beteiligten Mitarbeiterinnen und Mitarbeitern wird die Endfassung fertiggestellt. Das Audit in der Gemeinde findet im Oktober 2018 statt. Erste Resultate des Prozesses sind die Zusammenarbeit mit einer ethisch orientierten Bank oder gemeinwohlorientierte Projekte wie das mit Bürgern und Bürgerinnen gemeinsam geplante und realisierte »Haus der Begegnung« mit barrierefreien Miet- und Sozialwohnungen.

Der laut Kirchanschöringer Gemeinwohlbericht »durchaus anspruchsvolle Bilanzierungsprozess« mithilfe externer Berater zeigt ein wesentliches Problem dieses Ansatzes. Der Arbeitsaufwand für die Erstellung ist groß, das Arbeitsbuch zur Erstellung der Gemeinwohlbilanz umfasst 160 Seiten.

Man geht in Kirchanschöring jedoch davon aus, dass die geplante Rezertifizierung weniger Aufwand erfordert. Ferner gibt die Gemeinwohlökonomie einen recht festen Rahmen für alle schon alleine durch die Größe sehr unterschiedlichen Kommunen vor. Neben Kirchanschöring liegen bis Oktober 2021 nur noch einige wenige Beispiele von kleineren Kommunen aus Deutschland für solche Bilanzen vor.[9]

Sharing Cities als internationale Bewegung

Sharing oder Shareable Cities fördern gemeinschaftliche Konsumformen und Aktivitäten der Sharing Economy, die seit 2008 auch in Deutschland einen Gründungsboom vor allem in Ballungszentren wie Berlin erlebt. Ein wissenschaftliches Forschungsprojekt zur Sharing Economy in Deutschland unterscheidet dabei 17 Aktivitätsformen, von denen Community-Gärten, Reparaturinitiativen und gemeinschaftliches Wohnen die häufigsten sind.

Im Jahr 2012 erklärt sich die Stadt Seoul zur ersten Sharing City, ein Jahr später verabschieden Bürgermeisterinnen und Bürgermeister aus US-amerikanischen Großstädten eine »Sharing Cities Resolution«. Im Jahr 2015 finden sich in Amsterdam Akteure der Sharing Economy zusammen, um die Stadt zur ersten »Sharing City of Europe« zu machen. Dort ist auch die internationale »Sharing Cities Alliance« angesiedelt.

Wie Kommunen Sharinginitiativen unterstützen können, zeigt ein Forschungsprojekt »ShareCity« der Hochschule Luzern. Eine kommunale Sharingstrategie kann Maßnahmen in vier Schwerpunkten durchführen:

1. Sie kann die Positionierung von Sharinginitiativen in der Öffentlichkeit unterstützen, beispielsweise durch eine Onlineplattform »Sharing in unserer Stadt« zur Bündelung und Präsentation dieser Angebote.

2. Städte können die Rahmenbedingungen der Initiativen verbessern, beispielsweise durch die Zulassung geteilter Fahrzeuge auf öffentlichen Parkplätzen.

3. Städte können Sharinginitiativen finanziell oder logistisch fördern, beispielsweise durch die Bereitstellung von Räumlichkeiten.

4. Städte können eine Vorbildrolle beim Verbreiten von Sharing übernehmen und beispielsweise Carsharingangebote nutzen.

Die folgenden Beispiele zeigen, wie dies schon in der Praxis realisiert wird.

Die Stadt **Seoul** unterstützt Sharinginitiativen als Mitbetreiberin des Online-portals »ShareHub«, das der Bevölkerung Informationen zum Sharing-City-Projekt und ein Verzeichnis der Initiativen und Serviceleistungen anbietet. Sie unterstützt ferner Start-ups mit kostenlosen Büroräumen, technisch und finanziell. Freie Räumlichkeiten der Stadt werden Sharing-Economy-Initiativen zur Verfügung gestellt. Diese und viele andere Aktivitäten koordiniert ein Sharing Promotion Committee mit wichtigen Entscheidungsträgern aus der Verwaltung und dem privaten Sektor.

Die Einordnung von **Berlin** als »Sharing-City-Top-Stadt« ist vor allem auf zivilgesellschaftliches Engagement zurückzuführen. Die auf Initiative der Senatsverwaltung 2016 veröffentlichte Studie *Von der geteilten zur teilenden Stadt – Berlin auf dem Weg zu einer Sharing City. Potenzialanalyse der Share und Collaborative Economy in Berlin* zeigt die Vielfalt der schon existierenden Unternehmen und Initiativen in diesem Bereich auf. *Berlin.de. Das offizielle Hauptstadtportal* enthält unter dem Stichwort »Sharing« die vielen Angebote in den Kategorien Lebensmittel (Food- und Mealsharing, Gemeinschaftsgärten), Gegenstände (Produkt-, Book- und Artsharing), Räume (Wohnraum teilen, Co-Working-Spaces, Offene Werkstätten), Mobilität (Car-, Scooter- und Bikesharing) und Wissen (Open Knowledge und Open Data).[10]

Die Donut-Ökonomie als kommunales Nachhaltigkeitskonzept

Die im vorhergehenden Kapitel geschilderte Donut-Ökonomie mit ihren sozialen Untergrenzen und ökologischen Obergrenzen soll auch als kommunales Nachhaltigkeitskonzept Anwendung finden. Kate Raworth erwähnt in ihrem Buch zwar das südafrikanische Kokstad als Beispiel, gemeinsam mit anderen Organisationen wird allerdings in einem Pilotprojekt mit den Städten Philadelphia, Portland und Amsterdam ein Leitfaden *Creating City Portraits* entwickelt, um die Donut-Ökonomie auf die kommunale Ebene herunterzubrechen.

Die übergreifende Leitfrage für unser Jahrhundert lautet dabei, wie sich Menschen und Städte gut und gedeihlich entwickeln können, indem sie eine gute Entwicklung für alle Menschen in der Welt und die globale Umwelt berücksichtigen. Aus dieser doppelten Verbindung von sozial und ökologisch sowie lokal und global ergeben sich die vier zentralen Fragen und Brennpunkte für ein »City-Porträt«: Was bedeutet dies in den jeweiligen Verbindungen lokal-sozial, lokal-ökologisch, global-sozial und global-ökologisch für die Entwicklung der Stadt? Die einzelnen Elemente in diesen vier Brennpunkten werden verknüpft, und ein »City-Selfie« erfasst die schon laufenden Aktivitäten, Initiativen und Programme. Die Vernetzung der verschiedenen Akteure, die Verbindung von Analyse und Aktivitäten, die Vielfalt von Methoden und Werkzeugen sowie ein sich weiterentwickelnder Prozess ergeben insgesamt ein Instrument der Transformation, das sich im Oktober 2021 in einer weiteren Überarbeitung befindet. Amsterdam beschließt auf Grundlage des »Amsterdam City Doughnut« eine entsprechende kommunale Nachhaltigkeitsstrategie.

Mit der »**Amsterdam** Circular Strategy 2020–2025« will die Stadt den Ressourcenverbrauch in zehn Jahren halbieren und im Jahr 2050 kaum noch Ressourcen von außerhalb verbrauchen. Dabei konzentriert sie sich auf drei Schwerpunkte und Wertschöpfungsketten: Im Schwerpunkt Lebensmittel und organische Abfallströme werden beispielsweise regionale Lebensmittel und eine gesunde Ernährung gefördert. Im Schwerpunkt Konsumgüter sollen unter anderem Secondhandläden, Reparaturzentren und Sharingplattformen unterstützt werden. Im Schwerpunkt Bauen und Umwelt wird stärker auf Recycling und nachhaltige Materialien gesetzt. In allen Bereichen geht die Stadt mit gutem Beispiel bei der Beschaffung oder bei öffentlichen Bauten voran. Darüber hinaus arbeitet sie mit Initiativen aus Wirtschaft und Zivilgesellschaft zusammen. Mit »Circular Buiksloterham« soll ein innovatives Arbeits- und Wohnviertel entstehen, das seinen Energiebedarf aus erneuerbaren Quellen deckt, emissionsfrei unterwegs ist und keine Abfälle produziert. Das Projekt knüpft dort an von der Stadt unterstützte kleinere zivilgesellschaftliche Initiativen wie »Schoonschip« an: eine schwimmende Siedlung, die über ein eigenes, klimaneutrales Solarenergie-, Wasser- und Abfallsystem verfügt.[11]

Regenerative Urbanisierung
und Ecopolis

In seinem neuen Bericht aus dem Jahr 2017 *Wir sind dran. Was wir ändern müssen, wenn wir bleiben wollen* umreißt der Club of Rome kurz sein Konzept einer »regenerativen Urbanisierung«. Sie soll in den Bereichen Produktion, Verbrauch, Transport und Bauwesen regenerative urbane Systeme schaffen, um eine pflegende, umweltschonende Beziehung der Städte mit den sie umgebenden natürlichen Systemen herzustellen. Ausgangspunkt ist das Konzept »Ecopolis« oder »Ökopolis« von Herbert Girardet. Dieses Modell der zukünftigen Stadt ist von der Notwendigkeit einer regenerativen Beziehung zur Natur geprägt. Nullemissionshäuser und -transportsysteme prägen ihr Bild. Sie versorgt sich überwiegend mit erneuerbaren Energien auf ihren oder stadtnahen Flächen. Sie hat einen zirkulären Stoffwechsel und verwendet Abfälle wieder. Sie ist eine in die umliegende Landschaft eingebettete Stadt. Der Club of Rome nennt neben Kopenhagen als Beispiel die australische Stadt und Region Adelaide, deren Aktivitäten auf einem Nachhaltigkeitskonzept von Herbert Girardet beruhen.

Adelaide kann auf erstaunliche Erfolge verweisen. 45 Prozent des Stroms in Südaustralien sind Solar- und Windstrom. Der hohe Solarstromanteil beruht wesentlich auf den 150.000 Solardächern in Adelaide bei insgesamt 600.000 Häusern. Mit »Tindo« wurde der weltweit erste Solarstrombus eingeführt. Bei Neubauten sind Solarwarmwassersysteme Pflicht. Drei Millionen Bäume wurden gepflanzt, Fußgänger- und Radwege in der Innenstadt ausgebaut und neue Straßenbahnlinien geschaffen. Adelaide hat eine Nullabfallstrategie eingeführt. Adelaide will weltweit die erste CO_2-freie Stadt werden und hat dazu unter anderem den »Carbon neutral Adelaide Action Plan 2016–2021« mit Partnerschaften und Pfaden wie für einen emissionsfreien Verkehr oder 100 Prozent erneuerbare Energien aufgelegt. Die Homepage »Carbon Neutral Adelaide« informiert über Aktivitäten und Mitmachmöglichkeiten.[12]

Smart Cities als
nachhaltige Digitalisierung in Kommunen

Die Ansätze, Begrifflichkeiten und Diskussionen zu »Smart Cities« sind äußerst vielfältig. Im Kern betreffen sie die Unterstützung der Digitalisierung in verschiedenen Handlungsfeldern der Stadtentwicklung durch die Kommunen, was durch übergeordnete politische Ebenen stark gefördert wird.

So betreibt die Bundesregierung eine »Nationale Dialogplattform Smart Cities«, um gemeinsam im Dialog zwischen Politik, Verwaltung, Wirtschaft, Wissenschaft und Zivilgesellschaft Smart Cities zu gestalten. Diese hat mit der »Smart City Charta« einen normativen Rahmen vorgelegt, um die Potenziale der Digitalisierung für die integrierte und nachhaltige Stadtentwicklung zu nutzen und dabei auftretende Herausforderungen und Risiken zu meistern. *Leitlinien zu Datenstrategien für die gemeinwohlorientierte Stadtentwicklung* konkretisieren die »Smart City Charta« für einen strategischen und gemeinwohlorientierten Umgang mit Daten. Sie bauen auf der »Neuen Leipzig Charta zur europäischen Stadtentwicklungspolitik« auf und folgen den dortigen Prinzipien guter Stadtentwicklungspolitik, wie Gemeinwohlorientierung oder Beteiligung und Koproduktion.

Der Wissenschaftlicher Beirat der Bundesregierung Globale Umweltveränderungen (WBGU) empfiehlt in seinem Hauptgutachten *Unsere gemeinsame digitale Zukunft* aus dem Jahr 2019 den Kommunen, die Einführung und Nutzung digitaler Technologien von Beginn an konsequent in sektorenübergreifende Konzepte nachhaltiger kommunaler Entwicklung einzubetten, auch durch die Zusammenarbeit der verschiedenen Stellen und Ämter in der Verwaltung. Digitale Anwendungen könnten vor ihrer Einführung einer Nachhaltigkeitsüberprüfung unterzogen werden. Auch bei einer nachhaltigen Digitalisierung sind für den WBGU zivilgesellschaftliche Initiativen als Pioniere, Ideengeber und treibende Kraft unabdingbar.

Die Bundesregierung fördert seit 2019 Modellprojekte »Smart Cities Made in Germany«. Sie sollen die Kommunen unterstützen, die Digitalisierung strategisch und nachhaltig zu gestalten. Bis zum Oktober 2021 umfasst dies über 70 Projekte, woraus die folgende Beispielkommune aus der ersten Förderung stammt.

Die Stadt **Wolfsburg** ist schon länger als »Smart City« aktiv. Das Referat Digitalisierung und Wirtschaft in der Verwaltung wird von einem Beirat für Digitalisierung als Schnittstelle zur Öffentlichkeit unterstützt. Das Referat Digitalisierung und Wirtschaft betreibt mit »Schiller 40« den ersten kommunalen Co-Working-Space in Deutschland im Zentrum der Digitalisierung in Wolfsburg. Mit den Fördermitteln hat die Stadt Wolfsburg zunächst eine gesamtstädtische »Smart City Strategie Wolfsburg« als Umsetzungskonzept für die Weiterentwicklung zur Smart City mit Handlungsfeldern, strategischen Zielen und Projekten erarbeitet. Schwerpunkte sind die Errichtung einer offenen Digital-, Daten- und Serviceinfrastruktur sowie ein vernetztes Mobilitätsangebot. Mit der Erprobung und Etablierung neuer Teilhabe- und Kommunikationswege sollen dabei die Bedürfnisse der Bürger und Bürgerinnen einbezogen werden.[13]

Plattform und Wettbewerb »Zukunftsstadt«

Seit dem Jahr 2016 entwickelt die Innovationsplattform Zukunftsstadt (IPZ) in Zusammenarbeit verschiedener Bundesministerien eine anwendungsorientierte und transdisziplinäre Forschungs- und Innovationsprogrammatik zu diesem Thema. Mit der Leitinitiative Zukunftsstadt und ihren Förderungen unterstützt das Bundesministerium für Bildung und Forschung Kommunen, den nachhaltigen Wandel zu gestalten. Damit Forschung schneller zu Nachhaltigkeitsinnovationen führt, umfasst die Förderung besonders umsetzungsorientierte, gemeinsam von Wissenschaft und Kommunen getragene Projekte.

Im Wissenschaftsjahr 2015 startet der mehrstufige Wettbewerb »Zukunftsstadt« mit der Leitfrage »Wie sieht die Stadt von morgen aus?«. In der ersten Phase entwickeln die Kommunen mit Bürgerbeteiligung ihre Vision mit dem Zeithorizont 2030 plus und erarbeiten Handlungs- und Umsetzungsvorschläge. In der zweiten Phase ab dem Jahr 2016 prüfen nochmals ausgewählte Kommunen diese Vorstellungen wissenschaftlich und erarbeiten ein Konzept zur Umsetzung. In der dritten Phase setzen ab dem Jahr 2018 wenige ausgewählte Kommunen erste innovative Ideen in sogenannten Reallaboren in die Praxis um.

Seit Beginn des Wettbewerbs ist das **Amt Peenetal/Loitz** in der Nähe von Greifswald mit rund 5000 Einwohnerinnen und Einwohnern Modellregion. In einem Kreativprozess nennen die Bürgerinnen und Bürger zunächst ihre Zukunftsideen. Die Ergebnisse werden in vielfältigen Formaten in zwei moderierten Zukunfts- und Ideenwerkstätten visualisiert und zu einer gemeinsamen Vision verdichtet. Ergebnis sind vor allem kleine Projekte, die auf die eigene Lebensqualität und das Machbare ausgerichtet sind. Dabei zeigt sich auch eine gemeinsame Sichtweise für eine urbane Kleinstadt und lebendige Dörfer. In der zweiten Phase wird dies in Arbeitsgruppen und zwei fachlichen Expertisen weitergeführt, zu einer Handlungsstrategie verdichtet und eine Machbarkeitsstudie zur Kleinstadtentwicklung sowie eine Kommunikationsstrategie erstellt. In der dritten Phase werden ab dem Jahr 2019 Reallabore umgesetzt, beispielsweise »Freiräume für Ideen und Experimente« in der alten Stärkefabrik durch einen Designwettbewerb und einen »SommerCampus«, bei dem sich Besucherinnen und Besucher handwerklich und künstlerisch betätigen. Die Arbeitsgruppen werden als »PartizipationsLabor« fortgeführt.[14]

Kommunen und alternative Ökonomie: »Wirtschaftsförderung 4.0«

Das Konzept der »Wirtschaftsförderung 4.0« erweitert die bisherige kommunale Wirtschafts- und Unternehmensförderung, indem es alle Wirtschaftsformen vor Ort einbezieht. Dies betrifft vor allem die neuen alternativen und gemeinwirtschaftlichen Ansätze für nachhaltiges Produzieren und Konsumieren. Das stärkt auch die Innovationskraft und Resilienz der Region, wozu viele dieser Initiativen mit zukunftsweisenden Geschäftsmodellen und regionalen Produkten beitragen.

Die Wirtschaftsförderung 4.0 hat fünf Geschäftsfelder:

1. Im Bereich der Produktion betrifft dies Ansätze zur Verbindung von Produktion und Konsumtion (»Prosumenten«) wie Urban Gardening, Solidarische Landwirtschaft oder eine lokale Energieerzeugung, beispielsweise durch Mieterstrom.

2. Der Bereich Local Business umfasst neben privaten (z. B. Regionalläden) auch kommunale Betriebe, die Unterstützung von Initiativen durch Zwischennutzungen durch ein Leerstandsmanagement und eine nachhaltige Beschaffung durch die kommunale Verwaltung.

3. Unterstützt werden sollen als Geschäftsfeld die zahlreichen Sharinginitiativen in den verschiedenen Bereichen wie Verkehr, Werkzeuge und Baustoffe oder Gebrauchtwaren.

4. Im Bereich Social Business/Sozialunternehmen befinden sich Reparaturinitiativen, Sozialkaufhäuser oder Dorfläden.

5. Das Geschäftsfeld Finanzwirtschaft fördert innovative Finanzierungsansätze wie regionale Währungen, Regionalwert AGs oder Crowdfunding.

Neben der direkten Förderung nachhaltiger Wirtschaftsansätze kann durch die Etablierung dieser Angebote auch nachhaltiges Verhalten und Konsumieren als »Ökoroutine« vor Ort verstetigt werden. Nach einer erfolgreichen pilothaften Erprobung in Osnabrück wird das Konzept seit dem Jahr 2020 für zwei Jahre in weiteren Kommunen erprobt. Für die Umsetzung vor Ort liegt neben einzelnen Handreichungen auch ein umfassendes Handbuch mit konkreten Tipps, Schritten und Beispielen aus der Praxis vor.

Die Stadt **Osnabrück** recherchiert zu Beginn der Modellphase zunächst Unternehmen und Initiativen in den Geschäftsfeldern der Wirtschaftsförderung 4.0 und erstellt die digitale Karte »Orte der Wirtschaftsförderung 4.0«, über die Informationen zu den einzelnen Kategorien und dargestellten Orten abgerufen werden können. Für die individuelle Beratung der Zielgruppen wird ein Leistungskatalog entwickelt, der neben eigenen Leistungen des Projektbüros auch Angebote enthält, die unter anderem durch das städtische Fördermanagement oder die Freiwilligenagentur im Umfeld der Stadtverwaltung in Anspruch genommen werden können. Neben zahlreichen individuellen Beratungen wird die Bildung und Weiterentwicklung von Netzwerken gefördert. Ein erfolgreiches Beispiel ist die Gründung des regionalen Produzentennetzwerkes. Im Juli 2018 wird die Idee eines Pop-up-Regionalladens in der Theaterpassage mit 25 Produzenten als Leerstandzwischennutzung konkretisiert. Viele Hilfestellungen erhalten die Initiativen auch bei der Öffentlichkeitsarbeit. Im Januar 2020 wird die Wirtschaftsförderung 4.0 im neuen Aufgabenbereich »Nachhaltiges regionales Wirtschaften« bei der Wirtschaftsförderung Osnabrück verstetigt. Hier werden künftig solche Wirtschaftsformen individuell beraten und unterstützt sowie entsprechende Netzwerke geknüpft und gepflegt.[15]

»Postwachstumsstadt« als neues Leitbild?

Die Konferenz »Postwachstumsstadt. Perspektiven des sozial-ökologischen Wandels der Stadtgesellschaft« an der Bauhaus-Universität Weimar bringt im Mai 2019 die Postwachstumsdiskussion stärker auf die kommunale (Handlungs-)Ebene. Ein zusammenfassendes *Manifest für das gute Leben in der Stadt für alle* formuliert drei Eckpunkte:

- ◆ Um die Postwachstumsstadt zu denken, müssen die vorhandenen stadtpolitischen Gegenentwürfe und Konzepte stärker aufeinander bezogen und als Ansätze eines »Ökosystems« Stadt gedacht werden.
- ◆ Um die Postwachstumsstadt zu machen, müssen die aktiven Initiativen Allianzen bilden. Die Postwachstumsstadt soll den Gegensatz von bottom-up oder top-down überwinden und setzt auf neue Demokratisierung und neue Formen der Organisation. Es geht um die Verknüpfung der verschiedensten Akteurinnen und Akteure aus Zivilgesellschaft, Politik oder Wirtschaft.
- ◆ Um die Postwachstumsstadt zu fühlen, sind neue Ideen, Bilder und Sinne erforderlich, wie Städte anders sein können.

Die federführenden Organisatoren der Konferenz betonen als wesentliches Merkmal ein ganzheitliches Verständnis von Stadt und Gesellschaft, woraus sich als Perspektive die Suche nach den Konturen der Postwachstumsstadt als Ausdruck solidarischer Politikformen, Inhalte und Prozesse auf der städtischen Ebene ergibt. Wichtiger als eine Handlungsanleitung zum konkreten Umbau der Städte ist eine orientierende Unterstützung aller beteiligten Akteurinnen und Akteure, auch um nach Bündnissen für die zukunftsorientierte Planung und Gestaltung der Stadt zu suchen: »Die Postwachstumsstadt ist vor allem eine politische Stadt.« Es gilt, die Stadtplanung wieder zu politisieren, um durch entsprechende politisch-gesellschaftliche Konstellationen Gemeinwohl sowie soziale und ökologische Gerechtigkeit in den Vordergrund zu stellen.

Auch ohne den expliziten Bezug ähneln diese Aussagen stark der Charakterisierung einer nachhaltigen Entwicklung als Such- und Lernprozess. Auch die anderen Aussagen zum Zusammenwirken der verschiedenen Beteiligten und eine ganzheitliche Perspektive stimmen damit überein. Deutlicher herausgearbeitet werden Konflikte und die Politisierung der Stadtplanung, die mit den zahlreichen schon aktiven Postwachstumsinitiativen verknüpft werden soll.[16]

»Cradle to Cradle«
als Konzept für Regionen und Kommunen

Die »Cradle to Cradle«-Denkschule für zirkuläres Wirtschaften geht auf das gleichnamige Buch aus dem Jahr 2002 zurück und wird Jahre später zunehmend mit ersten Projekten in Kommunen und Regionen umgesetzt. Sie will an die Stelle des linearen Denkens mit ihrem Konzept »Von der Wiege zur Wiege« beispielsweise bei Produkten und Bauvorhaben den Weg zurück in das Kreislaufsystem der Natur aufzeigen. Es kommen nur noch erneuerbare Energien sowie gesunde und kreislauffähige Materialien zum Einsatz, die endlos wiederverwertet werden können. Jede echte Nachhaltigkeit beginnt lokal und ist lokal angepasst. Es sollen lokale und regionale Materialien verwendet werden, da dies beispielsweise bei der Nutzung des Abfalls als neuer Rohstoff besonders effektiv ist. Lösungen müssen an die örtlichen Gegebenheiten angepasst sein, auch deshalb soll Vielfalt gefördert werden. In Deutschland sind ehrenamtliche Regionalgruppen aktiv und setzen gemeinsam mit Kommunen erste Projekte um, wobei Pioniere schon in anderen europäischen Ländern Vorhaben realisiert haben.

Die Stadt **Venlo** in den Niederlanden hat sich als Pionierregion dem »Cradle to Cradle«-Leitbild verpflichtet, was auch schon im Bau des Stadtverwaltungsgebäudes mit seiner Fassadenbegrünung sichtbar wird. Die verwendeten Materialien sind recycelbar, Regenwasser wird genutzt, im Parkhaus können Elektroautos und Fahrräder aufgeladen werden, und eine Pflanzenkläranlage kommt zum Einsatz. Ein Restaurant und die Verwaltungsebene liegen im Herzen des Gebäudes, um zu mehr Bewegung anzuregen. Dazu laden auch die breiten »Kommunikationstreppen« ein, die Begegnungen im Gebäude fördern sollen. Auch die Menschen spielen durch solche gesundheitlichen und sozialen Aspekte eine große Rolle. Über diesen und andere Bauten hinaus ist Cradle to Cradle kommunale Gesamtstrategie und Bestandteil in der Bildung oder in öffentlichen Ausschreibungen.

Die Gemeinde **Straubenhardt** in Baden-Württemberg beschließt im Jahr 2015 nach einer Vorstellung des »Cradle to Cradle«-Konzepts im Gemeinderat, den Bau des neuen zentralen Feuerwehrhauses nach diesen Prinzipien auszurichten. Das Bauvorhaben wird Schritt für Schritt auf der Homepage der Gemeinde dokumentiert. Im Mai 2019 wird Straubenhardt durch einstimmigen Gemeinderatsbeschluss die erste baden-württembergische »Cradle to Cradle«-Modellgemeinde. Bei der Beschaffung von Büromöbeln, Büromaterial und Putzmitteln wird auf Nachhaltigkeit geachtet. Im März 2021 gründet sich eine »Cradle to Cradle«-Regionalgruppe. Das für die »Cradle to Cradle«-Modellgemeinde erarbeitete Leitbild beschreibt mit Bezug zu den 17 UN-Nachhaltigkeitszielen umfassend eine Zukunftsvision für das Jahr 2035. Dann ist beispielsweise Barrierefreiheit in Straubenhardt selbstverständlich, die Gemeinde fördert als Teil der Biomodellregion eine ökologische Landwirtschaft, Strom und Wärme werden zu 100 Prozent aus erneuerbaren Energien bezogen, und neben dem Auto gibt es viele attraktive umweltfreundliche Alternativen.[17]

Kommunale Kulturen der Nachhaltigkeit

Dass eine nachhaltige Entwicklung oder sozialökologische Transformation einen umfassenden Bewusstseinswandel und ein neues Denken beinhaltet, gehört inzwischen zum Allgemeingut der Nachhaltigkeitsdiskussion. Der »Rat der Gemeinden und Regionen Europas« fügt in seiner *Kommunalen Zukunftscharta* aus dem Jahr 2014 den gebräuchlichen drei Dimensionen

Ökologie, Ökonomie und Soziales noch die vierte, die kulturelle Dimension der Nachhaltigkeit hinzu. Für den notwendigen Kulturwandel der Gesellschaft sind Kommunen »ideale Labore« und potenzielle Antreiber. Ferner kann auch ein städtisches Angebot für Kunst und Kultur, die ästhetische Räume für den Austausch von Gedanken auch über gesellschaftliche Verhältnisse sind, helfen, Nachhaltigkeit in das Leben der Stadt zu bringen.

Auch der ehemalige Stuttgarter Oberbürgermeister und Mitglied des Rates für nachhaltige Entwicklung der Bundesregierung (RNE) Wolfgang Schuster betont eine gelebte Alltagskultur der Nachhaltigkeit als wesentlichen Beitrag für nachhaltige Städte als Lebensräume der Zukunft. Dies betrifft vor allem Themenbereiche wie einen nachhaltigen Konsum, Bildung für nachhaltige Entwicklung und eine nachhaltige Bürgergesellschaft.

Dies entspricht auch den Ergebnissen einer wissenschaftlichen Arbeit zu städtischen Kulturen der Nachhaltigkeit, die als »divers, lokal angepasst und in partizipativen Prozessen verhandelbar« definiert werden. In einem Projekt des Ökodorfnetzwerkes GEN Deutschland e. V. (Global Ecovillage Network) und des Umweltbundesamts wird Kultur als vierte Dimension der Nachhaltigkeit den drei anderen Dimensionen Ökologie, Ökonomie und Soziales hinzugefügt. Auch die Stadt Augsburg hat als vielfach gelobte Kommune Kultur als vierte Dimension der Nachhaltigkeit in seine Zukunftsleitlinien aufgenommen.[18]

Nach intensiver Diskussion mit der Stadtgesellschaft beschließt der Gemeinderat im Juni 2015 die »Zukunftsleitlinien für **Augsburg**«. Sie sind in die vier Dimensionen (Ökologie, Soziales, Wirtschaft, Kultur) mit jeweils fünf Leitlinien gegliedert. Den insgesamt 20 Leitlinien sind dann jeweils drei bis fünf Leitlinienziele zugeordnet. Die Nachhaltigkeitsdimension «Kulturelle Zukunftsfähigkeit« bietet den Hintergrund und verständnismäßigen Rahmen. Sie besteht aus den folgenden Leitlinien und hier nur beispielhaft genannten Zielen:

1. Um Augsburg als selbstbewusste Großstadt zu begreifen, sollen die Stadtteile gestärkt sowie regional und interkommunal zusammengearbeitet werden.

2. Um Werte zu reflektieren und zu vermitteln, sollen beispielsweise nachhaltige Konsum- und Lebensstile entwickelt und gefördert sowie Religion und Humanismus geachtet werden.

3. Um Vielfalt zu leben, sollen Dialog und Miteinander gefördert und eine Kultur des Friedens und das Miteinander der Religionen weiterentwickelt werden.

4. Um Beteiligung und bürgerschaftliches Engagement zu stärken, sollen Initiativen und Vereine gefördert und die Offenheit und Transparenz der Verwaltung und der Politik erhöht werden.

5. Um Kunst und Kultur wertzuschätzen, sollen die Freiheit von Kunst, Kultur und Wissenschaft geachtet und ermöglicht sowie Identität gestiftet und kritisches Denken gefördert werden.

Die kulturelle Dimension als zentrales Element für eine nachhaltige Entwicklung herauszustellen ist unstreitig. Eine Klassifizierung als explizit so benannte vierte Dimension neben den drei üblichen inhaltlichen Dimensionen wirft in der ohnehin recht theoretisch geführten Diskussion um Nachhaltigkeitsdefinitionen die Frage auf, ob weitere Dimensionen nicht besser ohne explizite »Nummerierung« zu den drei Hauptdimensionen hinzugefügt werden sollten und den »klassischen« Nachhaltigkeitsbegriff so auch um neue Aspekte erweitern können. Hierauf geht das Kapitel fünfzehn genauer ein.

Kommunalverwaltungen und integrierte Nachhaltigkeitssteuerung

Aus dem Projekt »Nachhaltige Kommunalverwaltungen in Deutschland« entstehen im Oktober 2015 ein Handbuch und weitere Arbeitshilfen der Leuphana Universität Lüneburg zur Unterstützung von Kommunalverwaltungen für die Entwicklung einer kommunalen, integrierten Nachhaltigkeitssteuerung. Diese zielt auf eine querschnitts- und langfristorientierte partizipative Gestaltung der Kommunalverwaltung hin zu einer nachhaltigen Kommunalentwicklung und soll in fünf aufeinander aufbauenden Arbeitsschritten erfolgen:

1. Eine Situationsanalyse schätzt die Nachhaltigkeitsteuerung in der Kommune systematisch und ganzheitlich ein. Sie macht potenzielle Ansatzpunkte und Barrieren transparent.

2. Auf dieser Grundlage werden Handlungsfelder ausgewählt, die genauer erläutert sind. Sie betreffen eine nachhaltige Ausrichtung der Verwaltung durch Querschnittsorientierung oder die Festlegung von Verantwortlichkeiten zur Koordination der kommunalen Nachhaltigkeitsaktivitäten. Als geeignete Nachhaltigkeitsinstrumente werden die Verknüpfung der Nachhaltigkeitsziele mit dem Haushaltswesen, Indikatoren oder Nachhaltigkeitsberichte genannt. Nach außen soll eine umfassende Nachhaltigkeitskommunikation erfolgen. Durch Partizipation und Kooperation mit den Einwohnerinnen und Einwohnern, der Wirtschaft oder der organisierten Zivilgesellschaft sollen diese an Entscheidungen beteiligt werden. Die Entwicklung einer Nachhaltigkeitsstrategie mit Leitbild und Zielen kann gemeinsam mit der Stadtgesellschaft erfolgen. Die Ableitung von Maßnahmen und Handlungsanweisungen wird primär als verwaltungsinterner Prozess gesehen. Eine Verzahnung von Kommunalpolitik und Verwaltung kann beispielsweise durch Instrumente wie Nachhaltigkeitschecks unterstützt werden.

3. Als nächster Schritt werden innerhalb der ausgewählten Handlungsfelder Maßnahmen konkretisiert.

4. Diese ausgewählten Maßnahmen werden in der Kommunalverwaltung umgesetzt.

5. Im letzten Arbeitsschritt werden die bisherigen Schritte reflektiert und eine entsprechende Aktualisierung für eine kontinuierliche Prozessgestaltung vorgenommen.[19]

So richtig und wichtig besonders die hier dargestellte Weiterentwicklung hin zu einer nachhaltigen Verwaltung und ihre zentrale Rolle für eine nachhaltige Kommunalentwicklung sind, wird hier jedoch eine kommunale Nachhaltigkeitsstrategie auf eine verwaltungszentrierte Steuerung reduziert. Eine aktive Rolle der Stadtgesellschaft mit ihren vielen, auch kleinen innovativen Initiativen und eine Unterstützung ihrer Aktivitäten sind nicht als Schwerpunkt erkennbar. Sie kann (!) lediglich an der Entwicklung der Nachhaltigkeitsstrategie beteiligt werden. Die Rede ist ausdrücklich von der »organisierten« Zivilgesellschaft, was die vielen örtlichen und besonders auch auf Stadtteilebene aktiven Gruppen nicht erfasst. Die Umsetzung von Maßnahmen wird weitgehend auf die Verwaltung eingeschränkt. Diese Verengung widerspricht den konkreten Erfahrungen mit kommunalen Nachhaltigkeitsprozessen in der Praxis und beschränkt die Akteure außerhalb von Politik und Verwaltung vorwiegend auf eine beratende Rolle. Sie spielen in erfolgreichen kommunalen Nachhaltigkeitsprozessen, aber besonders auch in der Umsetzung in Zusammenarbeit mit der Verwaltung eine aktive Rolle.

FAZIT
Neue Impulse für kommunale Nachhaltigkeit

Trotz einer regen Diskussion und Öffentlichkeitsarbeit erreichen die 17 UN-Nachhaltigkeitsziele in den Jahren 2015 bis 2021 nur relativ wenige deutsche Kommunen und vergleichsweise auch deutlich weniger als die Lokale Agenda 21 im selben Zeitraum nach 1992. Unklar ist, wie eine Umsetzung in der Kommunalpolitik genau erfolgen soll. Dafür werden verschiedene Ansätze wie eigene umfassende kommunale Nachhaltigkeitsstrategien, die Integration in bestehende Stadtentwicklungskonzepte oder die Einbettung in den Alltag durch konkrete Projekte erprobt. Stärker verbreitet ist dabei bis Oktober 2021 nur der umfassende Ansatz »Global nachhaltige Kommune«.

Zwei Positionspapiere markieren für die Diskussion wichtige Eckpunkte: Als umfassende wissenschaftliche Studie zur Transformation der Städte entwickelt der Wissenschaftliche Beirat der Bundesregierung Globale Umweltveränderungen (WBGU) einen »normativen Kompass«, der als Elemente eine umfassende Teilhabe, die kommunale Eigenart und die wichtige Rolle auch kleinerer zivilgesellschaftlicher Initiativen enthält.

Als wichtigste kommunalpolitische Positionsbestimmung beschreiben Oberbürgermeisterinnen und Oberbürgermeister im »Dialog ›Nachhaltige Stadt‹« genauso kurz wie präzise die erforderlichen Maßnahmen in den drei zentralen Bereichen Nachhaltige Verwaltung, Nachhaltigkeit als Gemeinschaftswerk der Stadtgesellschaft und die Zusammenarbeit der verschiedenen politischen Ebenen.

Internationale Ansätze wie Sharing Cities oder die Übertragung der Donut-Ökonomie beziehen sich genauso wie deutsche Modellprojekte auf die Ansätze für eine nachhaltige Ökonomie und Lebensweise. Sie führen die kommunale Verwaltung und Politik, Zivilgesellschaft und Wirtschaft als Akteure zusammen. Dabei können Ansätze wie »Cradle to Cradle« auch den Baubereich als bisher in kommunalen Nachhaltigkeitskonzepten zu wenig beachteten, aber sehr großen Ressourcenverbraucher nachhaltig ausrichten.

Die Digitalisierung soll durch Sharing Cities unter Nachhaltigkeitsgesichtspunkten für die Zukunftsgestaltung der Kommunen genutzt und gefördert werden. Sie betonen neben den erneuerbaren Energien, die auch für den Ansatz der Regenerative Cities ein prägendes Element sind, wichtige Technologien einer Transformation auch auf kommunaler Ebene.

Der für eine nachhaltige Entwicklung und sozialökologische Transformation unverzichtbare Bewusstseinswandel wird durch eine Kultur der Nachhaltigkeit betont, für die die kommunale Ebene besonders durch dort mögliche konkrete Erfahrungen im Alltag wichtig ist.

Insgesamt ergeben sich daraus drei wichtige Achsen für die nachhaltige Transformation der Städte:

◆ organisatorisch-partizipatorische durch die Umgestaltung der Verwaltung und Strukturen zur Beteiligung, Unterstützung und Aktivierung der Stadtgesellschaft

◆ technologisch-digitale mit den wesentlichen Bestandteilen einer nachhaltigen Digitalisierung und dem Ausbau erneuerbarer Energien

◆ kulturell-verhaltensändernde mit der Schaffung eines Bewusstseinswandels für einen neuen Lebensstil durch entsprechende Aufklärungs- und Konsummöglichkeiten.

Dabei zeigen schon praktizierte kommunale Beispiele: Es gibt neben den deutschen auch viele internationale Vorbilder, von denen Deutschland lernen kann.

Kapitel 12

Praxis und Gegenwart

Kommune und Region
als nachhaltiger Aktionsraum

Ergebnisse aus Umfragen und Erhebungen zeigen zusammen mit weiteren Zahlen eine aktuelle Größenordnung örtlicher Nachhaltigkeitsaktivitäten rund 30 Jahre nach dem Erdgipfel von Rio. Schwerpunkte sind umfassende kommunale Nachhaltigkeitsstrategien und -instrumente, sektorale Konzepte und thematische Nachhaltigkeitsinitiativen. Gemeinsam mit neueren Aktivitäten und Beispielen skizzieren sie gegenwärtige Hauptlinien der Kommune als Aktionsraum für Nachhaltigkeitsinitiativen von Verwaltungen und Zivilgesellschaft. Hinzu kommen Nachhaltigkeitsansätze in kleinen Kommunen, Landkreisen und Regionen. Abschließend werden häufige und wichtige einzelne Nachhaltigkeitsbausteine wie eine nachhaltige Beschaffung sowie defizitäre Bereiche kommunaler Nachhaltigkeit behandelt.

Erhebungen und
grundlegende Erkenntnisse

Einen guten Überblick über die Umsetzung kommunaler Nachhaltigkeit nach dem Jahr 2012 liefern die Ergebnisse einer Befragung der Bertelsmann Stiftung aus dem Jahr 2016 im Rahmen des »Monitors Nachhaltige Kommune«. Sie beruhen auf den Antworten von über 500 Kommunen mit mehr als 5000 Einwohnerinnen und Einwohnern, das ist fast jede sechste Gemeinde dieser Größe in Deutschland.

Im Jahr davor nahm an einer ähnlichen Befragung in Baden-Württemberg fast die Hälfte aller Kommunen mit über 20.000 Einwohnerinnen und Einwohnern teil. Auch einige sehr signifikante Ergebnisse einer bundesweiten Befragung »Kommunale Nachhaltigkeitssteuerung« in Kommunen mit mehr als 40.000 Einwohnerinnen und Einwohnern sowie in größeren Landkreisen aus dem Jahr 2012 liefern auch heute noch wichtige Erkenntnisse.[1]

Die Studie der Bertelsmann-Stiftung bestätigt zwei zentrale Erkenntnisse der Lokalen Agenda 21 und der folgenden kommunalen Nachhaltigkeitsprozesse: Größere Kommunen sind nachhaltigkeitsaktiver als kleinere Kommunen, und die Umsetzung erfolgt vor allem durch gezielte Maßnahmen und Projekte. Dies zeigt auch eine vertiefte Untersuchung ausgewählter aktiver Kommunen zur Einführung eines Nachhaltigkeitsmanagements: Auch hier liegt in vielen Kommunen der Schwerpunkt auf Maßnahmen und Projekten, die Kommunen arbeiten häufig nur mit einzelnen Bausteinen, da der Aufbau des Nachhaltigkeitsmanagements vielfach einen langen Zeitraum umfasst.

Versucht man die vorliegenden Zahlen zu den einzelnen Nachhaltigkeitsaktivitäten in Relation zur Gesamtzahl der Kommunen in Deutschland zu setzen, ist dies einerseits aufgrund der Datenlage meist nur als ungefähre Tendenz einigermaßen valide möglich. Andererseits empfiehlt es sich, als Referenzgröße nicht die Anzahl aller 10.796 Gemeinden Ende des Jahres 2020 zu nehmen, sondern die 701 mittleren und großen Kommunen ab 20.000 Einwohnerinnen und Einwohner, wobei bei manchen erfassten Aktivitäten noch die 294 Landkreise hinzuzurechnen wären.[2]

Umfassende kommunale Nachhaltigkeitskonzepte und -instrumente

Laut der Bertelsmann-Studie verfügt nur knapp jede dritte Kommune über ein ausgearbeitetes Leitbild zur nachhaltigen Entwicklung, bei den Großstädten über 100.000 Einwohnerinnen und Einwohnern ist es jede zweite. Allerdings verfügen viele Kommunen über Leitbilder und umfassende Stadtentwicklungskonzepte, auch wenn diese nicht explizit als nachhaltig ausgewiesen sind. Die Umfrage für Baden-Württemberg ergibt dies für über 90 Prozent der antwortenden mittleren und großen Kommunen.

Von den im vorhergehenden Kapitel geschilderten Ansätzen für kommunale Nachhaltigkeitsstrategien ist nur die »Global nachhaltige Kommune« stärker verbreitet. Nimmt man die schon abgeschlossenen und noch laufenden Projekte im Oktober 2021 in den Bundesländern Nordrhein-Westfalen,

Thüringen, Bayern und Baden-Württemberg, kommt man auf etwa 70 Kommunen, die eine umfassende Nachhaltigkeitsstrategie ausarbeiten oder schon formuliert haben. In anderen Bundesländern wie im Saarland laufen unter diesem Namen stärker projektorientierte Ansätze, die gerade für kleinere Kommunen in Verbindung mit einer umfassenden Rahmensetzung eine mögliche Perspektive aufzeigen. Welches Potenzial vor allem für mittlere und große Kommunen vorhanden ist, zeigt das Beispiel Nordrhein-Westfalen, wo durch entsprechende langjährige Netzwerk- und Betreuungsstrukturen durch die Landesarbeitsgemeinschaft Agenda 21 NRW e. V. (LAG 21 NRW) schon fast jede zehnte Kommune für diesen umfassenden und anspruchsvollen Ansatz aktiv ist.[3]

Andere Ansätze haben wie die Gemeinwohlökonomie in Kommunen noch nicht Fuß fassen können und erreichen meist über Modellprojekte nur wenige und vor allem kleinere Kommunen. Ende Oktober 2021 sind in Deutschland neun Städte und Gemeinden zertifiziert. Der in Amsterdam bereits erfolgreich angewendete Ansatz für eine Donut-Ökonomie in Kommunen ist im Oktober 2021 für Deutschland noch im Stadium von Pilotprojekten.[4]

Das für kommunale Nachhaltigkeitsprozesse immer wieder genannte Instrument regelmäßiger indikatorengestützter Nachhaltigkeitsberichte findet laut Bertelsmann-Studie nur in sieben Prozent der Kommunen Anwendung. Die beiden anderen genannten Untersuchungen kommen in größeren Kommunen zu einem Anwendungsgrad zwischen 20 und 25 Prozent. Nachhaltigkeitsindikatoren als Kontrollinstrument werden häufiger genutzt: laut Bertelsmann-Studie von etwa einem Drittel der Kommunen, die anderen beiden Studien kommen für größere Kommunen auf Ergebnisse zwischen 45 und 70 Prozent.

Die schon in Kapitel fünf geschilderten Erfahrungen mit Nachhaltigkeitsberichten in der Lokalen Agenda 21 werden durch diese und andere Untersuchungen nochmals bestätigt. Der Nachhaltigkeitsbericht eignet sich gut für eine erste Bestandsaufnahme und damit auch als Einstieg in einen umfassenden Nachhaltigkeitsprozess. Durch den vor allem für kleine Kommunen nur schwer leistbaren Erstellungsaufwand kann er als regelmäßiges Steuerungsinstrument zu selten erstellt werden – wenn überhaupt. Auch sind die zur Verfügung stehenden Daten für die Indikatoren zu unpräzise für eine Steuerung einzelner, von der Kommune leistbarer Maßnahmen. Eigene genauere Daten können mit dem dazu erforderlichen Aufwand nicht erhoben werden.[5]

In Nachhaltigkeitsberichten sollte deshalb der Berichtsteil für eine Darstellung der Nachhaltigkeitsaktivitäten ohne Indikatoren erfolgen. Diese eignen sich, um allgemein und umfassend den Zustand der Kommune als eigenen Statusbericht zu erfassen. Eine mögliche Trennung würde auch den Erstellungsaufwand für einen »reinen« Nachhaltigkeitsbericht, der Defizite und Fortschritte aufzeigt, senken und könnte kleinen Kommunen als Einstieg dienen. Dabei sind Zahlen und Fakten natürlich sinnvoll. Sie müssen aber nicht den bisher oft überladenen wissenschaftlichen Anspruch an Indikatoren erfüllen. Aufgrund der bisherigen Erfahrungen sind indikatorengestützte Nachhaltigkeitsberichte in der Regel nur für große Kommunen als Instrument leistbar. Auch hier ist eine Zuordnung von Indikatoren zu einzelnen Maßnahmen nur sinnvoll, wenn sie präzise Themen erfassen, auf die die Kommune durch eigenes Handeln Einfluss hat.

Im Jahr 2021 hat der Rat für Nachhaltige Entwicklung der Bundesregierung (RNE) auf Basis eines Stakeholderprozesses den Entwurf für einen »Berichtsrahmen nachhaltige Kommune« vorgelegt, der in Modellkommunen getestet wird. Er lehnt sich an den »Deutschen Nachhaltigkeitskodex (DNK)« für Betriebe an und umfasst zwei Schwerpunkte mit 18 Unterthemen. Beim Schwerpunkt »Steuerung« sind dies Themen wie Strategie, Beschaffung oder öffentliche Beteiligung. Im Schwerpunkt »Handlungsfelder« werden Themen wie Klima, Mobilität oder Wohnen erfasst. Dabei steht insgesamt die Prozessorientierung im Vordergrund.[6]

Alle hier geschilderten Konzepte für umfassende kommunale Nachhaltigkeitsstrategien beziehen sich ausdrücklich auf die 17 UN-Nachhaltigkeitsziele. Sie ordnen diese in ihre jeweilige Systematik der Handlungsfelder ein und übernehmen nicht den gesamten Rahmen als Bezug. Wie schon in Kapitel elf beschrieben, bilden die 17 UN-Nachhaltigkeitsziele für die Kommunen als umfassender Handlungsrahmen selten einen Bezugspunkt. Kommunen beziehen sich vorwiegend auf einzelne Themen und Nachhaltigkeitsziele.[7]

Themenbezogene Ansätze und Initiativen

Die Studie *Rio +20 vor Ort* im Jahr 2012 sieht einen wesentlichen Strang der Weiterentwicklung von Lokale-Agenda-21-Prozessen in sektoralen Strategien wie integrierten Energie- und Klimaschutzkonzepten, Bildung für nachhaltige Entwicklung, Flächenmanagement oder Biodiversitätsstrategien. Die in den Kapiteln acht und elf geschilderten neuen und themenbezogenen Ansätze zeigen darüber hinaus besonders zivilgesellschaftliche Initiativen als treibende Kräfte. Das wirft auch die Frage auf, inwieweit Kommunen bei manchen Themen über eine unterstützende Funktion hinaus zentrale Akteure zur Umsetzung sein sollten oder dafür besser andere nur unterstützen.[8]

Dies zeigt zum Beispiel der Bereich Bildung für nachhaltige Entwicklung (BNE). In der *UN-Dekade Bildung für nachhaltige Entwicklung 2005–2014* werden 19 Kommunen in Deutschland ausgezeichnet. Dieselbe Übersicht zeigt aber 815 ausgezeichnete Akteure, 105 Lernorte und 87 ausgezeichnete Netzwerke. Andere Akteure sind also hier die wesentlich stärker treibenden Kräfte für BNE. Allerdings ist die Rolle der Kommunen hier auch Schwerpunkt eines im Juni 2020 gestarteten Modellprojekts mit etwa 50 Kommunen, dessen Ergebnisse abzuwarten sind.[9]

Der Bereich Klimaschutz ist Thema des nächsten Kapitels. Seine zentrale Bedeutung als sektorale Strategie, die inzwischen wesentlich stärker ausgeprägt ist als umfassende kommunale Nachhaltigkeitskonzepte, zeigen die folgenden Zahlenbeispiele. In Nordrhein-Westfalen verfügt im Oktober 2021 mehr als jede zweite Kommune über ein integriertes Klimaschutzkonzept, in Baden-Württemberg mit sehr vielen kleinen Gemeinden ist es jede dritte.

Dies unterstreicht, welches Potenzial bei entsprechender Unterstützung und Förderung für übergreifende kommunale Strategien als zentrales Thema einer nachhaltigen Entwicklung vorhanden ist. Das gilt auch für zivilgesellschaftliche Initiativen. Durch entsprechende Gesetzesänderungen erleben Energiegenossenschaften nach dem Jahr 2008 einen riesigen Boom. In Baden-Württemberg steigen sie ab dem Jahr 2009 von zunächst elf Energiegenossenschaften in den nächsten fünf Jahren auf 148 Energiegenossenschaften an und nehmen seitdem allerdings durch gesetzliche Restriktionen nur noch leicht zu.[10]

Die von der Studie *Rio +20 vor Ort* genannten Biodiversitätsstrategien decken die zweite besonders wichtige »Planetare Leitplanke« ab. Hier ist vor allem das Bündnis »Kommunen für biologische Vielfalt« mit 312 Mitgliedern (Stand Oktober 2021) aktiv. Zwar weist das Netzwerk der »Deutschen Biostädte« zur Förderung der ökologischen Landwirtschaft und des Biolebensmittelangebot vor Ort nur 21 Kommunen auf, dabei ist allerdings jede fünfte Großstadt über 100.000 Einwohnerinnen und Einwohnern vertreten. Ebenso viele Mitglieder hat das Netzwerk »cittàslow« für eine nachhaltige Lebensweise. Zahlenmäßig weitaus am stärksten ist die internationale Bewegung der »Fairtrade Towns« zur Förderung des fairen Handels mit 771 ausgezeichneten deutschen Kommunen im Oktober 2021 und ständig wachsenden Zahlen vertreten. Dort spielen auch zivilgesellschaftliche Akteure eine zentrale Rolle.[11]

Zivilgesellschaftliche Initiativen sind vor allem im Themenbereich nachhaltiger Konsum als treibende Kraft aktiv. Der erste »i-share Report« hält für das Jahr 2020 rund 2500 deutsche Sharinginitiativen in einem »i-share Atlas« fest. Im Bereich Urban Gardening gibt es im Oktober 2021 etwa 1000 Gemeinschaftsgärten in Deutschland, die sich in über 20 Städten und Regionen auch zu lokalen Netzwerken auf den Grundlagen von interkultureller Arbeit, ökologischem Lebensmittelanbau, Bildung für nachhaltige Entwicklung und Selbermachen verbinden. Zum letztgenannten Thema »Selbermachen« gibt es in Deutschland 400 offene Werkstätten, die allen zur Verfügung stehen, die sich handwerklich oder künstlerisch in Eigenarbeit betätigen wollen – auch mit computergesteuerten Fertigungsverfahren und digitalen Technologien. Die Anzahl der aktiven Reparaturinitiativen liegt nach Angabe des bundesweiten Netzwerks in Deutschland bei über 1500. In diesen Bereichen ist vor allem die »anstiftung« das bundesweit vernetzende und unterstützende Zentrum, auf deren Homepage die jeweiligen Netzwerke, Porträts und aktuellen Aktivitäten dieser Initiativen zu finden sind.[12]

Weitere Themen mit Beispielen finden sich im »Werkzeugkasten des Wandels«, wo die Vielfalt dieser zivilgesellschaftlichen Initiativen für ein nachhaltiges Leben deutlich wird:

- Zum Thema Konsum sind es konsumkritische Stadtrundgänge, nachhaltige Konsumführer, Schenkinitiativen oder Secondhandangebote.
- Im Handlungsfeld Lebensmittel gibt es Beispiele für Foodsharing, Slow Food, Essbare Stadt, Ernährungsräte oder Solidarische Landwirtschaft (SoLaWi).

- Für nachhaltige Kleidung sorgen Initiativen zum Kleidertausch oder für eine ökofaire Mode.
- Im großen Schwerpunkt Ressourcenschonung sind Unverpacktläden, »Cradle to Cradle«- und Zero-Waste-Gruppen und Initiativen gegen die Plastik- und Kaffeebecherflut aktiv.
- Im Bereich nachhaltiges Wirtschaften gibt es Beispiele für Genossenschaften, Regionale Wirtschaftsgemeinschaften (ReWiGs), Regionalwährungen, Regionalwert AGs oder Divestgruppen.
- Zum Thema Mobilität gibt es Initiativen zu Car- und Lastenrädersharing, zu Bussen und Rufautos für Bürgerinnen und Bürger oder zu Mitfahrbänken.

Eine äußerst umfangreiche Sammlung solcher »Geschichten des Gelingens« enthält das »Zukunftsarchiv« der Stiftung Zukunftsfähigkeit FUTUR-ZWEI, die auch den *Zukunftsalmanach – Geschichten vom guten Umgang mit der Welt* herausgibt, der in seiner Ausgabe für die Jahre 2017/18 gemeinsam mit dem Goethe-Institut solche Geschichten aus 30 Ländern schildert.[13]

Sehr oft agieren die etwa 120 Transition-Town-Initiativen in Deutschland themenbezogen mit Schwerpunkten auch in diesen Bereichen, vor allem aber örtlich vernetzend und umfassend. Sie markieren auch die Schnittstelle zu thematisch umfassenderen nachhaltigen Aktivitäten des bürger- und zivilgesellschaftlichen Engagements und der Zusammenarbeit mit kommunalen Verwaltungen.[14]

Kommunen als Aktionsräume der Zivilgesellschaft

Der »Monitor Nachhaltige Kommune« der Bertelsmann Stiftung zeigt, dass die Kommunen Beteiligungsformate im Bereich Nachhaltigkeit recht unterschiedlich nutzen. Kaum genutzt werden Nachhaltigkeitsbeiräte. Beiräte und Arbeitskreise zu bestimmten nachhaltigkeitsrelevanten Themen kommen häufiger, in etwa jeder sechsten Kommune, zum Einsatz. In etwa jeder fünften Kommune finden häufig Beteiligungsveranstaltungen zu bestimmten Nachhaltigkeitsthemen statt. Dabei ist wieder ein Gefälle nach Gemeindegrößen festzustellen, fast alle Beteiligungsformate mit Bezug zur Nachhaltigkeit kommen in großen Städten mit mehr als 50.000 Einwohnerinnen und Einwohnern häufiger zur Anwendung. Die Studie *Kommunale Nachhaltigkeitsteuerung* zeigt, dass vier von fünf größeren Kommunen mit mehr als 40.000 Einwohnerinnen und Einwohnern die Öffentlichkeit bei Nachhaltigkeitsvorhaben und -projekten einbinden. In über 70 Prozent wird dies durch bürgerschaftliches Engagement realisiert, knapp die Hälfte der Kommunen nennt Bürgerbefragungen und eine partizipative Leitbildentwicklung. Die Zivilgesellschaft wird von zwei Dritteln der Kommunen als Treiber und förderlich für das Thema Nachhaltigkeit wahrgenommen.[15]

Auch die Kommunen erkennen die wichtige Bedeutung und Förderung des bürger- und zivilgesellschaftlichen Engagements für eine nachhaltige Kommunalentwicklung. Als neue Initiative hierzu verleiht die »Nationale Stadtentwicklungspolitik« als Gemeinschaftsinitiative von Bund, Ländern und Kommunen im Jahr 2021 erstmals die Auszeichnung »Kooperative Stadt«. Eine solche Kommune zeichnet sich durch die aktive Förderung der Zusammenarbeit mit engagierten »Stadtmachern« aus, die auch von kommunalen Verwaltungen oder der Politik selbst initiiert werden kann. Gemeinsam sollen neue Wege in der Stadtentwicklung erprobt werden, auch durch unkonventionelle Herangehensweisen. Dafür nutzt die Stadt verschiedene rechtliche, politische und strukturelle Instrumente, damit die zivilgesellschaftlichen Akteure die Stadtentwicklung mitgestalten und eigene Projekte umsetzen können. Dies können Sondernutzungssatzungen, klare politische Willensbekundungen und Aufträge an die Verwaltung oder die Unterstützung zivilgesellschaftlichen Engagements sein.

Die Stadt **Halle (Saale)** ist mit ihrem »Kompetenzzentrum Freiraumbüro« eine der ersten ausgezeichneten Preisträgerinnen. Das Freiraumbüro dient als zentrale Anlaufstelle für gemeinwohlorientierte Vereine, Initiativen und Freiraumsuchende mit Projektideen. Es begleitet und berät die Akteurinnen und Akteure bei der Vermittlung von Freiräumen und in allen Phasen ihres Projektes von der Idee bis zur Umsetzung. Dadurch soll eine bessere Vernetzung zwischen Stadtverwaltung und gemeinwohlorientiert-kreativen Initiativen geschaffen werden. Der Begriff »Freiraum« ist dabei weit gefasst. Freiräume können einzelne Räume, leer stehende Immobilien, öffentliche Plätze, Grünanlagen oder Freiflächen im Stadtgebiet sein, durch die Aktio-

nen und Projekte ihren Platz finden. Grundlage ist das mit den gemein-
wohlorientierten Initiativen erarbeitete und vom Gemeinderat beschlossene
»Freiraumkonzept« der Stadt. Es beschreibt mit Bezug zum verabschiedeten
Integrierten Stadtentwicklungskonzept (ISEK) 2025 über die Schaffung des
Freiraumbüros hinaus weitere Handlungsfelder wie finanzielle und planeri-
sche Unterstützung, die langfristige Vorsorge für geeignete Räume oder den
Auf- und Ausbau von Initialfreiräumen und Stadtentwicklungslaboren.[16]

Die Stadt Halle hebt damit die schon in vielen Kommunen verbreiteten
Unterstützungen bürger- und zivilgesellschaftlicher Initiativen durch Anlaufstellen, Räumlichkeiten oder Projektförderungen mit einem umfassenden und langfristig angelegten Konzept auf eine neue Stufe. Besonders
das für viele Initiativen wichtige Raumproblem schafft für die Kommunen
Synergieeffekte, wenn Leerstände wie Geschäfte als Zwischenraumnutzung
von solchen Initiativen genutzt werden können, da es auch zur Attraktivität
der Innenstädte beiträgt. Die Schaffung entsprechender Schnittstellen zwischen Verwaltung und aktiver Stadtgesellschaft ist ebenfalls für eine nachhaltige Kommunalentwicklung von zentraler Bedeutung.

Wichtig für die Initiativen sind auch Erfahrungsaustausch und Vernetzung, wozu sich in den letzten Jahren in Kommunen und Regionen eigenständige zivilgesellschaftliche Strukturen herausgebildet haben. Die aus
einem studentischen Projekt der Uni Lüneburg entstandene bundesweite
Initiative »Initiativen der Nachhaltigkeitsbewegung vor Ort Vernetzen
(INOVe)« bietet örtlichen und regionalen Nachhaltigkeitsnetzwerken eine
digitale Plattform mit Informationen und Werkzeugen zum Aufbau und
zur Weiterentwicklung örtlicher zivilgesellschaftlicher Nachhaltigkeitsnetz-
werke sowie eine Übersicht mit Steckbriefen der Initiativen. Auch wenn
diese sehr bunt und vielfältig sind, lassen sich doch drei Grundtypen oder
Stufen erkennen, die dann allerdings viele Zwischen- und Mischformen aufweisen:

1. Eine lediglich digitale Plattform zu den Aktivitäten der Initiativen als
   gemeinsames Dienstleistungsangebot trägt vor allem zur besseren Öffentlichkeitsarbeit bei.

2. Ein Kommunikationsnetzwerk zur gegenseitigen Information und zum Austausch der verschiedenen Aktivitäten vermeidet Doppelaktivitäten und kann sowohl persönlich und/oder digital erfolgen.

3. Ein gemeinsames Aktionsnetzwerk geht über Information und Kommunikation hinaus. Es will durch die Vernetzung gemeinsame Aktivitäten ermöglichen und kann auch als eigener Akteur mit gemeinsamen Positionen und Forderungen auftreten.[17]

Dabei haben sich in Kommunen auch Lokale-Agenda-21-Strukturen über einen längeren Zeitraum als Dach solcher einzelnen Nachhaltigkeitsinitiativen etabliert oder weiterentwickelt. Den wesentlichen Unterschied zu den rein zivilgesellschaftlichen Initiativen bilden die Anbindung an die Kommunalverwaltung und ihre dadurch mögliche Unterstützung. Rein zivilgesellschaftliche Initiativen können politischer auftreten, brauchen aber ab einem gewissen Zeitpunkt für Projekte und Aktivitäten die Zusammenarbeit mit der Verwaltung und müssen oft mühsam dort erst einen Ansprechpartner ausfindig machen, den die Lokale Agenda 21 schon hat. Dies kann auf der anderen Seite auch für die Kommune zutreffen. Kommunen sollten deshalb Anlaufstellen und auch gemeinsame Strukturen mit zivilgesellschaftlichen Initiativen schaffen. Da, wie die Bertelsmann-Studie gezeigt hat, kaum kommunale Nachhaltigkeitsbeiräte existieren, sollten zumindest regelmäßige Gesprächsformate der Initiativen mit Vertretern der Kommune stattfinden.

Die folgenden Beispiele zeigen, welche Vernetzungsstrukturen zivilgesellschaftlicher Nachhaltigkeitsinitiativen sich – auch mit Bezug zur Lokalen Agenda 21 – herausgebildet haben:

Die ehrenamtliche Initiative **Lebendiges Lüneburg** (abgekürzt »LeLü«) verfolgt zwei Hauptziele. Sie will die vielfältigen Initiativen und Akteure, die sich in der Stadt mit nachhaltigen, sozialökologischen Themen befassen, miteinander vernetzen. Das geschieht besonders durch digitale Räume des Austauschs. Ferner soll die Sichtbarkeit der Initiativen und ihrer Aktivitäten erhöht werden, da diese bisher meist nur in einem begrenzten Umfeld wahrgenommen werden. Dafür werden Tools auf der Internetplattform angeboten: Der Lüneburger Mitwirk-O-Mat hilft Interessierten das passende

Engagement zu finden. Lünepedia will das lokale Wissen aus Lüneburg und Umgebung an einem Ort übersichtlich bündeln. Ein Onlinekalender zeigt die Veranstaltungen der Lüneburger Initiativen auf einen Blick. Eine Karte und eine Übersicht führen zu vielen Projekten, Gruppen und Ideen für einen ökosozialen Wandel auch über Lüneburg hinaus.

Die **Lokale Agenda 21 Ulm** geht auf einen Beschluss des Gemeinderats aus dem Jahr 1998 zurück. Seitdem pflegt das beim Oberbürgermeister angesiedelte Agendabüro das Netzwerk des Agendaprozesses in Ulm und unterstützt bei Veranstaltungen, in gemeinsamen Projekten und bei der Entwicklung von neuen Ideen und Angeboten. Über die vier Agenda-Arbeitskreise (Grün in der Stadt, Energie, Mobilität und Nachhaltiger Konsum mit vielen Projekten) hinaus umfasst die Lokale Agenda 21 ein großes Netzwerk mit weiteren Akteurinnen und Akteuren: die Stadt Ulm mit ihren Abteilungen, Digitalagenda, Stadtwerke Ulm/Neu-Ulm, Regionale Energieagentur Ulm, Ulmer Volkshochschule, Entsorgungsbetriebe Ulm, Fernwärme Ulm, BUND Ulm, ADFC Ulm/Neu-Ulm, Greenpeace Ulm, Universität Ulm und verschiedene Studierendengruppen, Technische Hochschule Ulm, Hochschule Neu-Ulm, Conficars Ulm, Ulmer Initiativkreis nachhaltige Wirtschaftsentwicklung, Fridays for Future, Extinction Rebellion, Initiative Fairtrade Towns Ulm und Neu-Ulm und weitere.

In **Leipzig** wird der seit dem Jahr 1996 aktive Lokale-Agenda-21-Prozess im Jahr 2018 organisatorisch weiterentwickelt und unter dem Namen **»Forum Nachhaltiges Leipzig«** neu ausgerichtet. Schon bis dahin gelingt es, mit vielen beteiligten Privatpersonen, Vereinen, Unternehmen und anderen Einrichtungen ein stabiles Netzwerk von Akteuren aufzubauen und zahlreiche Projekte zu realisieren oder zu unterstützen. Aus diesem Prozess entstehen eine Vielzahl neuer Organisationen, die mittlerweile eigenständig arbeiten, wie beispielsweise die **Stiftung Bürger für Leipzig**, die Freiwilligen-Agentur Leipzig e. V. oder die ZAK – Zukunftsakademie Leipzig e. V. Die Arbeit wird durch einen Koordinierungskreis und einen Beirat begleitet. Die Finanzierung erfolgt gemeinsam durch die Stadt Leipzig und mehrere Unternehmen. Projekte werden auch durch die Stiftung Bürger für Leipzig gefördert, die in ihrer Präambel ausdrücklich eine nachhaltige Entwicklung der Stadt und das dafür zentrale bürgerschaftliche Engagement unterstützt. Sie steht damit für eine von 420 Bürgerstiftungen in Deutschland, deren bundesweites Bündnis die 17 UN-Nachhaltigkeitsziele ausdrücklich als Bezug nennt.[18]

Als weitere wichtige Struktur zur Vernetzung und Unterstützung örtlicher Nachhaltigkeitsinitiativen haben sich gemeinsame Treffpunkte und Häuser bewährt. Vor allem kleinere und neue zivilgesellschaftliche Initiativen benötigen Räumlichkeiten, in denen sie sich regelmäßig treffen können, für Interessenten erreichbar sind und kleinere Veranstaltungen durchführen. In möglichst zentraler Lage wird damit ein physisch realer Ort geschaffen, wo diese Initiativen greifbar sind. Ferner trägt dies zur Vernetzung und Zusammenarbeit der verschiedenen Gruppen bei und bündelt auch das gesamte bürgerschaftliche Angebot einer Stadt für die Öffentlichkeit.

In **Freiburg** wird nach Vorarbeiten auch durch die Lokale Agenda 21 im Jahr 2000 der von der Stadt unterstützte **»Treffpunkt Freiburg«** eröffnet. Er bekommt später einen neuen Trägerverein, kann seine Angebote ausbauen und wechselt mehrfach den Standort für die benötigte größere Fläche. Er bietet ehrenamtlich Engagierten kostenlos Räume für Sitzungen, Veranstaltungen und die Büroarbeit sowie Fortbildungen an. Zur Vernetzung und Öffentlichkeitsarbeit trägt eine Linksammlung mit Initiativen aus Stadt und Region bei. Ehrenamtlich arbeitende kleine Vereine, Gruppen und Initiativen können über einen Projektfonds Zuschüsse beantragen. Ferner gibt es Tipps, Hilfestellungen und Materialien für die ehrenamtliche Arbeit. Der Treffpunkt hat einen Vorstand und eine Geschäftsstelle, die die Angebote koordiniert und Ansprechpartnerin in allen Belangen ist.

Nach jahrelangen Aktivitäten kann im Jahr 2019 das **»Haus des Engagements«** eröffnet werden. Es will Freiräume schaffen, Experimentier- und Lernfelder bieten und Engagement unterstützen. So will man auch zu einer nachhaltigen Entwicklung beitragen. Die Angebote umfassen Co-Working-Arbeitsplätze, Räume für Treffen und Veranstaltungen, Fortbildung und Beratung, Verleih von Materialien für die Öffentlichkeitsarbeit und Möglichkeiten zur Vernetzung. Im Keller teilen sich junge Freiburger Bands einen Bandprobenraum, der gemeinsam aus Stroh und Lehm gebaut wurde. Das Netzwerk besteht aus über zehn engen Kooperationspartnerinnen und -partnern sowie 125 Unterstützergruppen. Träger ist der Treffpunkt Freiburg e. V., die hauptamtliche Koordination übernimmt eine Teilzeitstelle, die Arbeit trägt ein ehrenamtliches Team. Auf der Homepage enthält eine Liste mit Links etwa 40 ähnliche Projekte in anderen Städten.[19]

Nachhaltige Gemeinden und Kleinstädte

Seit den Anfängen der Lokalen Agenda 21 konnte das Thema Nachhaltigkeit in Deutschland in kleineren Kommunen und Gemeinden wesentlich schwerer Fuß fassen als in mittleren und größeren Städten. Ein Blick ins Bundesland Oberösterreich mit seinen rund eineinhalb Millionen Einwohnerinnen und Einwohnern zeigt, wie dies gelingen kann. Seit dem Jahr 1999 arbeitet beim Land Oberösterreich die Agenda-21-Leitstelle. Sie unterstützt die Gemeinden durch Beratung, Prozessbegleitung durch dezentrale Regionalmanagerinnen und -manager, Qualifizierung von aktiven Ehrenamtlichen zur Mitgestaltung von Nachhaltigkeitsprozessen, Veranstaltungen, Förderungen von Agenda-21-Prozessen und -Projekten sowie Materialien wie einen »GemeindeNavi Agenda 2030« oder ein ständig fortgeschriebenes *Handbuch Agenda 21 in OÖ*. Das Handbuch beschreibt die einzelnen Phasen eines Agenda-21-Basisprozesses, der über die Erstellung eines »Zukunftsprofils« bis zur Umsetzung von Projekten reicht. Mit Stand Juli 2021 ist mehr als ein Viertel der 438 Gemeinden Teil des Agenda-21-Netzwerks Oberösterreich.

Die rund 2700 Einwohnerinnen und Einwohner zählende Marktgemeinde **Gutau** in Oberösterreich startet unter dem Motto »Gutau taugt guat« im Jahr 2006 einen ersten Agenda-21-Prozess gemeinsam mit der Bevölkerung und erstellt das erste »Zukunftsprofil« zu den zukünftigen Zielen der Gemeinde.

Darauf aufbauend, werden erste Projekte wie eine Gutauer Holzbörse als Unterstützung für die Forstwirte, der Wirtschafts- und Ökotag zur Stärkung der Kooperation der Gutauer Wirtschaft oder eine Photovoltaikanlage auf dem Dach der Hauptschule umgesetzt. Im Jahr 2011 beginnt ein Agenda-21-Follow-up-Prozess, um die bisherigen Ergebnisse zu evaluieren sowie neue Themen sichtbar zu machen. Gemeinsam mit der Bevölkerung werden das bestehende Zukunftsprofil weiterentwickelt und neue Projekte auf den Weg gebracht. Unter dem Motto »Gutau – mei Mitt'n« macht sich die Gemeinde im Jahr 2018 erneut auf, um im zweiten Follow-up-Prozess die Sichtweisen und Ideen der Bürgerinnen und Bürger einzuholen. Ein Element dabei ist ein eigener Raum im Gemeindeamt für eine wachsende Agenda-21-Ausstellung, die Ideen und Projekte des laufenden Prozesses vorstellt und jederzeit durch Anregungen ergänzt werden kann. Inzwischen liegt das überarbeitete »Zukunftsprofil 2019–2025« als Richtschnur für die nächsten zehn Jahre vor. Es enthält acht »Visionen« von der Neugestaltung des Marktplatzes über Themen wie erneuerbare Energien oder biologische Vielfalt bis hin zum Freiwilligenmanagement.[20]

Auch in Deutschland gibt es im Jahr 2021 eine ganze Reihe von aktuellen Projekten und Ansätzen für umfassende Nachhaltigkeitsprozesse und -konzepte in Gemeinden und kleineren Kommunen, oft mit Bezug zu den 17 UN-Nachhaltigkeitszielen. Das gemeinsame Projekt »Lernorte für morGEN« des Ökodorfnetzwerkes GEN Deutschland e. V. (Global Ecovillage Network) und des Umweltbundesamts UBA überträgt durch partnerschaftliche Kooperationen mit Ökodörfern die über Jahrzehnte entwickelten Instrumente und Methoden des Ökodorfnetzwerkes GEN auf gewachsene Dörfer, beispielsweise eine Nachhaltigkeitsevaluierung und einen Nachhaltigkeitsplan. In den Nachhaltigkeitsplänen werden gemeinsam mit den Bürgerinnen und Bürgern konkrete Projekte wie »Mitfahrbänkle« und Dorfgemeinschaftsräume entwickelt und umgesetzt. Mit »Lernorte für morGEN« entsteht eine Plattform für nachhaltige Bildungs- und Entwicklungsformate aus Orten und Dörfern des Wandels.[21]

Das oben und in Kapitel elf schon geschilderte Konzept »Global Nachhaltige Kommune« wird im Saarland in modifizierter Form auch für Gemeinden umgesetzt. An die Stelle eines umfassenden Nachhaltigkeitsmanagementzyklus treten die drei Schritte einer Bestandsaufnahme und Analyse zu ausgewählten Themenfeldern der Nachhaltigkeit in der Kommune als Analysebericht, darauf aufbauend die Entwicklung konkreter Ziele und Projekte zur Umsetzung der 17 UN-Nachhaltigkeitsziele und die Konzeption und Fertigstellung eines kommunalen Aktionsprogramms in Abstimmung mit den kommunalen Gremien für die nächsten Jahre. Die Vorgehensweise zeigt deutliche Übereinstimmungen mit der Vorgehensweise der Agenda 21 in Oberösterreich besonders durch die Verbindung von umfassenderen Strategien und konkreten Projekten. Mit Bezug zur Global Nachhaltigen Kommune und den 17 UN-Nachhaltigkeitszielen wählt die nordhessische Kleinstadt Witzenhausen hier einen eigenen interessanten Weg.

Die Stadt **Witzenhausen** startet entgegen der klassischen Strategieentwicklung mit ihrem »Fahrplan für eine zukunftsfähige Kommune.– auf nach 2030« nicht mit Visionen und Zielen, sondern direkt mit Projekten und Maßnahmen. Kerngedanke des Prozesses ist, im Rahmen einer durch die Stadtgesellschaft offenen Mitgestaltung konkrete Projekte für mehr Nachhaltigkeit zu erarbeiten, was in einem Zukunftsforum und Projektwerkstätten geschieht. Der Fahrplan ist wie der Prozess dynamisch, um sich den stets ändernden Rahmenbedingungen anpassen zu können. Dabei werden schon bestehende Konzepte, Strukturen und Ziele von Stadt und Stadtgesellschaft aufgegriffen. Acht Handlungsfelder decken alle 17 UN-Nachhaltigkeitsziele ab. Aufbauend auf den gemachten Projektvorschlägen, werden Projekte, Maßnahmen und Ziele definiert. Anschließend werden Projekte wie eine sozialökologische Beschaffung, ein Solarleuchtenprojekt für Uganda oder lokale und regionale Lebensmittel in Gemeinschaftsverpflegungen umgesetzt.[22]

Seit Oktober 2020 bietet die Kommunale Umwelt-AktioN (UAN) mit dem Projekt »Kommunale Nachhaltigkeit Niedersachsen« interessierten Kommunen eine maßgeschneiderte Begleitung an, um eine individuelle Nachhaltigkeitsstrategie zu entwickeln. Nach einer Auftaktveranstaltung erfolgen Bestandsaufnahmen durch die neu gegründeten lokalen Arbeitsgruppen. Sie zeigen, welche Nachhaltigkeitsaktivitäten, Projekte, Initiativen und Aktionen vor Ort bereits bestehen. Nach der Ermittlung von Handlungsbedarfen und -wünschen werden individuelle, auf die Kommune zugeschnittene Zielvereinbarungen formuliert. Es werden jeweils vier oder fünf Themenschwerpunkte ausgewählt, die die Kommunen in den nächsten Jahren vorrangig bearbeiten. Ein Netzwerk bietet Austauschmöglichkeiten. Die Kommunen werden mit einem Nachhaltigkeitslabel ausgezeichnet.[23]

Ebenfalls in Niedersachsen wird im Projekt »Soziale Dorfentwicklung« die Einbindung sozialen Kapitals und Engagements untersucht. Eine wichtige Rolle dabei spielen in Schulungen qualifizierte Ehrenamtliche als »Dorfmoderatorinnen und Dorfmoderatoren«, die bereits in einem landesweiten »Netzwerk Dorfmoderation« und dem »Landesverband EngagementModeration Niedersachsen e. V.« organisiert sind. Sie unterstützen Initiativen oder Einzelpersonen in ihrem Engagement. Sie organisieren und moderieren vor Ort Prozesse, initiieren und begleiten Projekte.

Auch in anderen Bundesländern gibt es diese Dorfmoderation und andere Ansätze zur Förderung von Engagement und Beteiligung in Gemeinden und kleinen Städten. In Bayern bietet das Zentrum für nachhaltige Kommunalentwicklung ein breites Veranstaltungsangebot. So können sich Gemeinden in Kommunalzirkeln in einer Reihe von Veranstaltungen zu Fragen nachhaltiger, vorausschauender Kommunalentwicklung wie Ehrenamt und Beteiligung austauschen. Seit dem Jahr 2015 unterstützt und vernetzt die »Dorfbewegung Brandenburg« Dörfer auf ihrem Weg in die Zukunft. Mit Dialogformaten wie dem »Parlament der Dörfer« fördert sie den Austausch zwischen den Dörfern. Nachhaltige Gemeinden werden auch durch »Brandenburg 21« vernetzt und unterstützt. In Baden-Württemberg unterstützen das »Gemeindenetzwerk« und die »Allianz für Beteiligung« Kommunen und zivilgesellschaftliche Akteure beim Ausbau von Bürgerengagement und Bürgerbeteiligung durch Beratung, Veranstaltungen, Vernetzung und finanzielle Förderungen.[24]

Mit seinem Buch *Rettet die Demokratie. Eine überfällige Streitschrift* erregt der Bürgermeister der sächsischen Kleinstadt Augustusburg Dirk Neubauer im Mai 2021 bundesweit Aufsehen und zeigt Möglichkeiten auf, dem Populismus und der Politikverdrossenheit entgegenzuwirken. Gemeinsam mit den Menschen soll vor Ort ein Zuhause entwickelt werden. Dazu sollen echte Möglichkeiten angeboten werden, bürgerschaftliches Engagement in konkreten Projekten und abrechenbaren Vorhaben zu entwickeln. Die bisher nur für Vereine bei konkreten Vorhaben mögliche Unterstützung soll auf alle Bürgerinnen und Bürger erweitert werden.

Im März 2018 startet die knapp 5000 Einwohnerinnen und Einwohner zählende Stadt **Augustusburg** mit einer Auftaktveranstaltung ihr Vorhaben »Bürgerprojekte«. Die Stadt stellt den Bürgerprojekten eine eigene Webpräsenz »meinaugustusburg.de« zur Verfügung, über die die Bürgerinnen und Bürger mit der einzigen Voraussetzung der Registrierung ihres Klarnamens frei verfügen können. Mitmachen können jede Bürgerin und jeder Bürger sowie Vereine mit ihren Ideen, um die Stadt lebenswerter zu machen. Die Idee soll in einem kleinen Konzept zusammengefasst und mit einer Kostenschätzung und der Eigenleistung der Antragsteller beschrieben werden. Alle Ideen werden online gestellt. Sie können dort bewertet und kommentiert werden. Interessierte können sich auf dieser Plattform austauschen und einem Projekt anschließen. Um finanziert zu werden, muss jedes Projekt von mindestens 40 Bürgerinnen und Bürgern der Stadt unterstützt werden, die dies mit Namen und Adresse belegen. Je mehr Unterstützung ein Projekt bekommt, desto besser ist sein Platz im Ranking des jeweiligen Jahres und desto größer die Wahrscheinlichkeit, Gelder zu erhalten. Abstimmen muss über die Förderung aus öffentlichen Geldern letztendlich der Gemeinderat im Rahmen einer öffentlichen Sondersitzung, wo die Einreichenden ihre Ideen nochmals vorstellen. Diese Sitzungen sind die mit Abstand am besten besuchten. In den ersten beiden Jahren konnten 16 Projekte unterstützt und davon 14 umgesetzt werden.

Dirk Neubauer weist darauf hin, dass dies über den klassischen Bürgerhaushalt hinausgeht, wo Bürgerinnen und Bürger eigenverantwortlich über kleine Budgets entscheiden oder auswählen, welchen Projektvorschlag sie unterstützen. In Augustusburg können sie eigene Vorschläge machen. Bürgerbudgets als Variante des Bürgerhaushalts haben in den letzten Jahren in Deutschland besonders in Berlin und Brandenburg einen deutlichen Aufschwung erfahren. Im Jahr 2018 sind 32 der insgesamt 78 Bürgerhaushalte in Deutschland Bürgerbudgets.[25]

Gemeindeverbünde und ländliche Räume
für nachhaltige Entwicklung

Schon in der Anfangsphase der Lokalen Agenda 21 gibt es Zusammenschlüsse von Gemeinden und kleinen Kommunen, um gemeinsam eine nachhaltige Entwicklung umzusetzen. Dadurch sollen vor allem gemeinsame Anlaufstellen und Projekte möglich werden, die die Gemeinden alleine nicht leisten können. Diese Ansätze können sich leider nicht verstetigen oder weiterverbreiten. Im Jahr 2014 schließen sich fünf Gemeinden in einem vom Land geförderten Pilotprojekt zur ersten Nachhaltigkeitsregion in Baden-Württemberg zusammen, der weitere folgen. Wenn auch ohne ausdrücklichen Bezug zur Agenda 2030, aber mit Bezug zur Nachhaltigkeit zeigt auch ein länderübergreifender Zusammenschluss von Kommunen in Thüringen und Oberfranken, wie eine nachhaltige Entwicklung im ländlichen Raum mit der Bevölkerung vorangebracht wird.

Als Beispiel dafür können dafür auch die von der Europäischen Union geförderten »LEADER-Regionen« zur Regionalentwicklung dienen. Sie sollen den Menschen in ländlichen Räumen ermöglichen, ihre Region gemeinsam weiterzuentwickeln. Eine besondere Rolle spielen dabei die Lokalen Aktionsgruppen aus Vertretern unterschiedlicher Bereiche. Sie bestimmen den LEADER-Prozess in den Regionen und entscheiden auch, welche Projekte gefördert werden. Als Orientierung dient die Lokale Entwicklungsstrategie mit definierten Zielen für die Region. Im Jahr 2020 gibt es in Deutschland 321 LEADER-Regionen, europaweit sind es knapp 3000.

Im Zusammenhang mit Kommunen und Zivilgesellschaft geht es im Folgenden um die Unterstützung örtlicher und die Initiierung gemeinsamer Aktivitäten, nicht um strategische Nachhaltigkeitsprozesse auf regionaler Ebene. Dabei zeigt sich, wie notwendig eigene lokale Aktivitäten auch über die regionalen Initiativen hinaus weiterhin sind.[26]

Die fünf Gemeinden **Aldingen**, **Deißlingen**, **Denkingen**, **Frittlingen** und **Wellendingen** in Baden-Württemberg mit zusammen rund 21.000 Einwohnerinnen und Einwohnern schließen sich im Jahr 2014 zur **N!-Region FÜNF G** zusammen und werden als erste Nachhaltigkeitsregion vom Land gefördert. Sie soll vor allem gemeinsame kommunenübergreifende Nachhaltigkeitsprojekte ermöglichen, die die Gemeinden alleine nicht durchführen können. Nach einer gut besuchten Auftaktveranstaltung im Juni 2015 werden eine Steuerungsgruppe und eine Geschäftsführung eingerichtet. Anfang 2017 erscheint der erste gemeinsame Nachhaltigkeitsbericht. Er zeigt die vielen eigenen Aktivitäten in den Gemeinden, die fortgeführt oder, wenn möglich, auch zusammengeführt werden sollen. So ist die seit dem Jahr 2011 aktive Bürgerenergiegenossenschaft Deißlingen neun Jahre später auf fast 400 Mitglieder angewachsen und betreibt sieben Photovoltaikanlagen. Nachdem in Deißlingen schon ein E-Mobil im Einsatz ist, wird in jeder Gemeinde ein weiteres Fahrzeug angeschafft. Sie können im Projekt »Spurwechsel« von Bürgerinnen und Bürgern mit einem Fahrer über einen Nachbarschaftshilfeverein beispielsweise für Arztbesuche oder Besorgungen gebucht werden. Ein weiteres Mobilitätsprojekt sind »Mitfahrbänkle« als kostenlose Mitfahrgelegenheit, für die es auch eine App und Social-Media-Gruppen gibt.[27]

Die **Initiative Rodachtal e. V.** besteht seit dem Jahr 2001 als Zusammenschluss von fünf südthüringischen und sechs oberfränkischen Gemeinden mit einer eigenen Geschäftsstelle. Mitglied im über 50.000 Einwohnerinnen und Einwohner umfassenden Bündnis sind auch die Landkreise Coburg und Hildburghausen. Dabei bemühen sich Bürgerinnen und Bürger ebenso wie Akteure aus Politik, Verwaltung und Wirtschaft um eine zukunftsorientierte Gestaltung der Region. Die Initiative Rodachtal versteht sich als Kristallisationspunkt aller Aktivitäten für eine nachhaltige Entwicklung und Stärkung der regionalen Identität. »Engagiertes Rodachtal« als eines von sechs Leitprojekten fördert bürgerschaftliches Engagement. Seit dem Jahr 5017 unterstützt der aus Fördermitteln gespeiste Kleinprojektefonds »5 für 500« unbürokratisch ehrenamtliche Projekte. Dabei müssen sich fünf Personen für das Projekt ehrenamtlich engagieren und 20 Prozent der Kosten als Eigenanteil aufbringen. Im Jahr 2021 können von insgesamt 74 Einsendungen 60 Projekte gefördert werden. Beispiele sind das aus dem Bad Rodacher Ortsteil Elsa stammende Carsharingprojekt engagierter Bürgerinnen und Bürger »E-Dorfauto« oder das Projekt »Pflückmich«. Das gemeinsame Projekt von Bürgermeister und Bürgerstiftung Bad Rodach kennzeichnet Obstbäume, die kostenlos beerntet werden dürfen und auch auf der Onlinekarte »mundraub.org« abrufbar sind.[28]

Diese Region überschneidet sich teilweise mit der **LEADER.Region Coburger Land**. Als ein Projekt wurde dort zur Förderung des bürgerschaftlichen Engagements ein auch aus Fördermitteln gespeister Kleinprojektefonds ins Leben gerufen. Im Jahr 2020 werden Projekte wie ein Ökologischer Lehr- und Schaugarten einer Pfadfinderschaft oder die Einrichtung eines »Umsonstladens« der Transition-Initiative Coburg gefördert, der auch Anlauf- und Informationsstelle für alle Akteure der Nachhaltigkeit sein soll.[29]

Die Beispiele zeigen vor allem, wie wichtig unbürokratische Kleinprojektefonds oder ähnliche Förderungen gerade für kleine Kommunen und den ländlichen Raum sind. Ansonsten wären solche Projekte kaum realisierbar. Sie zeigen auch, dass viele oft nur aus größeren Kommunen bekannte Ansätze sehr pragmatisch und lebensnah auch in Kleinstädten und Dörfern umsetzbar sind, wo das ehrenamtliche Engagement eine besonders große Rolle spielt: Beispiele sind eine Bürgerstiftung und Aktionen gegen Lebensmittelverschwendung in der Kleinstadt Bad Rodach mit rund 6400 Einwohnerinnen und Einwohnern, wo es in einem Ortsteil mit 300 Einwohnerinnen und Einwohnern die oben geschilderte Carsharinginitiative mit einem E-Mobil oder in einem anderen Ortsteil mit 800 Einwohnerinnen und Einwohnern eine ehrenamtlich betriebene Secondhand-Kleiderkammer gibt. Solche Beispiele können durch regionale Strukturen auch gut weiterverbreitet werden, um von der Nische in den Mainstream zu gelangen, was auch eine wichtige Aufgabe einer regionalen Nachhaltigkeitstransformation darstellt.[30]

Nachhaltige Landkreise

Im Projekt »Global Nachhaltige Kommune« in Nordrhein-Westfalen sind im Oktober 2021 vier Kreise aktiv. Auch weitere Landkreise erneuern mit Bezug zur Agenda 2030 und zu den 17 UN-Nachhaltigkeitszielen ihre früheren Aktivitäten im Rahmen der Lokalen Agenda 21. Im Folgenden geht es um die Unterstützung örtlicher und die Initiierung gemeinsamer Aktivitäten besonders mit der Zivilgesellschaft. Umfassende Nachhaltigkeits-konzepte der Landkreise, in deren Rahmen diese Aktivitäten stattfinden, werden nur am Rande erwähnt.

Der **Kreis Unna** knüpft mit der Teilnahme am Projekt »Global Nachhaltige Kommune« an seine bisherigen und langjährigen Aktivitäten im Rahmen der Lokalen Agenda 21 und der Fördermaßnahme »Zukunftswerkstatt« an. Aufbauend auf den Beteiligungsstrukturen seiner ersten Nachhaltigkeits-strategie, werden Themen und Beteiligung erweitert. Mit Bezug zur Agenda 2030 zu den 17 UN-Nachhaltigkeitszielen wird das neue Themenfeld »Glo-bale Verantwortung und Eine Welt« bearbeitet. Dies geschieht gemeinsam mit den hier bereits engagierten Akteuren und in Zusammenarbeit mit den Eine-Welt-Promotorinnen des Informationszentrums Dritte Welt e.V. Im Jahr 2017 finden erstmals umfassende Netzwerktagungen aller hierzu aktiven Institutionen und Gruppen im Kreis wie Eine-Welt-Läden, Fairtrade Towns, Eine-Welt-Initiativen oder den Gebietskörperschaften statt. Vereinbart werden dabei eine stärkere Vernetzung und ein gemeinsames Vorgehen für die künftige Arbeit. Der dritte Nachhaltigkeitsbericht im Jahr 2018 benennt dafür als Ziele die Stärkung der fairen und nachhaltigen Beschaffung, die Unterstützung von Kampagnen wie FaireKITA, Fairetrade Schools und Fairtrade Towns sowie die Vertiefung des Themas »Globale Verantwortung und Eine Welt« im Rahmen der Bildung für nachhaltige Entwicklung und schulischen Ausbildung.[31]

Der **Landkreis Amberg-Sulzbach** ist seit 1998 für die Lokale Agenda 21 aktiv und schafft sich dabei Strukturen, die über die Jahre hinweg ausgebaut wer-den. Einen herausragenden Stellenwert nimmt der Agenda-21-Beirat ein. Ein Aktionsprogramm und ein Leitbild werden 2016 im Rahmen eines neuen Aktionsprogramms fortgeschrieben. In Nachfolge des Agenda-21-Beirats wird ein Rat für Nachhaltige Entwicklung (Nachhaltigkeitsrat) geschaffen, dessen Mitglieder der Kreistag auf Vorschlag des Landrats beruft. Arbeits-gruppen bearbeiten Themenfelder, jährlich findet eine Nachhaltigkeitskon-ferenz mit breiter Beteiligung der Zivilgesellschaft und der Fachöffentlichkeit statt. Der Landkreis fördert Projekte, die die Ziele des Leitbilds unterstützen.

Antragsberechtigt sind Kommunen, Institutionen, Vereine und Verbände aus dem Landkreis. Die Entscheidung über die geförderten Projekte trifft der zweimal jährlich tagende Nachhaltigkeitsrat. Ein Beispiel sind Fahrradständer für das neu gestaltete Kultur- und Begegnungszentrum, an denen die Besucherinnen und Besucher den Akku ihres E-Bikes aufladen können. Diese Ständer stellt ein Radfahrerverein in Eigenleistung her.[32]

Regionale Nachhaltigkeitsnetzwerke der Zivilgesellschaft

Auch zivilgesellschaftliche Initiativen und Netzwerke für eine nachhaltige Entwicklung sind auf regionaler Ebene aktiv. Sie decken von Internetplattformen zur Darstellung und zum Austausch bis hin zu ausgebauten Netzwerkstrukturen mit Beratung, Unterstützung, Vernetzung, Veranstaltungen und gemeinsamen Initiativen eine große Bandbreite an Aktivitäten ab. Eine weitverbreitete Variante sind regionale Konsumführer und Plattformen, die oft auch Metropolregionen oder die Region um Städte herum erfassen und über Einkaufsmöglichkeiten hinaus auch Initiativen und Aktivitäten enthalten. Das Internet ist hierbei wichtiges Hilfsmittel, wozu Instrumente wie die »Karte von morgen« angeboten und stark genutzt werden.

Einen wesentlichen Schwerpunkt bildet die Darstellung und Verbreitung oft kleiner, örtlicher Initiativen mit entsprechenden kurzen Porträts und Links. Dadurch werden sowohl Öffentlichkeitswirkung als auch Erfahrungsaustausch und Vernetzung dieser Gruppen gefördert. Die Themen umfassen dabei das gesamte Spektrum einer nachhaltigen Entwicklung, wobei das gemeinsame aktive Wirken für eine sozialökologische Transformation betont wird. Auch die dargestellten und eingebundenen Akteure sind äußerst vielfältig und erfassen von kleinen Gruppen über große Institutionen bis zu Wirtschaftsbetrieben und Kommunen alle Akteure, die sich für gesellschaftlichen Wandel engagieren. Auffällig ist die durchgängig hohe Qualität der sehr ansprechenden, lebendigen und professionell gemachten Darstellung dieser Initiativen im Internet, die zum Mit- und Selbermachen einlädt.[33]

Der gemeinnützige Verein »wirundjetzt« mit im Oktober 2021 etwa 90 Mitgliedern ist seit dem Jahr 2010 als Initiative in der Bodenseeregion aktiv, ein Jahr später erfolgt die Gründung des Vereins. Ziel ist, Nachhaltigkeit in der Region **Bodensee-Allgäu-Oberschwaben** zu fördern und Menschen zu begeistern, dafür selbst die Initiative zu ergreifen und Verantwortung zu übernehmen. In der Praxis geschieht dies durch Aufklärung, Vernetzung von Interessierten und das Realisieren oder Anstoßen von Projekten. Information und Aufklärung erfolgen persönlich über Veranstaltungen und Vorträge, einen elektronischen Newsletter, Social Media, die Homepage und ein »Telegramm« als »wirundjetzt-Community« zum Austausch und zur Diskussion. Die Vernetzung erfolgt durch Mitmachkonferenzen, eine Bürgerkarte als erweiterte Kundenkarte zum Aufbau eines Bürgervermögens zur Förderung von nachhaltigen Aktivitäten und einen Gemeinschaftsgarten. Die Homepage enthält Porträts zahlreicher Initiativen sowie Netzwerkpartnerinnen und -partner zur Wandelbewegung allgemein, zu Landwirtschaft und Ernährung, zu nachhaltigem Wirtschaften und alternativen Geldsystemen sowie zu Ökodörfern und Lebensgemeinschaften. Als Unterstützung werden für Initiativen Seminare und Beratungen sowie Partnerprojekte angeboten.

Nachhaltige Verwaltung: Megathema Beschaffung

In der bundesweiten Befragung »Kommunale Nachhaltigkeitssteuerung« in Kommunen mit mehr als 40.000 Einwohnerinnen und Einwohnern sowie größeren Landkreisen aus dem Jahr 2012 benennen 65 Prozent das Thema Beschaffung als wichtigste Querschnittsaufgabe, in der bereits Nachhaltigkeitsvorhaben umgesetzt werden. Bei der ähnlichen Befragung in Baden-Württemberg drei Jahre später gibt es in über 80 Prozent der Kommunen mit über 20.000 Einwohnerinnen und Einwohnern Beschlüsse, Dienstanweisungen und Maßnahmen für eine nachhaltige Beschaffung nach ökologischen und sozialen Kriterien. Nicht nur deshalb ist dieses Thema, das schon in vielen Leitfäden zur Lokalen Agenda 21 als Schwerpunkt auftaucht, von besonderer Bedeutung für eine nachhaltige Entwicklung der Gesellschaft insgesamt.

Nach (allerdings unterschiedlichen) Angaben umfasst das öffentliche Beschaffungswesen von Bund, Ländern und Kommunen mit einem Volumen von über 400 Milliarden Euro pro Jahr etwa 13 Prozent des Bruttosozialprodukts. Die Kommunen haben dabei einen Anteil von etwa 50 Prozent. Sie können damit ganz wesentlich zur Förderung nachhaltiger Produkte und eines nachhaltigen Warensegments in der Wirtschaft beitragen.

Kommunen können mit einer nachhaltigen Beschaffung ihre Vorbildfunktion für einen nachhaltigen Konsum der Bevölkerung offensiv und öffentlichkeitswirksam nutzen. Wie in Kapitel fünf dargestellt, sind »eigene« Stadt- und Agendakaffees eines der erfolgreichsten Projekte der Lokalen Agenda 21, die mit »Stadtschokoladen« ihre Fortsetzung finden. Kommunen unterstützen meist in Zusammenarbeit mit den örtlichen Weltläden biofaire Produkte, die mit Namen und Logo einen Bezug zur Stadt herstellen, was den Absatz deutlich erhöht. Auch durch die Gestaltung ihrer Auszeichnungen, Geschenke und Präsentkörbe können Kommunen Nachhaltigkeit ohne großen Aufwand praktizieren und die Bevölkerung dafür gewinnen.[34]

Der schon seit den Anfängen der Lokalen Agenda 21 aktive und inzwischen auch als Fairtrade-Landkreis ausgezeichnete **Enzkreis** vertreibt gemeinsam mit örtlichen Anbietern die mit dem Logo »regio-bio-fair« versehene »Enzkreis-Genusskiste«. Sie kann aus hochwertigen regionalen Lebens- und Genussmitteln und Waren aus fairem Handel individuell zusammengestellt werden. Sie ist auch besonders gut für Firmen und Privatpersonen als attraktive und nachhaltige Geschenkidee geeignet. Sie wird ergänzt durch einen Einkaufsführer für regionale und faire Produkte, der als Download auf der Homepage des Landkreises oder als Broschüre im Landratsamt und in den Rathäusern zur Verfügung steht.

Als erster Fairtrade-Landkreis in Bayern ist auch der **Main-Spessart-Kreis** schon lange in der Lokalen Agenda 21 aktiv und fördert zwei eigene nachhaltige Produkte. Der Agenda-21-Arbeitskreis Soziales hat zusammen mit der Streuobstinitiative Main-Spessart, den regionalen Weltläden sowie der Fairtrade-Genossenschaft WeltPartner in Ravensburg den auch andernorts sehr erfolgreichen »Apfel-Mango-Saft« auf den Weg gebracht. Diese

Mischung aus ungespritztem Streuobst aus der Region und unbehandelten Mangofrüchten von philippinischen Kleinbauern wird mit Stand Juni 2020 in über 20 Betrieben des Landkreises verkauft oder ausgeschenkt. Als zweites Produkt lässt die Fairtrade-Steuerungsgruppe des Landkreises den fairen »Main-Spessart-Ball« im Landkreisdesign und dem Aufdruck »Main Spessart spielt fair« produzieren. Er wird in zwei Varianten für Fußballjunioren und einem internationalen Normen entsprechenden Ball über die Weltläden im Landkreis vertrieben.[35]

Für die Umsetzung einer nachhaltigen Beschaffung in den Kommunen gibt es seit dem Jahr 2009 eine sichere Rechtsgrundlage, einen inzwischen sehr großen Erfahrungsschatz und viele Unterstützungen durch die bundesweite Kompetenzstelle Nachhaltige Beschaffung und andere Einrichtungen. Anders als das Themenfeld nachhaltige Entwicklung ist die Beschaffung keine neue Aufgabe, sondern laufendes Tagesgeschäft und braucht kein neues Personal. Die bisher hier tätigen Personen müssen lediglich qualifiziert werden. Dafür braucht es eigene und auf diese Zielgruppe, die nicht per se mit dem Thema Nachhaltigkeit befasst ist, zugeschnittene Angebote.

Mit einer »Schulungsoffensive nachhaltige Beschaffung« hat das Land Baden-Württemberg in den Jahren 2018 und 2019 die Beschafferinnen und Beschaffer aller öffentlichen Einrichtungen als Zielgruppe angesprochen. Einer ersten Verbreitungsphase mit einer landesweiten Auftaktveranstaltung und regionalen Agendatagen mit grundlegenden Informationen folgte eine Vertiefungsphase mit Schulungsangeboten zu ausgewählten Produktgruppen, die in der ersten Phase von den Teilnehmerinnen und Teilnehmern in einer Umfrage erhoben wurden. Eine Verstetigungsphase mit regionalen und virtuellen Angeboten führt diese Aktivitäten weiter fort.

Als prioritäre Schulungsthemen stehen laut der dort durchgeführten Umfrage bei den Beschafferinnen und Beschaffern die Umsetzung einer nachhaltigen Beschaffung mit Informationen zu Rechtsgrundlagen und Siegeln sowie Papierprodukte und Büromaterial mit etwa zwei Dritteln der Nennungen deutlich an der Spitze. Etwa in der Hälfte der Antworten werden die Produktgruppen Fahrzeuge, Informationstechnik und Büromöbel genannt. Es folgen die Themen Reinigungsdienstleistungen und -mittel, Textilien und

Lebensmittel.[36] Recyclingpapier wird damit zum Leitprodukt bei der Einführung einer nachhaltigen Beschaffung in den Kommunen, was besonders durch die »Initiative Pro Recycling-Papier IPR« mit ihrem bundesweiten Wettbewerb »Papieratlas« für Städte gefördert wird. Dort werden jährlich Mehrfachsieger, Jahressieger und Aufsteiger ausgezeichnet und zeigen, wie eine Beschaffungsquote von 100 Prozent Recyclingpapier erreicht und gehalten werden kann.

Die Stadt **Leverkusen** erreicht den ersten Platz im *Papieratlas 2021* und ist mit einer Recyclingpapierquote von 100 Prozent »Recyclingpapierfreundlichste Stadt«. Im Vergleich zum Vorjahr hat die Stadt Papier gespart und die Recyclingpapierquote in der Verwaltung konstant gehalten, was sie auch weiterhin tun will. Sie motiviert durch gezielte Aktionen öffentliche Einrichtungen zur Verwendung von Recyclingpapier mit dem Blauen Engel, auf dem auch die Publikationen der Stadt überwiegend gedruckt werden. Die Verwaltung kann auf einer verbindlichen Grundlage und Anweisung arbeiten. Der Oberbürgermeister geht mit gutem Beispiel voran und verwendet für seine gesamte Korrespondenz ausschließlich Recyclingpapier mit dem Blauen Engel.

Gleiche Aktivitäten verzeichnet die Stadt **Essen**, die im *Papieratlas 2021* die Liste der Mehrfachsieger anführt.

Aufsteiger des Jahres 2021 ist die Stadt **Oberhausen**. Sie kann innerhalb eines Jahres den Recyclingpapieranteil in der Verwaltung um gut 30 Prozentpunkte steigern, nach einer Steigerung von 53 Prozentpunkten im Vorjahr. Der Recyclingpapieranteil liegt damit bei gut 87 Prozent und zeigt, wie schnell auch große Verbesserungen möglich sind.[37]

Recyclingpapier bietet auch besonders für kleinere Kommunen und Gemeinden einen guten Einstieg in eine nachhaltige Beschaffung, die dann schrittweise und produktbezogen erfolgen kann.

Weitere Bausteine
für nachhaltige Kommunen

Laut den Befragungen und Untersuchungen der Bertelsmann Stiftung und des Instituts für den öffentlichen Sektor ist nach der Beschaffung das Thema Haushalt der wichtigste Querschnittsbereich, in den Nachhaltigkeitselemente in den Kommunen eingeführt werden. Etwa jede zweite, meist größere Kommune verknüpft Ziele oder Maßnahmen zur nachhaltigen Entwicklung mit dem Produkthaushalt, was allerdings meist nur ansatzweise erfolgt. Eine umfassende Verknüpfung durch einen kommunalen Nachhaltigkeitshaushalt befindet sich im Oktober 2021 noch im Modell- oder Pilotstadium, beispielsweise in Projekten der Landesarbeitsgemeinschaft Agenda 21 NRW (LAG 21). Nachhaltigkeit soll als Grundlage aller Finanzentscheidungen kassenwirksam werden. Dabei bildet der doppische Produkthaushalt den Rahmen für eine wirkungsorientierte Nachhaltigkeitssteuerung. Es werden kurz-, mittel- und langfristige Nachhaltigkeitsziele im üblichen Haushaltsverfahren beschlossen und die Zielerreichung über Kennzahlen und Indikatoren jährlich offengelegt. Das Modellprojekt legt dabei einen Schwerpunkt auf die bestehenden kommunalspezifischen Abläufe und Strukturen, um Parallelstrukturen und -prozesse zu vermeiden. Die Vorgehensweise wird an die spezifischen örtlichen Gegebenheiten angepasst. Umfassende kommunale Nachhaltigkeitsstrategien bilden eine wichtige Grundlage, alternativ können übergeordnete Nachhaltigkeitsstrategien als Bezug dienen.

In der Pilotkommune **Lüdenscheid** bestehen bei Projektbeginn bereits Zielsetzungen im Haushalt; diese sind jedoch nicht wirkungsorientiert und werden noch nicht zur Steuerung genutzt. Als steuerungsrelevante Position des Haushalts werden im Modellprojekt die Produktebene identifiziert und die strategischen Ziele, die operativen Ziele sowie die Indikatoren auf der Produktebene verankert. Für die beiden ausgewählten Pilotbereiche werden jeweils zwei strategische Ziele mit je einem oder zwei operativen Zielen und ein bis drei Indikatoren erarbeitet. Die Ziele sowie Kennzahlen und Indikatoren werden in den üblichen Haushaltsplan integriert und in die Produktblätter aufgenommen.[38]

Nachhaltigkeitschecks für politische oder Verwaltungsentscheidungen wendet laut den Ergebnissen der Bertelsmannstiftung nur jede zehnte Kommune häufig an, jede fünfte tut das manchmal, wobei sich die letzte Zahl mit den Ergebnissen der Umfrage in Baden-Württemberg deckt. Dort haben Nachhaltigkeitschecks eine längere Tradition. Nach vereinzelten Ansätzen in Gemeinden und Kommunen werden sie besonders im Rahmen der BodenseeAgenda 21 durch das »Unternehmen21« auch in Baden-Württemberg verbreitet.

Darauf aufbauend, entwickeln ab dem Jahr 2016 das Nachhaltigkeitsbüro der Landesanstalt für Umweltschutz (LUBW) und Kommunen des Städtetags Baden-Württemberg in Zusammenarbeit mit der Hochschule für öffentliche Verwaltung Kehl einen »Kommunalen N!-Check«, der nach einer umfangreichen Test- und Pilotphase als Handreichung für Kommunen erscheint. Der N!-Check enthält 20 Kriterien zu den vier Nachhaltigkeitsdimensionen Wirtschaft und Arbeit, Umwelt und Ressourcen, Soziales und Gesellschaft sowie Fernwirkungen. Diese können auf der nur eine Doppelseite umfassenden Vorlage per Markierung als fördernd, ohne Effekt oder hemmend klassifiziert und kurz erläutert werden. Am Schluss erfolgt eine kurze zusammenfassende Einschätzung. Die grafische Gestaltung des N!-Checks orientiert sich stark an der Stadt Augsburg, die wie andere Kommunen mit diesem Instrument arbeitet.

Als treibende Pilotkommune unterzieht die Stadt **Friedrichshafen** schon im »Unternehmen 21« den dortigen Sportpark einer Nachhaltigkeitsabschätzung und wiederholt dies zehn Jahre später im Rahmen des Pilotprojektes. In den Nachhaltigkeitsdimensionen Wirtschaft und Arbeit, Soziales und Gesellschaft sowie Fernwirkungen sind dabei die Effekte insgesamt positiv, besonders durch das verbesserte und generationsübergreifende Freizeitangebot für alle Bevölkerungsgruppen. Bei der Nachhaltigkeitsdimension Umwelt und Ressourcen überwiegen negative Effekte. Der Aufwertung einer städtischen Brachfläche stehen beispielsweise fördernde und hemmende Auswirkungen bei Klimaschutz und Klimaanpassung gegenüber. Über dieses Vorhaben hinaus findet der N!-Check in Friedrichshafen auch weitere Anwendung.[39]

Defizite
nachhaltiger Kommunalentwicklung

Zwei große Defizite für eine nachhaltige Entwicklung sind in den kommunalen Verwaltungen und in der Kommunalpolitik festzustellen. Nachhaltigkeit ist als Querschnittsthema kaum in der Verwaltung verankert. Nur in jeder vierzigsten Kommune gibt es laut der Erhebung der Bertelsmann Stiftung aus dem Jahr 2016 eine ressortübergreifende Arbeitsgruppe in der Verwaltung, die Aktivitäten der Ressorts auf Nachhaltigkeitsfragen abstimmt. Dies erfolgt vor allem in den Großstädten mit mehr als 100.000 Einwohnerinnen und Einwohnern, wo dies in jeder zehnten Kommune der Fall ist. Laut der Umfrage in Baden-Württemberg gibt es im Jahr 2015 dort in jeder zwölften Kommune über 20.000 Einwohnerinnen und Einwohnern umfassende Querschnittsstrukturen zur Nachhaltigkeit in der Verwaltung.

Das zweite große Defizit bildet das Thema Digitalisierung. Eine Untersuchung des Deutschen Instituts für Urbanistik (difu) kann im Jahr 2018 nur in einem Drittel der untersuchten 200 größten Städte Deutschlands gezielte und umfassende Aktivitäten als »Smart Cities« durch eine mit Informations- und Kommunikationstechnologien (IKT) unterstützte Stadtentwicklung feststellen. Die meisten Projekte konzentrieren sich auf Städte mit mehr als 100.000 Einwohnerinnen und Einwohner, in kleineren Kommunen sind nur noch vereinzelt entsprechende Projekte vorhanden.

Allerdings gibt es, wie im vorhergehenden Kapitel dargestellt, auch gute Ansätze zur Verbesserung in beiden Defizitbereichen. Im Projekt »Global Nachhaltige Kommune« werden in der Verwaltung Kernteams aus verschiedenen Dezernaten und Fachämtern zur Koordination des Prozesses gebildet. Sie können Ausgangspunkt für den weiteren Ausbau und die Verankerung von Querschnittsstrukturen zum Thema Nachhaltigkeit in den Kommunalverwaltungen sein. Das groß angelegte bundesweite Modellvorhaben zu Smart Cities erreicht auch mittlere und kleinere Kommunen (siehe hierzu auch Kapitel elf).[40]

FAZIT

Die Pyramide kommunaler Nachhaltigkeitsaktivitäten und Aktionsräume der Zivilgesellschaft

Erhebungen nach dem Jahr 2012 bestätigen zwei wichtige Erkenntnisse der Lokalen Agenda 21. Es gibt erstens weiterhin ein deutliches Größengefälle kommunaler Nachhaltigkeitsaktivitäten von Großstädten über mittelgroße Kommunen bis hinunter zu Gemeinden und Dörfern. Größere Kommunen sind nach wie vor nachhaltigkeitsaktiver als kleinere. Zweitens finden kommunale Nachhaltigkeitsprozesse auch weiterhin vorwiegend als einzelne Maßnahmen oder Projekte und deutlich weniger als umfassende Prozesse statt.

Bei umfassenden Nachhaltigkeitsprozessen ist der Ansatz »Global Nachhaltige Kommune« am stärksten verbreitet und könnte von größeren Kommunen in vereinfachter Form auch auf Gemeinden übertragen werden. Indikatorengestützte Nachhaltigkeitsberichte sind nach den bisherigen Erfahrungen besser als Bestandsaufnahme oder Statusbericht und weniger als Steuerungsinstrument geeignet. Die 17 UN-Nachhaltigkeitsziele sind für kommunale Nachhaltigkeitsziele ein häufiger Bezugspunkt. Sie dienen aber nicht als umfassende Rahmensetzung, da einzelne Ziele sinnvollerweise in die kommunalpolitischen Nachhaltigkeitsthemen und -strategien eingeordnet werden.

Wesentlich stärker als umfassende Nachhaltigkeitsprozesse werden auf kommunaler Ebene themenbezogene Konzepte umgesetzt. Dies umfasst mit den Schwerpunkten Klimaschutz und biologische Vielfalt zwei zentrale »Planetare Leitplanken« sowie das Thema Fairer Handel, wozu auch entsprechende kommunale Netzwerke aktiv sind.

Beim Schwerpunkt nachhaltig leben und nachhaltiger Konsum sind vor allem zivilgesellschaftliche Initiativen vor Ort die treibende Kraft, was sich besonders in vielen Sharinggruppen, Urban-Gardening-Projekten und Reparaturinitiativen niederschlägt. Die Förderung bürger- oder zivilgesellschaftlichen Engagements in diesen und anderen Bereichen durch die Kommunen bildet wie früher auch noch heute in der Lokalen Agenda 21 eine wichtige Form der aktiven Bürgerbeteiligung.

Zunehmend bilden sich auf örtlicher und regionaler Ebene zivilgesellschaftliche Vernetzungsstrukturen für eine sozialökologische Transformation. Dies reicht von digitalen Plattformen für die Öffentlichkeit über Kommunikationsnetze zum Erfahrungsaustausch bis hin zu gemeinsamen Aktionsnetzwerken. Eine wichtige Rolle spielen dabei auch gemeinsame Häuser und Treffpunkte.

Kleine Kommunen und Gemeinden sind bei Nachhaltigkeitsaktivitäten in Deutschland weiterhin deutlich unterrepräsentiert, obwohl es hierzu viele gute Ansätze gibt. Was im Vergleich zum erfolgreichen und schon lange aktiven »Agenda 21 Netzwerk Oberösterreich« fehlt, sind eine feste Struktur und die konstante Unterstützung örtlicher Aktivitäten durch die regionale Ebene über einen längeren Zeitraum.

Die vielen guten Projekte in Deutschland sollten zu festen, besonders regionalen Netzwerkstrukturen verdichtet und verstetigt werden. Auch die Qualifizierung ehrenamtlicher Prozessbegleiterinnen und -begleiter zur Unterstützung von Nachhaltigkeitsprozessen in kleinen Gemeinden ist ein wichtiger Bestandteil. Schon in der Lokalen Agenda 21 gab es dafür entsprechende Angebote.[41]

Als besonders wichtig und erfolgreich haben sich gerade für Gemeinden und den ländlichen Raum Kleinprojektefonds und ähnliche Ansätze bewährt. Sie ermöglichen auf örtlicher und regionaler Ebene die unbürokratische Finanzierung von kleinen Initiativen und Projekten, die nicht in die großen Fördertopfe passen. Bund und Länder könnten hier, wie schon teilweise geschehen, Komplementärfonds aufstellen, die von Regionen und Kommunen entsprechend mitfinanziert werden.

Zusammenschlüsse von Gemeinden zur gemeinsamen Umsetzung einer nachhaltigen Entwicklung sind erfolgreich, aber noch zu wenig verbreitet und sollten ausgebaut werden. Auf regionaler Ebene schafft auch die Zivilgesellschaft Vernetzungsstrukturen, die vor allem auch die kleineren Initiativen als Öffentlichkeits- und Vernetzungsplattform stärken sowie Möglichkeiten für gemeinsame Aktivitäten schaffen.

Umfragen und Erhebungen zeigen, dass die Beschaffung das häufigste und wichtigste Querschnittsthema zur Nachhaltigkeit in kommunalen Verwaltungen bildet. Es hat durch die Unterstützung nachhaltiger Waren und Produkte erhebliche Auswirkungen auf die Wirtschaft. Kommunen können ferner mit einer aktiven Vorbildrolle nachhaltiges Bewusstsein in der Bevölkerung fördern. Ein wichtiges Leitprodukt für eine nachhaltige Beschaffung bildet Recyclingpapier.

Weitere Instrumente wie Nachhaltigkeitshaushalte oder Nachhaltigkeitschecks für kommunale Vorhaben befinden sich im Oktober 2021 immer noch im Pilotstadium. Vor allem Nachhaltigkeitschecks können ohne großen Aufwand oder eine umfassende Nachhaltigkeitsstrategie wichtige einzelne Vorhaben der Kommune nachhaltig ausrichten. Die für kommunale Nachhaltigkeitsprozesse wichtige Verankerung von Nachhaltigkeit als Querschnittsaufgabe der gesamten Verwaltung ist bisher nur vereinzelt vorhanden. Auch das Thema Digitalisierung bildet einen weiteren Defizitbereich bei einer nachhaltigen Entwicklung und sollte auch für Themen wie Sharing oder nachhaltiger Konsum ausgebaut werden.

Insgesamt zeigen kommunale Nachhaltigkeitsprozesse im Oktober 2021 zwei signifikante Merkmale: Die Nachhaltigkeitsaktivitäten in allen Kommunen ergeben erstens als Gesamtbild die Form einer Pyramide. An der Spitze gibt es wenige Kommunen mit umfassenden Nachhaltigkeitsstrategien. Darunter kommen viele thematische Konzepte. Die unterste Ebene und breite Grundlage bilden die zahlreichen einzelnen Initiativen mit starker Beteiligung der Zivilgesellschaft. Wie schon in der Lokalen Agenda 21 sind zweitens Projekte das stärkste und prägende Element kommunaler Nachhaltigkeitsaktivitäten, auch in umfassenden Strategien.

Kommune und Region werden zum Aktionsraum für die vielfältigen Nachhaltigkeitsaktivitäten der unterschiedlichen Akteure, wobei die Zivilgesellschaft eine starke und treibende Rolle spielt. Dies gilt auch für Nachhaltigkeitsprozesse in Gemeinden und im ländlichen Raum mit einem starken ehrenamtlichen Engagement. Aktivitäten erfolgen teils alleine durch einzelne Initiativen, oft aber auch zusammen mit anderen oder als Gemeinschaftsinitiative.

Kapitel 13

Megathema Klimaschutz

Lokale Agenda 21,
Kommunen und Bürgerenergie

Wie die in Kapitel sechs ausführlich geschilderte Studie *Rio +20 vor Ort* feststellt, entwickelt sich die Lokale Agenda 21 vor allem durch sektorale Konzepte weiter, wobei der Klimaschutz eine große Rolle spielt. Zahlen hierzu finden sich in Kapitel zwölf. Auch durch die seit dem GAU im Atomkraftwerk Fukushima und mit der Energiewende vollzogene politische Rahmensetzung wird in Deutschland der Klimaschutz zu einem eigenständigen und beherrschenden »Megathema«, das auch auf kommunaler Ebene das Thema Nachhaltigkeit in den Schatten stellt. Dies wird durch die Bewegung Fridays for Future nach dem Pariser Klimagipfel im Jahr 2015 nochmals verstärkt. Allerdings setzt die Lokale Agenda 21 schon vorher wichtige Impulse für einen bürger- und zivilgesellschaftlichen Klimaschutz, die Nutzung von Solarstrom als »Bürgerenergie« und die Ansprache der Bevölkerung durch viele Projekte und Öffentlichkeitsaktionen. Ferner hat das Thema nachhaltige Mobilität in der Lokalen Agenda 21 mit vielen Projekten einen großen Stellenwert.

Klimaschutz als
Schwerpunkt der Lokalen Agenda 21

Klimaschutz und Energie sind nach den Erhebungen des Deutschen Instituts für Urbanistik (difu) im Jahr 1999 eindeutige Spitzenreiter bei den inhaltlichen Schwerpunkten der Lokale-Agenda-21-Prozesse in Deutschland. Sie werden von über 80 Prozent der Kommunen als Schwerpunkt genannt, und auch bei den umgesetzten Projekten liegen sie als Thema deutlich vorn, auch wenn dies nur gut jede zweite der antwortenden Kommune benennt.

Länderumfragen in Nordrhein-Westfalen und Baden-Württemberg zeigen, dass bei den eingerichteten Arbeitsgruppen und Fachforen der Schwerpunkt Energie und Klimaschutz zwar, auf alle Kommunen bezogen, nur an vierter oder fünfter Stelle steht. Wenn allerdings nach den umgesetzten Projekten und Erfolgen gefragt wird, ist er auch in Baden-Württemberg das meistgenannte Thema und rangiert auch in Bayern deutlich an der Spitze.

Wie eine Zusammenstellung der Agendaprojekte in Baden-Württemberg zeigt, liegen beim Schwerpunkt Klimaschutz und Energie zwei Themen deutlich an der Spitze: erstens die Förderung erneuerbarer Energien durch Bürger- und Gemeinschaftssolaranlagen, durch Solarinitiativen oder Netzwerke sowie durch Weltpartnerschaftsprojekte. Öffentlichkeitsarbeit als zweiter Schwerpunkt erfolgt vor allem durch Veranstaltungen, Infotage oder Aktionen. Hinzu kommen Publikationen und Energieberatung zum Schwerpunkt Energiesparen.

Zehn Jahre nach der Rio-Konferenz 1992 nennt das Deutsche Institut für Urbanistik (difu) in einer Untersuchung als Handlungsschwerpunkte der Kommunen im Klimaschutz die Durchführung von Energiesparprojekten, eine verstärkte Nutzung regenerativer Energien sowie Maßnahmen im Bereich Bauen und Mobilität. Ein weiterer zentraler Ansatz ist der Know-how-Transfer von Nord nach Süd. Weitere Maßnahmen sind Aktivitäten in den Bereichen Bildungs- und Öffentlichkeitsarbeit sowie zunehmend Klimaschutzkonzepte unter Einbeziehung des Themas Verkehr. Die Kommunalverwaltung ist ein wichtiger Akteur im kommunalen Klimaschutz, besonders beim Energiesparen, was der Deutsche Städte- und Gemeindebund und die kommunale Umweltaktion UAN schon in der Startphase der Lokalen Agenda 21 in einem Planungswegweiser hervorheben.

Wie bei den anderen Themen auch erfolgen die Klimaschutzaktivitäten in der Lokalen Agenda 21 vorwiegend projekt- und praxisbezogen. Sie zeichnen sich durch eine Vielfalt von Akteuren aus. Zur Kommunalverwaltung kommen noch externe Akteure wie Kirchen, Schulen und die Wirtschaft hinzu, mit denen eine Zusammenarbeit erfolgt. Besonders prägend sind das bürger- und zivilgesellschaftliche Engagement sowie seine Einbindung in die Kommunalpolitik.[1]

Bürgerschaftlicher
und partizipatorischer Klimaschutz

Susanne Stark zieht aus ihrer Studie *Zur Implementation der Lokalen Agenda 21 in Verwaltungshandeln am Beispiel Energie* schon im Jahr 1999 eine zentrale Schlussfolgerung zur Rolle der Kommunalverwaltungen in der Lokalen Agenda 21. Entscheidend ist, ob die Verwaltung ein neues Selbstverständnis des eigenen Arbeitsauftrages entwickeln kann, deren wichtigstes Kennzeichen es ist, »bürgerschaftliches Engagement als Ausdruck politischer Willensbildung anzuerkennen und zu befördern«. Notwendig dafür sind auch die erforderlichen Kenntnisse und Fähigkeiten, kommunale Klimaschutzprozesse mit Akteuren zu gestalten. Klimaschutzbeauftragte und in diesem Bereich Tätige verfügen meist über eine technische Ausbildung. Sie müssen durch Moderationsschulungen oft erst die nötige Qualifikation erhalten, Klimaschutz als Prozess unter Beteiligung verschiedener Akteure zu gestalten. Dies betrifft vor allem kleinere Formate der Beteiligung, für umfassende Prozesse werden meist externe Büros beauftragt.[2]

Die Bürgerinnen und Bürger bilden dabei die größte und wichtigste Zielgruppe. Für den Klimaschutz sind darüber hinaus eigenständig handelnde Akteure in diesem Bereich und Multiplikatoren für bestimmte Zielgruppen oder die ganze Bevölkerung von entscheidender Bedeutung. Dies umfasst die vielen Akteure wie Wirtschaft, Vereine und Verbände, Hochschulen und Bildungseinrichtungen, Kirchen, Lokale Energieversorger und kommunale Unternehmen sowie besonders die aktiven zivilgesellschaftlichen Gruppen und Initiativen.

Durch die Lokale Agenda 21 und andere Prozesse finden eine Vielzahl von Formaten zur Ansprache, Mitwirkung und Beteiligung für die Mitwirkung dieser Zielgruppen Anwendung:

◆ Beim Erstellen von Klimaschutzkonzepten kommen in der Startphase vor allem Auftaktveranstaltungen mit Workshops und Mitmachmöglichkeiten für eigene Vorschläge zur Anwendung, die mit den im Folgenden geschilderten Methoden ergänzt und durch Strukturen im späteren Verlauf verfestigt werden

◆ Institutionalisierte Strukturen stellen die Beteiligung für kommunale Klimaschutzprozesse auf feste Beine. Klimaschutzbeiräte oder -arbeitskreise binden alle wichtigen Akteure und deren Sachverstand als ständige Begleit- und Beratungsgremien ein.

◆ Die Bürgerinnen und Bürger werden in vielfältigen Formaten wie Bürgerversammlungen, Werkstätten oder Konferenzen beteiligt. Bürgerbefragungen und Bürgerentscheide finden bei neuen Energieanlagen Anwendung. Dazu können auch Bürgergutachten oder Projektchecks erstellt werden. Besonders für zwei Zielgruppen empfiehlt sich eine eigene Ansprache: Bei Jugendlichen können dies eigene »Jugendwerkstätten« oder »Jugendklimagipfel« sein, bei der Wirtschaft eigene Gesprächsformate oder Konvoiprojekte wie beispielsweise Energieeffizienznetzwerke.

◆ Die Kommune und andere Akteure können den Bürgerinnen und Bürgern Mitmachmöglichkeiten anbieten. Dies umfasst sowohl zeitlich begrenzte Aktionen wie Energietage oder Klimaschutzkampagnen als auch die aktive und finanzielle Beteiligung an Bürgerenergieanlagen. Interessierte können als Ehrenamtliche qualifiziert werden, um multiplizierend und aufklärend in der Bevölkerung für den Klimaschutz im Alltag zu werben.

Die Lokale Agenda 21 hat wesentlich zur Verbreitung und Anwendung dieser Formate für die Einbindung der Stadtgesellschaft auch beim Klimaschutz beigetragen, was viele Beispiele wie auch das folgende zeigen.[3]

Die Stadt **Karlsruhe** beschließt als erste Kommune in Baden-Württemberg im April 1995 eine Lokale Agenda 21 und beginnt den Prozess mit einem gemeinsamen Klimaseminar in Zusammenarbeit mit Nichtregierungsorganisationen. Nach weiteren Beteiligungsformaten beschließt der Gemeinderat im Oktober 1999 einstimmig das lediglich zehn Seiten lange Agenda-21-Konzept *Energie und globaler Klimaschutz*, das einen Zeitrahmen bis zum Jahr 2005 umfasst. Der Agenda-Arbeitskreis Energie nimmt eine Auswertung vor und unterbreitet zur Fortschreibung sein *Karlsruher Klimaschutzkonzept 2007*. Dieses bildet eine von mehreren Grundlagen für das *»Klimaschutzkonzept Karlsruhe 2009. Handlungsrahmen für den kommunalen Klimaschutz«*, das von einem Arbeitskreis Klimaschutz aus Gemeinderatsvertretern, städtischen Dienststellen und Gesellschaften sowie externen Einrichtungen oder Verbänden erarbeitet und einstimmig vom Gemeinderat beschlossen wird.

Neben regelmäßigen Fortschrittsberichten führt die Stadt zu seiner Weiterentwicklung im Mai 2013 eine von der Lokalen Agenda 21 vorgeschlagene Klimawerkstatt durch. Als eine der dortigen Forderungen wird im November 2015 ein Klimaschutzbeirat zur Begleitung der Karlsruher Klimaschutzpolitik mit zunächst 20 externen Vertreterinnen und Vertretern sowie Fachleuten eingerichtet. An seinen halbjährlichen Sitzungen können auch Gemeinderäte und Vertreter der Verwaltung teilnehmen. Im zivilgesellschaftlichen Bereich bilden sich im Jahr 2019 die ParentsforFuture, die als Arbeitskreis in die Lokale Agenda 21 aufgenommen werden. Im selben Jahr schließen sich rund 40 Initiativen, Gruppen und Organisationen zum »Karlsruher Klimabündnis« zusammen. Durch einen Beschluss zur Erklärung des Klimanotstands werden künftig alle kommunalen Maßnahmen bezüglich ihrer CO_2-Relevanz beziffert, bewertet und mindestens kompensiert. Nach einer intensiven Beteiligungs- und Diskussionsphase für Klimaschutzakteure und die Bevölkerung mit Veranstaltungen und Onlineangeboten beschließt der Karlsruher Gemeinderat im Mai 2020 mit großer Mehrheit als neue Klimaschutzstrategie das *Klimaschutzkonzept 2030*.[4]

Bürgerenergie:
Initiativen, Solaranlagen und Genossenschaften

Eine erste Bestandsaufnahme ermittelt im Jahr 2004 etwa 600 aktive Solarinitiativen in Deutschland. Eine vertiefende Studie im Jahr 2008 stellt fest, dass die meisten Gründungen zeitlich in engem Zusammenhang mit entsprechenden gesetzlichen Änderungen wie der Einführung oder Novellierung des Erneuerbare-Energien-Gesetzes (EEG) stehen. Rund die Hälfte der Initiativen ist als Verein organisiert, etwa ein Viertel arbeitet als Gruppe im Rahmen von Lokale-Agenda-21-Prozessen. Regional zeigt sich ähnlich wie bei der Lokalen Agenda 21 eine starke Konzentration auf die drei Bundesländer Baden-Württemberg, Bayern und Nordrhein-Westfalen. Initiatorinnen und Initiatoren sind meist Privatpersonen. Die Arbeit wird größtenteils ehrenamtlich geleistet. Viele Aktive haben einen beruflichen Hintergrund im Themenbereich Energie.

Als Arbeitsfeld steht die Information und Beratung deutlich an der Spitze, gefolgt vom Anstoß für Investitionsprojekte, die politische Einflussnahme sowie die Bildung von lokalen und regionalen Netzwerken. Fast alle Initiativen fördern die Anwendung der Photovoltaik, auch das Thema Energieeffizienz und -einsparung spielt eine große Rolle. Die größten externen Hemmnisse bilden die schwierige Motivation der lokalen Bevölkerung sowie die mangelnde Unterstützung durch die Behörden und die fehlende Kooperationsbereitschaft der Kommunalpolitik. Interne Hemmnisse sind besonders die zu geringen personellen und finanziellen Ressourcen. Die meisten Initiativen sind auf kommunaler Ebene tätig, gut die Hälfte auch im Landkreis. Fast zwei Drittel haben die Gründung weiterer Initiativen angestoßen, die meisten vernetzen sich besonders durch Konferenzen oder Tagungen.

In enger Abstimmung mit dieser bundesweiten Studie erfolgt Ende 2012 und Anfang 2013 eine Umfrage zu ehrenamtlichen Energieinitiativen in Baden-Württemberg, die zusätzlich die Zusammenarbeit mit der Kommunalpolitik enthält und eine neue Qualität der Organisation dieser Initiativen zeigt. Der besonders seit dem Jahr 2008 durch entsprechende gesetzliche Verbesserungen erfolgte Boom bei der Gründung von Energiegenossenschaften macht diese jetzt zur wichtigsten Organisationsform. Bürgerenergiegenossenschaften umfassen etwa 40 Prozent der Initiativen. Jede vierte Initiative ist als Lokale-Agenda-21-Arbeitskreis und jede sechste als Verein organisiert. Auch hier sind meist Privatpersonen die Mitinitiatorinnen und -initiatoren, jede vierte Initiative wird von kommunalen Verwaltungen mit angestoßen.

Zwei Schwerpunkte dominieren deutlich und gleichauf die Arbeit aller Energieinitiativen: Jeweils zwei Drittel nennen Information/Beratung sowie Investitionsprojekte in erneuerbare Energien/Energiesparen als ihre Aufgaben. Als weitaus wichtigste Form erneuerbarer Energie wird die Photovoltaik gefördert. Die Arbeitsschwerpunkte unterscheiden sich allerdings deutlich nach der Organisationsform: Bürgerenergiegenossenschaften setzen ihren Arbeitsschwerpunkt viel stärker auf eigene Erneuerbare-Energie-Anlagen und wesentlich weniger auf Aufklärung und Information der Bevölkerung. Bei Lokale-Agenda-21-Arbeitskreisen und Solarvereinen ist es umgekehrt. Ferner sind Bürgerenergiegenossenschaften wesentlich größer und vor allem personell viel stärker mit der Kommunalpolitik verknüpft: In jeder zweiten ist der örtliche Bürgermeister Mitglied. Insgesamt zeigt sich aber bei allen Initiativen eine gute Verbindung zur Kommunalpolitik: Nur in jeder vierten gibt es keine Vertreter aus Politik oder Verwaltung. Mehr als die Hälfte der Initiativen arbeitet regelmäßig mit der Kommune zusammen, fast alle anderen tun dies hin und wieder.[5]

Werden zwischen den Jahren 2009 und 2013 jährlich über 100 Bürgerenergiegenossenschaften in Deutschland gegründet, wird dieser Boom durch die Änderungen der gesetzlichen Rahmenbedingungen im Jahr 2014 gestoppt. Danach gibt es jährlich nur noch etwa 20 Neugründungen. Im Jahr 2020 hat eine Bürgerenergiegenossenschaft im Durchschnitt 260 Mitglieder, 95 Prozent davon sind Privatpersonen. Die von der Bundesgeschäftsstelle Energiegenossenschaften Ende 2021 erfassten etwa 835 Energiegenossenschaften stehen mit ihren 200.000 Mitgliedern für 2,9 Milliarden Euro Investitionen in erneuerbare Energien. Als Geschäftsfeld dominiert die Stromproduktion aus Photovoltaik. Weitere Geschäftsfelder sind die Stromlieferung, die Produktion von Windenergie sowie Energieberatung. Mit einigem Abstand folgen der Betrieb von Wärmenetzen, Energieeffizienz und die Elektromobilität. Als weitere Rechtsform hat neben den Genossenschaften die Gesellschaft mit beschränkter Haftung (GmbH) bei den Bürgerenergiegesellschaften insgesamt einen großen Stellenwert und nimmt auch wieder zu.[6]

Anhand von drei Pionierprojekten arbeitet eine Studie drei Kategorien von Erfolgsfaktoren für Bürgerenergieprojekte heraus:

- Personenbezogene Faktoren sind kommunikative Persönlichkeiten, die andere überzeugen und feste Kernteams um sich scharen. Man genießt Vertrauen nach innen und außen und ist auch als vorgelebtes Beispiel glaubwürdig. Man besitzt eine starke Beharrlichkeit und Optimismus, auch bei Rückschlägen setzt man die Arbeit fort. Dazu gehört auch, sich auf andere einzustellen, zuzuhören und Kompromisse einzugehen.

- Als innovationsbezogene Faktoren sind Vorzeigeprojekte und gute Beispiele besonders wichtig, die die Praktikabilität und den Nutzen veranschaulichen. Das Erlernen von Fachkenntnissen führt zur Professionalisierung. Netzwerkverbindungen tragen intensiv zur Verbreitung von Projekten bei. Beteiligungsmöglichkeiten und Offenheit sind zentrale

Erfolgsfaktoren und auch wichtige Voraussetzungen für neue Netzwerke und Kooperationen.

♦ Als externe Faktoren sind fördernde gesetzliche und politische Rahmenbedingungen nur eine hinreichende Bedingung, wichtig ist der soziale Kontext durch ein verändertes gesellschaftliches Bewusstsein. Politische Entscheidungsträger sind laut dieser Untersuchung zunächst Hindernis und später Erfolgsfaktor. Ereignisse wie der GAU im Atomkraftwerk Fukushima können Initiativen befördern, sind aber durch ihre Seltenheit als Faktor nicht genau erfassbar.

Auch für die durch diesen GAU in Deutschland ausgelöste Energiewende spielen die zivilgesellschaftlichen Initiativen und die lokale Ebene eine wichtige Rolle. Sie unterstreichen den Charakter des dafür notwendigen »Gemeinschaftswerks« und tragen entscheidend zur Verbreitung der erneuerbaren Energien bei.[7]

Die **Lokale Agenda 21 Heilbronn** startet im Jahr 1997 mit einem Initiativkreis und ersten regelmäßigen Treffen. Im Jahr 2012 wird der »AK Rat für Klimaschutz« als interdisziplinärer und offener Arbeitskreis der gesamten Lokalen Agenda 21 gegründet. Schwerpunkte sind auf Heilbronn bezogene Aspekte von Energiewende, Klimaschutz und nachhaltiger Stadtentwicklung sowie die dazugehörige Öffentlichkeitsarbeit in Form konkreter Projekte. Dies sind beispielsweise der »1. Klimagipfel Heilbronn« im Dezember 2015 gemeinsam mit dem Aktionsbündnis Energiewende und dem BUND, eine Austauschaktion für ältere Heizungsumwälzpumpen, die öffentlichkeitswirksame Teilnahme an den jährlichen Energiewende- und Nachhaltigkeitstagen gemeinsam mit anderen Akteuren oder das Bürgerprojekt »ProKlimaAktiv« für klimafreundliches Verhalten.

Die **Solarinitiative Ludwigsburg** wird im Herbst 2000 als gemeinnütziger Verein gegründet und ist in die Lokale-Agenda-21-Aktivitäten der Stadt eingebunden. Sie steht besonders für die Förderung von Bürgersolaranlagen als Gesellschaften bürgerlichen Rechts (Gb)R, die sich als ein Erfolgsprojekt der Lokalen Agenda 21 insgesamt erweisen und als »Agendaschneeball« über das ganze Land verbreiten. Der ersten Gemeinschaftssolaranlage im Jahr 2003 folgen neun weitere. Seit dem Jahr 2012 konnten aufgrund der stark gefallenen Einspeisevergütungen keine weiteren Gemeinschaftsanlagen mehr realisiert werden, da deren Wirtschaftlichkeit nur noch bei großen Anlagen gegeben ist. Durch die stark gefallenen Preise für Solaranlagen lohnen sich diese allerdings gut für Privatpersonen, die von der Solarinitiative ehrenamtlich beraten werden.

Der **Verein Metropolsolar** wird im Jahr 2006 als regionale Dachorganisation gegründet und vernetzt von **Mannheim** aus über 300 ehrenamtlich Aktive, Kommunen, Unternehmen sowie Mandatsträgerinnen und Mandatsträger mit dem Ziel 100 Prozent erneuerbare Energien bis zum Jahr 2030. Zu den Aktivitäten gehören Aufklärungsarbeit, praktische Informationen und Beratung, die Moderation von runden Tischen, die Organisation von Veranstaltungen, Konzept- und Organisationsentwicklungen sowie Wettbewerbe und Kampagnen. So unterstützt die Aktion »BürgerSolarBeratung« ehrenamtlich BürgerInnen und Bürger beim Anbringen von Photovoltaikanlagen auf ihren Dächern. Über das Metropolsolar-Gebiet hinaus wird die Entwicklung weiterer solcher lokalen Gruppen von der bestehenden Gemeinschaft aktiv und erfolgreich unterstützt.

Die **Energiegemeinschaft Weissacher Tal** wird von der Kommune Weissach im Tal und der örtlichen Raiffeisenbank im November 2008 als Genossenschaft gegründet. Treibende Kraft ist die Kommune, eine Pioniergemeinde der Lokalen Agenda 21 in Baden-Württemberg. Der Bürgermeister wird Aufsichtsratsvorsitzender, der Umweltbeauftragte der Gemeinde ist geschäftsführend tätig. Bis zum Juli des Jahres 2011 können zehn Photovoltaikanlagen realisiert werden, für die die Gemeinde mietfrei Dächer bereitstellt. Die Genossenschaft weitet ihre Geschäftsfelder ständig aus. Zur Errichtung und zum Betrieb von Photovoltaikanlagen hinzu kommen die Realisierung von Mieterstrommodellen, das Wärme- und Stromcontracting, der Vertrieb von 100 Prozent erneuerbarem Strom, die Beteiligung an Energieanlagen sowie der Bau und der Betrieb von Ladestationen für E-Mobile. Ferner werden in zwei Kundenanlagen Wohnungen mit Wärme und Strom aus Blockheizkraftwerk versorgt. Im September 2021 hat die Genossenschaft knapp 400 Mitglieder.

In der Schwarzwaldgemeinde **Pfalzgrafenweiler** gründen Bürgerinnen und Bürger im Jahr 2009 die **Genossenschaft WeilerWärme** für eine günstige, unabhängige und umweltfreundliche Wärmeversorgung der Mitglieder. Das Nahwärmenetz wächst im Lauf der Jahre und versorgt neben einem Großteil der privaten Haushalte im Ort auch öffentliche Gebäude. Über den Verbund der Dachgenossenschaft Bürgerwerke vertreibt die Genossenschaft Bürgerökostrom an Endkunden und arbeitet am Aufbau eines eigenen Stromnetzes, um die Mitglieder mit eigenem Ökostrom zu versorgen. Ein drittes Standbein ist seit dem Sommer 2014 die Marke »WeilerMobil« für den überschüssigen vor Ort erzeugten Ökostrom. Dabei werden Elektroautos und Elektrofahrräder an die Genossenschaftsmitglieder sowie Bürgerinnen und Bürger vermietet. Zudem werden im Ort die ersten vier Ladestationen installiert, und über ein einfaches Onlinebuchungsportal läuft ein gut angenommenes Carsharingangebot. Über private Nutzerinnen und Nutzer hinaus greifen darauf auch Unternehmen und Einrichtungen wie die örtliche Sozialstation zurück.[8]

Die Bevölkerung gewinnen:
Energietage und Kampagnen

Viele Projekte der Lokalen Agenda 21 zielen mit Öffentlichkeitsaktionen auf die Aufklärung und Überzeugung der Bevölkerung. Dies gilt vor allem für den Klimaschutz mit Veranstaltungen, Infotagen, Besichtigungen, Führungen, Solarspaziergängen oder Kampagnen. Eine der häufigsten Aktionsformen sind Energietage, die ihren Ursprung schon im Jahr 1996 zum zehnten Jahrestag des Unfalls im Atomkraftwerk Tschernobyl haben. Sie finden in Baden-Württemberg seit dem Jahr 2007 jährlich landesweit statt und haben Nachhaltigkeitstage als bundesweite und europäische Nachfolger.

Sie zeichnen sich durch eine große Vielfalt und Fantasie aus, die eine große Spannbreite von ganz einfachen bis zu sehr aufwendigen Aktionen umfassen. Die folgenden Schwerpunkte und Einzelaktionen zeigen erfolgreiche Beispiele aus den ersten zehn Jahren der landesweiten Energietage in Baden-Württemberg:

◆ Energietage finden als gemeinsame Infomärkte oder Energiemessen mit vielen Akteuren statt, die dort ihre Angebote präsentieren. Veranstaltungsorte sind Marktplätze, Fußgängerzonen, Hallen, Gewerbegebiete, Energieversorger oder Handwerkstage. Sie werden als Teilangebote in Messen oder auch in ein Shoppingcenter integriert. Veranstaltungsorte sind auch Schulen, Hochschulen, kirchliche Einrichtungen oder ein Feuerwehrhaus.

◆ Sehr beliebt sind Besichtigungen und Tage der offenen Tür besonders in Energieanlagen oder auch Energiesparhäusern, wo man die Energiewende hautnah und praktisch vor Ort erlebt. Für diese genauso einfache wie effektive Veranstaltungsform sind auch Autohäuser, Unternehmen und Handwerksbetriebe geeignet.

◆ Zum festen Angebot gehören geführte Touren und Besichtigungen von ausgewählten erneuerbaren Energien oder Energiesparhäusern, die oft mehrere Ziele nacheinander anlaufen. Diese finden meist zu Fuß und auch im Süden Deutschlands als »Wattwanderungen« oder als »Tour de Energie« mit dem Fahrrad statt.

◆ Eine Vielzahl von Veranstaltungsformaten und Aktionen wie Vorträge, Ausstellungen, Filme, Werkstätten, Beratungen oder auch Gottesdienste soll verschiedene Zielgruppen ansprechen. Sie reichen von anspruchsvollen Fachvorträgen durch Expertinnen und Experten über praktische Energieberatungen bis hin zu lockeren Mitmachaktionen wie Stromwechselpartys.

◆ Bei anderen Veranstaltungen oder Veranstaltern wie Wochenmärkten und Sommer- oder Herbstfesten werben Infostände und Öffentlichkeitsaktionen für die Energiewende. In Bibliotheken und Buchhandlungen werden Bücher zum Thema angeboten.

◆ Kinder und Jugendliche werden durch eigene Aktionen wie solares Basteln, Solarwerkstätten, Solarkocherwettbewerbe, ein Kinder-Energietheater, Klimafrühstücke in Schulen, stromfreie Tage im Kindergarten, Malwettbewerbe oder eine Kinderuni im Rathaus angesprochen.[9]

Als Geburtsstadt der Energietage gilt die sächsische Kleinstadt **Oederan**. Dort wird im Jahr 1996 der **Tag der Erneuerbaren Energien** unter dem Motto »Zehn Jahre nach Tschernobyl – Wir zeigen, es geht auch anders« aus der Taufe gehoben. Die Stadtbau- und Wohnungsverwaltungsgesellschaft lädt erstmals zur Besichtigung ihrer Solaranlage ein. Von da an bildet der Energietag jährlich gemeinsam mit dem Frühlingsfest und dem Naturmarkt einen gut besuchten Aktionstag im Oederaner Stadtzentrum. Er wird weiter ausgebaut und bezieht über Energieaussteller und Fachvorträge hinaus auch Einrichtungen wie Schulen und Kitas ein. Zum 20-jährigen Jubiläum findet im Jahr 2015 eine Energiewoche gemeinsam mit der Sächsischen Energieagentur statt. Zusammen mit dieser und dem Wasserkraftverband Mitteldeutschland findet der Energietag im Jahr 2021 pandemiebedingt drei Wochen mit Onlineseminaren zu erneuerbaren Energien statt.

Die **Energiepartner Offenburg/Ortenau** organisieren seit dem Jahr 2007 als Kooperation zwischen der Stadt Offenburg, der Ortenauer Energieagentur, dem Informationsprogramm des Landesumweltministeriums Zukunft Altbau, dem E-Werk Mittelbaden und dem Energieanbieter badenova die Energietage Offenburg. Seit dem Jahr 2012 finden diese mit Informationen, Beratungsangeboten und Vorträgen im Rahmen der Oberrheinmesse statt. Für Kinder gibt es eigene Aktionen und Projekte wie Papierschöpfen oder ein Quiz. Beim »Klimacocktail« am Abend referieren Klimaexperten und -expertinnen, Autoren und Autorinnen oder Wissenschaftler und Wissenschaftlerinnen vor einem geladenen Publikum. Das umfangreiche Programm umfasst im Jahr 2019 neben vielen Vorträgen noch Filme, Workshops zum Upcycling, ein Repaircafé, ein Kindertheater oder den »E-Punkt« zum Austausch mit Expertinnen und Experten zu täglich wechselnden Energie- und Klimaschutzthemen.

Seit dem Frühjahr 2008 läuft die Kampagne **»Tübingen macht blau«**, die vom Oberbürgermeister initiiert und inzwischen vielfach ausgezeichnet wurde. Sie ruht konzeptionell auf vier Säulen. An erster Stelle steht die Stadt als gutes Vorbild: Sie zeigt, wie es geht. Zweitens schließt sie ein Bündnis mit lokalen Akteuren, mit denen sie ein Aktionsprogramm entwickelt. Die

Klimaschutzkampagne bildet die dritte Säule und soll mit originellen und auch provokativen Elementen Menschen aufklären und motivieren. Viertens erfolgt eine Erfolgskontrolle über messbare Indikatoren zur CO_2-Reduktion. Einige Beispiele: Einzelne Akteure können als »Blaumacher« eigene Aktionen wie eine Energieberatung anbieten. Beim Klimaschutz vorbildliche Unternehmen zeichnet der Oberbürgermeister öffentlich als »Blaue Sterne Betriebe« aus. Das Projekt »Neubürgerinnen und Neubürger ökologisch mobil« bietet dieser Zielgruppe kostenlose Beratungs- und Mitmachangebote.[10]

Verkehr und Mobilität in der Lokalen Agenda 21

Die Erhebungen in der Startphase der Lokalen Agenda 21 weisen Mobilität und Verkehr nach dem Schwerpunkt Energie und Klimaschutz in Deutschland in mehr als 70 Prozent der Kommunen als zweithäufigstes Thema aus. In Baden-Württemberg ist es in zwei Dritteln der Lokale-Agenda-21-Kommunen das wichtigste Einzelthema, in Bayern rangiert es an vierter Stelle, und in Nordrhein-Westfalen liegen die beiden Themen mit 55 Prozent Nennungen gleichauf an fünfter Stelle.

In Arbeitsgruppen und Projekten werden vor allem Themen wie Mobilitätsberatung und -information, Mobilitätserziehung in Projekten mit Kindern und Schulen, die Förderung des Radfahrens durch öffentlichkeitswirksame Aktionen oder die Bürgerbeteiligung bei der Verkehrsplanung behandelt.

Wie auch bei den anderen Themen greifen die Lokale-Agenda-21-Gruppen andere Aktionen auf und beteiligen sich beispielsweise am Aktionstag »Mobil ohne Auto«. Neben Radfahren und Zufußgehen werden als weitere Verkehrsmittel der öffentliche Personennahverkehr beworben und auch eine umweltfreundliche Nutzung des Autos durch Teilen oder spritsparendes Fahren empfohlen. Dabei werden, wie die folgenden Beispiele zeigen, pionierhaft später breiter angewendete nachhaltige Verkehrsdienstleistungen angestoßen oder fest etabliert.

Der im Oktober 2000 von der lokalen Agenda 21 in **Bad Boll** ins Leben gerufene Lastenfahrrad-Lieferservice »Bad Boller Wagen – der bringt's« wird auch 21 Jahre später noch auf der Homepage der Gemeinde angeboten. Die umwelt- und kundenfreundliche Dienstleistung liefert oder holt am Donnerstagnachmittag auf telefonische Bestellung alles – außer Elefanten, wie die Werbung verspricht: Lebensmittel oder Getränke nach Hause, Pakete zur Post oder Altpapier zum Wertstoffhof. Sie ist damit vor allem älteren und kranken Menschen eine große Hilfe.

»Freies Lastenrad **Würzburg**« ist seit Dezember 2016 die erste Würzburger Initiative, die eine kostenfreie Ausleihe eines Lastenrades bis zu drei Tagen ermöglicht. Sie wird neben der Lokalen Agenda 21 noch vom Verkehrsclub Deutschland (VC)D, Freirad – Das Verleihrad für Würzburg, Transition Würzburg und dem Stadtkurier »Radboten« ehrenamtlich unterstützt. Die kostenfreie Ausleihe (Spenden sind erwünscht) erfolgt über die Website. Mit Stand Oktober 2021 gibt es elf Ausleihstationen mit ebenso vielen Lastenrädern, deren Namen von »Anton« bis »Zora« reichen. Dabei kommen auch E-Lastenräder zum Einsatz.

Seit dem Jahr 2000 beteiligt sich die Lokale Agenda 21 **Ulm** jährlich am Aktionstag »Ohne Auto mobil« mit eigenen Aktivitäten, Exkursionen und Veranstaltungen. Gleiches gilt für den »Parking Day« als internationalem Aktionstag zur Reurbanisierung von Innenstädten durch die Umwidmung von öffentlichen Parkplätzen in Lebensräume für die Menschen, die oft als grüne Inseln mit Pflanzen und Sitzgelegenheiten als Treffpunkte gestaltet werden. Auch der fünfte Green Parking Day bietet im September 2021 auf rund 40 Parkplätzen in der Altstadt viel Unterhaltung mit Informationen, Kultur, Natur, Spiel und Spaß. Ein Projektteam will diese Aktion verstetigen und einzelne Parkplätze in Ulm dauerhaft mit Pflanzen als grüne Inseln zum Verweilen umwandeln, wofür Anwohnerinnen und Anwohner die Patenschaft übernehmen.

Barcelona gehört zu den Pionierkommunen der Lokalen Agenda 21, zu deren Zielen dort viele aktive zivilgesellschaftliche Initiativen mit eigenen

Aktionen beitragen, die von der Stadt unterstützt werden. Als Herzstück eines von der Stadtverwaltung entwickelten Konzeptes für eine nachhaltige Mobilität finden »Superblocks« (katalanisch: »Superilles«) international große Aufmerksamkeit. Dabei werden bis zu neun Häuserblocks zusammengefasst, wo Fußgängerinnen und Fußgänger sowie Radfahrerinnen und Radfahrer Vorrang genießen. Hochbeete, Bäume und Blumenkübel sowie Parkbänke schaffen Lebensräume, wo sich Menschen treffen und Kinder spielen. Dem ersten Superblock aus dem Jahre 2017 sollen rund 500 weitere folgen. Auch in Deutschland stößt dies bei Städten und der Zivilgesellschaft auf großes Interesse.[11]

Die nächste Generation: Fridays for Future & Co.

»Wir sehen die Geburt der größten Jugendbewegung aller Zeiten ...«, schreibt der Onlineredakteur Daniel Boese in seinem Buch *Wir sind jung und brauchen die Welt* im Jahr 2011, also schon sieben Jahre bevor Greta Thunberg diese im August 2018 mit ihrem kleinen Schild »Schulstreik fürs Klima« in der Fußgängerzone vor dem schwedischen Parlament an einem Freitagvormittag auslöst.

Einen Monat darauf formuliert sie in einer kurzen Rede beim Klimamarsch, der an diesem Tag schon in 90 Ländern stattfindet, in Stockholm die inhaltlichen Essentials der Bewegung: Die Politik soll ihre Zusagen des Pariser Klimaabkommens endlich einhalten. Der Ernst der Lage wird auch durch die Wissenschaft belegt und erfordert sofortiges Handeln. Es geht um die Zukunft aller Generationen. In späteren Reden fügt sie noch das dramatische sechste massenhafte Artensterben als Beleg hinzu.

Die Bewegung greift im Dezember 2018 mit ersten freitäglichen Schulstreiks auf Deutschland über. Die Diskussion über diese Form des zivilen Ungehorsams verschafft den an vielen Orten entstehenden Fridays-for-Future-Gruppen weitere große Aufmerksamkeit in der Öffentlichkeit über ihr eigentliches Thema hinaus. Die Äußerungen eines Parteivorsitzenden, dies sei ein Thema für Profis, ruft diese auf den Plan. Im März 2019 unterstützen erstmals über 12.000 Wissenschaftlerinnen und Wissenschaftler als

Scientists for Future die Forderungen: Die Anliegen seien berechtigt, gut begründet und beruhten auf der Grundlage gesicherter wissenschaftlicher Erkenntnisse. Viele weitere Unterstützergruppen entstehen: Parents for Future, Künstler, Mediziner, Unternehmer oder auch die Teachers for Future.

Damit geht der Protest auch in den vielen örtlichen Unterstützergruppen über die eigentlichen Fridays for Future hinaus, die nach Untersuchungen überwiegend noch unter 20 Jahren jung, weiblich und gut gebildet sind. Dies setzt das Thema Klimaschutz nicht nur erneut auf die Tagesordnung, sondern hebt es auf eine neue Ebene. Klimawandel wird vom abstrakten, globalen Thema zum unmittelbar drängenden Problem, was mit zunehmenden Wetterextremen auch in Deutschland erfahrbar wird. »Wir sind hier, wir sind laut, weil ihr uns die Zukunft klaut!« als ein zentrales Motto der lebendigen und fantasievollen Protestaktionen zeigt, dass es über den Klimawandel hinaus um Generationengerechtigkeit und Zukunft geht.

Das verleiht der Bewegung eine weitere Wucht in der Öffentlichkeit. Nach eigenen Angaben werden viele Jugendliche vor allem über Freundinnen und Freunde mobilisiert. Sie stellen nicht nur Forderungen an die Politik, sondern auch ihren eigenen und den bisherigen Lebensstil als eine Ursache des Klimawandels infrage, was jede und jeder ändern soll. Damit erhält die Klimaschutzdebatte neben dem von Greta Thunberg thematisierten Artensterben mit dem eigenen Beitrag im Alltag eine weitere inhaltliche Komponente. Darüber hinaus greifen Ortsgruppen mit Konzepten und Forderungen auch in die Kommunalpolitik ein.

Die Fridays-for-Future-Gruppe in **Hamburg** gründet sich im Dezember 2018 als eine der ersten in Deutschland. Ihre erste Demonstration mit etwa 50 Beteiligten wächst bis zur größten Kundgebung im September 2019 auf über 100.000 Teilnehmende an. Mit den Artists, Entrepreneurs, Farmers, Health, Parents, Psychologists und Scientists for Future entstehen weitere Unterstützergruppen. Die Ortsgruppe trifft sich wöchentlich und hat verschiedene Arbeitsgruppen. So hat die Studierendenarbeitsgruppe eine »Klima-Uni von unten« ins Leben gerufen, kandidiert als Liste bei den Wahlen zum Studierendenparlament und wird in den Allgemeinen Studierendenausschuss AStA gewählt, wo sie eine »klimaneutrale Universität« in

Angriff nimmt. Da die Politik auf die Proteste nicht reagiert, werden Forderungen an den Hamburger Senat formuliert und im Umweltausschuss der Bürgerschaft vorgestellt. Auf der Homepage werden drei Kernforderungen der Politik des Senats gegenübergestellt: Klimaneutralität bis zum Jahr 2035, Befreiung der Innenstadt vom Individualverkehr sowie vierteljährliches Tracking und Anpassen der Maßnahmen.[12]

Neue lokale und regionale Initiativen

Über die in der Öffentlichkeit stark beachteten Aktivitäten der Fridays for Future hinaus haben im selben Zeitraum weitere neue örtliche und regionale Initiativen die Themen Klimawandel und Klimaschutz aufgegriffen, die sie auch teilweise umfassender in eine nachhaltige Entwicklung einordnen. Dies betrifft bürgerschaftliche Initiativen für kommunale Klimaentscheide, die Etablierung von ehrenamtlichen Klimaschutzbeauftragten in kleinen Gemeinden, die lokale Umsetzung des Green Deal der Europäischen Union und regionale Plattformen zur Erreichung der Ziele des Pariser Klimaschutzabkommens aus dem Jahre 2015.

Die bundesweite Initiative »German Zero« strebt zur Umsetzung des Pariser Klimaschutzabkommens für Deutschland bis zum Jahr 2035 die Klimaneutralität an. Auf örtlicher Ebene sollen hierzu Klimaentscheide als kommunalpolitischer Entschluss des Stadt- oder Gemeinderats erwirkt werden, um die Kommune oder Gemeinde bis zu den Jahren 2030 oder 2035 klimaneutral zu machen.

»**Waiblingen** Klimaneutral« startet als generationenübergreifende Bürgerinitiative eine Unterschriftensammlung für einen Bürgerantrag für einen Klimaaktionsplan, um die Klimaneutralität für die Stadt bis zum Jahre 2035 zu erreichen. Nach Überschreitung des dafür notwendigen Quorums ist der Gemeinderat verpflichtet, eine Sachentscheidung herbeizuführen. Er beschließt einstimmig den mit Experten erarbeiteten »Klimastadtplan«, der in zehn Handlungsfeldern Maßnahmen enthält, um Waiblingen bis zum

Jahre 2035 klimaneutral zu machen. Über den Energiebereich hinaus werden dabei auch Themen wie Verkehr, Landwirtschaft, Wirtschaft, Flächenverbrauch, Stadtplanung und Bürgerbeteiligung angesprochen.[13]

Mit dem vom Bundesumweltministerium geförderten Projekt »KlikK aktiv« unterstützt die Energieagentur Rheinland-Pfalz zwischen April 2018 und August 2021 ländliche Kommunen unter 5000 Einwohnerinnen und Einwohnern bei der Gewinnung und Qualifizierung ehrenamtlicher Klimaschutzpaten und der anschließenden Umsetzung von Maßnahmen. Die am örtlichen Bedarf orientierten Schulungsinhalte umfassen Themen wie Solarenergie, Energieeffizienz bei Gebäuden, Elektromobilität, Genossenschaftsmodelle, Verhaltensänderungen oder Biodiversität. Die Dokumentation des erfolgreichen Projekts und eine Schulungsmappe zeigen, wie auf diese Weise Klimaschutz auch in kleinen Gemeinden umgesetzt werden kann, die keine hauptamtlichen Ressourcen zur Verfügung haben. Das Modell findet auch in anderen Bundesländern Verbreitung.

Seit Oktober 2015 hat die Ortsgemeinde **Hochspeyer** mit 4500 Einwohnerinnen und Einwohnern einen vom Gemeinderat bestellten ehrenamtlichen Klimaschutzbeauftragten. Er ist als Klimaschutzmanager der Kümmerer vor Ort, um Klimaschutz zusammen mit anderen voranzubringen. Sein Aufgabengebiet ist umfassend: Anstoßen und Umsetzungen von Klimaschutzmaßnahmen, die Einbindung und Vernetzung der örtlichen Akteure innerhalb und außerhalb der Verwaltung, die Berichterstattung im Gemeinderat, Öffentlichkeitsarbeit sowie Information und Beteiligung der Bevölkerung. Umgesetzte Maßnahmen in Hochspeyer sind unter anderem die Erstellung eines Klimaschutzkonzepts, die Umstellung der Straßenbeleuchtung auf LED-Lampen, Photovoltaikanlagen auf Gemeindedächern und ein Bürgerbus.[14]

Die Europäische Union will ihren Green Deal (siehe Kapitel zehn) auch auf örtlicher Ebene umsetzen. Unter anderem erfolgt dies durch »City Climate

Contracts« oder »Green City Accords«, wobei bei Letzterem die unterzeichnenden Kommunen erklären, dass sie europäische Umweltstandards nicht nur erfüllen, sondern überbieten. In »Local Green Deals« können Kommunen ihre bereits bestehenden Aktivitäten und Ziele zur nachhaltigen Stadtentwicklung miteinander verknüpfen. Auf der neunten Europäischen Konferenz zukunftsbeständiger Städte und Gemeinden werden im Oktober 2020 in der »Mannheim Message« fünf grundlegende systemische Veränderungen für Lokale Green Deals formuliert: die Umwandlung der kommunalen Infrastruktur für eine Post-Kohlenstoff-Gesellschaft, lokale und regionale Wirtschaftskreisläufe jenseits von Wachstum und Wettbewerb, eine umfassende Zusammenarbeit und Partizipation, ein Lebensstil und eine Kultur der Nachhaltigkeit sowie die Orientierung am Gemeinwohl.

Die Stadt **Mannheim** will mit dem neuen Ansatz des »Local Green Deal Mannheim« für eine nachhaltige, klimaneutrale und integrative Stadtentwicklung die Ziele ihres Leitbilds Mannheim 2030 konkretisieren. Er soll kein weiteres Planwerk sein, sondern konkrete Vereinbarungen für eine grüne, saubere und gesunde Stadt initiieren, aktivieren und bündeln. Dabei orientiert er sich an den acht thematischen Aktionsbereichen des European Green Deal: Klimaschutzziele, Energie, Wirtschaft, Bauen und Wohnen, Mobilität, Lebensmittel, Ökosysteme und Biodiversität und schadstofffreie Umwelt. In jedem dieser Aufgabenfelder werden drei Querschnittsthemen berücksichtigt: Bürger- und Akteursbeteiligung, sozial gerechter Übergang sowie Wissenstransfer und Innovation. Der Sechste »Urban Thinkers Campus« der Stadt Mannheim diskutiert im Juli 2021 die Umsetzung des Leitbilds 2030 durch den Local Green Deal mit der Bevölkerung sowie Expertinnen und Experten.[15]

Seit dem Jahr 2017 beschäftigt sich die Abteilung Stadt- und Regionalentwicklung der Universität Bayreuth mit dem Aufbau regionaler Plattformen für eine Nachhaltigkeitstransformation und für eine transdisziplinäre Wissensproduktion. Nach der Evaluierung von Erfolgsfaktoren und Hemmnissen wird seit dem Jahr 2019 eine Transformationsplattform aufgebaut und formell etabliert. Sie soll neue Ansätze für einen wirksamen Klimaschutz und für eine nachhaltige Transformation auf kommunaler Ebene entwickeln und umsetzen. Dies beinhaltet die Entwicklung geeigneter Beteiligungsformen und die Einbeziehung wichtiger Entscheidungsträger aus Kommunen, Wirtschaft, Zivilgesellschaft und Wissenschaft beim Aufbau und der Etablierung der Plattform. Weitere Schwerpunkte sind ein für die Akteure konkretes Leitbild als Vision und ein verbindliches Aktionsprogramm als Masterplan. Am Beispiel der Region Bayreuth und Oberfranken sollen die Anwendung und auch die Übertragbarkeit auf andere Regionen aufbereitet werden.

Das daraus entstandene »forum1.5« (ein Bezug zum 1,5-Grad-Ziel der Pariser Klimaschutzkonferenz im Jahr 2015) versteht sich laut seiner Charta als Plattform für diejenigen in der Region **Bayreuth**, die den Wandel für eine klimagerechte Zukunft und zur Nachhaltigkeit vor Ort gestalten wollen. Ein zentrales Element sind halbjährliche Veranstaltungen zur Vernetzung der Engagierten und zur weiteren inhaltlichen Arbeit am Thema Klimaschutz. Sie sollen Politik, Wissenschaft, Wirtschaft und Zivilgesellschaft an einen Tisch bringen. Als erste Schritte für eine Mobilitätsvision finden im Jahr 2019 zwei Zukunftskonferenzen statt. Der im Oktober 2021 gegründete Ernährungsrat Oberfranken soll für eine Ernährungswende die Akteure der gesamten Lebensmittelwertschöpfungskette zusammenbringen. Die ebenfalls im Oktober 2021 gestartete Bildungsinitiative »bis30auf30« soll in örtlichen Lerngruppen dazu beitragen, bis zum Jahr 2030 den ökologischen Fußabdruck auf 30 Prozent des heutigen Durchschnittswertes zu reduzieren. Diese und weitere Aktivitäten des »forums 1.5« werden durch eine digitale Plattform zur Sichtbarmachung und Vernetzung für Initiativen und Engagierte ergänzt.[16]

Lokale Agenda 21 als bürger- und zivilgesellschaftlicher Impuls für den Klimaschutz

In den letzten Jahren ist der Klimaschutz zum eigenen und dominierenden Nachhaltigkeitsthema geworden, in das die Lokale Agenda 21 schon früh wichtige bürger- und zivilgesellschaftliche Impulse einbringt und neben dem Thema Energie auch das Thema Mobilität als Schwerpunkt anspricht. In den Kommunen gibt es auch wie in den anderen Themenfeldern der Lokalen Agenda 21 eine doppelte Mitwirkung. Neben vielen Formaten zur Beteiligung an Klimaschutzkonzepten dominiert allerdings klar das eigene, aktive, bürger- und zivilgesellschaftliche Element für Klimaschutz und erneuerbare Energien.

Zwei Schwerpunkte prägen die auch hier meist projektorientierten Aktivitäten: Erstens erfolgt die Förderung erneuerbarer Energien besonders durch gemeinschaftliche Solaranlagen, die als »Agendaschneeball« vielerorts Verbreitung finden. Hier entstehen durch geänderte rechtliche Rahmenbedingungen viele Bürgerenergiegenossenschaften als eine zweite Welle zehn Jahre nach der Lokale-Agenda-21-Boomphase. Sie markieren durch ihre eigenständige, unabhängige wirtschaftliche Basis und die darauf beruhende Verknüpfung mit der Kommunalpolitik eine neue Qualität und tragen wesentlich zur Verbreitung erneuerbarer Energien in Deutschland bei.

Aus diesen sich vermehrenden guten Beispielen erwächst eine breite gesellschaftliche Bewegung, die mit ihren zahlreichen autonomen Akteuren wie dem Solarpionier Hermann Scheer und deren Initiativen eine wesentliche Voraussetzung zum schnellen Wechsel hin zu erneuerbaren Energien sind. Dadurch kann für ihn auch der partizipatorische und emanzipatorische Ansatz der Agenda 21 mit neuem Leben erfüllt werden. Entscheidend sind für ihn so viele Eigeninitiativen wie möglich und nur so viele zentrale Initiativen wie nötig.[17]

Zweitens werden mit der Lokalen Agenda 21 die Bevölkerung und die Akteure der Stadtgesellschaft für den Klimaschutz durch öffentliche und gemeinsame Aktionen wie Energietage oder Kampagnen angesprochen und aktiviert. Dies gelingt mit der im Jahr 2018 als nächste Welle einsetzenden Bewegung der Fridays for Future, die den Klimaschutz in der Öffentlichkeit auf eine neue Ebene heben und breite Unterstützung in verschiedenen gesellschaftlichen Bereichen und Gruppen finden. Wie ihre prominente Vertreterin Luisa Neubauer analysiert, ist die Klimakrise auch eine Kommunikationskrise. Notwendig ist eine Sprache, die diese Krise im Alltag begreifbar macht, und zwar auf eine aktivierende, nicht eine lähmende Weise.[18] Die Fridays for Future thematisieren auch den vorherrschenden und eigenen klimaschädlichen Lebensstil, den sie ändern wollen.

Die öffentliche Mobilisierung und die Änderung des eigenen Konsumverhaltens stimmen mit zentralen Schwerpunkten der Lokalen Agenda 21 überein. Zur wesentlich größeren Aufmerksamkeit der Fridays for Future trägt sicherlich die klare Zuspitzung auf die gefährdete Zukunft ihrer jungen Generation bei, wie sie schon in der Brundtland-Definition für eine nachhaltige Entwicklung enthalten ist. Weitere Erfolgsfaktoren dürften auch die Einforderung internationaler politischer Beschlüsse wie des Pariser Klimaabkommens oder die Berufung auf und Unterstützung durch die Wissenschaft sein. Dagegen lassen sich kaum sachliche Argumente finden.

Mit den Bürgerenergiegenossenschaften teilen die Fridays for Future im Unterschied zur Lokalen Agenda 21 eine wichtige Gemeinsamkeit: Beide haben eigenständige, unabhängige Strukturen und können von diesen aus als Position der Stärke mit der Politik zusammenarbeiten. Bei den Fridays for Future kommt noch der große Druck hinzu, den sie dafür in der Öffentlichkeit und Gesellschaft mit vielen anderen unterstützenden Gruppen aufbauen.

Weitere neue kommunale, zivilgesellschaftliche und wissenschaftliche Ansätze im Klimaschutz mit teilweise noch pilothaftem Charakter zielen einerseits auf eine Einbettung des Themas in eine umfassende nachhaltige Transformation, andererseits wollen sie kleinere Gemeinden und ländliche Regionen besser einbeziehen.

Kapitel 14

Rio plus 30 vor Ort: Was bleibt?

Merkmale, Stellenwert und Impulse der Lokalen Agenda 21

Auch nach der weitestgehenden Aufgabe der Lokalen Agenda 21 als Ziel der Politik vor allem auf Bundes- und Länderebene laufen, wie gezeigt, in vielen Kommunen diese und andere Nachhaltigkeitsaktivitäten weiter. Dies belegt auch die folgende Fortsetzung der Beschreibung der Lokale-Agenda-21-Aktivitäten in drei Beispielkommunen ab dem Jahr 2013. Allerdings liegen bundesweit keine belastbaren Zahlen mehr zur Lokalen Agenda 21 vor, eine ungefähre Dimension wird hier für das Land Baden-Württemberg aufgrund aktuellerer Erhebungen angedeutet.

Entscheidend ist die Frage, welche Spuren die Lokale Agenda 21 in Deutschland hinterlassen hat. Was sind ihre Kennzeichen, Erfolgsfaktoren und Hemmnisse, von denen wir heute und künftig für kommunale Nachhaltigkeitsprozesse lernen können? Welchen Stellenwert haben die Lokale-Agenda-21-Prozesse für die Umsetzung einer nachhaltigen Entwicklung in Deutschland in den letzten 30 Jahren, wo konnten sie neue Impulse vor Ort setzen? Welche Spuren haben sie hinterlassen?

Dabei werden nur die zentralen und übergreifenden Aspekte behandelt, vieles weitere findet sich im jeweiligen Fazit am Ende der vorhergehenden Kapitel, zur Lokalen Agenda 21 besonders in den Kapiteln drei und fünf sowie ferner in den Kapiteln sechs und zwölf.

Rio plus 30 vor Ort:
Eine Annäherung in Zahlen zur Lokalen Agenda 21

Eine der letzten bundesweiten Erhebungen zu den Gemeinderatsbeschlüssen zur Lokalen Agenda 21 weist für Mai 2005 in Baden-Württemberg 374 Kommunen und Landkreise aus, das sind genau ein Drittel dieser Gebietskörperschaften. Allerdings gibt dies nicht die realen Aktivitäten wieder, sondern lediglich die politisch beschlossenen Willenserklärungen, zur Umsetzung der Agenda 21 vor Ort aktiv zu werden. Nach langjährigen Erfahrungen mit diesen Prozessen kann man diese Beschlusszahlen in drei Kategorien einteilen: In der ersten sind Kommunen und Landkreise zumindest in den ersten Jahren sehr aktiv und auch erfolgreich, manche Kommunen können wie in den folgenden Beispielen den Prozess dauerhaft stabilisieren. In der zweiten Kategorie ist man bemüht und teilweise auch länger erfolgreich, der Prozess verläuft aber oft schwierig. In der dritten Kategorie schließlich ist bestenfalls die Anfangsphase zufriedenstellend, manchmal handelt es sich nur um Beschlüsse, denen keine ernsthaften Bemühungen folgen.

Eine im Jahr 2016 auf Grundlage der vorliegenden Kontaktdaten durchgeführte Internetrecherche und mit den Kommunen abgestimmte Kurzbeschreibung der Lokale-Agenda-21-Aktivitäten durch das Landesnachhaltigkeitsbüro ergibt 113 noch aktive Lokale-Agenda-21-Kommunen in Baden-Württemberg. Viele in dieser Übersicht dann nicht mehr enthaltene Kommunen teilen bei der Recherche mit, dass ihre Lokale-Agenda-21-Prozesse in neuen anderen Prozessen aufgegangen sind. Dieser wichtige Hinweis verweist auf eine erfolgreiche Pionierfunktion der Lokalen Agenda 21 für später folgende Aktivitäten und Prozesse, für die der Boden bereitet werden konnte. Eine zwei Jahre später von einem Kommunalberatungsbüro durchgeführte vertiefte Untersuchung dieser Daten und Kommunen kommt auf etwa 70 als wirklich aktiv einzuschätzende Lokale-Agenda-21-Kommunen in Baden-Württemberg, die noch unter diesem Namen aktiv sind.[1] Die drei im Folgenden beschriebenen Kommunen zeigen wie andere Beispiele in diesem Buch auch, wie die Lokale Agenda 21 als kommunaler Prozess über den erstaunlich langen Zeitraum von 20 bis 25 Jahren vor Ort erfolgreich gestaltet werden kann. Die gewonnenen Erfahrungen gehen über Einzelbeispiele weit hinaus und bieten eine solide Grundlage, um anschließend wichtige Faktoren für Erfolg oder Misserfolg solcher Prozesse herauszuarbeiten.

Lokale Agenda 21 in der Praxis von drei Kommunen (Drei): Die Weiterführung ab dem Jahr 2013[2]

Wie schon in den Kapiteln drei und fünf findet sich im Folgenden eine Auswahl von Aktivitäten der drei aktiven Lokale-Agenda-21-Kommunen unterschiedlicher Größe aus verschiedenen Regionen als »roter Faden« für den Zeitraum ab 2013.

In der kleinen Gemeinde **Allensbach** findet im Juni 2013 die erste Fahrradbörse des Arbeitskreises Energie, Ressourcen, Klimaschutz statt, im September startet erstmals zum neuen Schuljahr der Laufbus für Schulkinder. Im Sommer 2014 wird ein provisorischer Bürgertreff für verschiedene Aktivitäten wie Kinderferienangebote, Sprachenlernen oder Nähen eingerichtet. Im November 2014 findet im Ortsteil Hegne der erste Reparaturtreff statt, der aufgrund der großen Resonanz im März 2015 in Allensbach wiederholt wird. Im Juni 2015 beteiligen sich alle Agenda-Arbeitskreise an den Nachhaltigkeitstagen Baden-Württemberg und stellen zusammen mit einer Fahrradbörse auf dem Rathausplatz ihre Aktivitäten vor.

Der Gemeinderat verabschiedet den ersten Nachhaltigkeitsbericht für Allenbach, der im Juni 2017 auch Thema einer Bürgerdialogveranstaltung mit der Lokalen Agenda 21 ist. Im Bürgertreff findet im Oktober 2018 die erste Kleidertauschbörse statt. Im August 2019 wird ein E-Carsharing-Angebot für Allensbach eingeführt. In einem Ortsteil startet im Oktober die Initiative »Wir in Kaltbrunn« als Teil der Allensbacher Lokalen Agenda 21. Im November 2020 wird auf Initiative des Agenda-Arbeitskreises Energie, Ressourcen, Klimaschutz ein Klimarat aus Verwaltung, Gemeinderäten und Lokaler Agenda 21 eingerichtet. Im September 2021 beschließt der Gemeinderat den von der Lokalen Agenda 21 ausgearbeiteten Klimaplan für Allensbach. Auch im Jahr 2021 beteiligt sich Allenbach an der Aktion »Stadtradeln« und erhält als Preis den Gutschein für eine Radservicestation, die nun aufgebaut werden kann.

In der mittelgroßen Stadt **Falkensee** entsteht im Jahr 2014 aus Veranstaltungen der Agenda-Arbeitsgruppe (AG) Zusammenleben in der Stadt das Lesebuch *Stasi in Falkensee*. Aus dem Umfeld der AG entsteht im Jahr 2016 die Initiative »Willkommen in Falkensee« (WiF«) für eine aktive Willkommenskultur und ein gutes Zusammenleben. Im September findet das erste Lichterfest mit Lesung im Garten der Vielfalt statt. Im Mai 2017 organisiert die AG Umwelt den ersten Weltumwelttag mit vielen Angeboten und Informationen. Im September 2018 wird das Jugendforum, das jährlich mehrere offene Jugendkonferenzen zum Austausch und zur Entwicklung von Projektideen durchführt, Teil der Lokalen Agenda 21. Im Jahr 2019 unterstützt die AG Umwelt das Bündnis für ein zukunftsfähiges, das heißt ökologisches und wirtschaftlich tragfähiges Hallenbad und veröffentlicht dazu im Juni 2020 eine Stellungnahme.

Im August und September 2020 nimmt die Lokale Agenda 21 am Wettbewerb Stadtradeln teil, die AG Stolpersteine führt eine Radtour zu Erinnerungsorten in Falkensee durch. Mehrere Initiativen wie das Netzwerk Fahrradfreundliches Falkensee, das Bündnis gegen Rechts und das Regenbogencafé werden Teil der Lokalen Agenda 21. Im März 2021 organisiert die Lokale Agenda 21 zusammen mit dem Jugendbeirat die Onlinegesprächsrunde »Superheldinnen am Limit, Frauen in der Pandemie«. Im Juni gründet sich das Seniorenforum als offenes Gremium und wird Teil der Lokalen Agenda 21. Weitere Aktionen sind wie teilweise schon in früheren Jahren offene Gärten im Sommer, eine Pflanzenbörse im Herbst, die Verlegung von Stolpersteinen oder queere Sonntagsnachmittagstreffen.

In der Großstadt **Dortmund** findet im April 2013 das erste Dortmunder Forum für Flüchtlinge zum Thema »Perspektiven und Integrationsmöglichkeiten für Flüchtlinge in Dortmund« statt. Im Dezember 2014 erscheint als Ratgeber für den klimafreundlichen Alltag das erste Onlineklimasparbuch in einer deutschen Stadt. Der im Mai 2015 erstmals veranstaltete Eine-Welt-Familientag »fairstehen, fairbessern, fairbinden« wird vom Agendabüro der Stadt mitinitiiert. Im Rahmen des EU-Projekts »Jede Kommune zählt« begleiten Auszubildende im Agendabüro den Einsatz von »Fairen (Computer-)Mäusen« als Teil der nachhaltigen Beschaffung. Der neu gegründete Förderverein Energieeffizienz und Klimaschutz unterstützt ab jetzt das gleichnamige Dienstleistungszentrum der Stadt. Der 2016 neu eingerichtete Beirat Nahmobilität vertritt künftig die Belange von Fußgängerinnen und

Fußgängern sowie Radfahrenden bei Planung und Bau einer barrierefreien Infrastruktur und Stadtentwicklung. Im Jahr 2017 knüpft die neue Kampagne »Dortmund handelt fair« an frühere Aktivitäten an, wobei sich das Aktionsbündnis zunächst auf Bausteine wie Postkarten oder Internetseiten konzentrieren will. Das im selben Jahr erstmals ausgeschriebene Projekt »UmweltBewussteKita« zeichnet 13 städtische Tageseinrichtungen für ihr Engagement zur Energieeinsparung und zum Klimaschutz aus.

Im Jahr 2018 verzeichnet der seit 2004 stattfindende Wettbewerb zum Agendasiegel mit 30 ausgezeichneten Projekten, darunter 14 Schulen, einen neuen Rekord. Der im Rahmen einer Initiative der Verbraucherzentrale eingerichtete Nachhaltigkeitsstammtisch Dortmund bietet allen Interessierten ein Forum zum Erfahrungsaustausch. Im Amt für Angelegenheiten des Oberbürgermeisters und des Rates wird der Bereich Europa und Internationales mit dem Agendabüro zum »Büro für internationale Angelegenheiten und nachhaltige Entwicklung« zusammengefasst. Durch die Zusammenlegung der Themen Internationales, Europa, Agenda 21 und kommunale Entwicklungszusammenarbeit sollen Ressourcen gebündelt und Synergien geschaffen werden. Im Jahr 2019 wird das Projekt »Global Nachhaltige Kommune« mit einem Bericht abgeschlossen und künftig als integrierte Nachhaltigkeitsberichterstattung zur Umsetzung der Agenda 2030 mit einem eigenen Geschäftsbereich »Nachhaltigkeit« weitergeführt.

Der Rat der Stadt verabschiedet eine neue Grünflächenstrategie. Mit dem Ende der zwölften Projektrunde seit dem Jahr 2000 gibt es in Dortmund 130 ausgezeichnete »ÖKOPROFIT«-Betriebe. Im Oktober 2020 unterzeichnen die Oberbürgermeister aus Dortmund und Kumasi (Ghana) ein Abkommen über eine auf zwei Jahre angelegte Projektpartnerschaft zur Zusammenarbeit beim Thema Klimaanpassung. Zum ersten Mal werden die 32 Preisträgerinnen und Preisträger des zum 17. Mal verliehenen Agendasiegels virtuell ausgezeichnet, was gleichzeitig einen erneuten Rekord für den Wettbewerb bedeutet.

Zentrale Wirkungsmechanismen, Erfolgsfaktoren und Hemmnisse der Lokalen Agenda 21

Deutschland ist mit jedem dritten Prozess weltweit die Hochburg der Lokalen Agenda 21 und hier im internationalen Vergleich als Besonderheit stark von der Zivilgesellschaft als Motor geprägt. Dabei sind folgende allgemeine Struktur- und Prozesselemente erkennbar:

- Die »Agendazwiebel« zeigt die ehrenamtlich geprägte Struktur, offene Arbeitskreise als wesentliche Organisationsform sind Motoren der Lokalen Agenda 21. Oft sind dort die Sprecherinnen und Sprecher der besonders aktive und »harte Kern«, der die Arbeit wesentlich trägt und voranbringt. Über die Arbeitskreise hinaus werden als weitere »Zwiebelringe« potenziell Interessierte durch einzelne Projekte, wichtige Zielgruppen durch gezielte Aktivitäten und die Bevölkerung durch Öffentlichkeitsarbeit oder Aktionen angesprochen.

- Die in den Arbeitskreisen entstandenen Projekte treiben als »Agendaschneebälle« den Prozess voran. Sie setzen Nachhaltigkeit in konkreten und meist kleinen Schritten in die Praxis um, motivieren als Erfolgserlebnis die Aktiven für die weitere Arbeit und gewinnen auch neue Mitstreiterinnen und Mitstreiter. Der Schneeball wirkt dabei mehrfach: Erfolgreiche Projekte finden andernorts Nachahmerinnen und Nachahmer, sie ziehen vor Ort weitere Projekte nach sich, und da sie oft über nachhaltige Verhaltensweisen aufklären, sprechen sie bestimmte Zielgruppen oder die Bevölkerung an.

- Die eingerichteten Agendastellen in der Verwaltung bilden als »Agendascharnier« die wichtige Schnittstelle zwischen den ehrenamtlich Aktiven und der Kommune. Sie unterstützen die Agendaarbeit, vernetzen und vermitteln zwischen den Akteuren. Die Qualität ihrer Arbeit hängt von den Personen selbst, ihrer Qualifikation, der Rückendeckung durch Politik und Verwaltung sowie sehr stark von den personellen und finanziellen Ressourcen ab, die sie zur Verfügung haben.

- Für die Lokale Agenda 21 als Gemeinschaftsinitiative ist das »Agendadreieck« als Zusammenwirken von Agendaaktiven, Verwaltung und Gemeinderat von zentraler Bedeutung. In der täglichen Praxis wird aus dem

Dreieck eine Akteursachse aus Verwaltung und Agendaaktiven, für größere Vorhaben und den Gesamtprozess mit politischen Entscheidungen kommt der Gemeinderat hinzu. Institutionalisierte Formen für die Diskussion und Entscheidungsfindung dieser Akteure sind gemeinsame Gremien wie Agendalenkungskreise oder ähnliche Strukturen.

◆ Besonders der in den Kommunen recht unterschiedlich ausgeprägte »Agendarahmen« enthält sowohl beteiligungsorientierte Elemente wie Werkstätten und andere Formate sowie den Nachhaltigkeitsprozess steuernde Instrumente wie Leitziele und Leitbilder, die – wenn auch seltener – mit Indikatoren oder Nachhaltigkeitsberichten als Controllinginstrumenten versehen sind.

Damit weicht die reale Lokale Agenda 21 deutlich von der angedachten Theorie zu Beginn dieser Prozesse ab: Sie ist in der Regel kein durchstrukturierter Prozess mit der Erstellung eines Handlungsprogramms und dessen anschließender Umsetzung. Sie zeigt in den Kommunen eine bunte Vielfalt der Umsetzung, die vor Ort entsprechend den Gegebenheiten unterschiedlich ausfällt. Prägende und treibende Elemente sind meist thematische Arbeitskreise, die ihre Projekte alleine oder zusammen mit anderen, meist den Agendastellen in der Verwaltung, umsetzen. Die gute Gestaltung, Stabilisierung und Verankerung dieser prägenden Elemente entscheiden wesentlich über Gelingen oder Scheitern der Lokale-Agenda-21-Prozesse. Erfolgsfaktoren und Hemmnisse stehen sich dabei oft als gegensätzliche Paare spiegelbildlich gegenüber. So kann das besonders wichtige »Agendadreieck« von Agendaaktiven, Verwaltung und Gemeinderat bei guter Zusammenarbeit sowohl zum »magischen Dreieck« des Erfolgs als auch bei Konflikten zum »Bermudadreieck« werden, in dem der Lokale-Agenda-21-Prozess untergeht.

Im Jahr 2019 ermittelt eine internationale Literaturstudie zur Lokalen Agenda 21 vor allem zwei dort genannte Erfolgsfaktoren: ausreichende finanzielle Ressourcen schon in der Startphase und zivilgesellschaftliches Engagement im Prozess. Hinzu kommen für die Zielverfolgung langfristige Planungen und regelmäßiges Monitoring. Das gesellschaftliche Anliegen einer nachhaltigen Entwicklung ist dann erfolgreich, wenn die Bevölkerung und die örtlichen politischen Entscheidungsträgerinnen und Entscheidungsträger es unterstützen. Wichtig ist die Schaffung entsprechender Rahmenbedingungen durch die Politik schon vor Beginn solcher Prozesse.[3]

Diese allgemeinen und unstrittigen Faktoren bestätigen wesentliche Erfahrungen und Lehren der Lokalen Agenda 21, die jedoch insgesamt deutlich darüber hinausgehen. Über die oben genannten Einzelfaktoren hinaus ist keiner der beteiligten Akteure für diesen neuen Gemeinschaftsprozess einer nachhaltigen Kommunalentwicklung und für seine dortige Rolle richtig gerüstet, auch weil die meisten Lokale-Agenda-21-Prozesse anders verlaufen als in der Theorie gedacht. Der grundlegende Charakter als offener Lern- und Suchprozess wird zu wenig erkannt. Das Denken aller beteiligten Akteure ist durch ihre sehr unterschiedlichen Arbeitsabläufe und Erwartungen kurzfristig geprägt, und schnelle Erfolge werden zu einem wesentlichen Kriterium für die Weiterführung dieser Prozesse. Neben der Langfristigkeit sind aber mögliche Fehler oder Rückschläge in solchen noch experimentellen Prozessen einzukalkulieren.

Die notwendige Unterstützung auf kommunaler und regionaler Ebene wird deshalb nach oft relativ kurzer Zeit eingestellt. Meist wird die Startphase von externen Büros begleitet und moderiert, nur wenn danach die Überführung in dauerhaft angelegte und selbsttragende Strukturen gelingt, kann der Prozess erfolgreich fortgesetzt werden. Dies betrifft sowohl Anlaufstellen in der Verwaltung als auch gemeinsam getragene Arbeitsstrukturen mit der aktiven Bürgerschaft. Diese fallen in den Kommunen unterschiedlich aus. Wichtig ist, dass sie von allen Akteuren der Lokalen Agenda 21 anerkannt werden und die nötige Unterstützung erhalten.

Wie die Beschlusszahlen zur Lokalen Agenda 21 zeigen, ist dabei über die kommunale Ebene hinaus besonders die Unterstützung mit entsprechenden Stellen, Vernetzungsstrukturen und Förderungen auf regionaler Ebene durch die Bundesländer ein entscheidender Erfolgsfaktor. Dies unterstreicht das Beispiel Oberösterreich, wo eine kontinuierliche Unterstützung auch die kleinen Gemeinden erreicht, die durch ihre schwächeren Ressourcen solche Prozesse alleine kaum bewerkstelligen können. Dieses Landesbeispiel und viele erfolgreiche Kommunen zeigen, wie solche kommunalen Nachhaltigkeitsprozesse auf feste Füße gestellt, weitergeführt und erneuert werden können. Dort gelingt es, die vielen bürgerschaftlichen und zivilgesellschaftlichen Impulse mit der Kommunalpolitik zu verknüpfen sowie vor Ort gemeinsam Nachhaltigkeitsprozesse zu gestalten und weiterzuentwickeln.

Die Lokale Agenda 21
als Türöffner, Verbreiter und Umsetzer
einer nachhaltigen Entwicklung

Die Lokale Agenda 21 betreibt »Agendasetting« im wahrsten Sinne des Wortes: Sie setzt die Agenda 21 als Hauptdokument des historischen Weltgipfels von 1992 in Rio de Janeiro vor allem in den Kommunen auf die Tagesordnung der Politik. Sie ist Türöffner für eine nachhaltige Entwicklung in Deutschland und verbreitet diese vor Ort und in der Gesellschaft. Sie setzt Nachhaltigkeit in die Praxis um und bringt es als nachhaltige Lebensweise in den Alltag der Menschen ein. Sie ist mit Unterstützung aus Zivilgesellschaft und Wissenschaft zumindest in der Anfangsphase der wichtigste Nachhaltigkeitstreiber in Deutschland noch vor den darüber angesiedelten Ebenen der Politik, deren eigene Aktivitäten insgesamt zeitlich erst später folgen.

Diese historische Leistung der Lokalen Agenda 21 hebt auch der frühere Umweltminister und spätere Exekutivdirektor des Umweltprogramms der Vereinten Nationen (UNEP) Klaus Töpfer hervor. Er ist von den politischen Konsequenzen nach der sehr positiven und historischen Rio-Konferenz von 1992 insgesamt enttäuscht. Die Lokale Agenda 21 und ihre Projekte sind für ihn jedoch »eine der wirklichen Erfolgsgeschichten des Rio-Prozesses«.[4] Joachim Radkau unterstreicht mit Bezug auf Klaus Töpfer in seiner umfassenden Weltgeschichte der Ökologiebewegung diesen historischen Stellenwert. Die Agenda 21 wird »– ob sie nun gelesen wurde oder nicht – vor allem als höhere Legitimation lokaler Initiativen wirksam«.[5] Auch wenn viele Agendaprojekte mehr nach dem Motto »Lokal denken, lokal handeln« geprägt sind, ist das internationale Programm Anstoß und Bezugspunkt.

Die Lokale Agenda 21 weist dadurch mit anderen Initiativen wie den Fridays for Future bei allen Unterschiedlichkeiten eine zentrale Gemeinsamkeit auf: Man greift die Ergebnisse internationaler Gipfel und politischer Vereinbarungen auf und macht sie zur Grundlage seiner Aktivitäten – auch oder weil es die Politik zu wenig oder gar nicht tut. Während die Lokale Agenda 21 diese internationalen Vereinbarungen mit ihren Projekten vor Ort umsetzt, organisieren die Fridays for Future zunächst Proteste und fordern die Einhaltung der politischen Beschlüsse, wozu später auch durch die unterstützenden Gruppen konkretere Vorschläge für die Politik vor Ort kommen.

Diese unterschiedlichen Herangehensweisen verweisen auf den folgenden Markenkern der Lokalen Agenda 21 als wesentliche Neuerung der Praxis sozialer Bewegungen.

Die Lokale Agenda 21
als neues Partizipations- und Kooperationsmodell

Die in Kapitel sechs ausführlich dargestellte Beteiligung und Zusammenarbeit verschiedener Akteure ist mit den oben geschilderten Wirkungsmechanismen der Markenkern und eine wesentliche Innovation der Lokalen Agenda 21. Auch wenn die Bürgerbeteiligung schon länger Bestandteil der Kommunalpolitik ist, wird sie durch die Lokale Agenda 21 deutlich verstärkt. Es entstehen neue Foren zur Diskussion für die zukünftige Entwicklung der Kommunen. Man beschreitet neue Wege der Politikgestaltung, verwirklicht innovative Vorhaben und schafft Strukturen zur Vernetzung.[6]

Dies unterstreicht im historischen Zusammenhang der Entwicklung sozialer Bewegungen Karl-Werner Brand als erhebliche innovative Impulse der Lokale-Agenda-21-Prozesse: Sie schaffen ein Forum für neue vernetzende Dialoge und offene kooperative Planungsformen. Sie schmieden im Umfeld neue strategische Allianzen für Themen wie nachhaltigen Konsum, Energieeinsparung oder neue Mobilitätsformen. Auch durch die Lokale Agenda 21 wandelt sich die Umweltbewegung mehr und mehr »von einer Protest- zu einer proaktiven Umsetzungsbewegung«.[7]

Vom Protest zum Projekt – mit dieser Formel lässt sich ein wesentlicher Aspekt der Lokalen Agenda 21 als neues Partizipations- und Kooperationsmodell erfassen. Im Mittelpunkt stehen mit thematischen Arbeitskreisen neue und für alle offene Formen selbstbestimmten Schaffens, die auch der »nicht organisierten Zivilgesellschaft« mit kleinen örtlichen Gruppen oder einzelnen Interessierten gemeinsame Aktivitäten und Projekte ermöglichen. Das geschieht in Zusammenarbeit mit der Kommune. Ergänzt wird dies durch politische Mitwirkungsmöglichkeiten in vielen neuen Formaten, wobei hier Zukunftswerkstätten in verschiedenen Varianten ein weiteres Markenzeichen der Lokalen Agenda 21 sind. Diese – grob klassifiziert – doppelte Bürgermitwirkung lässt sich in Anlehnung an verschiedene »Stufenmodelle der Partizipation« noch genauer als neues Partizipations-, Kommunikations- und Kooperationsmodell der Lokalen Agenda 21 aufschlüsseln:[8]

- Information und Aktivierung der Bevölkerung für ein nachhaltiges Verhalten, oft durch fantasievolle und ansprechende Aktionsformen
- »Klassische Bürgerbeteiligung« zu kommunalpolitischen Anliegen und Entscheidungen durch entsprechende Formate, meist um Vorschläge und Meinungen der Bevölkerung einzuholen
- Gemeinsames Entscheiden in Lokale-Agenda-21-Gremien aus Agendaaktiven, Verwaltung und Gemeinderätinnen und Gemeinderäten, oft zur Förderung von Projekten und anderen Fragen des Lokale-Agenda-21-Prozesses
- Eigenständige, selbstverantwortete Tätigkeit der Agendaaktiven in Arbeitskreisen, die dann auch Träger der dort entstandenen Projekte sind.

Von diesen vier aufsteigenden Stufen Kommunikation, Konsultation, Kooperation und Aktion ist die letzte und höchste Beteiligungsform prägend für die Lokale Agenda 21. Die Projekte stoßen dabei als »Agendaschneebälle« weitere neue Projekte an und wollen häufig Zielgruppen und die Bevölkerung für nachhaltiges Verhalten aktivieren. Sie sind das treibende, die gemeinsamen Agendagremien das stabilisierende Element der Lokale-Agenda-21-Prozesse. Beide sind als ständige Elemente oder dauerhafte Strukturen nötig, während die anderen beiden Formen nur von Zeit zu Zeit auftreten. Formelle und gesetzlich verankerte Verfahren der Bürgerbeteiligung bleiben hier außen vor, da sie nicht spezifisch für die Lokale Agenda 21 sind.

Die große öffentliche Resonanz auf die Aktivitäten der Fridays for Future wirft dabei die Frage auf, ob nicht auch wieder stärker provokative und protestierende Elemente zum Einsatz kommen sollen, um für Themen der Nachhaltigkeit Aufmerksamkeit zu schaffen. Wenn die Lokale Agenda 21 eine neue, positive Form der Kooperation in der Geschichte der sozialen Bewegungen in Deutschland markiert und auch an die Stelle der negierenden Proteste tritt, ist das angesichts dieser Erfahrungen zu hinterfragen. Gewaltfreie Formen des zivilen Ungehorsams schaffen immer noch mehr Aufmerksamkeit in den Medien und in der Öffentlichkeit, als dies noch so fantasievolle Aktionen und gute Projekte leisten können. Letztere können allerdings die Bevölkerung durch die direkte Ansprache besser für eine Änderung ihres Verhaltens gewinnen, haben aber dadurch nur einen begrenzten Wirkungsradius.

Die Lokale Agenda 21 als Realexperiment und Wegbereiter kommunaler Nachhaltigkeit

Laut der Studie *Rio +20 vor Ort* gibt es einen signifikanten Zusammenhang zwischen der Lokalen Agenda 21 mit der Förderung des bürgerschaftlichen Engagements in diesem neuen Partizipationsmodell und der Häufigkeit von Innovationen. Diese Kommunen mobilisieren dadurch innovatives Potenzial für kreative und nachhaltige Lösungen in der Kommunalpolitik.[9]

Diese Kreativität und Innovation durch die Lokale Agenda 21 gilt insgesamt für kommunale Nachhaltigkeitsinitiativen und -prozesse. Die Lokale Agenda 21 wird zum Vorreiter und Wegbereiter kommunaler Nachhaltigkeit. Die recht allgemeine Beschreibung im Kapitel 28 der Agenda 21 von 1992 wird sehr praxisnah und auf die örtliche Situation bezogen in die Praxis umgesetzt – und auch anders, als es die vielen Leitfäden der ersten Generation in der Theorie vorsehen. Die Lokale Agenda 21 wird damit zum ersten großen »Realexperiment« für kommunale Nachhaltigkeitsprozesse oder genauer zu vielen kleineren örtlichen Realexperimenten und Ideenwerkstätten, wie eine nachhaltige Entwicklung vor Ort umgesetzt wird.

Auch wenn die oben umrissenen Wirkungsmechanismen gewisse grundlegende und gleichgerichtete Prozesselemente in den Kommunen erkennen lassen, fällt jeder Lokale-Agenda-21-Prozess anders aus. »Global denken, lokal handeln« wird auch durch diese spezifische örtliche Ausprägung vor Ort zu einem Markenzeichen der Lokalen Agenda 21. Was der Wissenschaftliche Beirat der Bundesregierung Globale Umweltveränderungen (WBGU) im Jahr 2016 in seinem Hauptgutachten *Der Umzug der Menschheit – Die transformative Kraft der Städte* mit der neuen Kategorie »Eigenart« als wesentliche Dimension für kommunale Nachhaltigkeitsprozesse festhält, hat die Lokale Agenda 21 zu diesem Zeitpunkt bereits in der Praxis vielfach bestätigt.[10] Kommunale Nachhaltigkeitskonzepte müssen sich zuallererst an den örtlichen Gegebenheiten ausrichten und offen gestaltet werden. Diese Offenheit und lokal flexible Gestaltung kommunaler Nachhaltigkeitsprozesse ist eine zentrale und bleibende Erfahrung der Lokalen Agenda 21 für darauffolgende Aktivitäten dieser Art.

Die Lokale Agenda 21 führt über den Gesamtrahmen hinaus auch neue Instrumente und Bausteine für eine kommunale Nachhaltigkeit in die Diskussion und Erprobung vor Ort ein oder verbreitet diese weiter. Zu nennen

sind hier eine nachhaltige Beschaffung, Indikatoren und Nachhaltigkeitsberichte oder Energie- und Umweltmanagementsysteme. Sie gibt Impulse
für sektorale Konzepte wie den Klimaschutz oder eine Bildung für nachhaltige Entwicklung. Wie schon bei der Bürgermitwirkung gilt, dass die Lokale
Agenda 21 hier zumindest als Verbreiter und Verstärker tätig ist.

Mit der Lokalen Agenda 21 werden Vernetzungsstrukturen zum Erfahrungsaustausch und für gemeinsame Aktivitäten geschaffen, die in unterschiedlicher Ausprägung und Weiterentwicklung in Bundesländern wie
Baden-Württemberg, Bayern, Brandenburg, Nordrhein-Westfalen oder Thüringen auch im Jahr 2021 noch aktiv sind. Diese Vernetzung und Zusammenarbeit von Kommunen und Initiativen erreicht durch die Lokale Agenda 21
zumindest für das Thema Nachhaltigkeit eine neue Qualität.

Wie den neuen sozialen Bewegungen in Deutschland gelingt es der Lokalen Agenda 21, Bewegung in die Kommunalpolitik zu bringen. Sie trägt,
wie gezeigt, zur Öffnung der Kommunalverwaltungen für Formen der Bürgermitwirkung bei, sie setzt neue Themen und baut alternative Optionen
wie beispielsweise Bürgerenergieanlagen in die Kommunalpolitik ein. Auch
mit der Lokalen Agenda 21 gewinnt die Leitidee einer »Politik von unten«
an Legitimität.[11] Über die Kommunen hinaus ist sie der Wegbereiter einer
neuen Generation autonomer Initiativen der Zivilgesellschaft für ein nachhaltiges Leben, für die die Kommune der wichtigste Aktionsraum wird.

Entwicklungspfade der Lokalen Agenda 21 und Typen kommunaler Nachhaltigkeitsprozesse

Die Lokale Agenda 21 präsentiert sich damit vor Ort als buntes Mosaik vielfältiger Aktivitäten, die sich einer schematischen und auch modellhaften
Darstellung weitgehend entziehen. Dennoch lassen sich bei der weiteren Entwicklung der Lokalen Agenda 21 gewisse Pfade ausmachen, die bestimmte
Typen mit hervorstechenden und stark dominierenden Merkmalen erkennen
lassen. Diese werden hier nur sehr grob anhand eines dominierenden Haupt-
merkmals klassifiziert. Dabei ist zu beachten, dass über diese prägenden
Strukturen hinaus die Kommunen unterschiedlich mit vielen partizipativen
und steuernden Instrumenten für eine nachhaltige Entwicklung arbeiten
und sich dadurch nochmals unterscheiden. Zwischen den folgenden Pfaden
oder Typen gibt es also viele Zwischenformen. Die hier zugeordneten und

im Buch ausführlich geschilderten kommunalen Beispiele für umfassende Nachhaltigkeitsaktivitäten können sich sowohl zu anderen Typen weiterentwickeln oder auch anders eingeordnet werden. Kommunale Beispiele zu Teilbereichen bleiben unberücksichtigt, da die kommunalen Prozesse dazu nicht umfassend geschildert werden konnten. Ferner werden auch Beispiele für Nachfolgeprozesse genannt.

Die »klassische Lokale Agenda 21« gibt es als Typ in manchen Kommunen auch noch nach 20 oder 25 Jahren, was eine erstaunlich lange Zeit für solche Prozesse darstellt. Sie zeichnet sich durch starkes bürger- und zivilgesellschaftliches Engagement aus. Die Strukturen wie ein Agendabüro in der Verwaltung, gemeinsame Gremien und Arbeitskreise sind teilweise sogar in der Gemeindesatzung verankert. Beispiele hierfür sind Unterhaching, Allensbach oder auch Weyarn, auch wenn es dort nicht diesen Namen trägt und Bezug hat.

Die »Lokale Agenda 21 als integriertes Nachhaltigkeitskonzept« verbindet diesen Prozess mit bereits bestehenden Konzepten und Strategien zur Stadtentwicklung oder anderen umfassenden Konzepten wie dem Stadtmarketing. Vorhandene Rahmenkonzepte werden genutzt und die Lokale Agenda 21 integriert oder zugeordnet. Dies schafft Synergien und vermeidet unnötige Konkurrenzen. Beispiele hierfür sind Heidelberg und Öhringen. Versuche, diese sinnvolle Zusammenführung verschiedener Prozesse oder die Verknüpfung kommunaler Nachhaltigkeitsberichte mit bestehenden Planungsprozessen auf andere Kommunen zu übertragen, erweisen sich als schwierig.[12]

Die »Lokale Agenda 21 als Netzwerk für Nachhaltigkeitsinitiativen« wird über die ursprünglichen Agenda-Arbeitskreise hinaus zum Dach und zur Plattform für alle bürgerschaftlichen und zivilgesellschaftlichen Initiativen in den Kommunen, die sie zusammenführt. Dies erfolgt in unterschiedlichen Strukturen, die von einer gemeinsamen oder stärker über die Verwaltung laufenden Organisierung bis hin zu unabhängigen zivilgesellschaftlichen Netzwerken reichen, die mit der Verwaltung zusammenarbeiten. Dabei sind eigene Vereine auch über einen längeren Zeitraum als stabile Organisationsformen erfolgreich. Beispiele hierfür sind in verschiedenen Ausprägungen Ulm, Falkensee, Leipzig, Dresden, Trier und Hamburg. Als nächste Generation entsprechen Transition Towns wie Hannover oder zivilgesellschaftliche Plattformen wie in Lüneburg diesem Typ.

Die »Lokale Agenda 21 als umfassende, partizipative Nachhaltigkeitsstrategie« verknüpft das zivilgesellschaftliche und bürgerschaftliche Element mit
einer Gesamtsteuerung für eine nachhaltige Kommunalentwicklung, die
über die nötige politische Rückendeckung verfügt. Sie behebt damit eine
Hauptschwäche der Lokalen Agenda 21 und dürfte bei konsequenter Umsetzung die größte Wirkung entfalten. Immer wieder dafür genannte Beispiele
sind Augsburg und Ludwigsburg. Hinzu kommen Kommunen wie Dortmund oder Solingen, die, aufbauend auf einer langen Lokale-Agenda-21-Tra-
dition, mit der »Global Nachhaltigen Kommune« die nächste Generation
dieser Prozesse einleiten. International stehen dafür Kopenhagen als transformative Stadt und Amsterdam als neue kommunale »Donut-Strategie«, die
sich im Oktober 2021 noch in einer relativ frühen Entwicklungsphase befindet. Dies gilt auch für das Beispiel Witzenhausen, das über diese Großstädte
hinaus für kleinere Kommunen einen Weg aufzeigen könnte.

Die »Lokale Agenda 21 als Strategie Klimaschutz plus« stellt dieses Megathema in den Mittelpunkt, was weit über einen sektoralen Ansatz hinaus-
reicht, den es zu anderen Themen in vielen Kommunen auch gibt. Klimaschutz dominiert als zentrales Thema nicht nur in den Kommunen die Diskussion und Aktivitäten zur Nachhaltigkeit. Beispiele hierfür sind Karlsruhe
oder als »regenerative City« Adelaide. Die folgende neue Generation umfassender Klimaschutzkonzepte ist als Nachhaltigkeitsstrategie angelegt. Dies
zeigen die Beispiele des »Local Green New Deals« Mannheim oder das regionale »Forum 1.5« in Oberfranken, das für die in der Lokalen Agenda 21 und
auch danach defizitären ländlichen Räume Perspektiven eröffnen könnte.

Diese Entwicklungspfade und Typen der Lokalen Agenda 21 lassen sich
grob in die beiden Grundtypen einer mehr strategisch-kommunalen und
einer mehr zivilgesellschaftlich-vernetzenden Variante aufteilen. Vergleicht
man die hier aufgezeichneten Entwicklungen mit früheren Evaluierungsstu-
dien aus der Hochphase dieser Prozesse aus den Jahren 2001 und 2003, gibt
es in den dortigen drei Szenarien oder Optimierungsvorschlägen jeweils
starke Übereinstimmungen mit den beiden Typen der Lokalen Agenda 21
als Netzwerk von Nachhaltigkeitsinitiativen oder als umfassende, partizipative Nachhaltigkeitsstrategie. Die später in der Studie *Rio +20 vor Ort* im
Jahr 2012 festgestellte häufige Weiterführung als sektorale Prozesse mit dem
Schwerpunkt Klimaschutz, die sich hier im Typ »Strategie Klimaschutz
plus« niederschlägt, wird dabei noch nicht gesehen.[13]

Dieser Typ dürfte in Zukunft zu einer wesentlichen strategischen Variante der Weiterentwicklung kommunaler Nachhaltigkeitsprozesse werden. Die mehr zivilgesellschaftlich-vernetzend ausgerichtete Variante hat mit den Transition Towns und örtlichen autonomen Ansätzen schon eine relativ große Verbreitung, die auch mit den Diskussionen über Postwachstum und sozialökologische Transformation als strategischem Bezugspunkt weiter zunehmen dürften.

FAZIT

Die Lokale Agenda 21
als wichtigster Nachhaltigkeitstreiber in Deutschland

Die Lokale Agenda 21 wird nach dem Weltgipfel für Umwelt und Entwicklung in Rio 1992 zum wichtigsten Nachhaltigkeitstreiber in Deutschland. Sie setzt als Türöffner eine nachhaltige Entwicklung auf die politische Tagesordnung und verbreitet sie als Multiplikatorin in die Fläche. Über reine Beschlüsse oder Bekundungen auf den übergeordneten politischen Ebenen hinaus greift sie die Agenda 21 aktiv auf und setzt sie vor Ort in die Praxis um.

Die in der Agenda 21 recht allgemein gehaltenen Vorschläge für eine Lokale Agenda 21 werden in den Kommunen als großes »Realexperiment« mit Leben erfüllt. Nachhaltigkeit als Konzept, Themenschwerpunkte wie Klimaschutz und einzelne Instrumente werden in die Diskussion eingebracht und umgesetzt.

Im Mittelpunkt steht dabei ein neues Partizipations- und Kooperationsmodell, das die verschiedenen Akteure in den Kommunen zusammenbringt. Verwaltung, Gemeinderat und Zivilgesellschaft werden zum »Agendadreieck«. Wo dies gelingt und alle Beteiligten ihre Rolle annehmen, ist die Lokale Agenda 21 erfolgreich. Treibende Elemente der Prozesse sind eigenständig arbeitende bürgerschaftliche Arbeitskreise mit dort entstehenden Projekten, die als »Agendaschneebälle« weitere Aktivitäten anstoßen.

Auf Dauer brauchen solche Prozesse als von den Akteuren getragenes Gemeinschaftswerk stabile organisatorische und finanzielle Strukturen, politische Unterstützung und Rahmensetzungen für eine zukunftsgerichtete Perspektive. Unentbehrlich ist eine Stelle als »Agendascharnier« zwischen Kommunalverwaltung und Zivilgesellschaft als den aktiven Trägern kommunaler Nachhaltigkeitsprozesse. Partizipation und Kooperation erfolgen in mehrfacher Weise durch die Unterstützung bürger- und zivilgesellschaftlichen Engagements, die beratende Beteiligung an politischen Entscheidungen und gemeinsame Gremien. Wichtig ist dabei die mögliche Mitwirkung der »nicht organisierten Zivilgesellschaft« mit kleinen örtlichen Gruppen sowie einzelnen Bürgerinnen und Bürgern.

Die Lokale Agenda 21 fällt dabei bei allen feststellbaren Gemeinsamkeiten in den Kommunen sehr unterschiedlich aus. Die flexible Anpassung an die örtlichen Verhältnisse und die Ausgestaltung als offener Such- und Lernprozess, der Rückschläge beinhalten kann, sind wichtige Erfolgsbedingungen und Erkenntnisse als Voraussetzungen für die folgenden Generationen solcher Aktivitäten.

Die Lokale Agenda 21 wird damit zum Vorreiter und Wegbereiter für kommunale Nachhaltigkeitsprozesse. Die Lokale Agenda 21 ist vor Ort die Pionierin einer nachhaltigen Entwicklung in Deutschland. Sie schafft den Nährboden für viele nachfolgende zivilgesellschaftliche Nachhaltigkeitsinitiativen und für kommunale Nachhaltigkeitsprozesse. Bei aller bunten örtlichen Vielfalt lassen sich gewisse Pfade und Typen in der weiteren Entwicklung erkennen, die eine mehr strategisch-kommunale oder eine zivilgesellschaftlich-vernetzende Variante zum Ausdruck bringen. Dabei dürfte das Megathema Klimaschutz als Herzstück einer nachhaltigen Entwicklung künftig noch stärker im Mittelpunkt stehen.

Auch wenn die Lokale Agenda 21 als solche in vielen Kommunen inzwischen unter diesem Namen nicht mehr existiert, zeigen nicht wenige und erfolgreiche kommunale Beispiele, wie sie langfristig verankert und weiterentwickelt werden konnte. Ihre Bedeutung für folgende kommunale Nachhaltigkeitsprozesse und auch zivilgesellschaftliche Aktivitäten wird bisher unterschätzt. Denn diese sind die »späte Ernte der Lokalen Agenda« (Stefan Kuhn).[14] Ihre Spuren sind auch 30 Jahre nach der Rio-Konferenz von 1992 noch deutlich erkennbar und enthalten wichtige Elemente aktueller und künftiger kommunaler Nachhaltigkeitsprozesse und -aktivitäten, auf die das letzte Kapitel eingeht.

Kapitel 15

Schlussfolgerungen
Rio 30 plus

Treiber, Prozesse
und Rahmen kommunaler Nachhaltigkeit

Dreißig Jahre nach der historischen Rio-Konferenz für Umwelt und Entwicklung ist die Transformation zur Nachhaltigkeit vielerorts in vollem Gange, auf der örtlichen Ebene zunächst angestoßen durch die Lokale Agenda 21 und weitergeführt durch viele zivilgesellschaftliche oder andere Initiativen. Für die erfolgreiche Fortsetzung und den Ausbau der Nachhaltigkeitsaktivitäten gilt es, die bisherigen Erfahrungen für die weitere Umsetzung aufzuarbeiten, wobei sich als Zeithorizont mit der Agenda 2030 und den 17 UN-Nachhaltigkeitszielen zunächst das Jahr 2030 als Zwischenetappe anbietet.

Dazu werden im folgenden Schlusskapitel zusammenfassend Rolle und Erfolgsfaktoren von Zivilgesellschaft und Kommunen als Akteure für eine nachhaltige Entwicklung und ihre künftige Arbeit behandelt. Eingebettet wird dies in dafür notwendige und hilfreiche Rahmensetzungen: die Verknüpfung mit den übergeordneten politischen Ebenen, die Unterstützung durch die Wissenschaft und die inhaltlichen Grundlagen eines verständlichen und erweiterten Nachhaltigkeitsbegriffes. Anschließend geht es um die Formulierung und Vermittlung des angestrebten Ziels mithilfe von Narrativen und Realutopien sowie einen kommunalen Nachhaltigkeitskompass als Wegweiser. Abschließend werden als Fazit wichtige weitere Schritte für eine kommunale Nachhaltigkeit beschrieben.

Nachhaltigkeitstreiber:
Zivilgesellschaft und Kommune als Aktionsraum

Die deutsche Transformationsforschung betont – wie schon die Agenda 21 und die daran anknüpfende Diskussion – übereinstimmend die zentrale Rolle von Zivilgesellschaft und Kommunen als Nachhaltigkeitstreiber, was auch die vorhergehenden Kapitel anhand vieler Ansätze und Beispiele verdeutlichen. Das Wuppertal Institut für Klima, Umwelt, Energie sieht die »Zivilgesellschaft als Taktgeber« und einzelne »Pioniere des Wandels als Motoren« der großen Transformation, denn »letztendlich geht jede Veränderung von Individuen aus«.[1]

Die große Transformation zerfällt in der Praxis in viele kleine Transformationen, die Kommune wird dabei zum zentralen Handlungsfeld und Aktionsraum der Zivilgesellschaft sowie anderer Akteure. Was mit den Arbeitskreisen und Projekten der Lokalen Agenda 21 beginnt, setzen andere »Graswurzelinitiativen« als soziale Bewegung von unten fort. Ihre Anzahl und Vielfalt nehmen dabei ständig zu. Die Impulse und Aktivitäten für eine nachhaltige Entwicklung verschieben sich zunehmend von etablierten und großen Organisationen hin zu örtlichen Initiativen, zu einer »Mikropolitik der kleinen Gruppen« (Claus Leggewie und Harald Welzer).[2]

Kleinräumige und im Vergleich zur Lokalen Agenda 21 stärker unabhängige Initiativen schaffen sich vor Ort ihre Nischen als Frei- und Kreativräume, um konkrete Lösungen für eine nachhaltige Entwicklung nicht nur zu entwickeln, sondern auch umzusetzen. Eine Stärke dieser Gruppen sind dabei lokale angepasste Lösungen, die sie von Beginn an auf die jeweilige örtliche Situation zuschneiden können. Mit den angestoßenen Innovationen entwickeln sich »Städte und Gemeinden als Reallabore der Nachhaltigkeit« (Reinhard Loske).[3]

Dabei entstehen vor Ort neue Organisationsformen einer »nicht organisierten Zivilgesellschaft«, in denen das bürgerschaftliche Engagement von Einzelpersonen zum Tragen kommt und auch etablierte Verbände einbezieht. Dies können sowohl themenbezogene Initiativen als auch übergreifende Netzwerkstrukturen sein. Für beide ist dabei die Lokale Agenda 21 nicht nur der Vorläufer, sondern in manchen Kommunen immer noch die Organisationsform. Am häufigsten treten hierbei themenbezogene Initiativen zum gemeinschaftlichen Gärtnern (Urban Gardening), Teilen (Sharing),

Reparieren (Repairing) sowie Bürgerenergiegenossenschaften auf. Vernetzende Strukturen für diese und andere Initiativen bilden sich oft im Rahmen der weltweiten Transition-Town-Bewegung.

Wichtige Erfolgsfaktoren dieser »Pionierinnen und Pioniere des Wandels« sind zunächst diese Personen selbst. Sie sind motiviert, engagiert, beharrlich, fachlich versiert und kommunikativ. Sie scharen feste Kernteams um sich und entwickeln attraktive Projekte und Vorschläge zu ihrer Umsetzung. Zentral sind dabei die »Selbstwirksamkeit« und die Konzentration auf das, was in der eigenen Macht liegt. Erfolgreicher ist häufig, ein Vorhaben zunächst mit kleinen Schritten zu beginnen. Das vorgelebte eigene Beispiel für eine nachhaltige Entwicklung schafft Glaubwürdigkeit und Vertrauen in der Öffentlichkeit. Erfolgsfaktoren sind Vorzeigeprojekte und gute Beispiele des Gelingens, die Praktikabilität und Nutzen veranschaulichen. Damit wird eine positive Veränderungskultur geschaffen, die Neues und Alternativen anstelle des Bisherigen setzt. Dies kann nicht ohne Widerstände und Rückschläge ablaufen, die dadurch entstehenden Veränderungskompetenzen und Lernprozesse sind weitere Erfolgsfaktoren.[4]

Für den Erfolg und die weitere Verbreitung müssen nachhaltige Ansätze vor allem praktikabel sein und an den Alltag der Menschen anknüpfen. Nachhaltige Vorreiter ebnen dabei zunächst auch ohne veränderte Rahmensetzungen ähnlichen und folgenden Initiativen den Weg in den Mainstream. Aus diesen sich vermehrenden Beispielen guter Praxis entsteht vor Ort eine breitere Bewegung für eine nachhaltige Entwicklung. Die örtliche Vernetzung mit anderen Initiativen und der überörtliche Austausch sowie die Zusammenarbeit mit ähnlichen Initiativen erhöhen die Durchschlagskraft und das Wissen dieser Ansätze. Diese Erfolgsfaktoren bestätigt das folgende Beispiel.

Nach dem ersten Kennenlernen der beiden Initiatoren im Oktober 2011 und Vorarbeiten mit weiteren Personen findet im April 2012 die Gründungsversammlung der **Münchner »Kartoffelkombinat eG«** statt. Die genossenschaftlich organisierte Gemeinschaft orientiert sich an den Prinzipien der Solidarischen Landwirtschaft, deren Netzwerktreffen eine gute Hilfestellung sind. Das Kartoffelkombinat kümmert sich selbst um den Anbau von regionalem, saisonalem Biogemüse und teilt die Ernte wöchentlich entsprechend auf. Die Mitglieder garantieren die Abnahme aller erzeugten Lebensmittel und übernehmen die dafür entstehenden Kosten für Saatgut, Löhne oder Logistik im Voraus. Die wöchentlichen Gemüsekisten stehen an bestimmten Abholpunkten für die Mitglieder bereit, wodurch eine Solidarische Landwirtschaft auch in einer Großstadt umsetzbar ist. Ein im Jahr 2016 gegründeter Verein soll Projekte finanzieren, die im Interesse des Kartoffelkombinats liegen, aber nicht zu den Aufgaben einer Genossenschaft gehören, wie beispielsweise Veranstaltungen der »Kartoffelakademie«. Das Gemüse wird seit dem Jahr 2017 in einer von der Genossenschaft erworbenen Gärtnerei außerhalb des Stadtgebietes nach ökologischen Kriterien angebaut. Nach zehn Jahren umfasst das Kartoffelkombinat 1.800 Münchner Haushalte.[5]

Wenn die Kommune und auch die Region zum Aktionsraum zivilgesellschaftlicher Initiativen werden, ist eine Zusammenarbeit mit Verwaltung und Politik sinnvoll, notwendig und in aller Interesse. Kommunen sollten besonders in der Startphase solche Nachhaltigkeitsansätze befördern und »Freiräume für Bürgerengagement und Kreativität schaffen und nutzen«, wie es der Wissenschaftliche Beirat der Bundesregierung Globale Umweltveränderungen (WBGU) umschreibt.[6] Die Möglichkeiten hierfür sind seit der Lokalen Agenda 21 bekannt: Anlaufstellen in der Verwaltung als Scharnier zwischen beiden Akteuren, logistische Unterstützung durch Räumlichkeiten, Flächen (für Urban Gardening und ähnliche Projekte) oder Dächer (für Bürgerenergieanlagen) sowie finanzielle Unterstützung durch Projektförderungen. Hinzu kommen niedrigschwellige Beratungs- und Qualifizierungsangebote sowie fachliche Unterstützung.

Wie die Beispiele in Kapitel zwölf zeigen, ist dabei die finanzielle Förderung von kleineren Projekten äußerst effektiv und sollte flächendeckend ausgebaut werden. Kommunen und Landkreise können Kleinprojektefonds, Bürgergelder und ähnliche Instrumente einrichten, Bund und Länder diese kofinanzieren. Eine Eigenbeteiligung der Geförderten, die auch durch die eingebrachte ehrenamtliche Arbeitszeit geleistet werden kann, ist sinnvoll. Die Kommunen profitieren auch finanziell von solchen Projekten, da sie oft örtliche Probleme oder Engpässe kostengünstig beheben können. Eine weitere gute Möglichkeit ist die Bereitstellung von Räumlichkeiten, die angesichts vieler Leerstände in attraktiven Einkaufslagen auch hier für beide Seiten gewinnbringend ist.

Diese kommunale Unterstützungskultur leistet auch einer Politikverdrossenheit und bloßem populistischen Protest Vorschub. Entsprechende Angebote schaffen Möglichkeiten für eine »aktive und vitale Bürgergesellschaft«, die positiv gestalten will, anstatt in negativer Ablehnung zu verharren.[7] Auch hier hat die Lokale Agenda 21 mit der Formel »Projekte statt Proteste« den Weg gewiesen.

Neue Qualität: Zivilgesellschaft, Wirtschaft und nachhaltiges Leben

Die mit der Postwachstumsdiskussion einsetzende Welle weiterer Initiativen schafft quantitativ und qualitativ eine neue Dimension zivilgesellschaftlicher Aktivitäten für eine nachhaltige Entwicklung. Schwerpunkte sind dabei durch viele örtliche Aktivitäten die Themen Teilen, Reparieren und gemeinschaftliches Gärtnern (siehe Kapitel acht und zwölf). Zivilgesellschaftliche Initiativen schaffen sich damit häufig eine eigene, unabhängige wirtschaftliche Basis. Diese führt zu einem neuen Verhältnis von Produktion und Konsum mit Personen als gemeinsamen »Prosumenten«, wie auch das Beispiel oben zeigt. Gemeingüter (»Commons«) als älteste Form selbstverwalteter Aktivität und gemeinwirtschaftliche Ansätze erleben eine Renaissance, in Deutschland besonders deutlich mit der Gründungswelle von Bürgerenergiegenossenschaften.

Diese Commons als praktisches Organisationsmodell markieren für den amerikanischen Zukunftsforscher Jeremy Rifkin den Übergang von einer zentralisierten zu einer dezentralisierten Wirtschaft und führen zur Herausbildung eines »Wirtschaftshybriden aus kapitalistischem Markt und kollaborativen Commons«. Durch die »Förderung einer Teil- und Tauschkultur« erfolgt der Umstieg von Eigentum auf Zugang.[8]

Jenseits aller Diskussionen um die Richtigkeit von Rifkins Gesamteinschätzung markieren die neuen Initiativen eines »kollaborativen Wirtschaftens« und einer »solidarischen Ökonomie« einen grundlegenden Wandel des Wirtschaftens und Konsumierens in Deutschland im Sinne einer nachhaltigen Entwicklung. Besonders Themen wie nachhaltige Landwirtschaft und Ernährung führen auch zu einer stärkeren Verbindung zwischen Stadt und Umland, stärken regionale Wirtschaftskreisläufe und werten Regionen als Lebensräume auf.

Die Initiativen arbeiten praxisbezogen und setzen in der unmittelbaren Lebenswelt und im Alltag der Menschen an. Im Zentrum stehen nachhaltiger Konsum und noch umfassender ein nachhaltiges Leben als Schwerpunkt und eigener Beitrag für eine nachhaltige Entwicklung. Dies haben sie mit vielen Aktivitäten der Lokalen Agenda 21 gemeinsam, weisen aber im Vergleich zu dieser durch ihre eigenständigen, selbsttragenden und unabhängigen Strukturen deutliche Vorteile auf. Sie appellieren nicht nur an ein nachhaltiges Verhalten, sondern bieten hierfür eigene konkrete Alternativen an. Diese ermöglichen gemeinsames »Praxislernen, eine Form des Lernens, das gewohnte Handlungsmuster selbst verändert« (Claus Leggewie und Harald Welzer).[9]

Kommunen können solche Initiativen fördern. Eine umfassende Einbettung in eine kommunale Nachhaltigkeitsstrategie zeigt das Beispiel Amsterdam in Kapitel elf mit den Schwerpunktsetzungen auf die Themen Ernährung und Konsumgüter. Doch auch unterhalb dieser Ebene gibt es viele Möglichkeiten mit den oben genannten Unterstützungen durch Räume, Beratung oder Projektförderungen.

Das Konzept »Wirtschaftsförderung 4.0« (siehe Kapitel elf) hebt dies auf ein neues Niveau, wenn diese lokalen und regionalen Ansätze ähnlich wie die bisherigen klassischen und etablierten Wirtschaftsformen unterstützt werden. Kommunen können ferner durch eine nachhaltige Beschaffung der Bevölkerung nicht nur als Vorbild für nachhaltigen Konsum dienen, sondern damit auch nachhaltige und regionale Produkte nachfragen. Kommunen können Rahmenbedingungen durch entsprechende Infrastrukturen wie Radwege schaffen, um nachhaltiges Verhalten nicht nur anzustoßen, sondern auch dauerhaft als »Ökoroutine« zu stabilisieren.[10]

Dafür müssen die vielen schon vorhandenen Initiativen und Möglichkeiten für ein nachhaltiges Leben einerseits noch weiter in die Fläche multipliziert und andererseits vor Ort noch besser bekannt gemacht werden. Eine gute und noch stärker auszubauende Möglichkeit bieten hierzu wie im folgenden Beispiel regionale Plattformen für ein nachhaltiges Leben.

»Komiko Bremen« steht für »Konsum mit Köpfchen« und informiert seit Januar 2016 als Internetplattform über die Möglichkeiten nachhaltigen Konsums vor Ort. Dazu kann man auf eines der fünf Themenfelder Tauschen, Teilen, Reparieren, Re- und Upcycling oder Einkaufen klicken und erhält dafür die erfassten Anbieter. Eine Karte zeigt die Angebote nach Stadtbezirken. Weitere Rubriken enthalten Veranstaltungen oder Informationen zum nachhaltigen Konsum. Für die Aufnahme in die Plattform müssen bestimmte Nachhaltigkeitskriterien erfüllt sein. Träger der Plattform sind das »Bremer Informationszentrum für Menschenrechte und Entwicklung (BIZ)« sowie »Bremen im Wandel« als Transition-Town-Initiative in Bremen, die dafür öffentliche Fördermittel erhalten. Komiko ist eine von vielen regionalen oder örtlichen Plattformen und Einkaufsführern auf der Deutschlandkarte der bundesweiten Plattform »Nachhaltiger Warenkorb«. Ferner arbeitet Komiko mit der »Karte für morgen« zusammen, einer interaktiven Onlineplattform für Initiativen des Wandels und für nachhaltige Unternehmen.[11]

Einen thematischen Fokus sollten weitere Aktivitäten zum nachhaltigen Konsum auf das Megathema Klimaschutz und den sparsamen Umgang mit Ressourcen legen. Die Fridays-for-Future-Bewegung hat dieses Thema aufgegriffen und kann als wichtige Multiplikatorin dienen. Auch die in den Kommunen noch weiter zunehmenden Klimaschutzaktivitäten können wesentlich stärker genutzt werden. Sinnvoll ist dabei eine Konzentration auf »Big Points« oder »Key Points« (Michael Bilharz) für ein klimaneutrales Leben und einfache Möglichkeiten wie beispielsweise Unterstützung erneuerbarer Energien, Radfahren, Kauf von Bioprodukten oder weniger Fleischverzehr.[12]

Die gewünschte Änderung des Bewusstseins und Verhaltens der Bevölkerung für ein nachhaltiges Leben verbessert auch die Chancen, die für eine nachhaltige Entwicklung auf übergeordneter Ebene notwendigen politischen Weichenstellungen vorzunehmen. Nachhaltig handelnde Menschen werden auch bei Wahlen die politischen Kräfte unterstützen, die eine solche Politik umsetzen wollen.

Kommunale Pyramide:
Örtliche Umsetzung von Nachhaltigkeit

Tausende dieser zivilgesellschaftlichen Initiativen für ein nachhaltiges Leben bilden in den Kommunen als Aktionsräumen das breite Fundament örtlicher Nachhaltigkeitsaktivitäten und -prozesse.[13] In Zahlen: Es gibt in Deutschland im Oktober 2021 rund 5000 zivilgesellschaftliche Initiativen zum Teilen (Sharing), Reparieren (Repairing) und gemeinschaftlichen Gärtnern (Urban Gardening). Thematisch umfassender und eine Ebene höher anzusiedeln sind kommunale sektorale Ansätze wie Fairtrade Towns, Kommunen für biologische Vielfalt oder Deutsche Biostädte mit insgesamt rund 1100 Initiativen.

Umfassende kommunale Nachhaltigkeitsprozesse als höchste Stufe der Umsetzung weisen zunächst die knapp 200 Kommunen auf, die die Musterresolution zur *2030-Agenda für Nachhaltige Entwicklung: Nachhaltigkeit auf kommunaler Ebene gestalten* unterzeichnet haben. Allerdings handelt es sich dabei nur um die politische Willenserklärung wie früher bei den Gemeinderatsbeschlüssen zur Lokalen Agenda 21. Wirklich aktiv dürften die größtenteils darin enthaltenen gut 100 Kommunen sein, die sich als »Global nachhaltige Kommunen«, als zertifizierte Gemeinwohlökonomie-Kommunen, am »Dialog Nachhaltige Stadt« oder am internationalen Städtenetzwerk (ICLEI) beteiligen. Berücksichtigt man entsprechend der am Ende des letzten Kapitels entwickelten Typologie neben dieser strategisch-kommunalen Variante von Nachhaltigkeitskommunen noch die zivilgesellschaftlich-vernetzende Variante, kommen noch rund 120 Transition-Town-Initiativen in Deutschland hinzu.

Die Umsetzung einer nachhaltigen Entwicklung in den deutschen Kommunen zeigt so insgesamt das Bild einer Pyramide: Es gibt zahlreiche meist zivilgesellschaftliche Initiativen für ein nachhaltiges Leben als breite Grundlage, darüber viele im Vergleich dazu umfassendere sektorale kommunale Aktivitäten und als Spitze insgesamt relativ wenig umfassende kommunale Nachhaltigkeitsprozesse und -konzepte. Die genannten Zahlen können und sollen nicht insgesamt alle Nachhaltigkeitsaktivitäten erfassen, verdeutlichen aber anhand von validen Daten zu den quantitativ wichtigsten Initiativen in diesen Bereichen die Größenordnungen, um die es geht.

Das Megathema Klimaschutz wird auch hier gesondert behandelt. Zu den rund 835 Bürgerenergiegenossenschaften kommt etwa noch dieselbe

Anzahl anderer Rechtsformen von erneuerbaren Energieanlagen mit Bürgerbeteiligung hinzu. Die seit Dezember 2018 in Deutschland aktive Fridays-for-Future-Bewegung umfasst drei Jahre später etwa 360 Ortsgruppen. Dazu kommen als Unterstützerinnen und Unterstützer etwa 300 Ortsgruppen der Parents for Future und etwa 80 Regionalgruppen der Scientists for Future, wobei 26.000 Wissenschaftlerinnen und Wissenschaftler einen entsprechenden Unterstützungsaufruf unterzeichnet haben.

Rund 560 deutsche Kommunen sind Mitglied im 1990 gegründeten europäischen Klima-Bündnis. Etwa 335 Kommunen und Kreise nehmen am »European Energy Award« zur Zertifizierung eines umfassenden Klimaschutzkonzepts teil, wobei fast 90 Prozent aus vier Bundesländern stammen und insgesamt 22 Millionen Einwohnerinnen und Einwohner umfassen. Hinzu kommen umfangreiche Förderungen der »Nationalen Klimaschutzinitiative« im Rahmen der dortigen »Kommunalrichtlinie«. Von 2008 bis Ende 2021 wurden dort rund 21.500 Projekte in mehr als 4.450 Kommunen gefördert. Dabei gehen die Förderungen für einen »Masterplan 100 % Klimaschutz« (60 Projekte), zum »Klimaschutzmanagement« (1650 Projekte) oder zu »Klimaschutzkonzepten, Potenzialstudien und Fokusberatungen« (2727 Projekte) über Einzelmaßnahmen hinaus in Richtung umfassender kommunaler Klimaschutzkonzepte.

Diese Zahlen unterstreichen, dass bei umfassenden kommunalen Nachhaltigkeitsstrategien der Klimaschutz deutlich dominiert, was in Zukunft noch weiter zunehmen dürfte. Der am Ende von Kapitel vierzehn geschilderte und aus der Lokalen Agenda 21 entstandene Typ »Klimaschutz plus« ist deshalb künftig der beste Anknüpfungspunkt für umfassende kommunale Nachhaltigkeitsstrategien, wenn sie mit diesen Klimaschutzkonzepten verbunden werden. Dabei können sie weitere Themen aufgreifen und einen umfassenden Nachhaltigkeitsrahmen unter Berücksichtigung ökologischer, wirtschaftlicher und sozialer Dimensionen herstellen.

Auch bei den zivilgesellschaftlichen Initiativen können die Fridays-for-Future-Bewegung und ihre Unterstützerorganisationen stärker für gemeinsame Nachhaltigkeitsaktivitäten wie einen nachhaltigen Konsum von hier schon aktiven Gruppen gewonnen werden. Der Klimaschutz kann so als Megathema auch vor Ort nachhaltiger ausgerichtet und zum Mittelpunkt einer umfassenden nachhaltigen Entwicklung werden.

Lernende Akteure:
Kooperative Kommune

Für eine nachhaltige Entwicklung vor Ort ist die Zusammenarbeit der Stadtgesellschaft oder Dorfgemeinschaft und ihrer verschiedenen Akteure unerlässlich. Zentral sind dabei die Schnittstelle und Kooperation von Zivilgesellschaft und Verwaltung. Auch eine neuere Untersuchung bestätigt dabei ein Wesensmerkmal der Lokalen Agenda 21: Am häufigsten erfolgt die Kooperation in Form von Projektförderungen, die sowohl finanzielle Unterstützung als auch das Bereitstellen von Räumlichkeiten samt dem öffentlichen Raum beinhalten.[14]

Eine kooperative Kommune bietet Strukturen für eine starke Partizipation und zur Förderung von Eigeninitiative. Sie führt die Handlungen der verschiedenen Akteure zusammen, um gemeinsam die Stadt zukunftsfähig zu gestalten. Wichtig ist dabei, nicht nur formelle Institutionen, sondern auch informelle Verfahrensweisen und Maßnahmen einzubeziehen, um die Zusammenarbeit und die konkrete Übernahme von Verantwortung zu ermöglichen. Eine kooperative Kommune braucht dafür eine große Vielfalt an Möglichkeiten und möglichst viele Plattformen wie beispielsweise gemeinsame Häuser und Zentren, verschiedene Formen der Bürgerbeteiligung, Kleinprojektefonds, gemeinsame Diskussionsstrukturen der verschiedenen Akteure oder andere Formen, die am besten zu den örtlichen Gegebenheiten passen.[15]

Das aktive Element zivilgesellschaftlicher Aktivitäten muss mit stabilisierenden Strukturen der Kommunalpolitik verknüpft werden. Neue Strukturen alleine reichen allerdings nicht aus. Eine Schlüsselerfahrung der Lokalen Agenda 21 zeigt, dass die unterschiedlichen Akteure für diese neuen Formen einer partizipativen Politik ihre Rollen erst finden und lernen müssen. Das setzt vor allem das Verständnis für die jeweils anderen Akteure voraus. Zivilgesellschaft, Politik und Verwaltung haben verschiedene Arbeitsweisen und »ticken anders«. Erst durch das Lernen der eigenen und der anderen Rollen können gemeinsame und auch neue Prozesse einer nachhaltigen Entwicklung als Gemeinschaftsaufgabe erfolgreich gestaltet werden. Wie dies Akteure am besten gemeinsam lernen können, zeigt das folgende Beispiel.

Die Stadt **Filderstadt** hat mit einem eigenen Referat in der Verwaltung, einem Ausschuss im Gemeinderat und weiteren Elementen nicht nur effektive Strukturen für die Bürgerbeteiligung und eine nachhaltige Stadtentwicklung geschaffen, sondern auch die dafür notwendigen gemeinsamen Lernprozesse der Akteure organisiert. Bereits im Jahr 2001 entwickelt eine Veranstaltung mit Vertretern aus Verwaltung, Politik und Zivilgesellschaft gemeinsam Anforderungen, Voraussetzungen und Spielregeln für künftige Beteiligungsverfahren. Die Ergebnisse erscheinen als *Leitfaden Bürgerbeteiligung* und erhalten durch einen Gemeinderatsbeschluss Satzungscharakter. In einem zweiten Schritt vermitteln Bürgermentorenkurse dafür notwendige Grundlagen. In einem dritten Schritt bereiten Workshops die Verwaltung auf das Thema Bürgerbeteiligung vor und erarbeiten Handlungsempfehlungen. Aus zwei Gemeinderatsklausuren als viertem Schritt entwickelt der Gemeinderat Eckpunkte der Bürgerbeteiligung. Ein umfassendes Handbuch steht auf der städtischen Homepage zur Verfügung.[16]

Eine im Jahr 2021 erscheinende »Toolbox« der Qualifizierungsreihe »Meine Kommune weiterdenken« in Bayern und Baden-Württemberg zeigt Grundlinien zur Veränderung kommunaler Verwaltungen auf. Es gilt zunächst, eine Vertrauenskultur aufzubauen und eine positive Fehlerkultur zu schaffen. Zentraler Schlüsselfaktor ist eine stimmige, das heißt glaubwürdige, sachgerechte und überzeugende Kommunikation. Weitere Bestandteile bilden das Verstehen und Nachempfinden anderer als Elemente einer »emotionalen Intelligenz«, die Verwendung von Feedbacks als offene Diskussionskultur und eine rigoros positive Grundhaltung. Eine vitale Organisation ermöglicht den Mitarbeitenden, ihren Lebens- und Arbeitsraum kreativ und lebendig zu gestalten.[17]

Neben diesen Grundlinien weisen Untersuchungen immer wieder auf die Verankerung von Nachhaltigkeit und Bürgerbeteiligung als Querschnittsaufgaben in der öffentlichen Verwaltung hin. Besonders das bisher ausgeprägte »Silodenken« und in größeren Verwaltungen das »Kästchendenken« müssen überwunden werden. Erforderlich sind zuständige Stellen zur Nachhaltigkeit, die Aktivitäten zu diesem Thema konzipieren und abstimmen. Sie können ferner die Verwaltung beraten, was konkret an den jeweiligen

Arbeitsplätzen getan werden kann. Nachhaltigkeit muss darüber hinaus über Querschnittsstrukturen in die gesamte Verwaltung eingebunden werden. Hierfür sind nach Kommunen- und Verwaltungsgröße angepasste und stufenweise ausbaubare Lösungen möglich. Dabei können schon vorhandene Strukturen genutzt und ergänzt werden. Kommunale und andere Verwaltungen müssen sich in vielerlei Hinsicht für Nachhaltigkeit, Bürgerbeteiligung und neue Arbeitsweisen öffnen und die Bezeichnung »öffentliche Verwaltung« so auch mit neuem Leben erfüllen.[18]

Besonders kleinere Kommunen und Gemeinden verfügen in der Verwaltung oft nicht über die notwendigen personellen Ressourcen, um beteiligungsorientierte Nachhaltigkeitsprozesse entsprechend zu unterstützen. Lösungsmöglichkeiten bieten die Ernennung, Qualifizierung und Unterstützung von ehrenamtlichen Klimaschutzbeauftragten oder »Dorfmoderatoren«, wie dies bereits praktiziert wird. Anknüpfend an diese und frühere Modelle aus der Lokalen Agenda 21, sollten »Nachhaltigkeitslotsen« mit Unterstützung von Bund und Ländern qualifiziert werden, um in ländlichen Regionen Nachhaltigkeitsprozesse und -projekte besonders in der schwierigen Startphase zu unterstützen. In kleinen Gemeinden sind aktive Personen als »Schlüsselpersonen« dafür besonders wichtig und geeignet. Oft verwischen auch bei ihnen durch ihr umfassendes Engagement die Grenzen zwischen den verschiedenen Akteuren wie Gemeinderäten und bürgerschaftlich Aktiven, da sie in beiden Funktionen tätig sind.[19]

Offene Prozesse:
Stellschrauben kommunaler Nachhaltigkeit

Auch 30 Jahre nach der Rio-Konferenz von 1992 verfügen nur relativ wenige und meist größere Kommunen über umfassende Nachhaltigkeitskonzepte, die als kleine Spitze auf der oben gezeigten kommunalen Pyramide sitzen. Die wesentlich zahlreicheren sektoralen Konzepte und zivilgesellschaftlichen Initiativen müssen in solche Strategien einbezogen werden. Dabei gleicht keine Kommune der anderen. Der Wissenschaftliche Beirat der Bundesregierung Globale Umweltveränderungen (WBGU) hat in seinem »normativen Kompass« als neue und zentrale Dimension die »Eigenart« solcher kommunalen Transformationsprozesse betont. Dabei sind die Entfaltung der Selbstwirksamkeit der Menschen und die Stärkung der örtlichen sozialen und ökonomischen Kreativitäts- und Innovationspotenziale von besonderer Bedeutung. Eine umfassende Beteiligung und Teilhabe der Stadtgesellschaft an der Gestaltung dieser Transformationsprozesse ist dabei ebenfalls elementar.[20] Das zeichnete schon das neue, umfassende Partizipationsmodell als Wesensmerkmal der Lokalen Agenda 21 aus.

Worauf es ankommt, ist, die vielen zivilgesellschaftlichen Einzelinitiativen und sektoralen Konzepte mit einem umfassenden Nachhaltigkeitsrahmen zu verknüpfen. Dies konnte die Lokale Agenda 21 nur in wenigen Kommunen leisten, wie die in Kapitel vierzehn abschließend dargestellten Typen eines integrierten Nachhaltigkeitskonzepts oder einer umfassenden partizipativen Nachhaltigkeitsstrategie zeigen. Wichtig für die weitere Diskussion ist, dabei nochmals den vom WBGU und von anderen betonten Charakter einer nachhaltigen Entwicklung als offenen Such- und Lernprozess in den Mittelpunkt zu stellen. Dieser Wesenszug droht durch zu starre Ablaufschemata für solche Prozesse unterzugehen. Neben dem experimentellen Charakter sollte auch die Langfristigkeit dieser Vorhaben stärker betont werden. Wichtig für solche Prozesse sind ferner Ziele, wegweisende Leitplanken und positive Realutopien, auf die am Ende des Kapitels und Buches eingegangen wird.

Wie die in Kapitel sechs ausführlich behandelte Studie *Rio +20 vor Ort* und die oben dargestellte Pyramide kommunaler Nachhaltigkeit zeigen, sind Nachhaltigkeitskonzepte in Kommunen besonders sektoral und themenbezogen ausgeprägt. Hier dominiert das Megathema Klimaschutz, weshalb, wie oben dargestellt, der am Ende von Kapitel vierzehn aufgezeigte Typ »Klimaschutz plus« die beste Möglichkeit bietet, umfassendere Nachhaltigkeitskonzepte in den Kommunen zu verankern.

Aber auch hier gibt es einen defizitären Bereich: »Der Elefant im Klimaraum ist das Bauen und Betreiben von Gebäuden«, stellt der Klimaforscher Hans Joachim Schellnhuber bei der Präsentation der von ihm mitbegründeten Initiative »Bauhaus der Erde« im April 2021 fest.[21] In Anknüpfung an die Bauhaus-Bewegung des letzten Jahrhunderts will die Initiative nachhaltiges Bauen voranbringen, da sie hier den wesentlichen Hebel für eine nachhaltige Entwicklung sieht: Der Bausektor ist für rund 40 Prozent der globalen Treibhausgasemissionen verantwortlich, etwa elf Prozent gehen direkt auf das Konto der Betonproduktion. In Deutschland ist ferner über die Hälfte des Abfalls Bauschutt. Ressourcenschonende Alternativen finden sich inzwischen viele. Besonders das Thema Holzbau rückt in den Mittelpunkt, wobei digitalisierte und modulare Konzepte gegenüber der konventionellen Bauweise auch die Kosten deutlich senken sollen. In Berlin sind im Jahr 2021 mit dem Schuhmacherquartier das größte Holzbauquartier Europas und mit dem »WoHo« das zu diesem Zeitpunkt höchste Holzhaus in Planung. Realisiert ist schon das folgende Beispiel.[22]

Das »HoHo« in **Wien** ist Ende 2021 das zweithöchste Holzhaus der Welt, dessen Homepage folgende Zahlen und Fakten als Steckbrief präsentiert: 75 Prozent Holz, 84 Meter Höhe, 24 Stockwerke, 800 Holzstützen, heimische Fichte und in 75 Minuten nachgewachsen (was sich auf die Zeit des Nachwachsens des verbauten Holzes in österreichischen Wäldern bezieht). Das verwendete Holz stammt ausschließlich aus zertifiziertem, nachhaltigem Anbau. Auf den 24 Stockwerken finden sich »Gewerbeflächen für Restaurants, Health, Beauty, Wellness, Business, Hotel und Apartments, welche auf Basis der östlichen Elementen-Lehre aufgebaut sind«. In dieser werden die fünf Elemente Holz, Feuer, Erde, Metall und Wasser unmittelbar aus der Natur abgeleitet.

Das Thema Bauen sollte als eigenes Querschnittsthema in den kommunalen Nachhaltigkeitskonzepten den nötigen Stellenwert erhalten. In der »Circular Strategy« der Stadt Amsterdam bildet es einen von insgesamt drei Schwerpunkten. Auch der »Cradle to Cradle«-Ansatz mit seinen kommunalen Beispielen liefert hier wichtige Impulse besonders zur Senkung des hohen Ressourcenverbrauchs und Abfallaufkommens. Ähnliches gilt für das Thema Digitalisierung mit vielen Ansätzen bei den »Smart Cities« (siehe zu allen Konzepten Kapitel elf). Alle diese Themen müssen unter nachhaltigen Gesichtspunkten umfassend sozial, wirtschaftlich und ökologisch betrachtet werden. Das betrifft auch den Klimaschutz, bei dem soziale Aspekte oft zu kurz kommen und der Schwerpunkt Mobilität vor allem in Kommunen noch mehr Gewicht erhalten muss. Das Thema Resilienz hat mit dem Klimawandel bereits breiten Eingang in kommunale Konzepte gefunden und sollte auch mit den in der Coronapandemie gemachten Erfahrungen in Nachhaltigkeitskonzepte Eingang finden. Nachhaltigkeit bedeutet, diese Themen untereinander abzustimmen und zu gewichten.

Die Befragung der Bertelsmann Stiftung aus dem Jahr 2016 im Rahmen des »Monitors Nachhaltige Kommune« zeigt, dass viele Kommunen beim Thema Nachhaltigkeit häufig nur mit einzelnen Bausteinen arbeiten (siehe Kapitel zwölf). Über die oben genannten Schwerpunkte Bürgermitwirkung und sektorale Konzepte stellt in der Kommunalverwaltung das Thema Beschaffung eine besonders wichtige Stellschraube für eine nachhaltige Entwicklung dar. Eine nachhaltige Beschaffung erfordert kein neues Personal, setzt Nachhaltigkeit sofort um und wirkt doppelt nach außen: Sie fördert in erheblichem Maße nachhaltige Produkte in der Wirtschaft und ist mit entsprechender Öffentlichkeitsarbeit das Vorbild für einen nachhaltigen Konsum der Bevölkerung. Die gesetzlichen Grundlagen sind vorhanden, es gibt eine Fülle von Leitfäden und Unterstützungen, die mit praxisorientierten Schulungen durch Bund und Länder weiter ausgebaut werden sollten. Darüber hinaus geht es vor allem um die Vermittlung des Themas in den kommunalen Verwaltungen, wofür das folgende Beispiel Impulse gibt.

Beschaffung 2030 heißt die etwas andere Broschüre der Stadt **Witzenhausen**, die sich von anderen meist trockenen Leitfäden zu diesem Thema deutlich unterscheidet. Eine lockere, direkte Ansprache und Aufmachung gehen nicht zulasten der inhaltlichen Substanz. Alle relevanten Informationen wie die Beschlüsse der Kommune, rechtliche Grundlagen, die häufigsten Fragen zu diesem Thema, die Vorgehensweise oder die verschiedenen Beschaffungsbereiche sind genauso enthalten wie die für die Umsetzung entscheidende Frage, welche Produkte zentral oder dezentral beschafft werden. Eine Fotoseite zeigt nicht nur »Unsere Mitarbeitenden mit ihrem Lieblingsprodukt«, sondern vermittelt auch sehr anschaulich die für die Realisierung wichtige Botschaft: So schaut es konkret aus, und was meine Kolleginnen und Kollegen können, schaffe ich auch.[23]

Diesen Baustein kann jede Verwaltung auch ohne umfassende Nachhaltigkeitsstrategie umsetzen, auch wenn eine Einbettung in diese das Ganze sicher erleichtert. Weitere große Vorhaben der Kommune können auch ohne umfassende Nachhaltigkeitsstrategie durch Nachhaltigkeitschecks (siehe Kapitel zwölf) auf ihre Auswirkungen überprüft werden. Diese inzwischen in Kommunen erprobte Möglichkeit bildet eine gut anwendbare und effektive Stellschraube, um Nachhaltigkeit in die gesamte Kommunalpolitik bei wichtigen Entscheidungen zu integrieren.

Politischer Rahmen: Vertikale Verknüpfung

Kommunen und Zivilgesellschaft benötigen für ihre Nachhaltigkeitsaktivitäten verlässliche Rahmenbedingungen. Beispiele wie die Gründungswelle und Stagnation der Bürgerenergiegenossenschaften oder eine nachhaltige Beschaffung zeigen, wie wichtig unterstützende und verlässliche rechtliche Rahmenbedingungen durch die Bundesregierung und auf europäischer Ebene sind. Dabei können besonders effektive Stellschrauben wie eine nachhaltige Beschaffung auch durch gleichzeitige und gemeinsame Aktivitäten auf allen politischen Ebenen am besten vorangebracht werden. Initiativen von Bund und Ländern erhöhen die Akzeptanz der Umsetzung auf kommunaler Ebene. Gemeinsame Schulungen und Qualifizierungen sind, wie schon praktiziert, sinnvolle und auszubauende Maßnahmen. Eine vertikale Verknüpfung von Nachhaltigkeitsinstrumenten ist auch bei Nachhaltigkeitsprüfungen möglich: Wenn die übergeordneten politischen Ebenen mit ihren größeren personellen Ressourcen diese praktizieren und weitervermitteln, werden auch Kommunen solche Instrumente breiter anwenden. Das gilt auch für Nachhaltigkeitsindikatoren und Nachhaltigkeitsberichte. Deshalb sollten bei der nachhaltigen Beschaffung in öffentlichen Verwaltungen, bei Nachhaltigkeitsprüfungen für wichtige politische Vorhaben und bei einer indikatorengestützten Nachhaltigkeitsberichterstattung die vorhandenen Ansätze zu einer vertikalen Verknüpfung dieser Instrumente auf den verschiedenen Ebenen verdichtet werden.[24]

Das verweist auf den Ausbau der bundesdeutschen Nachhaltigkeitsarchitektur durch die institutionelle Verknüpfung der verschiedenen Akteure auf den Ebenen von Bund, Ländern und Kommunen. Die Lokale Agenda 21 mit ihrer stark unterschiedlichen Umsetzung in den Bundesländern verdeutlicht die Wichtigkeit regionaler Unterstützungs- und Vernetzungsstrukturen für kommunale und zivilgesellschaftliche Initiativen. Eine nachhaltige Transformation in Deutschland besteht vor allem aus vielen örtlichen Transformationen und Akteuren. Eine bundesdeutsche Nachhaltigkeitsstrategie kann hier ein bündelndes und gemeinsames Dach bieten. In Zusammenarbeit mit den Bundesländern sollten dauerhaft angelegte regionale Unterstützungsstrukturen die bisher oft zeitlich befristeten Projekte ablösen. Mit den Regionalen Netzstellen Nachhaltigkeitsstrategien (RENN) (siehe Kapitel zehn) ist Jahre nach der Auflösung der bundes- und landesweiten Lokale-Agenda-21-Strukturen wieder ein Ansatz vorhanden, der ähnlich wie im erfolgreichen Beispiel Oberösterreich (siehe Kapitel zwölf) verstetigt und ausgebaut werden sollte. Eine bundesweite Vernetzung und Anbindung sind dabei sehr sinnvoll, bundesweite Strukturen ohne in den Bundesländern verankerten regionalen Unterbau reichen alleine nicht aus. Hierzu gehört auch die Unterstützung von Kleinprojektefonds von Kommunen oder Landkreisen durch Bund und Länder.

Eine vertikale Verknüpfung umfasst darüber hinaus die inhaltlich-strategische Ebene und geht über Deutschland hinaus. Eine durchgängige und enge inhaltliche Verknüpfung der Nachhaltigkeitsstrategien von Kommunen über die Länder bis zur Bundesebene ist dabei aufgrund der verschiedenen Ebenen und Themen kaum machbar. Die Verknüpfung sollte sich hier auf gemeinsame Oberthemen und strategische Schwerpunkte konzentrieren, die auch zeitgleich auf den verschiedenen Ebenen bearbeitet und so in den Mittelpunkt der öffentlichen Diskussion gestellt werden können. Auch hier ist eine Schwerpunktsetzung »Klimaschutz plus« sinnvoll, die auf europäischer Ebene mit dem »Green Deal« ein gemeinsames Dach bietet. Auf internationaler Ebene bildet das Pariser Klimaschutzabkommen von 2015 den Hauptbezugspunkt. Hinzu kommen die 17 UN-Nachhaltigkeitsziele, deren Schwachpunkte bei der Weiterführung der Agenda 2030 behoben werden sollten (siehe hierzu Kapitel neun und zehn). Dies sind vor allem das weitgehend fehlende Thema Mobilität und die Förderung des zivilgesellschaftlichen Engagements als treibende Kraft einer nachhaltigen Entwicklung.

Unterstützerin:
Transformative Wissenschaft

Wissenschaftliche Beiträge prägen seit dem Weltgipfel von Rio 1992 die bundesdeutsche Nachhaltigkeitsdiskussion. Dabei hat sich die Transformationsforschung zunehmend zu einer transformativen Wissenschaft weiterentwickelt, die wichtige gesellschaftliche Herausforderungen aufgreift und gemeinsam mit gesellschaftlichen Akteuren Veränderungsprozesse anstößt. Die Studie *Zukunftsfähiges Deutschland* aus dem Jahr 1996 bildet den wichtigsten Impuls für die folgenden Diskussionen und Aktivitäten, das dafür beauftragte Wuppertal Institut für Klima, Umwelt, Energie ist ein international anerkannter »Thinktank« der Nachhaltigkeit.

Dessen früherer Präsident Uwe Schneidewind umreißt das Konzept einer »Bürgerhochschule«, die gesellschaftliche Entwicklungen aufgreift und weiterentwickelt. Sie bezieht betroffene Akteure und deren Wissen in den Wissensprozess mit ein. Sie wird zu einer öffentlichen Wissensplattform und stößt eine »Bürgerwissenschaft« an, die Wissenschaftsformen außerhalb der institutionalisierten Hochschulstrukturen einbezieht.

In **Wuppertal** arbeitet seit Oktober 2013 das »Transzent« als gemeinsames Zentrum für Transformationsforschung und Nachhaltigkeit der Bergischen Universität Wuppertal und des Wuppertal Instituts für Klima, Umwelt, Energie. Zentrale Elemente bilden die interdisziplinäre Zusammenarbeit aller universitären Fachbereiche und die aktive Begleitung der nachhaltigen Transformationsprozesse der Stadt Wuppertal im 21. Jahrhundert. Schon realisierte Beispiele sind Quartiersinitiativen zu Klimaschutz oder nachhaltiger Mobilität. Die 2006 von Bürgerinnen und Bürgern gegründete und seitdem aktive »Wuppertalbewegung« hat mit ihrem Konzept für ein »Circular Valley« ein Projekt angestoßen, bei dem sich ausgewählte Start-ups und Forscher aus aller Welt hier ansiedeln und Ideen und Technologien für eine Kreislaufwirtschaft entwickeln sollen. Dies geschieht gemeinsam mit den oben genannten und weiteren Wissenschaftseinrichtungen in der Region sowie mit interessierten Unternehmen. Wuppertal als transformative Wissenschaftsstadt hat dabei noch ein besonders interessantes »Realexperiment« zu bieten: Der bisherige Präsident des Wuppertal Instituts Uwe Schneidewind wird im September 2020 zum neuen Oberbürgermeister Wuppertals gewählt.[25]

Neben diesem »Transformationslabor Wuppertal« zeigen Beispiele weiterer von Bund und Ländern geförderter »Reallabore«, wie Wissenschaft und Akteure die Stadt selbst zum Labor machen und gemeinsam Veränderungen anstoßen. Schon in der Lokalen Agenda 21 beteiligen sich viele Hochschulen an diesen Prozessen, oft als Akteure mit eigenen Beiträgen. Hinzu kommen niedrigschwellige Unterstützungen beispielsweise durch studentische Arbeiten. Transformative Wissenschaft sollte dabei mit den oben geschilderten Elementen vor allem auf örtlicher und regionaler Ebene durch die Zusammenarbeit von Kommunen und Hochschulen erfolgen. Hierfür werden bereits vielfältige Möglichkeiten auf verschiedenen Ebenen genutzt. Beispiele sind wissenschaftliche Dienstleistungen und Expertisen, Veranstaltungs- und Dialogreihen oder Reallabore als gemeinsam getragene Aktivitäten für Nachhaltigkeit und Bürgerengagement, von denen beide Partner und die gesamte Stadtgesellschaft profitieren.

Wie schon für die Zivilgesellschaft können auch Kommune und Region zum Aktionsraum der dort ansässigen Hochschule werden. Anknüpfend an die von deutschen Universitäten aus den USA übernommene »Mission Gesellschaft«, sollten Hochschulen eine »Mission Kommune und Region« entwickeln. Andererseits sollten Kommunen in ansässigen Hochschulen nicht nur einen Wirtschafts- und Beschäftigungsfaktor sehen, sondern einen Kooperationspartner für eine wissensbasierte nachhaltige Transformation.[26] Ein regionales Projekt wissenschaftlicher Unterstützung und Zusammenarbeit findet sich mit der Universität Bayreuth und dem oberfränkischen »Forum 1.5« in Kapitel dreizehn.

Grundlagen:
Verständliche und erweiterte Nachhaltigkeit

Auch über 35 Jahre nach dem *Brundtland-Bericht* mit der klassischen Definition der nachhaltigen Entwicklung als die Wahrung der Bedürfnisse künftiger Generationen gibt es keine allgemein anerkannte oder gar verbindliche Definition von Nachhaltigkeit. Allerdings hat die in Kapitel zwei gezeigte Diskussion nach dem Weltgipfel von Rio 1992 in Deutschland gemeinsame Grundelemente für ein solches Leitbild herausgebildet: Eine Nachhaltige Entwicklung muss im Zusammenhang der drei Dimensionen Ökologie, Ökonomie und Soziales gesehen werden. Sie hat einen umfassenden, integrativen, vernetzten und systemischen Charakter. Aufgrund der bisher gemachten Erfahrungen und neuerer Entwicklungen folgen hier Vorschläge für die weitere Diskussion und Praxis.

Die Umsetzung in der Lokalen Agenda 21 hat ein Nachhaltigkeitsparado-xon verdeutlicht: Um Nachhaltigkeit konkret zu machen und zu realisieren, sind einzelne Maßnahmen oder Projekte nötig. Gleichzeitig ist Nachhal-tigkeit ein umfassendes Konzept, das in diesen Umsetzungen nicht in der nötigen Ganzheitlichkeit enthalten oder erkennbar ist. Um zumindest eine Nichtnachhaltigkeit auszuschließen, sollten deshalb alle Maßnahmen und Projekte anhand der drei Grunddimensionen Ökologie, Soziales und Öko-nomie auf ihre Nachhaltigkeit untersucht und dargestellt werden. Das ist auch als stark vereinfachter Nachhaltigkeitscheck mit lediglich insgesamt drei Fragen, inwieweit die jeweilige Dimension betroffen ist, gut möglich und machbar.

Die größtenteils sehr akademische Diskussion um den richtigen Nach-haltigkeitsbegriff und entsprechende Modelle hat zusammen mit der unprä-zisen Verwendung für alle möglichen Werbezwecke als »Greenwashing« einerseits zur Unsicherheit der Akteure, andererseits zur Verwässerung des Begriffs beigetragen. Die Postwachstumsdiskussion bietet mit dem entstan-denen Oberbegriff der »sozialökologischen Transformation« eine gute Um-schreibung für eine nachhaltige Entwicklung als dynamischen und umfas-senden Prozess. Kate Raworth zeigt in ihrer »Donut-Ökonomie« (siehe Kapitel zehn) eine anschauliche Vermittlung: Wir dürfen ein gesellschaft-liches Fundament mit lebensnotwendigen Gütern nicht unterschreiten und eine ökologische Decke mit den lebensspendenden Systemen der Erde nicht überschreiten. Die jeweiligen Grenzen verdeutlicht sie im gesellschaftlichen Bereich mit den dazu formulierten Themen der 17 UN-Nachhaltigkeitsziele, bei der Ökologie mit den von Wissenschaftlern ermittelten »Planetarischen Leitplanken«. Damit lässt sich Nachhaltigkeit noch weiter konkretisieren, beispielsweise mit den elementaren »Kerngrenzen« des Klimas und der Artenvielfalt. Kate Raworth bietet für alle dort genannten Themen auch »illustrative Indikatoren« zur anschaulichen Vermittlung. Auch wenn der »Donut« als Modell in Deutschland gewohnheitsbedürftig ist, können so-ziale Untergrenzen und ökologische Obergrenzen zur Verdeutlichung von Nachhaltigkeit genutzt und präzise benannt werden.[27]

Der Nachhaltigkeitsdiskurs sollte auch seinen Horizont deutlich erwei-tern: Er geht geschichtlich weit über die Brundtland-Definition aus dem Jahr 1985 oder den über 300 Jahre alten Begriff aus der Forstwirtschaft hinaus. Es gibt viele praktische Beispiele, wie schon in Zeiten davor Nachhaltigkeit praktiziert wurde: mit Teilen, Kooperation, Recycling oder auch Konsumverzicht. »Wir konnten auch anders« beschreibt als Motto anschaulich diese erfolgreiche Praxis im gleichnamigen Buch von Annette Kehnel, das für eine Kreislaufwirtschaft oder die nachhaltige Nutzung gemeinschaftlicher Güter viele historische Beispiele enthält.[28]

Durch den Klimawandel und die Coronapandemie hat Resilienz auch breiten Eingang in die gesellschaftliche Diskussion gefunden und wird zur notwendigen Erweiterung des Nachhaltigkeitsbegriffs. Neben Risikoforschern wie Ortwin Renn hat die Transition-Town-Bewegung (siehe Kapitel acht) diese Dimension auf die kommunale Ebene und örtliche Transformationskonzepte übertragen. Dabei kann gut vermittelt werden, dass nur eine nachhaltige Entwicklung letztendlich vor solchen Risiken und ihren Folgen schützt.

Die Coronapandemie entstand ziemlich sicher wie auch vorherige Erreger durch den Sprung über die Artengrenze. Der Mensch dringt immer tiefer in die Natur ein, was auf die Verletzung einer der planetaren Kerngrenzen und die Notwendigkeit von Natur- und Artenschutz verweist. Durch die Pandemie später verursachte Engpässe in globalen Lieferketten lassen sich durch eine stärker regionalisierte Wirtschaft abschwächen. Die Bekämpfung des Klimawandels steht im Zentrum einer nachhaltigen Entwicklung. Systemische Risiken erfordern nach einem weltweiten Forschungsprojekt besonders eine kollektive Steuerungsfähigkeit der Gesellschaft unter Einbeziehung der Akteure, was ein wesentliches Merkmal erfolgreicher Nachhaltigkeitsprozesse ist (siehe Kapitel zehn).[29]

Stärker betont werden sollte in der weiteren Diskussion um eine nachhaltige Entwicklung die globale Dimension unseres nicht nachhaltigen Lebensstils. Diese »Imperiale Lebensweise« (Ulrich Brand und Markus Wissen) beruht auf der weltweiten Ausbeutung von Natur und Arbeitskraft besonders im globalen Süden, wobei die dadurch anfallenden ökologischen Kosten externalisiert werden. Eine nachhaltige Entwicklung erfordert eine grundlegende Änderung unseres Verhaltens und Konsums, die auf die wichtige kulturelle Dimension eines erweiterten Nachhaltigkeitsbegriffs verweist.[30]

Auf die Einführung der Kultur als vierte Dimension von (kommunaler) Nachhaltigkeit ging Kapitel elf ein. Generell sollte Kultur wie die oben geschilderten weiteren Aspekte oder Dimensionen ohne Klassifizierung oder

Nummerierung den drei »klassischen« inhaltlichen Dimensionen von Nachhaltigkeit beigefügt werden. Kultur enthält dabei sehr weit gefasst sämtliche Bereiche des menschlichen Lebens und vor allem das Alltagsbewusstsein. Eine solche »Kultur der Nachhaltigkeit« kann mit Angela Firmhofer »als alle Menschen durchdringendes Bewusstsein für Nachhaltigkeit« umschrieben werden.[31]

Die angestrebte sozialökologische Transformation braucht aktive Menschen und eine allgemeine Änderung des gesellschaftlichen Bewusstseins und Verhaltens. Sie ist eine »moralische« oder »kulturelle« Revolution. Grundlage ist ein nachhaltiges Menschenbild, das sich durch eine »Kultur der Achtsamkeit« und eine »Kultur der Verantwortung« auszeichnet. In Abkehr vom ökonomisch-egoistischen Menschenbild vermittelt Nachhaltigkeit Werte von Eigenverantwortung und Engagement. Jede und jeder hat Mitverantwortung für das Gemeinwesen und eine gemeinsame Zukunft. Anknüpfend an die Brundtland-Definition, gilt dies auch gegenüber den nachfolgenden Generationen: »So wird das ›Prinzip Nachhaltigkeit‹ umgesetzt.« Eine so verstandene kulturelle Dimension macht Nachhaltigkeit zur Aufgabe jedes einzelnen Menschen und seiner Lebensweise.[32]

Diese Wesenselemente finden sich im Buddhismus als engagierter Philosophie, als Seins- und Lebenslehre, die sich nicht vom Handeln trennen lässt. Mitgefühl und ethisches Handeln bilden hier Kernprinzipien, die zur Grundlage einer nachhaltigen Ethik des 21. Jahrhunderts werden können. In seinem *Klima-Appell an die Welt* fordert der Dalai-Lama »die Revolution unseres Mitgefühls«, durch die sich die Menschheit zu einer »nachhaltigen, ganzheitlichen und ökologischen Gemeinschaft« für unseren Planeten und seine Bewohnerinnen und Bewohner in einer universellen Verantwortung vereint. Diese Betonung des Zusammenhangs aller Dinge als »endloser Knoten« markiert eine weitere Übereinstimmung des Buddhismus mit einem Grundprinzip der Nachhaltigkeit. Auch deshalb wird er häufig zum Bezugspunkt nachhaltiger Ökonomen wie Ernst F. Schuhmacher oder Vertreter der Postwachstumsökonomie.[33]

Auch die Vertreter des »Cradle to Cradle«-Ansatzes oder der Zukunftsforscher Matthias Horx betonen den starken Einfluss asiatischer Traditionen auf ihre Denkweise. Ferner wird der große Erfolg des Sharingansatzes in Seoul neben der Digitalisierung und Unterstützung durch die Politik auch auf koreanische Traditionen des »Puma-Si« als Teilen oder gegenseitigen

Ausleihens zurückgeführt (siehe zu beiden Ansätzen Kapitel acht). Für das Voranbringen einer nachhaltigen Entwicklung und die dafür notwendigen Bewusstseins- und Verhaltensänderungen sollten diese und andere asiatische Impulse künftig wesentlich mehr Beachtung finden. Denn »Nachhaltigkeit ist ein ethisches Prinzip«, das auf diese Weise noch weiter gestärkt werden kann.[34]

Wege und Ziele:
Narrative, positive Realutopien und
ein nachhaltiger Kompass

Die vorhergehenden Kapitel enthalten insgesamt über 80 Beispiele, die heute schon konkret und oft im Kleinen aufzeigen, was eine nachhaltige Entwicklung in der Praxis für die Gesellschaft und Umwelt vor Ort bewirken kann. Eine sozialökologische Transformation braucht solche Vorbilder als »Geschichten des Gelingens« (Harald Welzer), die weitererzählt und verbreitet werden.

Sie werden zu »Narrativen«, wenn sie als sinnstiftende Erzählungen Werte und Alternativen weitertransportieren, die sich durch Realitätsbezug und eine ansprechende, verständliche Vermittlung auszeichnen. Die vielen Ansätze gilt es durch ein einigendes Narrativ mit einer klaren Hauptbotschaft zu einem anschaulichen, bunten, lebendigen und attraktiven Mosaik für den angestrebten Wandel zusammenzubinden.[35]

Als Grundmuster kann die Botschaft vermittelt werden, dass bereits viele Beispiele zeigen, wie durch eigenes gemeinsames Handeln eine positive Veränderung möglich ist und heute in kleinen und großen Schritten realisiert werden kann. Gemeinsames Ziel ist die Schaffung eines guten Lebens für alle, das nicht auf Kosten der Umwelt und anderer Menschen geht. Die Zukunft wird hier und jetzt gemeinsam vor Ort gestaltet. Hierfür geht man selbst mit gutem Beispiel voran, lernt von anderen Erfahrungen und gibt die eigenen weiter.

Eine solche Veränderung braucht positive Zukunftsbilder und Entwürfe, die zeigen, wohin der Weg gehen soll. Der Ökologie- und Nachhaltigkeitsbewegung fehlen bisher weitgehend solche positiven Visionen, besonders der Klimawandel führt oft zu Szenarien »vom Ende der Welt«. Am Schreibtisch entworfene Utopien sind dabei wenig hilfreich. Wichtig sind die Erdung, der Praxisbezug, die »Verwurzelung der Zukunftsentwürfe im Hier und Jetzt«, wie Joachim Radkau in seinem dazu verfassten Buch *Geschichte der Zukunft* fordert. Harald Welzer und Klaus Wiegandt bezeichnen solche »konkreten Utopien« als Szenarien künftiger Wirklichkeiten, die auf Basis heutiger Möglichkeiten herstellbar sind. Der amerikanische Soziologe Erik Olin Wright nennt dies in seinem gleichnamigen Buch »reale Utopien«. Er versteht darunter Institutionen, Verhältnisse und Praktiken, die in der heutigen Welt entwickelt werden können. Sie nehmen die künftige Welt, wie sie sein könnte, vorweg und tragen dazu bei, sich in diese Richtung vorwärtszubewegen.

Der frühere Generalsekretär des Rats für nachhaltige Entwicklung der Bundesregierung (RNE) Günther Bachmann sieht Chancen für eine Mischung von »Realismus« und »Vision«. Entscheidend ist nicht die Frage des »Ob«, sondern die Verbindung des künftigen Besseren mit dem nächsten Schritt. Mit Bezug auf den Philosophen Ernst Bloch gehört für ihn zur Erarbeitung einer konkreten Utopie der Prozess zu ihrer Verwirklichung, der nähere Bestimmungen des Zukünftigen tastend hervorbringt.[36] Vor diesem Hintergrund lässt sich als wissenschaftlich fundierte Grundlage eine »konkrete positive Realutopie« als gutes Instrument der sozialökologischen Transformation festhalten, um mit realisierbaren Zukunftsbildern die angestrebten Ziele anschaulich zu vermitteln.

Für die kommunale Ebene bedeutet dies: »Die Stadt von morgen entwickelt sich aus der Stadt von heute.« (Saskia Hebert) Im Sinne einer nachhaltigen Entwicklung als offener Prozess kann man nicht heute die ideale Stadt der Zukunft entwerfen oder erbauen, sondern muss die bestehende Stadt weiterentwickeln und dafür Orte der Möglichkeiten schaffen: »Denn eine offene, nachhaltige Stadt ist eine fortwährende Erprobung der Möglichkeit in der Wirklichkeit.« (Friedrich von Borries und Benjamin Kasten) Städte und Gemeinden werden durch die vielen auch hier geschilderten Projekte und Beispiele zu den oft genannten »Reallaboren der Nachhaltigkeit« (Reinhard Loske), was umfassender als die unter diesem Namen geförderten Forschungsprojekte zu verstehen ist.[37]

Inzwischen werden ganze Modellquartiere oder »Laborstädte« einer zukünftigen Kommune als Pilotprojekte realisiert. Masdar City »as a ›green-print‹ for sustainable urban development« in den Vereinigten Arabischen Emiraten steht für ein unterbrochenes Stadtbauprojekt. Neuere Beispiele sind Toyota Woven City als »Ambitious Dream of Harmony & Happiness« in Japan, The Line als »Revolution im Urbanen Wohnen« in Saudi-Arabien, Future Living in Berlin als »ein Leuchtturm für ein Quartier für das Wohnen von morgen: smart, nachhaltig und für jeden zugänglich«, Fujisawa Sustainable Smart Town als »Tomorrow City« und »Planning für the next 100 years« in Japan oder Xiong'an New Area als »China's City of the Future«. Wie die Titel und hier nicht näher kommentierten Eigenbeschreibungen schon zeigen, handelt es sich dabei meist um digitalisierte und ökologische Projekte, die häufig von Konzernen gesponsert werden. Schon seit den Neunzigerjahren und damit zeitgleich zum Nachhaltigkeitsprozess nach dem Weltgipfel in Rio 1992 begonnen, ist das folgende international beachtete Pionierprojekt inzwischen fest etabliert.[38]

In **Freiburg** entsteht nach dem Abzug der französischen Streitkräfte im Jahr 1991 auf 41 Hektar das »Quartier Vauban« mit rund 5000 Einwohnerinnen und Einwohnern. Durch das 1994 gegründete »Forum Vauban« ist der Prozess stark bürgerschaftlich geprägt. Seit dem Jahr 2005 ist der »Stadtteilverein Vauban e. V.« Träger der Quartiersarbeit und der Bürgerbeteiligung. Damit werden ökologische Anliegen wie weniger Autoverkehr und kurze Wege oder soziale Themen wie genossenschaftliche Wohnprojekte Bestandteil des Planungsprozesses. Eine Niedrigenergiebauweise ist verpflichtend. Passiv- und Plusenergiebauweise sind wie der Einsatz der Solarenergie meistens Standard. Trotzdem sieht fast jedes Haus anders aus, verschiedene Bauformen und Farben bilden ein buntes architektonisches Gemisch. Grünflächen zwischen den Häuserreihen bieten Spielflächen für Kinder und sorgen für ein besseres Klima. Begrünte Flachdächer speichern einen Teil des Regenwassers. Das Wohngebiet ist verkehrsberuhigt, ein Großteil der Haushalte ist auch durch die gute ÖPNV-Anbindung autofrei. Wichtiger Bestandteil des Quartiers ist die Infrastruktur mit Kindergärten, Schule, Jugendeinrichtungen, einer Begegnungsstätte, einem Marktplatz sowie Freizeit- und Spielflächen.

Modellprojekte wie diese liefern wichtige Erfahrungen und Beispiele für die nachhaltige Transformation der Städte. Wichtig ist wie in Vauban der Einbezug der Bewohnerinnen und Bewohner in die weitere Umsetzung von Anfang an. Vor allem neue Stadtteile können so von vornherein gemeinsam nachhaltig geplant und gestaltet werden. Entscheidend ist allerdings, die bestehenden Städte selbst insgesamt nachhaltig umzugestalten. Stärker als die oben genannten künstlichen Laborstädte wirken immer noch realisierte kommunale Nachhaltigkeitskonzepte. So berichtet der Tübinger Oberbürgermeister Boris Palmer, dass nach einem Besuch in Kopenhagen der Gemeinderat einer Verhundertfachung des Rad-Investitionsetats zustimmte. Der Zukunftsforscher Matthias Horx sieht in einem Rückblick aus dem Jahr 2038 die »Kopenhagenisierung« als Merkmal der bis dahin erfolgten Urbanisierungsphase, so benannt nach der »Pionierstadt Kopenhagen«.[39]

Auch der Wissenschaftliche Beirat der Bundesregierung Globale Umweltveränderungen (WBGU) schildert Kopenhagen in seinem Hauptgutachten zur transformativen Kraft der Städte als Pionierin nachhaltiger Stadtentwicklung (siehe Kapitel elf). Wichtig für eine nachhaltige Entwicklung der Städte ist für den WBGU die Umkehrung zweier Haupttrends der aktuellen Stadtentwicklungsdynamiken: erstens die physische Entwicklung der Städte mit ihrer baulichen und räumlichen Gestalt sowie ihrer Infrastruktur und zweitens die Stärkung der Mobilisierung der Stadtgesellschaften selbst. Der WBGU entwickelt dafür seinen »normativen Kompass« für die Transformation zur Nachhaltigkeit. Er wird im Folgenden mit seinen drei Dimensionen (Erhaltung der natürlichen Lebensgrundlagen, Teilhabe, Eigenart – siehe Kapitel elf) zusammen mit anderen wichtigen Dokumenten oder Publikationen zu einem umfassenderen »kommunalen Nachhaltigkeitskompass« erweitert.[40] Er umreißt die wichtigsten Dimensionen und Eckpunkte einer nachhaltigen Kommune, die auch als Orientierungspunkte und Wegweiser zu ihrer Realisierung dienen. Der Kompass verarbeitet und verdichtet auch die vielen Erfahrungen, die dafür bisher in zahlreichen Projekten schon gemacht wurden.

Die nachhaltige Kommune der Zukunft ist

◆ Regenerativ und planetar: Die Kommune schont die natürlichen Lebensgrundlagen und Ressourcen, nutzt erneuerbare Quellen, betreibt eine Kreislaufwirtschaft und beachtet die planetaren Leitplanken besonders zum Klimaschutz und zur biologischen Vielfalt. Sie strebt Klimaneutralität und eine Versorgung durch 100 Prozent erneuerbare Energien an.

- Offen und erneuernd: Die Kommune ist offen für alle Menschen und Kulturen. Sie steht Neuerungen offen gegenüber. Öffentliche Räume für alle prägen das Verständnis und Bild der Kommune.

- Menschlich und wohnlich: Stadtgestaltung, Bauen und Mobilität richten sich am Menschen und seiner natürlichen Umwelt aus. Ziel ist, allen ausreichenden und bezahlbaren Wohnraum zur Verfügung zu stellen.

- Teilhabend und kooperativ: Die Kommune ermöglicht eine umfassende soziale, wirtschaftliche und politische Teilhabe. Sie fördert das Engagement und die Beteiligung der Stadtgesellschaft für eine nachhaltige Kommune.

- Kollaborativ und gemeinwohlorientiert: Die Kommune unterstützt gemeinsame, solidarische und nachhaltige Formen des Wirtschaftens, Konsumierens und Zusammenlebens.

- Smart und innovativ: Die Kommune nutzt und fördert zusammen mit den Menschen neue Techniken und Formen des Wohnens, Arbeitens, Wirtschaftens und Zusammenlebens.

- Sicher und gesund: Die Kommune schafft die nötigen Voraussetzungen und Infrastrukturen für die Sicherheit und Gesundheit ihrer Bewohnerinnen und Bewohner.

- Resilient und regional: Die Kommune stärkt ihre Infrastruktur gegen Gefährdungen wie den Klimawandel und sichert ihre Versorgung vor allem durch regionale Wirtschaftskreisläufe.

- Ortsbezogen und heimatverbunden: Die Kommune bewahrt und stärkt ihre Eigenart und Identität. Sie erhält ihre Wissensschätze und Fähigkeiten als gemeinsames Erbe. Sie ist die Heimat der hier lebenden Menschen.

- Integrativ und gestaltend: Die Kommune führt die vielen Aktivitäten der Stadtgesellschaft unter einem gemeinsamen Dach zusammen. Sie gestaltet ihre nachhaltige Entwicklung umfassend und langfristig als Gemeinschaftswerk in einem offenen Prozess.

Die nachhaltige Kommune ist dabei Weg und Ziel zugleich. Ihre Gestaltung ist nie abgeschlossen, sie wird sich in einer wandelnden Welt ständig weiterentwickeln und erneuern. Nachhaltigkeit ist und bleibt auch in den Kommunen ein offener, aber mit den genannten Eckpunkten zielgerichteter Prozess des gemeinsamen Suchens, Lernens, Gestaltens und Entscheidens.

FAZIT

Rio 30 plus – die nächsten Schritte zur kommunalen Nachhaltigkeit gehen

Eine nachhaltige Entwicklung und die große Transformation haben 30 Jahre nach der historischen Rio-Konferenz aus dem Jahr 1992 viele, oft kleine Füße bekommen – frei nach dem in der Lokalen Agenda 21 häufig zitierten afrikanischen Sprichwort: »Viele kleine Leute an vielen kleinen Orten, die viele kleine Dinge tun, werden das Gesicht der Welt verändern.« Dazu brauchen sie Unterstützung und die Verknüpfung mit der Politik auf den verschiedenen Ebenen, wozu die folgenden Schritte dienen. Sie können dabei auf viele Erfahrungen und erfolgreiche Beispiele zurückgreifen.

Kommunale Verwaltungen können die Zivilgesellschaft im Aktionsraum Kommune mit einfachen Mitteln unterstützen, besonders durch Räume und finanzielle Förderungen. Die Zusammenarbeit kann durch Anlaufstellen und weitere Strukturen institutionalisiert werden. Eine kommunale Unterstützungskultur muss sowohl Hilfestellungen als auch den nötigen Freiraum für unabhängige Initiativen geben.

Der neuen Qualität zivilgesellschaftlicher Initiativen mit eigenen ökonomischen Strukturen und konkreten Alternativen für eine nachhaltige Lebensweise kann durch ihre Aufnahme in die kommunale Wirtschaftsförderung und die Berücksichtigung in Stadtentwicklungs- oder Nachhaltigkeitskonzepten entsprochen werden. Weitere Unterstützung kann vor allem mit der stärkeren Verbreitung in der Öffentlichkeit beispielsweise durch regionale Internetplattformen für das zentrale Thema nachhaltiger Konsum erfolgen.

Eine kooperative Kommune schafft Möglichkeiten und Strukturen für eine umfassende Teilhabe der Stadtgesellschaft zur gemeinsamen Gestaltung einer nachhaltigen Entwicklung. Eine starke Partizipation bei politischen Entscheidungen und die Förderung bürger- und zivilgesellschaftlicher Eigeninitiative sind dabei wesentliche Bestandteile. Die verschiedenen Akteure wie Politik, Verwaltung und Zivilgesellschaft müssen diese neue

Beteiligungskultur auch lernen. Sie benötigen die erforderlichen Kenntnisse, um diese anspruchsvolle und umfassende Partizipation gemeinsam zu realisieren, was auch eine der wichtigsten Erfahrungen der Lokalen Agenda 21 darstellt. Die öffentliche Verwaltung braucht für Bürgerbeteiligung und Nachhaltigkeit andere und offene Strukturen. Besonders in kleinen Gemeinden müssen Ehrenamtliche zur Begleitung solcher Prozesse qualifiziert werden, um die nötigen personellen Ressourcen bereitzustellen.

Die relativ wenigen umfassenden kommunalen Nachhaltigkeitsprozesse können vor allem durch das Andocken an das beherrschende Thema Klimawandel als »Klimaschutz plus« ausgebaut werden. Dabei muss das bisher zu wenig beachtete Thema nachhaltiges Bauen stärker ins Zentrum rücken. Zivilgesellschaftliche Initiativen müssen mit politischen Planungs- und Steuerungsprozessen verknüpft werden. Kommunale Nachhaltigkeitsstrategien können dabei als offene Prozesse die vielen örtlichen Aktivitäten als Dach zu einem abgestimmten Vorgehen zusammenbringen.

Auch ohne umfassende Gesamtstrategien gibt es in den Kommunen Stellschrauben für eine nachhaltige Entwicklung. Am wichtigsten ist eine nachhaltige Beschaffung durch die öffentliche Verwaltung als großer wirtschaftlicher Faktor. Alle Grundlagen sind vorhanden, es geht um die Verbreitung und Umsetzung. Des Weiteren sollten alle größeren kommunalen Vorhaben durch geeignete Checks auf ihre Nachhaltigkeit überprüft werden.

Diese beiden Instrumente können in einer vertikalen Verknüpfung auch auf den übergeordneten politischen Ebenen von Bund und Ländern umgesetzt und gemeinsam mit den Kommunen als von der Politik breit getragene Instrumente Anwendung finden. Das gilt auch für den Einsatz von Nachhaltigkeitsindikatoren und Nachhaltigkeitsberichten.

Ferner zeigen die bisherigen Erfahrungen, wie wichtig regionale Beratungsstrukturen und Förderinstrumente wie Kleinprojektefonds zur Unterstützung örtlicher Aktivitäten von Zivilgesellschaft und Kommunen sind. Auf europäischer Ebene bietet der »Green Deal« einen guten inhaltlichen und politischen Bezugspunkt. Auf internationaler Ebene sollten die 17 UN-Nachhaltigkeitsziele unterstützt und ergänzt werden, vor allem bei bisherigen Schwachpunkten wie den Themen Mobilität, Beteiligung und Engagement der Zivilgesellschaft.

Eine transformative Wissenschaft hat den Nachhaltigkeitsdiskurs in Deutschland entscheidend geprägt und gestärkt. Sie soll vor allem auf regionaler und örtlicher Ebene durch die Zusammenarbeit von Hochschulen und Kommunen für die gemeinsame Gestaltung einer nachhaltigen Entwicklung vor Ort weiter ausgebaut werden.

Nachhaltigkeit als unklarer Schlüsselbegriff und Grundlage der Aktivitäten kann durch eine Betonung und Konkretisierung der sozialen und ökologischen Bestandteile besser vermittelt werden. Eine Erweiterung um die kulturelle Dimension von Alltagsbewusstsein und eigenem Handeln schafft die Grundlage für ihre Verbreitung und die Umsetzung durch die Menschen selbst. Mit einer Kultur der Verantwortung und des Mitgefühls kann Nachhaltigkeit als ethisches Prinzip gestärkt werden, wofür asiatische Denkweisen wertvolle Impulse liefern. Ferner machen Klimawandel und Pandemien die Erweiterung des Nachhaltigkeitsbegriffs um die Dimension Resilienz notwendig.

Für die Umsetzung einer nachhaltigen Entwicklung können die vielen Initiativen als »Geschichten des Gelingens« erzählt und weiterverbreitet werden. Das übergreifende und grundlegende Narrativ lautet, dass gemeinsames Handeln ein gutes Leben für alle schaffen kann, das nicht auf Kosten anderer Menschen und der Umwelt geht. Aus den zahlreichen Projekten können positive und konkrete Realutopien als anschauliche Zukunftsbilder entwickelt werden. Sie können zu einem kommunalen Nachhaltigkeitskompass verdichtet und gebündelt werden, der wichtige Dimensionen einer Nachhaltigkeitskommune auch als Wegweiser in die Zukunft umreißt. Mit diesen Grundlagen bleibt Nachhaltigkeit auch vor Ort ein offener, wissensbasierter, zielgerichteter und gemeinsam gestalteter Prozess.

Liste der
kommunalen und regionalen Beispiele:
So geht Nachhaltigkeit vor Ort

Liste der kommunalen und regionalen Beispiele: So geht Nachhaltigkeit vor Ort

Liste der kommunalen und regionalen Beispiele: So geht Nachhaltigkeit vor Ort

Kapitel 15

Rio 30 plus:
Treiber, Prozesse und Rahmen kommunaler Nachhaltigkeit

Anmerkungen

Kapitel 1

Internationaler Einschub Eins:
Der Erdgipfel in Rio 1992 und die Agenda 21 –
Nachhaltigkeit betritt die politische Arena

1 United Nations: Conferences – Environment and Sustainable Development:
https://www.un.org/en/conferences/environment/rio1992.

Pufé, Iris (2017): Nachhaltigkeit, dritte, überarbeitete und erweiterte Auflage,
UVK Verlagsgesellschaft mbH, Konstanz und München. S. 48 ff.

2 Hauff, Volker (Hrsg.) (1987): Unsere Gemeinsame Zukunft. Der Brundtland-Bericht der
Weltkommission für Umwelt und Entwicklung, Eggenkamp Verlag. Zitat der Nachhaltig-
keitsdefinition auf S. 46.

3 BMU-Bundesministerium für Umwelt, Naturschutz und Reaktorsicherheit (o. J.) (Hrsg.):
Umweltpolitik. Konferenz der Vereinten Nationen für Umwelt und Entwicklung im Juni
1992 in Rio de Janeiro – Dokumente – Agenda 21, Bonn.

BMU-Bundesministerium für Umwelt, Naturschutz und Reaktorsicherheit (o. J.) (Hrsg.):
Umweltpolitik. Konferenz der Vereinten Nationen für Umwelt und Entwicklung im Juni
1992 in Rio de Janeiro – Dokumente – Klimakonvention, Konvention über biologische
Vielfalt, Rio-Deklaration, Walderklärung, Bonn.

4 Bundesministerium für Raumordnung, Bauwesen und Städtebau (1996):
Lokale Agenda 21 – A: Stand und Umsetzung von Kapitel 28 in Deutschland,
B: Übersicht über internationale Programme und Strategien, Bonn. Als Download:
http://www.gbv.de/dms/goettingen/233605932.pdf. Hier S. 33. Dort finden sich viele Dokumente anderer internationaler Konferenzen von und mit Kommunen. Ferner: Bundesministerium für Umwelt, Naturschutz und Reaktorsicherheit (BMU)/Umweltbundesamt
(UBA) (Hrsg.) (1999): Lokale Agenda im europäischen Vergleich, Bonn. Download:
https://www.umweltbundesamt.de/publikationen/lokale-agenda-21-im-europaeischen-
vergleich.

5 Engelhardt, Wolfgang / Weinzierl, Hubert (Hrsg.) (1993): Der Erdgipfel. Perspektiven für
die Zeit nach Rio, Economica Verlag.

SEF – Stiftung Entwicklung und Frieden (Hrsg.) (1992): Nach dem Erdgipfel. Global
verantwortliches Verhalten für das 21. Jahrhundert. Kommentare und Dokumente, Bonn-
Bad Godesberg.

Stiftung Oekumene: Rio 1992, NGO-Verträge: https://www.ecunet.de/fileadmin/mediapool/
gemeinden/E_stiftungoekumene/Rio_1992_NGO_Vertraege.pdf.

Erdcharta: https://erdcharta.de/.

6   Reese-Schäfer, Walter (2001): Jürgen Habermas, Campus Einführungen, dritte vollständig
    überarbeitete Auflage, Campus-Verlag. Hier S. 91 ff.

    Habermas Jürgen (1998): Faktizität und Geltung. Beiträge zur Diskurstheorie, des Rechts
    und des demokratischen Rechtsstaats. Suhrkamp Taschenbuch Wissenschaft 1361.
    Suhrkamp-Verlag. Hier S. 399 ff.

Kapitel 2

Nachhaltiges und zukunftsfähiges Deutschland:
Impulse aus Zivilgesellschaft, Wissenschaft und Politik

1   Forum Umwelt und Entwicklung – Projektstelle (Hrsg.) (1995): Drei Jahre nach Rio –
    Bilanz 1995, Bonn. Ausführungen zur Lokalen Agenda 21 auf S. 25 f., Beschreibung des
    Forums auf S. 40 f. Dazu auch https://www.forumue.de/.

2   Martens, Jens: NRO im UNCED-Prozess: Testfall für mehr Partizipation im UN-System.
    In: SEF – Stiftung Entwicklung und Frieden (Hrsg.) (1992) Nach dem Erdgipfel. Global
    verantwortliches Verhalten für das 21. Jahrhundert. Kommentare und Dokumente, Bonn-
    Bad Godesberg. S. 144–163.

    Engelhardt, Wolfgang: UNCED – Anspruch, Wirklichkeit und Konsequenzen.
    In: Engelhardt, Wolfgang / Weinzierl, Hubert (Hrsg.) (1993): Der Erdgipfel. Perspektiven für
    die Zeit nach Rio, Economica Verlag. S. 107–136. Hier besonders S. 135.

    Forum Umwelt & Entwicklung (Hrsg.) (1997): Fünf Jahre nach dem Erdgipfel – Umwelt
    und Entwicklung. Eine Bilanz, Bonn. Hier besonders S. 15 ff.

3   Die Ausführungen zur Konferenz beziehen sich auf eigene Mitzeichnungen als Konferenz-
    teilnehmer. Dies betrifft teilweise auch die dortige Präsentation der Studie. Ferner:

    BUND / Misereor (Hrsg.) (1996): Zukunftsfähiges Deutschland – Ein Beitrag zu einer
    global nachhaltigen Entwicklung. Studie des Wuppertal Instituts für Klima, Umwelt,
    Energie. Birkhäuser Verlag.

    BUND / Misereor (Hrsg.) (1995): Zukunftsfähiges Deutschland – Ein Beitrag zu einer
    global nachhaltigen Entwicklung. Eine Studie des Wuppertal Instituts im Auftrag von
    BUND und MISEREOR. Kurzfassung, Bonn.

    oekom e.V. Verein für ökologische Kommunikation (Hrsg.) (1997): Zukunftsfähiges
    Deutschland – Wann, wenn nicht jetzt? Mitherausgegeben vom wissenschaftlichen Beirat
    des BUND. oekom verlag.

4   Landesinstitut für Schule und Weiterbildung des Landes Nordrhein-Westfalen (Hrsg.)
    in Zusammenarbeit mit Bund für Umwelt und Naturschutz Deutschland (BUND),
    »Brot für die Welt«, Bischöfliches Hilfswerk Misereor (1997): Die Zukunft denken – die
    Gegenwart gestalten. Handbuch für Schule, Unterricht und Lehrerbildung zur Studie
    »Zukunftsfähiges Deutschland«, Beltz-Verlag.

5   Rat von Sachverständigen für Umweltfragen (SRU): Umweltgutachten 1996: Zur Umsetzung einer dauerhaft-umweltgerechten Entwicklung. Download: Deutscher Bundestag, 13. Wahlperiode, Drucksache 13/4108, 14.03.1996: https://dserver.bundestag.de/btd/13/041/1304108.pdf. Hier S. 15 (Kurzfassung) und S. 54 ff. (Langfassung).

6   Die Ausführungen zur Anhörung zum Thema Kommunen beziehen sich vor allem auf eigene Mitzeichnungen als Teilnehmer, darüber hinaus noch auf:

Deutscher Bundestag, Enquete-Kommission »Schutz des Menschen und der Umwelt – Ziele und Rahmenbedingungen einer nachhaltig zukunftsverträglichen Entwicklung« des 13. Deutschen Bundestages: Öffentliche Anhörung zum Thema »Kommunen und nachhaltige Entwicklung – Beiträge zur Umsetzung der Agenda 21«, Wortprotokoll der 30. Sitzung vom 18. November 1996: Bundestagsarchiv PA DBT 3415, EK Umweltschutz, Nr. 170, Protokoll-Nr. 30, 34_170.

Deutscher Bundestag, Enquete-Kommission »Schutz des Menschen und der Umwelt – Ziele und Rahmenbedingungen einer nachhaltig zukunftsverträglichen Entwicklung« des 13. Deutschen Bundestages: Öffentliche Anhörung zum Thema »Nichtregierungs-organisationen und nachhaltige Entwicklung – Beiträge und Perspektiven«, Wort-protokoll der 46. Sitzung vom 29. September 1997: Bundestagsarchiv PA DBT 3415, EK Umweltschutz, Nr. 172, Protokoll Nr. 46, 3415_172.

Deutscher Bundestag, Enquete-Kommission »Schutz des Menschen und der Umwelt – Ziele und Rahmenbedingungen einer nachhaltig zukunftsverträglichen Entwicklung« des 13. Deutschen Bundestages: Abschlussbericht (1998): Konzept Nachhaltigkeit – Vom Leitbild zur Umsetzung. Als Download: Deutscher Bundestag, 13. Wahlperiode Drucksache 13/11200, 26.06.1998: https://dserver.bundestag.de/btd/13/112/1311200.pdf. Hier Teil 3, S. 30 ff.

7   Umweltbundesamt (UBA) (2002): Besser leben durch Umweltschutz – die Zukunft dauerhaft umweltgerecht gestalten – Kernpunkte der Studie »Nachhaltige Entwicklung in Deutschland«, Berlin. Als Download: https://www.umweltbundesamt.de/publikationen/besser-leben-durch-umweltschutz.

8   Bundesministerium für Umwelt, Naturschutz und Reaktorsicherheit (1998): Nachhaltige Entwicklung in Deutschland – Entwurf eines umweltpolitischen Schwerpunktprogramms, Bonn.

Bundesumweltministerium und Bundesvereinigung der kommunalen Spitzen-verbände:»Gemeinsame Erklärung vom 10.9.1997: Bedeutung einer nachhaltig umweltgerechten Entwicklung in Deutschland unterstrichen«. Als Download: https://www.bmu.de/pressemitteilung/bedeutung-einer-nachhaltig-umweltgerechten-entwicklung-in-deutschland-unterstrichen/.

Gemeinsame Erklärung der Umweltministerkonferenz und der Präsidenten der kommunalen Spitzenverbände (Deutscher Städtetag, Deutscher Landkreistag, Deutscher Städte- und Gemeindebund) zur Lokalen Agenda 21 vom 08.05.1998 in Heidelberg. In: Bundesministerium für Umwelt, Naturschutz und Reaktorsicherheit (BMU)/ Umweltbundesamt (UBA) (Hrsg.) (2002): Lokale Agenda 21 und Nachhaltige Entwicklung in deutschen Kommunen. 10 Jahre nach Rio: Bilanz und Perspektiven, Berlin. S. 169 ff.

Anmerkungen

Ferner zu den Aktivitäten von Bund und Ländern:

Bundesministerium für Umwelt, Naturschutz und Reaktorsicherheit (BMU)/Umwelt-bundesamt (UBA) (Hrsg.) (1999): Lokale Agenda im europäischen Vergleich, Bonn. Download: https://www.umweltbundesamt.de/publikationen/lokale-agenda-21-im-europaeischen-vergleich. Hier S. 28 ff.

9 Die Bundesregierung (2002): Perspektiven für Deutschland. Unsere Strategie für eine nachhaltige Entwicklung, Berlin. Download: https://www.nachhaltigkeit.info/media/1326188329phpYJ8KrU.pdf oder als Drucksache des Deutschen Bundestags, 14. Wahlperiode, Drucksache 14/8953 vom 25.04.2002: https://dserver.bundestag.de/btd/14/089/1408953.pdf.

10 Grober, Ulrich (2010): Die Entdeckung der Nachhaltigkeit. Kulturgeschichte eines Begriffs, Verlag Antje Kunstmann. Hier S. 21 f.

11 Meadows, Denis u. a. (1972): Die Grenzen des Wachstums. Bericht des Club of Rome zur Lage der Menschheit, Deutsche Verlags-Anstalt. Hier besonders S. 75 ff.

Vester, Frederic (1991): Ballungsgebiete in der Krise – Vom Verstehen und Planen menschlicher Lebensräume, aktualisierte Neuausgabe, Deutscher Taschenbuch Verlag.

Vester, Frederic (1983): Unsere Welt – ein vernetztes System, Deutscher Taschenbuch Verlag. Sein dort auf S. 88 ff. geschildertes Computerspiel »Ökolopoly« (»ecopolicy«) zeigt sehr anschaulich, dass nur aus dem Verständnis des Gesamtzusammenhangs heraus sinnvolle Entscheidungen möglich sind. Dabei können nachhaltige Politikprozesse für Länder mit verschiedenen Entwicklungsstufen gut nachvollziehbar gestaltet werden. Ferner dazu: https://www.frederic-vester.de/deu/ecopolicy/.

Kapitel 3

Theorie, Praxis und Startphase der Lokalen Agenda 21 in Deutschland

1 Agenda-Büro der Landesanstalt für Umweltschutz Baden-Württemberg (LfU) (1998): Lokale Agenda 21 Baden-Württemberg, Dokumentation des Kongresses vom 17. November 1998, Arbeitsmaterialie 3, Karlsruhe. Download: https://pudi.lubw.de/detailseite/-/publication/42642.

Ministerium für Umwelt, Raumordnung und Landwirtschaft des Landes Nordrhein-Westfalen (Hrsg.) (1997): Kongress »Lokale Agenda 21 in NRW«-Dokumentation, Öko-Zentrum Hamm, 22. Mai 1997, Düsseldorf.

Bundesministerium für Umwelt, Naturschutz und Reaktorsicherheit (BMU)(Hrsg.) (1998): Nachhaltige Entwicklung in Kommunen – Lokale Agenda 21 – Dokumentation zum Kongress am 2./3. Juni in Bonn, Bonn.
Die Beschlusszahlen zur Lokalen Agenda 21 stammen aus den regelmäßigen Informa-tionen der Agendabundesstelle in Bonn, die auch per Fax an die Agendalandesstellen gingen.

2 Deutscher Städtetag (1995): Städte für eine umweltgerechte Entwicklung – Materialien für eine »Lokale Agenda 21«, DST-Beiträge zur Stadtentwicklung und zum Umweltschutz, Reihe E Heft 24, Köln.

3 International Council for Local Environmental Initiatives (ICLEI) (1995): European Local Agenda 21 Planning Guide, Freiburg. Ähnlich und noch als Download verfügbar: International Council for Local Environmental Initiatives (ICLEI) (1996): The Local Agenda 21 Planning Guide: An Introduction to Sustainable Development Planning, Toronto. Download: https://www.idrc.ca/en/book/local-agenda-21-planning-guide-introduction-sustainable-development-planning.

Die durch ICLEI erstellten Leitfäden von Bundesministerien bzw. Bundeseinrichtungen sind:

Bundesministerium für Raumordnung, Bauwesen und Städtebau (1996): Lokale Agenda 21, A: Stand und Umsetzung von Kapitel 28 in Deutschland, B: Übersicht über internationale Programme und Strategien, Bonn. Als Download: http://www.gbv.de/dms/goettingen/233605932.pdf.

Bundesumweltministerium / Umweltbundesamt (Hrsg.) (1998): Handbuch lokale Agenda 21 – Wege zur nachhaltigen Entwicklung in Kommunen, Bonn. Als Download: https://www.umweltbundesamt.de/sites/default/files/medien/378/publikationen/handbuch_lokale_agenda_21_komplett.pdf.

Umweltbundesamt (UBA) (Hrsg.) (1998): Der Prozess zu einer Lokalen Agenda 21 für Berlin-Köpenick. Teil I: Bericht zur Prozessbegleitung (Texte 41/98). Teil II: Arbeitsblätter (Texte 42/98), Berlin. Der Teil II ist eine praktische Arbeitshilfe für andere Kommunen, wenn auch kein Leitfaden im sonst üblichen Sinne.

Bei den Leitfäden aus den Bundesländern ist für Bayern zu beachten, dass es sich bei der ersten Handreichung um eine zweibändige 1400 Seiten umfassende Materialsammlung in zwei Aktenordnern mit dem Schwerpunkt Umweltschutz handelt, in der der eigentliche Lokale-Agenda-21-Prozess keine große Rolle spielt. Der zweite Leitfaden wurde gemeinsam mit Kommunen erstellt.

Bayerisches Staatsministerium für Landesentwicklung und Umweltfragen (Hrsg.) (1996): Die umweltbewusste Gemeinde – Leitfaden für eine nachhaltige Kommunalentwicklung, München.

Bayerisches Staatsministerium für Landesentwicklung und Umweltfragen (Hrsg.) (1998): Der Weg zu einer kommunalen Agenda 21, München.

Bayerisches Staatsministerium für Landesentwicklung und Umweltfragen (Hrsg.) (1998): Der zukunftsbewusste Landkreis – Leitfaden für eine nachhaltige Entwicklung, München.

Agenda-Büro der Landesanstalt für Umweltschutz Baden-Württemberg (LfU) (1998): Lokale Agenda 21 – Ein Einstieg für Kommunen, aktualisierte Fassung 2000, Karlsruhe. In die aktualisierte Fassung ging eine Studie des erstellenden ifeu-Instituts für Energie- und Umweltforschung Heidelberg ein, die zu einigen Erweiterungen führte, auf die später noch eingegangen wird. Download: https://pudi.lubw.de/detailseite/-/publication/69251.

Agenda-Büro der Landesanstalt für Umweltschutz Baden-Württemberg (LfU) (1998): Lokale Agenda 21 in kleinen Gemeinden – Ein Praxisleitfaden mit Beispielen, überarbeitete Fassung 2001, Karlsruhe. Download: https://pd.lubw.de/55588.

Gemeinde- und Städtebund Thüringen, GET 21 (Hrsg.) (1999): Kommunen auf dem Weg zu einer nachhaltigen Entwicklung – Leitfaden für eine kommunale Agenda 21, Erfurt.

Hessisches Ministerium für Umwelt, Energie, Jugend, Familie und Gesundheit (Hrsg.) (1998): Lokale Agenda 21 – Arbeitshilfe zur Umsetzung, Wiesbaden.

Als mehrfach aufgelegter Leitfaden einer Nichtregierungsorganisation herangezogen wird hier: Forum Umwelt & Entwicklung (Hrsg.) (1996): Lokale Agenda 21 – Ein Leitfaden, 2. Auflage Bonn.

4   Deutscher Bundestag, Enquete-Kommission »Schutz des Menschen und der Umwelt – Ziele und Rahmenbedingungen einer nachhaltig zukunftsverträglichen Entwicklung« des 13. Deutschen Bundestages, Abschlussbericht (1998): Konzept Nachhaltigkeit – Vom Leitbild zur Umsetzung. Als Download: Deutscher Bundestag, 13. Wahlperiode, Drucksache 13/11200, 26.06.1998: https://dserver.bundestag.de/btd/13/112/1311200.pdf. Hier S. 35.

5   Eine Zusammenfassung der difu-Ergebnisse enthalten unter anderen die folgenden Artikel:

Rösler, Cornelia (2000): Lokale Agenda 21 in deutschen Städten, in: Heinelt, Hubert/ Mühlich, Eberhard (Hrsg.): Lokale »Agenda 21«-Prozesse. Erklärungsansätze, Konzepte und Ergebnisse, Leske + Budrich, S. 13–28.

Rösler Cornelia/Kallen, Carlo (1999): Die Umsetzung der Lokalen Agenda 21 in Deutschland. In: IFOK/ZKE (Hrsg.) (1999): Was heißt hier Agenda? Analysen – Erfahrungen – Beispiele, Verlag J.H. Röll. S. 23–38.

Ferner der difu-Beitrag zur Lokalen Agenda 21 in Deutschland in: Bundesministerium für Umwelt, Naturschutz und Reaktorsicherheit (BMU)/Umweltbundesamt (UBA) (Hrsg.) (1999): Lokale Agenda 21 im europäischen Vergleich, Bonn. Download: https://www. umweltbundesamt.de/publikationen/lokale-agenda-21-im-europaeischen-vergleich. Hier S. 23–54.

Das difu war auch an dieser hier verwendeten Studie beteiligt: Umweltbundesamt (UBA) (Hrsg.) (1998): Der Prozess zu einer Lokalen Agenda 21 für Berlin-Köpenick. Teil I: Bericht zur Prozessbegleitung (Texte 41/98).

Die hier verwendeten Auswertungen der Bundesländer wurden meist in den Jahren 2001 und 2002 erstellt. Dabei decken die Erhebungen zu Baden-Württemberg, Bayern und Hessen alleine rund ein Drittel der Lokale-Agenda-21-Prozesse in Deutschland ab. Bei der mit knapp 400 Kommunen größten Studie in Bayern erfolgte die Datenerhebung bis 2003.

Agenda-Büro der Landesanstalt für Umweltschutz Baden-Württemberg (LfU) (2002): Arbeitsmaterialie 24: Auswertung der Umfrage zur Lokalen Agenda 21 in Baden-Württemberg, Karlsruhe. Download: https://pudi.lubw.de/detailseite/-/publication/44557.

Bayerisches Ministerium für Umwelt, Gesundheit und Verbraucherschutz (Hrsg.) (2004): Befragung zur Kommunalen Agenda 21. Ergebnisse, Standpunkte und Schlussfolgerungen aus der Evaluierung 2002/2003. Materialien Umwelt & Entwicklung, München.

Technische Universität München, Lehrstuhl für Bodenordnung und Landentwicklung, Univ.-Prof. Dr.-Ing. Holger Magel (2003): Evaluierung der Kommunalen Agenda 21 in Bayern. Endbericht (Textband). Forschungsvorhaben im Auftrag des Bayerischen Staatsministeriums für Landesentwicklung und Umweltfragen, München. Eine kurze Beschreibung der Studie und ihrer Methodik gibt es noch als Download: http://www. sozialforschung.org/wordpress/forschung/eval_kommunale_agenda21/.

Hessisches Ministerium für Umwelt, Landwirtschaft und Forsten/Hessisches Landesamt für Umwelt und Geologie (Hrsg.) (2000): Lokale Agenda 21 in Hessen. Eine Zwischenbilanz des Förderprogramms, Wiesbaden.

Agenda-Transfer (2001): Auswertung lokaler Agenda-21-Prozesse in Nordrhein-Westfalen. Untersuchung von 141 nordrein-westfälischen Kommunen, Bonn.

Akademie für Natur und Umwelt des Landes Schleswig-Holstein (2002): Lokale Agenda 21 in Schleswig-Holstein. Ergebnisse einer Umfrage in den Kommunen, Städten und Gemeinden Schleswig-Holsteins. Akademie intern – Berichte – Texte – Materialien 2/02, Neumünster.

Ministerium für Bau, Landesentwicklung und Umwelt des Landes Mecklenburg-Vorpommern (Hrsg.) (1998): Lokale Agenda 21. Erste Bestandsaufnahme in Mecklenburg-Vorpommern, Schwerin.

Isuf, Institut für Sozial- und Umweltforschung Dr. Kleinmann GmbH/Zukunftswerkstatt Saar e.V. (2002): Zwischenbericht des Projektes zur Unterstützung der weiteren Umsetzung der Agenda 21 im Saarland vom 1. Juni 2000 bis 31. Mai 2002, Weiskirchen/Dillingen.

6   Die Chroniken und Dokumentationen der drei Agendakommunen finden sich unter:

Allensbach – Lokale Agenda 21: https://www.gemeinde-allensbach.de/lokale-agenda-21/ueber-uns/chronik.

Dortmund – Lokale Agenda 21: https://www.dortmund.de/de/leben_in_dortmund/internationales/buero_fuer_internationale_beziehungen/downloads_bfibune/index.html.

Falkensee – Lokale Agenda 21: https://www.agenda21-falkensee.de/agenda21/entstehung-erfolge-falkensee.

7   Die Dokumente zu den Konferenzen in Aalborg und Lissabon finden sich in:

Agenda-Büro der Landesanstalt für Umweltschutz Baden-Württemberg (LfU) (1998): Lokale Agenda 21 – Ein Einstieg für Kommunen, aktualisierte Fassung 2000, Karlsruhe. Hier: Anhang S.45ff. Download: https://pudi.lubw.de/detailseite/-/publication/69251.

8   Bundesministerium für Umwelt, Naturschutz und Reaktorsicherheit (BMU)/Umweltbundesamt (UBA) (Hrsg.) (1999): Lokale Agenda 21 im europäischen Vergleich, Bonn. Download: https://www.umweltbundesamt.de/publikationen/lokale-agenda-21-im-europaeischen-vergleich. Hier besonders die Zusammenfassungen auf S.9ff. und 153ff.

9   Auf die Möglichkeiten der Verknüpfung geht ausführlich der Hessische Leitfaden zur Lokalen Agenda 21 ein:

Hessisches Ministerium für Umwelt, Energie, Jugend, Familie und Gesundheit (Hrsg.) (1998): Lokale Agenda 21 – Arbeitshilfe zur Umsetzung, Wiesbaden. Hier S.41ff.

Anmerkungen

Studien und Materialien zur Verknüpfung sind:

Umweltbundesamt (2002) (UBA) (Hrsg.): Lokale Agenda 21 im Kontext der kommunalen Steuerungsinstrumente auf kommunaler Ebene. Texte 34/02, Berlin. Download der Kurzfassung: https://www.umweltbundesamt.de/sites/default/files/medien/publikation/short/k2151.pdf.

Agenda-Büro der Landesanstalt für Umweltschutz Baden-Württemberg (LfU) (2003): Arbeitsmaterialie 25: Verknüpfung der Lokalen Agenda 21 mit anderen kommunalen Prozessen. Ergebnisse einer Untersuchung in Friedrichshafen, Geislingen an der Steige, Öhringen und Rottenburg am Neckar, Karlsruhe. Download: https://pudi.lubw.de/detailseite/-/publication/39693.

Ferner auch:

Bundesministerium für Umwelt, Naturschutz und Reaktorsicherheit (BMU)/Umweltbundesamt (UBA) (Hrsg.) (2002): Lokale Agenda 21 und Nachhaltige Entwicklung in deutschen Kommunen. 10 Jahre nach Rio: Bilanz und Perspektiven, Berlin. Hier S. 29 ff. Eine Zusammenfassung findet sich als Download unter: https://difu.de/sites/difu.de/files/archiv/publikationen/zeitschriften/difu-berichte/difu-berichte-2003_1.pdf.

Eine kurze Schilderung der Verknüpfungsprozesse in Heidelberg und Öhringen findet sich in:

Agenda-Büro der Landesanstalt für Umweltschutz Baden-Württemberg (LfU) (1998): Lokale Agenda 21 – Ein Einstieg für Kommunen, aktualisierte Fassung 2000. Hier S. 31 f. und 35 f. Download: https://pudi.lubw.de/detailseite/-/publication/69251.

Stadtentwicklungsplan Heidelberg: https://www.heidelberg.de/hd/HD/Rathaus/Stadtentwicklungsplan.html.

Stadt Heidelberg (1997): Nachhaltiges Heidelberg. Für eine lebenswerte Umwelt. Darstellung und Bewertung bisheriger Aktivitäten der Stadtverwaltung und Vorschläge für eine »Lokale Agenda 21«. Eine Studie des ifeu-instituts für Energie- und Umweltforschung Heidelberg GmbH, Heidelberg.

Stadt Heidelberg (1997): Nachhaltiges Heidelberg. Für eine lebenswerte Umwelt. Darstellung und Bewertung bisheriger Aktivitäten der Stadtverwaltung und Vorschläge für eine »Lokale Agenda 21«. Kurzfassung: Eine Studie des ifeu-instituts für Energie- und Umweltforschung Heidelberg GmbH, Heidelberg. Als Download: https://www.hs-pforzheim.de/fileadmin/user_upload/uploads_redakteur/Forschung/INEC/Dokumente/Publikationen/NachhaltigesHeidelberg.pdf.

Stadt Heidelberg (1997): Stadtentwicklungsplan Heidelberg 2010 – Leitlinien und Ziele. Schriften zur Stadtentwicklung, Heidelberg.

Weber, Beate: Was heißt hier Agenda? Die Rolle der Kommunen. In: IFOK/ZKE (Hrsg.) (1999): Was heißt hier Agenda? Analysen – Erfahrungen – Beispiele, Verlag J.H. Röll. S. 67–78.

Stadtmarketing Öhringen: https://www.oehringen.de/buerger/stadtverwaltung/stadtmanagement/konzept.html.

Walter, Michael (2002): Akteure, Ansätze und Rahmenbedingungen einer nachhaltigen Regionalentwicklung im Ländlichen Raum. Die Modellregion Hohenlohe? Peter Lang, Europäischer Verlag der Wissenschaften. Hier S.221ff.

Zum Konzept Nachhaltigkeitskommune siehe:

Institut für angewandte Wirtschaftsforschung (IAW) (2000): Nachhaltige Entwicklung und kommunale Verwaltungsmodernisierung. Entlastungspotenziale und Durchsetzungschancen eines integrativen Ansatzes. Forschungsberichte Serie B, Nr. 14, Tübingen. Als Download: https://d-nb.info/960145958/04.

10 Neben den oben in Fußnote fünf zu diesem Kapitel genannten Untersuchungen werden hier folgende Studien und Publikationen herangezogen:

Stark, Susanne (1999): Implementation der Lokalen Agenda 21 in Verwaltungshandeln am Beispiel Energie. Wuppertal Spezial 13 – Wuppertal Institut für Klima, Umwelt, Energie; Libri Books on Demand.

Stark, Susanne (2000): Lokale »Agenda 21«-Prozesse in den vier Städten Duisburg, Leverkusen, Hamm und Wuppertal. In: Heinelt, Hubert/Mühlich, Eberhard (Hrsg.): Lokale »Agenda 21«-Prozesse. Erklärungsansätze, Konzepte und Ergebnisse, Leske + Budrich, S.201–215.

De Haan, Gerhard/Kuckartz, Udo/Rheingans-Heintze, Anke (2000): Bürgerbeteiligung in Lokale-Agenda-21-Initiativen. Analyse zu Kommunikations- und Organisationsformen. Herausgegeben vom Umweltbundesamt, Leske + Budrich.

11 Siehe zu den folgenden Ausführungen:

Agenda-Büro der Landesanstalt für Umweltschutz Baden-Württemberg (LfU) (1998): Lokale Agenda 21 – Ein Einstieg für Kommunen, aktualisierte Fassung 2000, Karlsruhe. Hier besonders S.27f. Download: https://pudi.lubw.de/detailseite/-/publication/69251.

Anton, Jürgen (2000): Lokale Agenda 21: Chance für eine nachhaltige Kommunalentwicklung? Eine vergleichende Analyse der Fallbeispiele Köpenick, München und Aschaffenburg. Hrsg.: caf-agenda-transfer, Bonn.

agenda-transfer (2001): Auswertung lokaler Agenda-21-Prozesse in Nordrhein-Westfalen. Untersuchung von 141 nordrhein-westfälischen Kommunen, Bonn.

Bayerisches Ministerium für Umwelt, Gesundheit und Verbraucherschutz (Hrsg.) (2004): Befragung zur Kommunalen Agenda 21. Ergebnisse, Standpunkte und Schlussfolgerungen aus der Evaluierung 2002/2003. Materialien Umwelt & Entwicklung, München.

Technische Universität München, Lehrstuhl für Bodenordnung und Landentwicklung, Univ.-Prof. Dr.-Ing. Holger Magel (2003): Evaluierung der Kommunalen Agenda 21 in Bayern. Endbericht (Textband). Forschungsvorhaben im Auftrag des Bayerischen Staatsministeriums für Landesentwicklung und Umweltfragen, München.

In diesem Kapitel wird vor allem auf Vorschläge zur Weiterführung der Lokalen Agenda 21 eingegangen. Weitere Modelle zur Lokalen Agenda 21 werden auch in Kapitel fünf behandelt.

Anmerkungen

12 Zur Nachhaltigen Bürgerkommune siehe vor allem:

Agenda-Büro der Landesanstalt für Umweltschutz Baden-Württemberg (LfU) (2003): Arbeitsmaterialie 25: Verknüpfung der Lokalen Agenda 21 mit anderen kommunalen Prozessen. Ergebnisse einer Untersuchung in Friedrichshafen, Geislingen an der Steige, Öhringen und Rottenburg am Neckar, Karlsruhe. Hier S. 4–12. Download: https://pudi. lubw.de/detailseite/-/publication/39693.

Technische Universität München, Lehrstuhl für Bodenordnung und Landentwicklung, Univ.-Prof. Dr.-Ing. Holger Magel (2003): Evaluierung der Kommunalen Agenda 21 in Bayern. Endbericht (Textband). Forschungsvorhaben im Auftrag des Bayerischen Staatsministeriums für Landesentwicklung und Umweltfragen, München. Hier S. 136 ff.

Agenda-Büro der Landesanstalt für Umweltschutz Baden-Württemberg (LfU) (2001): Arbeitspapier: Bürgerschaftliches Engagement und Lokale Agenda 21 – Thesen zur Verknüpfung von Förderung Bürgerschaftlichen Engagements und Lokaler Agenda 21 in Baden-Württemberg, Karlsruhe. Download: https://pudi.lubw.de/detailseite/-/ publication/87308.

Agenda-Büro der Landesanstalt für Umweltschutz Baden-Württemberg (LfU) (2000): Arbeitsmaterialie 17: Weiterentwicklung der Lokalen Agenda 21 – Beispiel Aalen und »Nachhaltige Bürgerkommune«, Karlsruhe. Hier S. 22–30. Download: https://pudi.lubw.de/ detailseite/-/publication/24022.

Glück, Alois (2000): Verantwortung übernehmen. Mit der aktiven Bürgergesellschaft wird Deutschland leistungsfähiger und menschlicher, Deutsche Verlagsanstalt. Hier besonders S. 87 ff.

Informationen zu den Netzwerken des bürgerschaftlichen Engagements in den beiden Bundesländern finden sich unter:

https://www.lbe.bayern.de/

https://sozialministerium.baden-wuerttemberg.de/de/soziales/buergerengagement/ netzwerke/.

13 Münchner Projektgruppe für Sozialforschung e.V. (MPS), Universität Bremen, ZWE Arbeit und Region, B.A.U.M. Consult GmbH (2001): Bedingungen institutioneller Stabilisierung Lokaler Agenda-21-Prozesse – Modellhafte Stabilisierungspfade. Bericht einer von der Deutschen Bundesstiftung Umwelt finanzierten Studie, München/Bremen. Als Download: http://www.sozialforschung.org/wordpress/wp-content/uploads/2009/09/ kwbrand_loag_21.pdf.

Brand, Karl-Werner u.a. (2000): Lassen sich lokale »Agenda 21«-Prozesse auf Dauer stabilisieren? In: Heinelt, Hubert/Mühlich, Eberhard (Hrsg.): Lokale »Agenda 21«-Prozesse. Erklärungsansätze, Konzepte und Ergebnisse, Leske + Budrich, S. 241–256.

Brand, Karl-Werner/Warsewa, Günter (2003): Lokale Agenda 21: Perspektiven eines neuen Politiktypus. In: GAIA – Ökologische Perspektiven für Wissenschaft und Gesellschaft, Nr. 12/2003, oekom verlag.

Bedingungen institutioneller Stabilisierung Lokaler Agenda-21-Prozesse – Modellhafte Stabilisierungspfade (2001). Kurzfassung einer Studie der Münchner Projektgruppe für Sozialforschung e.V. (MPS) – in Zusammenarbeit mit B.A.U.M. Consult GmbH und der

Universität Bremen (ZWE Arbeit und Region), gefördert von der Deutschen Bundesstiftung Umwelt. In: Bayerisches Landesamt für Umweltschutz (LfU), Komma 21 Bayern (Hrsg.): KOMMA 21 AKTUELL 4/2001 – Agenda 21 Baustein Nr. 6, Augsburg.

Forum Umwelt & Entwicklung/Servicestelle Kommunen in der Einen Welt (Hrsg.) (2002): Nachhaltigkeit Lokal. Lokale Agenda 21 in Deutschland. Eine Zwischenbilanz 10 Jahre nach Rio, Bonn. Als Download: http://www.rio-10.de/rioprozess/bilanzpapiere/bilanzpapier_agenda21.PDF.

»Kommunale Rio +10-Erklärung von Berlin« – Deutsche Städte auf dem Weg zur Nachhaltigkeit. Erkenntnisse und Empfehlungen zur Lokalen Agenda 21 in Deutschland. Verabschiedet am 13. April 2002 von den Teilnehmer/-innen der Tagung »Zukunftsfähige Kommunen durch Lokale Agenda 21« in Berlin. Als Download: http://www.rio-10.de/rioprozess/texte/berliner_erklaerung.pdf.

14 Zur Struktur der Lokalen Agenda 21 in Unterhaching siehe: https://www.agenda21-unterhaching.de/. Ferner dienten als Informationsquelle neben Vorträgen noch zwei Aufsätze des charismatischen und äußerst überzeugenden Initiators und späteren 1. Bürgermeisters:

Knapek, Erwin: Lokale Agenda 21 in Unterhaching. In: Glück, Alois/Magel, Holger (Hrsg.) (2000): Neue Wege in der Kommunalpolitik: Durch eine neue Bürger- und Sozialkultur zur Aktiven Bürgergesellschaft, Verlagsgruppe Hüthig Jehle Rehm. S. 189–192.

Knapek, Erwin: Die Bürgerschaft als Träger der Lokalen Agenda 21. In: Kuhn, Thomas u. a. (ICLEI) (Hrsg.) (1998): Lokale Agenda 21 Deutschland. Kommunale Strategien für eine zukunftsbeständige Entwicklung, Springer-Verlag. S. 217–224.

Kapitel 4

Internationaler Einschub Zwei:
Rio plus zehn und der Weltgipfel in Johannesburg 2002

1 Heinrich-Böll-Stiftung (Hrsg.) (2002): Das Jo'burg-Memo. Memorandum zum Weltgipfel für nachhaltige Entwicklung. Ökologie – die neue Farbe der Gerechtigkeit. Berlin. Hier S. 11. Als Download: https://www.boell.de/de/2002/05/10/das-joburg-memo.

Zur Einschätzung der (deutschen) Nichtregierungsorganisationen zu »Rio +10« siehe insgesamt:

Forum Umwelt & Entwicklung (2002): Umwelt, Entwicklung und Globalisierung. Eine Bilanz 10 Jahre nach Rio, Bonn. Als Download: https://www.forumue.de/wp-content/uploads/2017/06/bilanzpapier_gesamt-1.pdf.

2 UN – Preparatory Committee for the World Summit of Sustainable Development (Hrsg.) (2002): Second local Agenda 21 survey/submitted by the International Council for Local Environmental Initiatives. New York. Siehe: https://digitallibrary.un.org/record/459673.

Siehe dazu auch: Forum Umwelt & Entwicklung/Servicestelle Kommunen in der Einen Welt (Hrsg.) (2002): Nachhaltigkeit Lokal. Lokale Agenda 21 in Deutschland. Eine Zwischenbilanz 10 Jahre nach Rio, Bonn. Als Download: http://www.rio-10.de/rioprozess/bilanzpapiere/bilanzpapier_agenda21.PDF.

3 Forum Umwelt & Entwicklung/Servicestelle Kommunen in der Einen Welt (Hrsg.) (2002): Nachhaltigkeit Lokal. Lokale Agenda 21 in Deutschland. Eine Zwischenbilanz 10 Jahre nach Rio, Bonn. Als Download: http://www.rio-10.de/rioprozess/bilanzpapiere/ bilanzpapier_agenda21.PDF. Hier besonders S.10f. (Zitate).

»Kommunale Rio +10-Erklärung von Berlin« – Deutsche Städte auf dem Weg zur Nachhaltigkeit. Erkenntnisse und Empfehlungen zur Lokalen Agenda 21 in Deutschland. Verabschiedet am 13. April 2002 von den Teilnehmer/-innen der Tagung »Zukunftsfähige Kommunen durch Lokale Agenda 21« in Berlin. Als Download: http://www.rio-10.de/ rioprozess/texte/berliner_erklaerung.pdf.

4 Forum Umwelt & Entwicklung (Hrsg.) (2002): 10 Punkte für nachhaltige Entwicklung. Als Download: http://www.rio-10.de/pdfs/10_punkte_einzel.pdf.

5 Die folgenden Ausführungen zum Johannesburger Weltgipfel beruhen (neben eigenen Eindrücken) vor allem auf der von mir erstellten Publikation:

Agenda-Büro der Landesanstalt für Umweltschutz Baden-Württemberg (LfU) (2002): Arbeitsmaterialie 26: Der Weltgipfel von Johannesburg: Ergebnisse & Umsetzung bei uns, Karlsruhe. Als Download: https://pudi.lubw.de/detailseite/-/publication/44007.

Darüber hinaus finden sich die vier erläuterten Dokumente in:

Bundesministerium für Umwelt, Naturschutz und Reaktorsicherheit (BMU) (2003): Weltgipfel für nachhaltige Entwicklung 26. August bis 4. September 2002 in Johannesburg – Dokumente, Bonn. Als Download: https://www.bmu.de/fileadmin/Daten_BMU/ Download_PDF/Nachhaltige_Entwicklung/johannesburg_declaration.pdf.

Servicestelle Kommunen in der Einen Welt (Hrsg.) (2002): Erklärung der Kommunen an den Weltgipfel für nachhaltige Entwicklung und Der Aufruf von Johannesburg. Johannesburg 2002. Info Nr.1, Bonn.

Als Download: Der Aufruf von Johannesburg (Johannesburg Call) 30. August 2002. Eine Erklärung von Kommunen der Welt beim Weltgipfel für nachhaltige Entwicklung, Johannesburg/Südafrika, August 2002: https://www.globaleslernen.de/sites/default/files/ files/link-elements/johannesburg_2ocall.pdf.

Erklärung der Kommunen an den Weltgipfel für nachhaltige Entwicklung (2002): http:// www.aktion21.at/_data/local_action_21_Erklaerung_der_KommunenJohannesburg2002. pdf.

Zu den Millenniumszielen der Vereinten Nationen siehe:

United Nations (UN) (2000): The Millennium Development Goals: https://www.un.org/ millenniumgoals/. Siehe auch Download: https://www.ndi.org/sites/default/files/ Handout%207%20-%20Millennium%20Development%20Goals.pdf.

6 agenda-transfer. Agentur für Nachhaltigkeit GmbH. Bundesweite Servicestelle Lokale Agenda 21 (Hrsg.) (2002): Johannesburg und die Kommunen – wie geht es weiter? Bonn. Als Download: http://archiv.la21wien.at/la-21-plus/geschichte-der-la-21/ Empfehlungen%20Johannssburg%20UNU.pdf. Der Text findet sich auch in der Arbeitsmaterialie 26 des Agenda-Büros der LfU (siehe vorhergehende Fußnote).

7   Maier, Jürgen: Das war der Gipfel, in: Forum Umwelt & Entwicklung (2002). Rundbrief 3/2002, Bonn. Hier S. 3. Als Download: http://forumue.de/wp-content/uploads/2015/
05/Rundbrief200203.pdf.

Kapitel 5

Stagnation, Erfolgsfaktoren und Impulse der Lokalen Agenda 21: Eine erste Bilanz

1   Gemeinsame Erklärung der Umweltministerkonferenz und der Präsidenten der kommunalen Spitzenverbände (Deutscher Städtetag, Deutscher Landkreistag, Deutscher Städte-
und Gemeindebund) zur Lokalen Agenda 21 vom 8. Mai 1998 in Heidelberg. In: Bundesministerium für Umwelt, Naturschutz und Reaktorsicherheit (BMU)/Umweltbundesamt
(UBA) (Hrsg.) (2002): Lokale Agenda 21 und Nachhaltige Entwicklung in deutschen
Kommunen. 10 Jahre nach Rio: Bilanz und Perspektiven, Berlin. S. 169 ff.
Die Beschlusszahlen zur Lokalen Agenda 21 stammen aus den regelmäßigen Informationen der Agendabundesstelle in Bonn, die teilweise per Fax an die Agendalandesstellen
gingen.

2   Zur Verteilung der Lokale-Agenda-21-Beschlüsse in Baden-Württemberg siehe:
Agenda-Büro der Landesanstalt für Umweltschutz Baden-Württemberg (LfU) (2002):
Arbeitsmaterialie 24: Auswertung der Umfrage zur Lokalen Agenda 21 in Baden-Württemberg, Karlsruhe. Hier besonders S. 10. Download: https://pudi.lubw.de/detailseite/-/
publication/44557.

Zu den Größenkategorien der deutschen Kommunen siehe:

Bundesministerium für Umwelt, Naturschutz und Reaktorsicherheit (BMU)/Umwelt-
bundesamt (UBA) (Hrsg.) (2002): Lokale Agenda 21 und Nachhaltige Entwicklung in
deutschen Kommunen. 10 Jahre nach Rio: Bilanz und Perspektiven, Berlin. Hier S. 9.

3   Die Chroniken und Dokumentationen der drei Agendakommunen finden sich unter:

Allensbach – Lokale Agenda 21: https://www.gemeinde-allensbach.de/lokale-agenda-21/
ueber-uns/chronik.

Dortmund – Lokale Agenda 21: https://www.dortmund.de/de/leben_in_dortmund/
internationales/buero_fuer_internationale_beziehungen/downloads_bfibune/index.html.

Falkensee – Lokale Agenda 21: https://www.agenda21-falkensee.de/agenda21/
entstehung-erfolge-falkensee.

4   Siehe hierzu:

Agenda-Büro der Landesanstalt für Umweltschutz Baden-Württemberg (LfU) (1998):
Arbeitsmaterialie 6: Einstieg in die Lokale Agenda 21 in Weissach im Tal, Karlsruhe.
Download: https://pudi.lubw.de/detailseite/-/publication/85616.

Agenda-Büro der Landesanstalt für Umweltschutz Baden-Württemberg (LfU) (1998):
Arbeitsmaterialie 7: Einstieg in die Lokale Agenda 21 in der kleinen Gemeinde
Pleidelsheim, Karlsruhe. Download https://pudi.lubw.de/detailseite/-/publication/29840.

Anmerkungen

Agenda-Büro der Landesanstalt für Umweltschutz Baden-Württemberg (LfU) (2000): Arbeitsmaterialie 9: Erste Erfahrungen: Lokale Agenda in kleinen Gemeinden, Karlsruhe. Download: https://pudi.lubw.de/detailseite/-/publication/61269.

Agenda-Büro der Landesanstalt für Umweltschutz Baden-Württemberg (LfU) (2000): Arbeitsmaterialie 11: Lokale Agenda im Verbund kleiner Gemeinden, Karlsruhe. Download: https://pudi.lubw.de/detailseite/-/publication/47911.

caf/agenda-transfer (2001): Ländlicher Raum im Lokalen Agenda 21-Prozess, Bonn.

Bauersch, Dominik: Die Umsetzung der lokalen Agenda 21 in Nordrein-Westfalen unter besonderer Berücksichtigung der Städte und Gemeinden des ländlich geprägten Raumes. Hrsg. caf/agenda-transfer, Bonn.

5   Siehe Fußnote zwei zu diesem Kapitel.

6   Über die in Fußnote vier in diesem Kapitel genannten Publikationen hinaus siehe ferner:

Umweltministerium Mecklenburg-Vorpommern (2006): Perspektiven der Lokalen Agenda 21 in dörflichen Gemeinden, Schwerin.

Eigenständige Regionalentwicklung Baden-Württemberg e.V. (Hrsg.) (2000): Lokale Agenda 21 im ländlichen Raum – zwischen Nachhaltigkeit und Modernisierung. Pro Regio, Zeitschrift für eigenständige Regionalentwicklung Nr. 24–25.

Krambach, Kurt (2001): Ländlicher Raum, nachhaltige Dorfentwicklung und lokale Agenda 21.

Rosa-Luxemburg-Stiftung: Einsichten und praktische Erfahrungen. Manuskripte 27, Berlin. Als Download: https://www.rosalux.de/fileadmin/rls_uploads/pdfs/manuskripte27.pdf.

Steuerungsgruppe Bürgerschaftliche Mitwirkung im Enzkreis (Hrsg.) (2000): Enzkreis-Info, Forum für Bürgerschaftliche Mitwirkung und Lokale Agenda 21. Ausgabe 4, Pforzheim.

»Enzkreis – Stabsstelle Klimaschutz und Kreisentwicklung«. In: Ideenportal Werkzeug-kasten des Wandels, RENN.süd: https://www.werkzeugkasten-wandel.de/nachhaltigkeit-umfassend-gestalten/nachhaltigkeitslandkreise/enzkreis-stabsstelle-klimaschutz-und-kreisentwicklung.html.

Zu Gemeindeverbünden der Lokalen Agenda 21 siehe:

Agenda-Büro der LfU Landesanstalt für Umweltschutz Baden-Württemberg (2000): Arbeits Materialie 11: Lokale Agenda im Verbund kleiner Gemeinden, Karlsruhe. Als Download: https://pudi.lubw.de/detailseite/-/publication/47911.

7   Töpfer, Klaus (2006): Vom Rhein nach Rio – Umweltpolitik wird global. In: Vahrenholt, Fritz (Hrsg.) (2006): Die Umweltmacher. 20 Jahre BMU – Geschichte und Zukunft der Umweltpolitik, Hoffmann und Campe Verlag. S. 23–33, Zitat S. 29.

8   agenda-transfer, Agentur für Nachhaltigkeit GmbH/InWent/Servicestelle Kommunen in der Einen Welt (Hrsg.) (2007): Nachhaltigkeit, das Plus vor Ort! Bonn. Hier S. 38 f.

9   Zum Café Friederico siehe:

Zur Entstehung: Agenda-Büro der Landesanstalt für Umweltschutz Baden-Württem-berg (LfU) (2002): Arbeitsmaterialie 22: Aktionsinfo Rio +10: Eine Welt und faire Produkte ins Rathaus, Karlsruhe. Hier S. 11 f. Als Download: https://pudi.lubw.de/detailseite/-/publication/23208.

Aktuell: https://weltladen.bclr.de/laden/kaffee-aus-aller-welt/.

10 BMU-Bundesministerium für Umwelt, Naturschutz und Reaktorsicherheit (o. J.) (Hrsg.): Umweltpolitik. Konferenz der Vereinten Nationen für Umwelt und Entwicklung im Juni 1992 in Rio de Janeiro – Dokumente – Agenda 21, Bonn. S. 235.

Zum Thema Wirtschaft und Lokale Agenda 21 wurden hier verwendet:

Bundesministerium für Umwelt, Naturschutz und Reaktorsicherheit (BMU)/Umweltbundesamt (UBA) (Hrsg.) (2002): Lokale Agenda 21 und Nachhaltige Entwicklung in deutschen Kommunen. 10 Jahre nach Rio: Bilanz und Perspektiven, Berlin. Hier S. 151 ff.

Agenda-Büro der Landesanstalt für Umweltschutz Baden-Württemberg (LfU) (2000): Arbeitsmaterialie 15: Einbindung der Wirtschaft in die Lokale Agenda 21. Ein Leitfaden mit Beispielen aus der Praxis. Als Download: https://pudi.lubw.de/detailseite/-/publication/36761.

Bundesministerium für Umwelt, Naturschutz und Reaktorsicherheit (BMU)/Umweltbundesamt (UBA) (Hrsg.) (2008): Kooperieren – aber wie? Ein Leitfaden zum Aufbau von Kooperationsbeziehungen zwischen Lokalen Agenda-21-Initiativen und Akteuren aus Wirtschaft und Wissenschaft. Als Download: https://www.umweltbundesamt.de/sites/default/files/medien/publikation/long/3507.pdf.

Umweltbundesamt (UBA) (Hrsg.) (2003): Die Lokale Agenda 21 zeigt Profil – Projektbausteine für die Schnittstelle Lokale Agenda 21/Betriebliches Umweltmanagement, Berlin. Als Download: https://www.umweltbundesamt.de/publikationen/lokale-agenda-21-zeigt-profil.

11 Zu ÖKOPROFIT und München siehe neben der oben in Fußnote zehn als erste genannten Publikation von BMU/UBA (hier auf S. 157 f.):

München: https://stadt.muenchen.de/infos/oekoprofit.html

und ÖKOPROFIT Graz: https://www.umwelt.graz.at/cms/ziel/4850005/DE/.

12 Zum Thema Jugendliche/Kinder und Lokale Agenda 21 wurden hier besonders verwendet:

Bundesministerium für Umwelt, Naturschutz und Reaktorsicherheit (BMU)/Umweltbundesamt (UBA) (Hrsg.) (2002): Lokale Agenda 21 und Nachhaltige Entwicklung in deutschen Kommunen. 10 Jahre nach Rio: Bilanz und Perspektiven, Berlin. Hier S. 144 ff.

LUBW Landesanstalt für Umwelt, Messungen und Naturschutz Baden-Württemberg (Hrsg.) (2007): Aktionsbörse Extra: Geförderte Projekte 1999–2006, Karlsruhe. Als Download: https://pudi.lubw.de/detailseite/-/publication/37264.

Zu den Aktivitäten in Erfurt siehe besonders: https://www.erfurt.de/ef/de/engagiert/agenda21/lokale_agenda_erfurt/index.html. Hinzu kommen Informationen des früher dort Verantwortlichen Joseph Ahlke in einer E-Mail vom 19. August 2021.

Zu Fifty-fifty-Modellen in Hamburg und insgesamt: https://www.fifty-fifty.eu/.

13 Rheingans-Heintze, Anke (2003): Lokale Akteursnetzwerke als lernende Organisationen. Analysen am Beispiel von »Lokale Agenda 21«-Prozessen, oekom verlag. Hier S.182.

Als weitere Beispiele:

Bundesministerium für Umwelt, Naturschutz und Reaktorsicherheit (BMU)/Umweltbundesamt (UBA) (Hrsg.) (2002): Lokale Agenda 21 und Nachhaltige Entwicklung in deutschen Kommunen. 10 Jahre nach Rio: Bilanz und Perspektiven, Berlin. Hier S.31.

agenda-transfer, Agentur für Nachhaltigkeit GmbH/Stiftung Mitarbeit (Hrsg.) (2003): Praxis Bürgerbeteiligung. Ein Methodenhandbuch. Arbeitshilfen für Selbsthilfe- und Bürgerinitiativen Nr. 30, Bonn. Hier S.41. Als Download: https://d-nb.info/969737319/04.

14 Agenda-Büro der Landesanstalt für Umweltschutz Baden-Württemberg (2004) (LfU): Arbeitsmaterialie 34: Agenda-Vereine und Nachhaltigkeits-Vereine, Karlsruhe. Als Download: https://pudi.lubw.de/detailseite/-/publication/25398.

Zu den einzelnen Agendavereinen siehe:

Zukunftsrat Hamburg: https://www.zukunftsrat.de/

Lokale Agenda 21 Dresden: https://la-dresden.de/

Lokale Agenda 21 Trier: https://la21-trier.de/.

15 Als gute Überblicke zur Bürgerbeteiligung und zu den angewendeten Methoden in der Lokalen Agenda 21 und Stadtentwicklungsprozessen siehe:

Bundesministerium für Umwelt, Naturschutz und Reaktorsicherheit (BMU)/Umweltbundesamt (UBA) (Hrsg.) (2002): Lokale Agenda 21 und Nachhaltige Entwicklung in deutschen Kommunen. 10 Jahre nach Rio: Bilanz und Perspektiven, Berlin. Hier S.29ff.

agenda-transfer, Agentur für Nachhaltigkeit GmbH/Stiftung Mitarbeit (Hrsg.) (2003): Praxis Bürgerbeteiligung. Ein Methodenhandbuch. Arbeitshilfen für Selbsthilfe- und Bürgerinitiativen Nr. 30, Bonn. Als Download: https://d-nb.info/969737319/04.

Städtetag Baden-Württemberg (2012): Hinweise und Empfehlungen zur Bürgermitwirkung in der Kommunalpolitik, Stuttgart. Als Download: https://www.staedtetag-bw.de/media/custom/1198_71253_1.PDF.

Zu Zukunftswerkstätten und ihrer Anwendung in der Lokalen Agenda 21 siehe neben den oben genannten Quellen:

Jungk, Robert/Müllert, Norbert R. (1983): Zukunftswerkstätten. Wege zur Wiederbelebung der Demokratie. Taschenbuchausgabe, Wilhelm Goldmann Verlag.

Agenda-Büro der Landesanstalt für Umwelt, Messungen und Naturschutz Baden-Württemberg (2011) (LUBW): Arbeitspapier Zukunftswerkstätten – Beispiel aus der Praxis, Karlsruhe. Als Download: https://pudi.lubw.de/detailseite/-/publication/71817.

16 Zu den Szenarien siehe:

Münchner Projektgruppe für Sozialforschung e.V. (MPS) Universität Bremen, ZWE Arbeit und Region, B.A.U.M. Consult GmbH (2001): Bedingungen institutioneller Stabilisierung Lokaler Agenda-21-Prozesse – Modellhafte Stabilisierungspfade. Bericht einer von der Deutschen Bundesstiftung Umwelt finanzierten Studie, München/Bremen.

Hier besonders S. 238 ff. Als Download: http://www.sozialforschung.org/wordpress/
wp-content/uploads/2009/09/kwbrand_loag_21.pdf.

Eine kurze Zusammenfassung enthält:

Forum Umwelt & Entwicklung/Servicestelle Kommunen in der Einen Welt (Hrsg.)
(2002): Nachhaltigkeit Lokal. Lokale Agenda 21 in Deutschland. Eine Zwischenbilanz
10 Jahre nach Rio, Bonn. Hier S. 12 f. Als Download: http://www.rio-10.de/rioprozess/
bilanzpapiere/bilanzpapier_agenda21.PDF.

Der Begriff »Stadtgesellschaft« wurde im Rahmen der Diskussion der Lokalen Agenda 21
Augsburg entwickelt. Siehe hierzu: https://www.nachhaltigkeit.augsburg.de/lokale-
agenda-21. Zur geschichtlichen Entwicklung der Lokalen Agenda 21 in Augsburg dort
besonders die detaillierte Chronik.

Zum Prozess insgesamt unter anderem:

Stamm, Norbert (Hrsg.) (2021): Lessons learnt. Anläßlich 25 Jahren Lokale Agenda 21 –
für ein zukunftsfähiges Augsburg. Erkenntnisse für lokale Transformationsprozesse
Richtung Nachhaltigkeit, Augsburg. Als Download: https://www.nachhaltigkeit.augsburg.
de/lokale-agenda-21/lessons-learnt-25-jahre.

Ferner: Stamm, Norbert: Zivilgesellschaftliches Engagement für Nachhaltigkeit: die
Lokale Agenda 21 Augsburg. In: Hafner, Sabine/Miosga, Manfred (Hrsg.) (2015): Regionale
Nachhaltigkeitstransformation. Wissenschaft, Wirtschaft und Zivilgesellschaft im Dialog,
oekom verlag.

17 Zu den kommunalen Nachhaltigkeitsindikatoren der vier Bundesländer siehe:

Ministerium für Umwelt und Verkehr Baden-Württemberg (UVM), Bayerisches Staatsministerium für Landesentwicklung und Umweltfragen (STMLU), Hessisches Ministerium
für Umwelt, Landwirtschaft und Forsten (HMULF) und Thüringer Ministerium für Landwirtschaft, Naturschutz und Umwelt (TMLNU) (Hrsg.) (2000): Indikatoren im Rahmen
einer Lokalen Agenda 21. Inhaltsverzeichnis und Übersicht der Kern-Indikatoren als Download unter: http://www.agenda21-treffpunkt.de/archiv/01/pdf/Link21Leitfaden.pdf.

Bayerisches Landesamt für Umweltschutz/Forschungsstätte der Evangelischen
Studiengemeinschaft e. V. (Hrsg.) (2003): Arbeitspapier: Nachhaltigkeitsindikatoren in
der kommunalen Praxis, Heidelberg. Als Download: https://pudi.lubw.de/detailseite/-/
publication/70003.

Agenda-Büro der Landesanstalt für Umweltschutz Baden-Württemberg (LfU) (2004):
Arbeitsmaterialie 32: Einstiegsinfo Kommunale Nachhaltigkeits-Indikatoren, Karlsruhe.
Als Download: https://pudi.lubw.de/detailseite/-/publication/45685.

Zur »Zukunftsfähigen Kommune« siehe:

Deutsche Umwelthilfe e. V. (Hrsg.) (2004): Indikatoren-Set »Zukunftsfähige Kommune«.
Als Download: http://www.duh.de/uploads/tx_duhdownloads/Indikatorenset.pdf.

Zukunftsfähige Kommune (Wettbewerb): https://www.duh.de/zukunftskommune/.

Zum Vergleich der verschiedenen Indikatorensätze und gemeinsamen Indikatoren siehe:

Umweltbundesamt – UBA (2003): Indikatoren zur Zielkonkretisierung und Erfolgskontrolle im Rahmen der Lokalen Agenda 21. Texte 67/03, Berlin. Als Download: https://
www.umweltbundesamt.de/publikationen/indikatoren-zur-zielkonkretisierung.

agenda-transfer. Agentur für Nachhaltigkeit GmbH-Bundesweite Servicestelle Lokale
Agenda 21: Gemeinsam empfohlene Indikatoren zur kommunalen Nachhaltigkeit (2003):
Als Download: http://databases.eucc-d.de/files/documents/00000205_Gemeinsame_
Indikatoren_03.pdf.

18 Nachhaltigkeitsbericht der Stadt Bonn: https://www.bonn.de/nachhaltigkeitsbericht.

»SDG-Bericht« der Stadt Bonn: https://www.bonn.de/sdg-bericht.

19 Agenda-Büro der Landesanstalt für Umweltschutz Baden-Württemberg (LfU) (1998):
Arbeitsmaterialie 1: Übertragung des Öko-Audits auf Kommunen und Verwaltungen.
Erfahrungen des Modellprojekts Kommunales Öko-Audit Baden-Württemberg, Karlsruhe.
Als Download: https://pudi.lubw.de/detailseite/-/publication/61395.

Agenda-Büro der Landesanstalt für Umweltschutz Baden-Württemberg (LfU) (2000):
Arbeitsmaterialie 14: Öko-Audit für Tourismusgemeinden. Das Beispiel Uhldingen-
Mühlhofen, Karlsruhe. Als Download: https://pudi.lubw.de/detailseite/-/publication/49171.

Agenda-Büro der Landesanstalt für Umweltschutz Baden-Württemberg (LfU) (2003):
Arbeitsmaterialie 28: Übersicht Kommunales Öko-Audit in Baden-Württemberg – Einrichtungen, Ansprechpartner, Aktivitäten, Karlsruhe.

Ministerium für Umweltschutz Baden-Württemberg, Landesanstalt für Umweltschutz
Baden-Württemberg – LfU (Hrsg.) (1998): Umweltmanagement für kommunale Verwaltungen – Leitfaden zur Anwendung der EG-Öko-Audit-Verordnung, Karlsruhe.

20 Siehe hierzu besonders:

Agenda-Büro der Landesanstalt für Umweltschutz Baden-Württemberg (LfU) (1998):
Arbeitsmaterialie 1: Übertragung des Öko-Audits auf Kommunen und Verwaltungen.
Erfahrungen des Modellprojekts Kommunales Öko-Audit Baden-Württemberg, Karlsruhe.
S. 30 f. Als Download: https://pudi.lubw.de/detailseite/-/publication/61395.

Zur »Nachhaltigkeitskommune« siehe:

Institut für angewandte Wirtschaftsforschung (IAW) (2000): Nachhaltige Entwicklung
und kommunale Verwaltungsmodernisierung. Entlastungspotenziale und Durchsetzungschancen eines integrativen Ansatzes. Forschungsberichte Serie B, Nr. 14, Tübingen.
Als Download: https://d-nb.info/960145958/04.

Die Empfehlung in den Leitfäden und Handreichungen zur Lokalen Agenda 21 betrifft
besonders die Leitfäden aus Bayern und Hessen und die Materialien des Umweltbundesamtes in den Fußnoten drei und neun zu Kapitel drei. Ferner:

Bundesministerium für Umwelt, Naturschutz und Reaktorsicherheit (BMU)/Umwelt-
bundesamt (UBA) (Hrsg.) (2002): Lokale Agenda 21 und Nachhaltige Entwicklung in
deutschen Kommunen. 10 Jahre nach Rio: Bilanz und Perspektiven, Berlin. Hier S. 39.

Auf dem Vorbild des Gemeindenetzwerks »Allianz in den Alpen« baut der folgende vom Alpenforschungsinstitut AFI erstellte Leitfaden auf:

Agenda-Büro der Landesanstalt für Umweltschutz Baden-Württemberg (LfU) (1998): Lokale Agenda 21 in kleinen Gemeinden – Ein Praxisleitfaden mit Beispielen, überarbeitete Fassung 2001, Karlsruhe. Download: https://pd.lubw.de/55588.

21 **Bundesministerium für Umwelt, Naturschutz und Reaktorsicherheit (BMU) (Hrsg.) (2006):** EMAS – Praxisleitfaden für die Behörde: Umsetzungshilfe für die Einführung eines Umweltmanagementsystems nach EMAS in Behörden, Berlin. Hier S. 5 f. Als Download: https://www.bmuv.de/fileadmin/bmu-import/files/pdfs/allgemein/application/pdf/emas_leitfaden__behoerden.pdf.

Landesanstalt für Umweltschutz Baden-Württemberg – LfU, Bayerisches Landesamt für Umweltschutz (Hrsg.) (2003): Tagungsdokumentation. 10 Jahre EMAS – 5 Jahre Kommunales Öko-Audit: Bilanz und Perspektiven, Karlsruhe/Augsburg. Hier S. 108 ff.

EMAS-Register, Kommunen in Baden-Württemberg 2021: https://www.emas-register.de/recherche?a=suche&registernummer=DE-&bundesland=Baden-W%C3%BCrttemberg&managementzentrale=on&nace_codes=84&p=1&erweitert=true.

Umwelterklärung des Bürgermeisteramts Teningen: https://teningen.de/site/Teningen/get/params_E1807528177/264533/Umwelterklaerung%202015.pdf.

22 **Agenda-Büro der Landesanstalt für Umweltschutz Baden-Württemberg (LfU) (2005):** Arbeitsmaterialie 40: Kirchen und Lokale Agenda 21 – Der Beitrag von Kirchengemeinden für eine nachhaltige Entwicklung, Karlsruhe. Als Download: https://pudi.lubw.de/detailseite/-/publication/63411.

Bundesministerium für Umwelt, Naturschutz und Reaktorsicherheit (BMU) (Umweltbundesamt (UBA) (Hrsg.) (2005): Schritt für Schritt ins Umweltmanagement. Beispiel Grüner Gockel für Kirchengemeinden, Berlin.

Evangelischen Landeskirche in Württemberg, Grüner Gockel: https://www.umwelt.elk-wue.de/arbeitsfelder/umweltmanagement-der-gruene-gockel. Hinzu kommen Informationen des Umweltbeauftragten Hans-Peter Koch in einer E-Mail vom 23. August 2021.

23 Siehe hierzu: Radkau, Joachim (2011): Die Ära der Ökologie. Eine Weltgeschichte, C. H. Beck. Hier S. 583 ff.

24 Bischöfliches Hilfswerk Misereor (Hrsg.) (1999): Eine-Welt-Aktivitäten im lokalen Agenda-Prozess in Deutschland. Eine quantitative und qualitative Untersuchung des CAF/Agenda-Transfer-Büros Bonn im Auftrag von MISEREOR, Aachen.

Servicestelle Kommunen in der Einen Welt / InWEnt gGmbh (2002): Give me hope Jo'hanna. Von Rio in die deutschen Kommunen nach Johannesburg – von Schwierigkeiten und Erfolgen der Agenda-Prozesse in Deutschland. Reihe Dialog Global Nr. 1, Bonn. Hier S. 15 zu Nordrhein-Westfalen.

caf agenda-transfer/LAG3W (Hrsg.) (2000): Vor Ort aktiv – global vernetzt. Agenda-Partnerschaften in NRW, Bonn/Münster.

Servicestelle Kommunen in der Einen Welt/InWEnt gGmbh (2005): Es geht! Kommunal nachhaltig handeln. Tipps und Ideen. Reihe Dialog Global Nr. 25, Bonn.

Wirtschaftsministerium Baden-Württemberg/Ministerium für Umwelt und Verkehr Baden-Württemberg (Hrsg.) (2002): Lokale Agenda und Eine Welt. Leitfaden zur global fairen Kommune in Baden-Württemberg. Anregungen und Empfehlungen anhand von Beispielen aus der Praxis, Stuttgart.

Agenda-Büro der Landesanstalt für Umweltschutz Baden-Württemberg (LfU) (2002): Arbeitsmaterialie 22: Aktionsinfo Rio +10: Eine Welt und faire Produkte ins Rathaus, Karlsruhe. Als Download: https://pudi.lubw.de/detailseite/-/publication/23208.

25 agenda-transfer, Agentur für Nachhaltigkeit GmbH, Bundesweite Servicestelle Lokale Agenda 21 (2003): Anknüpfungspunkte für die lokale Agenda 21 in Deutschland, Bonn.

Agenda-Büro der Landesanstalt für Umwelt, Messungen und Naturschutz Baden-Württemberg – LUBW (2007): Arbeitspapier: Neubelebung und Weiterführung der Lokalen Agenda 21, Karlsruhe. Als Download: https://pudi.lubw.de/detailseite/-/publication/12331.

26 Fachhochschule Erfurt, Fachbereich Verkehrs- und Transportwesen, Fachgebiet Verkehrspolitik und Raumplanung (2001): Prozessindikatoren für die Lokale Agenda 21, Erfurt. Als Download: https://eucc-d-inline.databases.eucc-d.de/files/documents/00000206_Prozessindikatoren_LA21_Th_ringen.pdf.

Häusler, Richard (2004): Nachhaltiges Qualitätsmanagement. Strategien für Agenda-Prozesse, oekom verlag.

27 agenda-transfer, Agentur für Nachhaltigkeit GmbH/InWent/Servicestelle Kommunen in der Einen Welt (Hrsg.) (2007): Nachhaltigkeit, das Plus vor Ort!, Bonn. Hier S. 11 ff.

28 Zur »Nachhaltigkeitskommune« siehe:

Institut für angewandte Wirtschaftsforschung (IAW) (2000): Nachhaltige Entwicklung und kommunale Verwaltungsmodernisierung. Entlastungspotenziale und Durchsetzungschancen eines integrativen Ansatzes. Forschungsberichte Serie B, Nr. 14, Tübingen. Hier besonders S. 215. Als Download: https://d-nb.info/960145958/04.

Siehe hierzu auch: Agenda-Büro der Landesanstalt für Umweltschutz Baden-Württemberg (LfU) (2000): Arbeitsmaterialie 17: Weiterentwicklung der Lokalen Agenda 21 – Beispiel Aalen und »Nachhaltige Bürgerkommune«, Karlsruhe. Hier S. 22–30. Der Beitrag entstand im Rahmen des Pilotprojektes zur »Nachhaltigkeitskommune«. Als Download: https://pudi.lubw.de/detailseite/-/publication/24022.

29 Zu Bürgerstiftungen und Bürgerhaushalten in der Lokalen Agenda 21 siehe:

Agenda-Büro der LfU Landesanstalt für Umweltschutz Baden-Württemberg (2005): Arbeitsmaterialie 38: Bürger- und Beteiligungshaushalt. Erfahrungen und Beispiele aus Baden-Württemberg, Karlsruhe. Als Download: https://pudi.lubw.de/detailseite/-/publication/51339.

Agenda-Büro der LfU Landesanstalt für Umweltschutz Baden-Württemberg (2005): Arbeitsmaterialie 37: Bürgerstiftungen. Förderung von Engagement in der nachhaltigen Bürgerkommune, Karlsruhe. Als Download: https://pudi.lubw.de/detailseite/-/publication/23727.

30 Siehe hierzu:

Gemeinde Weyarn. Aktive Bürger: https://gemeinde-weyarn.de/aktive-buerger/.

Agenda-Büro der LfU Landesanstalt für Umweltschutz Baden-Württemberg (2010): Arbeitspapier – Nachhaltigkeitsprozesse in kleinen Kommunen, Karlsruhe. Hier besonders S. 11 f. Als Download: https://pudi.lubw.de/detailseite/-/publication/54574.

Kapitel 6

Die Weiterentwicklung der Lokalen Agenda 21 zu kommunalen Nachhaltigkeitsprozessen

1 Siehe zur Gesamtstudie:

Institut für Zukunftsstudien und Technologiebewertung gemeinnützige GmbH – IZT (Hrsg.) (2012):»Rio+20 vor Ort Bestandsaufnahme und Zukunftsperspektiven lokaler Nachhaltigkeitsprozesse in Deutschland – Abschlussbericht«. Gefördert von: Bundesministerium für Umwelt, Naturschutz und Reaktorsicherheit (BMU), Umweltbundesamt (UBA) und Deutsche Bundesumweltstiftung (DBU). Projektleitung und Autoren: Katrin Nolting, Dr. Edgar Göll, Berlin. Als Download: https://projekte.izt.de/fileadmin/downloads/pdf/projekte/rio/Abschlussbericht_Rio20.pdf.

Umweltbriefe (2012): Nr. 22 vom 8. November 2012, Walhalla u. Praetoria Verlag GmbH & Co. KG. Interview von Martin Bopp mit Katrin Nolting auf S. 13.

Nolting, Katrin / Göll, Edgar (2014): Lokale Nachhaltigkeitsprozesse. Zukunftsperspektiven der Lokalen Agenda in Deutschland. In: Ökologisches Wirtschaften Nr. 2/2014, S. 36–41. Institut für ökologische Wirtschaftsforschung (IÖW) GmbH. Als Download: https://www.oekologisches-wirtschaften.de/index.php/oew/article/view/1343/1329.

Institut für Zukunftsstudien und Technologiebewertung gemeinnützige GmbH – IZT (Hrsg.) (2012):»Rio+20 vor Ort«. Kommunen auf dem Weg zur Nachhaltigkeit. Beispiele aus Deutschland., Berlin. Als Download: https://www.umweltbundesamt.de/sites/default/files/medien/5750/publikationen/03-2012_rio20-vor-ort-de.pdf.

Zu den Einzelstudien (International und Bundesländer) siehe:

ICLEI – Local Governments for Sustainability – Europasekretariat (Hrsg.) (2011): Rio+20 vor Ort. Überblick über die Ausprägungen lokaler Nachhaltigkeitsprozesse weltweit im Rahmen der Studie »Rio+20 vor Ort«. Gefördert durch das Bundesministerium für Umwelt, Naturschutz und Reaktorsicherheit sowie die Deutsche Bundesstiftung Umwelt. Freiburg. Als Download: https://www.izt.de/fileadmin/downloads/pdf/projekte/rio/LA21globalIZT_finalDez2011_2.pdf.

Universität Bayreuth: Abteilung für Stadt- und Regionalentwicklung (Hrsg.) (2012): Rio plus 20 vor Ort in Bayern und Oberfranken, Bayreuth. Als Download: https://www.izt.de/fileadmin/downloads/pdf/projekte/rio/Rio20_vor_Ort_Teilstudie_Bayern.pdf.

Landesarbeitsgemeinschaft Agenda 21 NRW e.V. (LAG 21 NRW) (Hrsg.) (2012): Rio +20 NRW. Länderstudie zur Lokalen Agenda 21 und zu Nachhaltigkeitsprozessen in Nordrhein-Westfalen. Dokumentation mit Handlungsempfehlungen, Dortmund. Als Download: https://www.lag21.de/files/default/pdf/Themen/Forschung/Abschlussdokumentation_Rio_20_NRW_Final.pdf.

Anmerkungen

ThINK – Thüringer Institut für Nachhaltigkeit und Klimaschutz (Hrsg.) (2012): Rio+20 vor Ort. Bestandsaufnahme und Zukunftsperspektiven lokaler Nachhaltigkeitsprozesse in Deutschland. Länderstudie Thüringen – Abschlussbericht, Jena. Als Download: https://www.izt.de/fileadmin/downloads/pdf/projekte/rio/Laenderstudie_Thueringen_Rio_20vor_Ort.pdf.

Institut Futur der Freien Universität Berlin (2011): Kurzexpertise zum Thema »Bildung für nachhaltige Entwicklung« für das Forschungsvorhaben »Rio+20 vor Ort Bestandsaufnahme und Zukunftsperspektiven lokaler Nachhaltigkeitsprozesse in Deutschland, Projektphase I«, Berlin. Als Download: https://www.umweltbildung.de/uploads/tx_anubfne/expertise_bildung_rio_20_vor_ort_09_11.pdf.

2 Siehe hierzu: Agenda-Büro der Landesanstalt für Umwelt, Messungen und Naturschutz Baden-Württemberg (LUBW) (2010): Arbeitspapier: Nachhaltigkeitsprozesse in kleinen Kommunen, Karlsruhe. Als Download: https://pudi.lubw.de/detailseite/-/publication/54574. Dort findet sich auch eine ausführliche Teilstudie der Uni Landau.

3 Zum Leitbild und Netzwerk nachhaltige Bürgerkommune Bayern: https://www.kommunal-nachhaltig.de/leitbild-nachhaltige-buergerkommune-kopie.

Hinzu kommen Informationen von Danielle Rodarius vom Zentrum für nachhaltige Kommunalentwicklung in Bayern in einer E-Mail vom 13. Dezember 2021.

Technische Universität München, Lehrstuhl für Bodenordnung und Landentwicklung, Univ.-Prof. Dr.-Ing. Holger Magel (2003): Evaluierung der Kommunalen Agenda 21 in Bayern. Endbericht (Textband). Forschungsvorhaben im Auftrag des Bayerischen Staatsministeriums für Landesentwicklung und Umweltfragen, München. Hier S.136 ff.

4 Zum Projekt Managing Urban Europe 25 flossen neben den folgenden Materialien noch meine Erfahrungen als Mitglied einer deutschen Begleitgruppe ein:

Allgemeine Infos: https://iclei-europe.org/projects/?c=search&uid=rJpEP9eT.

ICLEI – Local Governments for Sustainability, Europasekretariat/Bodenseestiftung (2008): Managing Urban Europe 25. Demonstrationsvorhaben. Schritte zum Kommunalen Nachhaltigkeitsmanagement. Abschlussbericht Band 1, Freiburg.

ICLEI – Local Governments for Sustainability, Europasekretariat (Hrsg.) (2008): Gute Gründe für Nachhaltigkeitsmanagement. Nachhaltige Stadtentwicklung in Deutschland, Freiburg.

Zu den Erfahrungen bzw. dem Nachhaltigkeitsbericht in Donaueschingen: https://www.gvv-umweltbuero.de/projekte/managing-urban-europe/.

Zum Projekt 21 siehe:

ICLEI – Local Governments for Sustainability, Europasekretariat (Hrsg.) (2007): Handbuch Projekt21. Einstieg in ein zyklisches Nachhaltigkeitsmanagement. Im Auftrag des Ministeriums für Umwelt, Forsten und Verbraucherschutz Rheinland-Pfalz, Freiburg. Als Download: https://www.edoweb-rlp.de/resource/edoweb:3992042/data

Zum Stadtentwicklungskonzept Ludwigsburg siehe insgesamt: https://www.ludwigsburg.de/start/stadt+entwickeln/stadtentwicklungskonzept.html.

Stadt Ludwigsburg, Referat Nachhaltige Stadtentwicklung (Hrsg.) (2018): ZUKUNFTS-KONFERENZ 2018: 22. und 23. Juni 2018. Konferenzband, Indikatorengestützter Bericht, Ludwigsburg. Hier besonders die einleitende Zusammenfassung auf S. 5 ff. Als Download: https://www.ludwigsburg.de/site/Ludwigsburg-Internet-2020/get/ params_E-1643039235/18579359/Zukunftskonferenz_2018_web.pdf.

5   IFOK GmbH (2010): Gemeinsam Fahrt aufnehmen! Kommunale Politik- und Nachhaltig-keitsprozesse integrieren. Unterstützt von Umweltbundesamt (UBA) und Bundesministe-rium für Umwelt, Naturschutz und Reaktorsicherheit (BMU), Berlin. Als Download: https://www.umweltbundesamt.de/publikationen/gemeinsam-fahrt-aufnehmen.

6   Zum Dialog »Nachhaltige Stadt« insgesamt siehe: https://www.nachhaltigkeitsrat.de/ projekte/dialog-nachhaltige-stadt/.

Die beiden erwähnten Publikationen sind:

Rat für nachhaltige Entwicklung RNE (Hrsg.) (2010): Strategische Eckpunkte für eine nachhaltige Entwicklung in Kommunen. Erarbeitet im Rahmen des Dialogs »Nachhaltige Stadt« von den Oberbürgermeistern aus 16 Kommunen, Berlin. Als Download: https:// www.nachhaltigkeitsrat.de/wp-content/uploads/migration/documents/Broschuere_ Nachhaltige_Stadt_Oktober_2010.pdf.

Rat für nachhaltige Entwicklung RNE (Hrsg.) (2011): Städte für ein nachhaltiges Deutschland. Gemeinsam mit Bund und Ländern für eine Zukunftsfähige Entwicklung. Erarbeitet vom Deutschen Institut für Urbanistik (difu) im Rahmen des Dialogs »Nachhaltige Stadt«, Berlin. Als Download: https://www.nachhaltigkeitsrat.de/wp-content/ uploads/migration/documents/Broschuere_Staedte_fuer_ein_nachhaltiges_Deutschland_ texte_Nr_36_Juni_2011.pdf.

Die erwähnte Erhebung in Baden-Württemberg wurde in einem Rundschreiben des dortigen Städtetags verschickt.

7   Siehe hierzu allgemein:

Bundesministerium für Bildung und Forschung – BNE-Portal: Kommunen: https://www.bne-portal.de/bne/de/bundesweit/kommunen/kommunen.html.

Deutsche UNESCO-Kommission e. V. (2011): Zukunftsfähige Kommunen: Chancen durch Bildung für nachhaltige Entwicklung. Zukunftsfähige Kommunen: Gemeinsame Erklärung der Deutschen UNESCO-Kommission mit den Bürgermeisterinnen und Bürger-meistern der von der UN-Dekade »Bildung für nachhaltige Entwicklung« ausgezeichneten Kommunen, Berlin. Als Download unter: https://www.aalen.de/bildung-fuer-nachhaltige-entwicklung-2005-2014.35812.25.htm.

Landesanstalt für Umwelt Baden-Württemberg – Nachhaltigkeitsbüro/Förderungen: https://www.lubw.baden-wuerttemberg.de/nachhaltigkeit/foerderungen. (▷ Förderungen von Projekten für Bildung für nachhaltige Entwicklung).

Zu den konsumkritischen Stadtführungen:

BUNDjugend WELTBEWUSST: https://www.bundjugend.de/projekte/weltbewusst/.

Landesstiftung Baden-Württemberg (2009): Zukunft gestalten – Nachhaltigkeit lernen. Handbuch zur außerschulischen Bildung für nachhaltige Entwicklung. Hier S.71 ff. Als Download: https://www.oekostation.de/docs/BNE_Handbuch_Zukunft_gestalten_ Nachhaltigkeit_lernen.pdf.

Zu den Aktivitäten von Stadt, Hochschule und Lokaler Agenda 21 Aalen siehe:

Stadt Aalen: Bildung für nachhaltige Entwicklung: https://www.aalen.de/bildung-fuer-nachhaltige-entwicklung.35796.25.htm.

Ministerium für Umwelt, Klima und Energiewirtschaft Baden-Württemberg / Landes-anstalt für Umwelt, Messungen und Naturschutz Baden-Württemberg (2012): Bildung für nachhaltige Entwicklung: Lokale Netzwerke und Praxisbeispiele aus sechs Kommunen in Baden-Württemberg, Stuttgart / Karlsruhe. Hier S.6 f.

Kapitel 7

Politischer Rahmen und Impulse nach Johannesburg: Postwachstumsdebatte und Große Transformation

1 Weitere wichtige Gremien der deutschen Nachhaltigkeitsarchitektur wie der Parlamenta-rische Beirat für nachhaltige Entwicklung oder der Staatssekretärsausschuss der Bundes-regierung spielen hier in diesem Zusammenhang keine große Rolle. Die gesamten Gremien werden ausführlich als »Nachhaltigkeitssystem« im Fortschrittsbericht 2008 auf den Seiten 28 ff. beschrieben.

Die Bundesregierung (2004): Fortschrittsbericht 2004. Unsere Strategie für eine nach-haltige Entwicklung. Perspektiven für Deutschland, Berlin. Hier besonders S.16 ff. Die Zitate finden sich auf den Seiten 18 und 21. Als Download: https://www.bundesregierung. de/resource/blob/974430/418638/dfe29981ad718652c877c93f6b2fc1a0/fortschrittsbericht-2004-data.pdf?download=1.

Die Bundesregierung (2008): Fortschrittsbericht 2008 zur nationalen Nachhaltigkeits-strategie. Für ein nachhaltiges Deutschland, Berlin. Als Download: https://www. bundesregierung.de/resource/blob/974430/418604/d485cdb8c8c35da2ea3af74942e299 fc/2008-11-17-fortschrittsbericht-2008-data.pdf?download=1.

Die Bundesregierung (2012): Nationale Nachhaltigkeitsstrategie. Fortschrittsbericht 2012, Berlin. Als Download: https://www.bundesregierung.de/resource/blob/974430/370072/ 95ae87c6f9fe118c0ce324a4aff05d85/2012-05-21-fortschrittsbericht-2012-barrierefrei-data. pdf?download=1.

2 Zum RNE siehe: https://www.nachhaltigkeitsrat.de/.

Zum Netzwerkkongress 21 siehe: https://www.netzwerk21kongress.de/kongress/archiv/. und https://www.netzwerk21kongress.de/netzwerk-nachhaltigkeit/lokale-initiativen/.

Zur SKEW siehe: https://skew.engagement-global.de/ueber-uns.html.

3 Zum Umweltplan Baden-Württemberg siehe:

Umweltministerium Baden-Württemberg (Hrsg.) (2007): Umweltplan 2007–2012, Stuttgart (Druckfassung, hier S.22 ff.). Als Download: Umweltplan Baden-Württemberg

Fortschreibung 2007. https://www.nachhaltigkeit.info/media/1234781455phpZu8QnQ.pdf. Hier S. 14 ff.

4 Bund für Umwelt und Naturschutz Deutschland (BUND) / Brot für die Welt / Evangelischer Entwicklungsdienst (eed) (Hrsg.) (2008): Zukunftsfähiges Deutschland in einer globalisierten Welt. Ein Anstoß zur gesellschaftlichen Debatte. Eine Studie des Wuppertal Instituts für Klima, Umwelt, Energie, Fischer-Verlag. Die Einleitung fasst Aufbau und Inhalte der Studie sehr schön zusammen, das Zitat findet sich auf S. 273. Ferner zur Wirkung der ersten Studie über die Einschätzung in der zweiten Studie hinaus:

BUND / Misereor (Hrsg.) (2002): Wegweiser für ein zukunftsfähiges Deutschland, Riemann-Verlag. Hier besonders der Beitrag von Karl-Werner Brand, S. 81 ff.

5 WBGU – Wissenschaftlicher Beirat der Bundesregierung Globale Umweltveränderungen (Hrsg.) (2011): Hauptgutachten. Welt im Wandel – Gesellschaftsvertrag für eine Große Transformation, Berlin. Als Download: https://www.wbgu.de/de/publikationen/ publikation/welt-im-wandel-gesellschaftsvertrag-fuer-eine-grosse-transformation.

6 Kristof, Kora (2010): Wege zum Wandel. Wie wir gesellschaftliche Veränderungen erfolgreicher gestalten können, oekom verlag. Hier besonders S. 111. Im WBGU-Gutachten in der vorherigen Fußnote zu diesem Thema besonders S. 256 ff.

7 Leggewie, Claus / Welzer, Harald (2009): Das Ende der Welt, wie wir sie kannten. Klima, Zukunft und die Chancen der Demokratie, S. Fischer Verlag GmbH. Hier besonders Kapitel V, S. 174 ff.

8 Die Ausführungen zur Postwachstumsdiskussion insgesamt orientieren sich vor allem an folgenden Übersichtsbänden:

Muraca, Barbara (2014): Gut leben. Eine Gesellschaft jenseits des Wachstums, Wagenbach Verlag. Lizenzausgabe für die Bundeszentrale für politische Bildung, Bonn 2015.

Konzeptwerk Neue Ökonomie e. V. / DFG-Kolleg Postwachstumsgesellschaften (Hrsg.) (2017): Degrowth in Bewegung(en). 32 alternative Wege zur sozial-ökologischen Transformation, oekom verlag. Als Download: https://www.oekom.de/buch/degrowth-in-bewegung-en-9783865818522.

Schmelzer, Matthias / Vetter, Andrea (2019): Degrowth / Postwachstum zur Einführung. 2., ergänzte Auflage, Junius Verlag GmbH. Hier besonders die Einteilung der verschiedenen Strömungen im Kapitel 4.1 auf S. 148 ff.

D'Alisa, Giacomo / Demaria, Federico / Kallis, Giorgos (Hrsg.) (2016): DEGROWTH. Handbuch für eine neue Ära, oekom verlag.

Baier, Andrea u. a. (Hrsg.) (2016): Die Welt reparieren. Open Source und Selbermachen als postkapitalistische Praxis, transcript-Verlag. Als Download: https://www.transcript-verlag.de/978-3-8376-3377-1/die-welt-reparieren/.

Lehmann, Manuel (2017): Kollaborativ Wirtschaften. Mit der Methode des Community Organizing zu einer zukunftsfähigen Ökonomie, oekom verlag.

Siehe ferner Vereinigungen und Plattformen zum Postwachstum:

Blog Postwachstum: https://www.postwachstum.de/alle-artikel.

Vereinigung für Ökologische Ökonomie: https://www.voeoe.de/.

Kolleg Postwachstumsgesellschaften: http://www.kolleg-postwachstum.de/.

Konzeptwerk neue Ökonomie: https://konzeptwerk-neue-oekonomie.org/themen/degrowth/.

Netzwerk Wachstumswende: https://wachstumswende.de/.

9 Siehe hierzu:

Seidl, Irmi/Zahrnt, Angelika (Hrsg.) (2010): Postwachstumsgesellschaft – Konzepte für die Zukunft, Metropolis-Verlag.

Seidl, Irmi/Zahrnt, Angelika: Postwachstumsgesellschaft (2012): Verortung innerhalb aktueller wachstumskritischer Diskussionen (Ethik und Gesellschaft 1/2012: Postwachstumsgesellschaft). Download unter: https://www.ethik-und-gesellschaft.de/ojs/index.php/eug/article/view/1-2012-art-1/79.

Zahrnt, Angelika (8.12.2010): Postwachstumsgesellschaft. Ringvorlesung Postwachstumsökonomie, Universität Oldenburg. Als Download: http://www.postwachstumsoekonomie.de/wp-content/uploads/2010-12-08_Zahrnt-Postwachstumsgesellschaft.pdf.

Schneidewind, Uwe/Zahrnt, Angelika (2013): Damit gutes Leben einfacher wird. Perspektiven einer Suffizienzpolitik, oekom verlag.

10 Paech, Niko (2012): Befreiung vom Überfluss. Auf dem Weg in eine Postwachstumsökonomie. 4. Auflage 2013, oekom verlag. Zitat S.114. Ferner die sehr gute Zusammenfassung in Muraca, Barbara (2014): Gut leben. Eine Gesellschaft jenseits des Wachstums, Wagenbach Verlag. Lizenzausgabe für die Bundeszentrale für politische Bildung, Bonn 2015. S.52ff.

11 Heinrich-Böll-Stiftung (Hrsg.) (2002): Das Jo'burg-Memo. Memorandum zum Weltgipfel für nachhaltige Entwicklung. Ökologie – die neue Farbe der Gerechtigkeit. Berlin. Hier S.11. Als Download: https://www.boell.de/de/2002/05/10/das-joburg-memo. Hier S.15.

D'Alisa, Giacomo/Demaria, Federico/Kallis, Giorgos (Hrsg.) (2016): DEGROWTH. Handbuch für eine neue Ära, oekom verlag. Hier S.23f.

Muraca, Barbara (2014): Gut leben. Eine Gesellschaft jenseits des Wachstums, Wagenbach Verlag. Lizenzausgabe für die Bundeszentrale für politische Bildung, Bonn 2015. Hier S.27.

Acosta, Alberto (2015): Buen vivir. Vom Recht auf ein gutes Leben, oekom verlag.

12 Paech, Niko (2012): Befreiung vom Überfluss. Auf dem Weg in eine Postwachstumsökonomie. 4. Auflage 2013, oekom verlag. Hier S.113ff.

Zum selektiven Wachstum und Guten Leben/Lebensqualität bei Degrowth und Erhard Eppler siehe:

D'Alisa, Giacomo/Demaria, Federico/Kallis, Giorgos (Hrsg.) (2016): DEGROWTH. Handbuch für eine neue Ära, oekom verlag. Hier S.22f.

Schmelzer, Matthias/Vetter, Andrea (2019): Degrowth/Postwachstum zur Einführung. 2., ergänzte Auflage, Junius Verlag GmbH. Hier S.25.

Eppler, Erhard (1974): Maßstäbe für eine humane Gesellschaft: Lebensstandard oder Lebensqualität? Verlag W. Kohlhammer.

Kapitel 7

Eppler, Erhard (1975): Ende oder Wende. Von der Machbarkeit des Notwendigen. Vom Autor für die Taschenbuchausgabe überarbeitete Fassung, 6. Auflage 1982, Deutscher Taschenbuch Verlag GmbH. Hier S. 46 ff.

Eppler, Erhard (1981): Wege aus der Gefahr, Rowohlt Verlag GmbH. Hier S. 147 ff.

Eppler, Erhard / Paech, Niko (2016): Was Sie da vorhaben, wäre ja eine Revolution. Ein Streitgespräch über Wachstum, Politik und eine Ethik des Genug, oekom verlag. Hier S. 177 ff.

13 Loske, Reinhard (2016): Politik der Zukunftsfähigkeit. Konturen einer Nachhaltigkeitswende, S. Fischer Verlags GmbH. Hier S. 123 ff.

Kapitel 8
——
Neue kommunale und zivilgesellschaftliche Initiativen für ein nachhaltiges Leben

1 Die hier gewählte Einteilung stammt vom Binta Bah für die gemeinsame Publikation »Auf zu neuen Wegen – Gemeinschaftlich und nachhaltig wirtschaften! Wir zeigen, wie!«, die im Rahmen der Publikationsreihe »Wandel gemeinsam gestalten« im Rahmen des Projektes RENN – Regionale Netzstellen Nachhaltigkeitsstrategien 2022 bei RENN.süd erscheint: https://www.renn-netzwerk.de/sued.

Als Übersichten zu den Postwachstumsinitiativen siehe besonders die folgenden Studien, wobei der erste Titel auch Beschreibungen der einzelnen Initiativen enthält:

Konzeptwerk Neue Ökonomie e. V. / DFG-Kolleg Postwachstumsgesellschaften (Hrsg.) (2017): Degrowth in Bewegung(en). 32 alternative Wege zur sozial-ökologischen Transformation, oekom verlag. Als Download: https://www.oekom.de/buch/degrowth-in-bewegung-en-9783865818522.

Maurer, Indre / Oberg, Achim (2020): Formen, Steuerung und Verbreitung der Sharing Economy in Deutschland. i-share Report (Vol. I). Als kostenloser Download bestellbar über: https://www.i-share-economy.org/de.

Öko-Institut e. V. (Hrsg.) (2015): Working Paper Vom »Nutzen statt Besitzen« zur Sharing Economy: Eine Systematisierung der Ansätze, Öko-Institut Working Paper 1/2015, Freiburg: https://www.oeko.de/oekodoc/2375/2015-538-de.pdf.

Umweltbundesamt / Bundesministerium für Umwelt, Naturschutz, Bau und Reaktorsicherheit (Hrsg.) (2015): Nutzen statt Besitzen: Neue Ansätze für eine Collaborative Economy, Berlin. Als Download: https://www.umweltbundesamt.de/sites/default/files/medien/378/publikationen/uib_03_2015_nutzen_statt_besitzen_0.pdf.

Zu Weltläden siehe:

Weltladen-Dachverband: https://www.weltladen.de/.

2 Müller, Christa (Hrsg.) (2011): Urban Gardening. Über die Rückkehr der Gärten in die Stadt, oekom verlag. Open access / Download: https://www.oekom.de/buch/urban-gardening-9783865812445.

Müller, Christa: Urban Gardening. In: Konzeptwerk Neue Ökonomie e. V. / DFG-Kolleg Postwachstumsgesellschaften (Hrsg.) (2017): Degrowth in Bewegung(en). 32 alternative Wege

zur sozial-ökologischen Transformation, oekom verlag. S. 392 ff. Als Download: https://
www.oekom.de/buch/degrowth-in-bewegung-en-9783865818522.

Lehmann-Reupert, Susanne (2013): Von New York lernen. Mit Stuhl, Tisch und Sonnenschirm, Hatje-Cantz Verlag.

Anstiftung – Urbane Gärten: https://anstiftung.de/praxis/urbane-gaerten.

Zu den beiden Beispielen siehe:

Internationale Gärten Göttingen: http://internationale-gaerten.de/.

Agenda-Transfer, Agentur für Nachhaltigkeit GmbH/Bundesweite Servicestelle Lokale
Agenda 21 (2003): Beteiligung von MigrantInnen in der Lokalen Agenda 21, Bonn. S. 14 f.

Essbare Stadt Kassel: https://essbare-stadt.de/wp/konzept/.

3   Siehe hierzu besonders das einleitende Factsheet mit einem kompakten Überblick:

Projekt Wohnmobil (2018) Factsheet Repaircafé: https://www.ioew.de/fileadmin/
user_upload/BILDER_und_Downloaddateien/Publikationen/2018/WohnMobil_Factsheet_
Repaircafe.pdf.

Ferner:

Anstiftung – Reparieren: https://anstiftung.de/praxis/reparieren.

Netzwerk Reparatur-Initiativen: https://www.reparatur-initiativen.de/.

Anstiftung – gemeinnützige Stiftung bürgerlichen Rechts/Netzwerk Reparatur-Initiativen (Hrsg.) (2018): REPARIEREN. Projekte, Orte und Akteure einer Bewegung, München.
Als Download: https://www.reparatur-initiativen.de/files/kcfinder/posts/4242/reparieren-
broschuere-2018-RZ-2-download.pdf.

Reparaturinitiative Bodnegg:

https://www.bodnegg.de/index.php?article_id=594#Reparatur und

https://bodnegg.de/files/20_bodnegg_1.pdf sowie

https://www.werkzeugkasten-wandel.de/handlungsfelder-des-wandels/
ressourcenschonungen/bodnegg-reparaturinitiative-bodnegg.html

4   Felber, Christian (2010, 2012 und 2014): Gemeinwohlökonomie. Eine demokratische
Alternative wächst. Aktualisierte und erweiterte Neuausgabe, Deuticke im Paul Zsolnay
Verlag.

Gieselbrecht, A./Ristig-Breuer, St.: Gemeinwohl-Ökonomie: Das Modell einer ethischen
Wirtschaftsordnung. In: Konzeptwerk Neue Ökonomie e. V./DFG-Kolleg Postwachstumsgesellschaften (Hrsg.) (2017): Degrowth in Bewegung(en). 32 alternative Wege zur sozial-
ökologischen Transformation, oekom verlag. S. 176 ff. Als Download: https://www.oekom.
de/buch/degrowth-in-bewegung-en-9783865818522.

Zur Gemeinwohlökonomie insgesamt: https://web.ecogood.org/de/.

5   Siehe hierzu:

Maschkoski, Gesa u. a.: Transition-Initiativen, Vom Träumen, Planen, Machen und Feiern
des Wandels, den wir selbst gestalten. In: Konzeptwerk Neue Ökonomie e. V./DFG-Kolleg
Postwachstumsgesellschaften (Hrsg.) (2017): Degrowth in Bewegung(en). 32 alternative

Wege zur sozial-ökologischen Transformation, oekom verlag. S. 368 ff. Als Download: https://www.oekom.de/buch/degrowth-in-bewegung-en-9783865818522

Transition-Initiativen: Ein Leitfaden. Version 1.4 vom 8. Juni 2011, Zitat S. 33: https:// www.yumpu.com/de/document/view/51505029/transition-initiativen-leitfaden-kaufungen-gestaltet-zukunft.

Hopkins, Ron (2008): Energiewende. Das Handbuch. Anleitung für zukunftsfähige Lebensweisen, Zweitausendeins.

Hopkins, Ron (2014): Einfach. Jetzt. Machen! Wie wir unsere Zukunft selbst in die Hand nehmen, oekom verlag.

Zur Transition Town Hannover:

https://www.tthannover.de/ und

https://www.transition-initiativen.org/portrait-transition-town-hannover.

6   Zu cittàslow insgesamt siehe die gute Zusammenfassung in:

Bundesministerium für Verkehr, Bau und Stadtentwicklung (Hrsg.) (2014): Lokale Qualitäten, Kriterien und Erfolgsfaktoren nachhaltiger Entwicklung kleiner Städte – Cittàslow, Berlin: https://www.cittaslow.de/files/upload/PDF/Cittaslow_Studie_nachhaltige_Entwicklung.pdf.

Ferner: cittaslow: https://www.cittaslow.de/.

Zu Deidesheim siehe:

Cittaslow Deidesheim: https://www.deidesheim.de/cittaslow-nachhaltigkeit.html.

Und dort besonders das **cittàslow Magazin:** https://www.deidesheim.de/files/upload/Content/xx_PDF/Cittaslow_PDF_kleiner.pdf.

Studie »Tourismus und Lebensqualität in Cittaslow-Städten«: https://www.cittaslow.de/files/upload/PDF/Cittaslow_IMT_Studie_2018.pdf.

7   Zu Fairtrade Towns siehe: https://www.fairtrade-towns.de/aktuelles.

Hier besonders den Leitfaden von **Transfair e.V. (o. J.): (Hrsg.):** Fairen Handel gestalten. Leitfaden für Kommunen, Landkreise und Regionen: https://www.fairtrade-towns.de/fileadmin/user_upload/ft-towns/03_Mitmachen/FTT-Broschu__re.pdf.

Zur Fairtrade Town Saarbrücken siehe:

https://faires.saarbruecken.de/ und

https://www.saarbruecken.de/rathaus/presse_und_online/artikeldetail/article-5d079441d5b9c

und besonders die Dokumentation zur »Hauptstadt des fairen Handels 2009«: https://skew.engagement-global.de/wettbewerb-2009.html.

8   **Deutschlands Biostädte:** https://www.biostaedte.de/ueber-uns.

Bundeszentrum für Ernährung – Biostädte: https://www.bzfe.de/nachhaltiger-konsum/netzwerke-bilden/bio-staedte/.

Nürnberg, die Biometropole: https://www.die-biometropole.de/auftrag.

Biostadt Nürnberg: https://www.biostaedte.de/bio-staedte/nuernberg.

Anmerkungen

9   Kommunen für biologische Vielfalt: https://www.kommbio.de/home/.

Norderstedt als Kommune für biologische Vielfalt: https://www.kommbio.de/mitglieder/norderstedt/.

Stadt Norderstedt: Biologische Vielfalt – Biodiversität: https://www.norderstedt.de/Leben-Wohnen/Wohnen/Umwelt/Biologische-Vielfalt-Biodiversit%C3%A4t.

Kapitel 9

Internationaler Einschnitt Drei: Rio plus 23 – Die Agenda 2030 und die 17 UN-Nachhaltigkeitsziele

1   Zum geschichtlichen Ablauf dieser Entwicklungen, der Rio plus 20 – Konferenz und der Entstehung der 17 UN-Nachhaltigkeitsziele (»SDGs«) siehe insgesamt:

Forum Umwelt und Entwicklung – Agenda 2030 und SDGs: https://www.forumue.de/themen/nachhaltigkeit/post-2015-agenda-rio20.

Lexikon der Nachhaltigkeit: Weltgipfel Rio +20, Rio 2012: https://www.nachhaltigkeit.info/artikel/weltgipfel_rio_20_rio_de_janeiro_2012_1419.htm.

Bundesministerium für Umwelt, Naturschutz und Reaktorsicherheit (BMU): Nachhaltigkeit – https://www.bmuv.de/themen/nachhaltigkeit-digitalisierung/nachhaltigkeit.

Deutsche Gesellschaft für die Vereinten Nationen e.V. (DGNV): Agenda 2030 für nachhaltige Entwicklung: https://nachhaltig-entwickeln.dgvn.de/agenda-2030/agenda-2030-fuer-nachhaltige-entwicklung/.

Stiftung Wissenschaft und Politik: Rio+20 UN-Konferenz: https://www.swp-berlin.org/themen/dossiers/globale-nachhaltigkeitspolitik/rio-20-un-konferenz.

2   Vereinte Nationen: Resolution der Generalversammlung 66/288. Die Zukunft, die wir wollen. Verabschiedet auf der 123. Plenarsitzung am 27. Juli 2012. Als Download: https://www.un.org/depts/german/gv-66/band3/ar66288.pdf.

3   Vereinte Nationen: Resolution der Generalversammlung, verabschiedet am 25. September 2015. 70/1. Transformation unserer Welt: die Agenda 2030 für nachhaltige Entwicklung. Zitate S. 3 und 6. Als Download: https://www.un.org/depts/german/gv-70/band1/ar70001.pdf.

Global Policy Forum / terre des hommes (Hrsg.) (2016): Martens, Jens / Oberland, Wolfgang: Die 2030-Agenda. Globale Zukunftsziele für nachhaltige Entwicklung, Bonn/Osnabrück. Als Download: https://www.2030agenda.de/sites/default/files/Agenda_2030_online.pdf.

4   Umweltbundesamt UBA: New Urban Agenda – Werkzeugkasten für moderne Städte: https://www.umweltbundesamt.de/themen/new-urban-agenda-werkzeugkasten-fuer-moderne.

Vereinte Nationen (2016): Neue Urbane Agenda: Erklärung von Quito zu nachhaltigen Siedlungen und Städten für alle (Dokument der UN-Konferenz »Habitat III« zu Wohnen und nachhaltiger Stadtentwicklung): http://uploads.habitat3.org/hb3/NUA-German.pdf.

5   Papst Franziskus (2015): Laudato si'. ENZYKLIKA – Über die Sorge für das gemeinsame Haus, St. Benno Verlag GmbH. Zitate S. 14 bzw. 108.

6   Pariser Klimakonferenz 2015: https://www.bmuv.de/themen/klimaschutz-anpassung/ klimaschutz/internationale-klimapolitik/pariser-abkommen.

Pariser Klimaabkommen – Text in deutscher Sprache: https://www.bmuv.de/fileadmin/ Daten_BMU/Download_PDF/Klimaschutz/paris_abkommen_bf.pdf.

Brot für die Welt (Hrsg.) (2016): Bewertung – Das Pariser Klimaabkommen. Auftrag für eine klimagerechte Zukunft. Als Download: https://www.brot-fuer-die-welt.de/fileadmin/ mediapool/2_Downloads/Fachinformationen/Profil/profil_21_paris_abkommen.pdf.

7   Siehe hierzu:

Die Bundesregierung (2021): Deutsche Nachhaltigkeitsstrategie. Weiterentwicklung 2021, Berlin. Hier S. 32. Als Download: https://www.bundesregierung.de/ resource/blob/992814/1875176/3d3b15cd92d0261e7a0bcdc8f43b7839/deutsche-nachhaltigkeitsstrategie-2021-langfassung-download-bpa-data.pdf?download=1.

United Nations (Hrsg.) (2019): GSDR 2019 – Global Sustainable Development Report 2019. The future is now. Science for Achieving Sustainable Development. Als Download: https://sustainabledevelopment.un.org/gsdr2019.

Kapitel 10
___

Neue Impulse und Rahmensetzungen:
Nachhaltigkeitsstrategien, Transformationsdesign, Green New Deal und Donut-Ökonomie

1   Zur Nationalen Nachhaltigkeitsstrategie siehe:

Die Bundesregierung: Deutsche Nachhaltigkeitsstrategie: https://www.bundesregierung. de/breg-de/themen/nachhaltigkeitspolitik/die-deutsche-nachhaltigkeitsstrategie-318846.

Die Bundesregierung (2016): Deutsche Nachhaltigkeitsstrategie, Neuauflage 2016, Berlin. Die Beschreibungen zur Nachhaltigkeit finden sich besonders auf S. 18 f. und 24 f. und die Unterscheidung der Ebenen zur Umsetzung der 17 UN-Nachhaltigkeitsziele auf S. 53. Als Download: https://www.bundesregierung.de/resource/blob/975292/730844/ 3d30c6c2875a9a08d364620ab7916af6/deutsche-nachhaltigkeitsstrategie-neuauflage-2016-download-bpa-data.pdf.

Die Bundesregierung (2018): Deutsche Nachhaltigkeitsstrategie, Aktualisierung 2018, Berlin: https://www.bundesregierung.de/resource/blob/975292/1559082/a9795692a66760 5f652981aa9b6cab51/deutsche-nachhaltigkeitsstrategie-aktualisierung-2018-download-bpa-data.pdf.

Die Bundesregierung (2021): Deutsche Nachhaltigkeitsstrategie. Weiterentwicklung 2021, Berlin. Als Download: https://www.bundesregierung.de/resource/blob/992814/1875176/ 3d3b15cd92d0261e7a0bcdc8f43b7839/deutsche-nachhaltigkeitsstrategie-2021-langfassung-download-bpa-data.pdf?download=1

Zum RENN-Projekt siehe:

RENN – Regionale Netzstellen Nachhaltigkeitsstrategien: https://www.renn-netzwerk.de/.

RENN – Regionale Netzstellen Nachhaltigkeitsstrategien (2019): Netzwerkbericht 2019. Als Download: https://www.renn-netzwerk.de/fileadmin/user_upload/leitstelle/docs/ RNE_RENN_Netzwerkbericht_2019_DE_ebook_Geschuetzt.pdf.

2 Zu den Ländernachhaltigkeitsstrategien und dem Bezug zur Agenda 2030 siehe:

Deutsches Institut für Entwicklungspolitik (DIE) (2015): Universelle Verantwortung: die Bedeutung der 2030-Agenda für eine nachhaltige Entwicklung der deutschen Bundesländer, Bonn. Als Download: https://www.die-gdi.de/discussion-paper/article/ universelle-verantwortung-die-bedeutung-der-2030-agenda-fuer-eine-nachhaltige-entwicklung-der-deutschen-bundeslaender/.

Global Policy Forum: Ländersache Nachhaltigkeit. Die Umsetzung der 2030-Agenda für nachhaltige Entwicklung durch die Bundesländer, Bonn. Als Download: https://archive. globalpolicy.org/images/pdfs/Laendersache_Nachhaltigkeit.pdf.

Forschungsstätte der Evangelischen Studiengemeinschaft e.V. (FEST) Institut für interdisziplinäre Forschung (Hrsg.) (2016): Die Nachhaltigkeitsstrategien der Bundesländer im Kontext der 2030-Agenda und ihre Relevanz für Kommunen, Heidelberg. Als Download: https://skew.engagement-global.de/files/2_Mediathek/Mediathek_ Microsites/SKEW/Publikationen/6_Publikationen_in_Kooperation/SKEW_FEST_ Nachhaltigkeitsstrategien_Bundeslaender_Agenda_2030.pdf.

Zu den drei Bundesländern siehe:

Nachhaltigkeit NRW: https://www.nachhaltigkeit.nrw.de/.

Landesarbeitsgemeinschaft Agenda 21 NRW e.V. (LAG 21 NRW): https://www.lag21.de/.

Zukunftsfähiges Thüringen: https://zukunftsfaehiges-thueringen.de/.

Bürgermeisterdialog Thüringen: https://nhz-th.de/buergermeisterdialog.html.

Nachhaltigkeitsstrategie Baden-Württemberg: https://www.nachhaltigkeitsstrategie.de/.

Ministerium für Umwelt, Klima und Energiewirtschaft Baden-Württemberg (Hrsg.) (2018): 10 Jahre Nachhaltigkeitsstrategie Baden-Württemberg. Bilanz – Fazit – Ausblick, Stuttgart. Als Download: https://oekomedia.com/wp-content/uploads/2018/07/Bilanz_10-Jahre-N_DIN-A4_web.pdf.

Nachhaltigkeitsbüro der LUBW (Landesanstalt für Umwelt Baden-Württemberg): https://www.lubw.baden-wuerttemberg.de/nachhaltigkeit/n-buero.

3 Loske, Reinhard (2015): Politik der Zukunftsfähigkeit. Konturen einer Nachhaltigkeits-wende, S. Fischer Verlag GmbH. Zitat S. 251.

4 Schneidewind, Uwe (2018): Die große Transformation. Eine Einführung in die Kunst gesellschaftlichen Wandels, S. Fischer Verlag GmbH. Zitate S. 42.

5 Renn, Ortwin (2014): Das Risikoparadox. Warum wir uns vor dem Falschen fürchten, S. Fischer Verlag GmbH. Zitat und Beschreibung des Beispiels S. 331.

6 Beck, Ulrich (1986): Risikogesellschaft. Auf dem Weg in eine andere Moderne, Suhrkamp-Verlag. Zitat S. 7 und besonders S. 107 ff.

7 Zitat: Welzer, Harald (2019): Alles könnte anders sein. Eine Gesellschaftsutopie für freie Menschen, S. Fischer Verlag GmbH. Zitat S. 186.

Insgesamt siehe zu den hier gemachten Ausführungen:

FUTURZWEI– Stiftung Zukunftsfähigkeit: https://futurzwei.org/.

Welzer, Harald/Remmler, Stephan (Hrsg.) (2012): Der FUTURZWEI Zukunftsallmanach 2013. Geschichten vom guten Umgang mit der Welt, S. Fischer Verlag GmbH.

Welzer, Harald u. a. (Hrsg.) (2013): Der FUTURZWEI Zukunftsallmanach 2015/16. Geschichten vom guten Umgang mit der Welt. Schwerpunkt Material, S. Fischer Verlag GmbH.

Welzer, Harald u. a. (Hrsg.) (2016): Der FUTURZWEI Zukunftsallmanach 2017/18. Geschichten vom guten Umgang mit der Welt. Schwerpunkt Stadt, S. Fischer Verlag GmbH.

Welzer, Harald (2013): Selbst denken. Eine Anleitung zum Widerstand, S. Fischer Verlag GmbH.

Sommer, Bernd/Welzer, Harald (2014): Transformationsdesign. Wege in eine zukunftsfähige Moderne, oekom verlag.

Sommer, Bernd/Welzer, Harald: Nachhaltigkeit als Utopie? Zur Bedeutung von Zukunftsbildern für eine sozial-ökologische Transformation. In: Görgens, Benjamin/Wendet, Björn (Hrsg.) (2020): Sozial-ökologische Utopien. Diesseits oder jenseits von Wachstum und Kapitalismus? oekom verlag. S. 65–79.

8 Europäischer Grüner Deal: https://ec.europa.eu/info/strategy/priorities-2019-2024/european-green-deal_de#documents.

Das neue europäische Bauhaus: https://europa.eu/new-european-bauhaus/about/about-initiative_de.

Europäischer Green Deal: https://www.nuernberg.de/internet/eu_buero/greendeal.html.

9 Rifkin, Jeremy (2019): Der globale Green New Deal. Warum die fossil befeuerte Zivilisation um 2028 kollabiert – und ein kühner ökonomischer Plan das Leben auf der Erde retten kann, Campus Verlag GmbH.

Ferner:

Rifkin, Jeremy (2011): Die dritte industrielle Revolution. Die Zukunft der Wirtschaft nach dem Atomzeitalter, Campus Verlag GmbH.

Rifkin, Jeremy (2014): Die Null-Grenzkosten-Gesellschaft. Das Internet der Dinge, kollaboratives Gemeingut und der Rückzug des Kapitalismus, Campus Verlag GmbH.

10 Zur Bewertung und den Erfahrungen des New Deal siehe die Studie:

Lehndorff, Steffen (2020): New Deal heißt Mut zum Konflikt. Was wir von Roosevelts Reformpolitik der 1930er Jahre heute lernen können. Eine Flugschrift, VSA Verlag.

Naomi Klein geht nur sehr allgemein auf einen Green New Deal ein, bezieht sich allerdings stark auf die historischen Erfahrungen in den USA:

Klein, Naomi (2019): Warum nur ein Green New Deal unseren Planeten retten kann, Hoffmann und Campe Verlag. Hier S. 291 ff.

Klein, Naomi/Stefoff, Rebecca (2021): How to change everything. Wie wir alles ändern können und die Zukunft retten., Hoffmann und Campe Verlag. Hier S. 202 ff.

11 Zur Donut-Ökonomie siehe:

Raworth, Kate (2018): Die Donut-Ökonomie. Endlich ein Wirtschaftsmodell, das den Planeten nicht zerstört, Carl Hanser Verlag.

Doughnut Economics Action Lab: https://doughnuteconomics.org/.

Zu den Planetaren Grenzen siehe:

Rockström, Johan/Klum, Mattias (2016): Big World, Small Planet. Wie wir die Zukunft unseres Planeten gestalten, Ullstein Buchverlage GmbH. Hier besonders S. 7 ff.

Planetare Grenzen (Potsdam Institut für Klimafolgenforschung): https://www. pik-potsdam.de/de/aktuelles/nachrichten/planetare-grenzen-wechselwirkungen-im-erdsystem-verstaerken-menschgemachte-veraenderungen.

Kapitel 11

Neue Konzepte, Instrumente und Strategien für kommunale Nachhaltigkeit

1 WBGU – Wissenschaftlicher Beirat der Bundesregierung Globale Umweltverände-rungen (Hrsg.) (2016): Hauptgutachten. Der Umzug der Menschheit – Die transformative Kraft der Städte, Berlin. Als Download: https://www.wbgu.de/de/publikationen/ publikation/der-umzug-der-menschheit-die-transformative-kraft-der-staedte.

Neben der dort enthaltenen und auch als Druckfassung aufgelegten Kurzfassung gibt es dazu auch noch ein Comic:

WBGU – Wissenschaftlicher Beirat der Bundesregierung Globaler Umweltverände-rungen (Hrsg.) (2016): Der urbane Planet. Wie Städte unsere Zukunft sichern, Berlin. Als Download: https://www.wbgu.de/fileadmin/user_upload/wbgu/publikationen/comics/ comic_2016/Der_urbane_Planet_160920_web.pdf.

2 Zum Beispiel Kopenhagen siehe das WBGU-Gutachten in der vorhergehenden Fußnote (auf S. 249 ff.) und:

Firmhofer, Angela (2018): Pioniere des Wandels und städtische Kulturen der Nachhal-tigkeit – Beispiele für zivilgesellschaftliche Transformation in München, Barcelona und Kopenhagen, oekom. Hier besonders S. 111 f.

City of Copenhagen (2013): A Greener and Better Everyday Life – Local Agenda 21 Plan for Copenhagen 2012–2015. https://kk.sites.itera.dk/apps/kk_pub2/index.asp?mode= detalje&id=1012.

Ferner:

City of Copenhagen: Solutions for sustainable cities (2014): http://www.cleancluster.dk/ wp-content/uploads/2017/06/5942682600c24.pdf.

City of Copenhagen: Eco-Metropolis, Our vision for Copenhagen 2015: https://kk.sites. itera.dk/apps/kk_pub2/index.asp?mode=detalje&id=674.

Zu Matthias Horx siehe: **Horx, Matthias (2021):** Die Hoffnung nach der Krise. Wohin die Welt jetzt geht oder wie die Zukunft sich immer wieder neu erfindet. Ullstein Buchverlage GmbH. Hier S.102 ff., Zitate S.103.

Zu Jan Gehl siehe: **Gehl:** https://gehlpeople.com/.

3 **Neue Leipzig-Charta (2020):** Die transformative Kraft der Städte für das Gemeinwohl: https://www.nationale-stadtentwicklungspolitik.de/NSPWeb/DE/Initiative/Leipzig-Charta/Neue-Leipzig-Charta-2020/neue-leipzig-charta-2020_node.html.

4 **Deutscher Städtetag:** Nachhaltigkeit auf kommunaler Ebene gestalten. Musterresolution für Mitglieder des Deutschen Städtetages: https://www.staedtetag.de/themen/nachhaltigkeit-auf-kommunaler-ebene-gestalten.

5 **Koch, Florian/Krellenberg, Kerstin (2021):** Nachhaltige Stadtentwicklung. Die Umsetzung der Sustainable Development Goals auf kommunaler Ebene, Springer VS. Open access: https://link.springer.com/content/pdf/10.1007%2F978-3-658-33927-2.pdf.

Umweltbundesamt UBA (Hrsg.) (2017): Auswertung der Agenda 2030 und Folgeaktivitäten hinsichtlich ihres kommunalen Bezugs. Texte 105/2017, Berlin. Als Download: https://www.umweltbundesamt.de/sites/default/files/medien/1410/publikationen/2017-11-28_texte_105-2017_agenda-2030.pdf.

6 **Servicestelle Kommunen in der Einen Welt (SKEW):** Global nachhaltige Kommune: https://skew.engagement-global.de/global-nachhaltige-kommune.html.

Global nachhaltige Kommune NRW: https://www.lag21.de/projekte/details/global-nachhaltige-kommune/.

Siehe zu Solingen:

Stadt Solingen: Nachhaltigkeitsstrategie: https://www.solingen.de/de/inhalt/gemeinsam-fuer-die-zukunft-wirken-nachaltigkeitsstrategie/.

Beirat Nachhaltige Kommune Solingen: https://www.solingen.de/de/inhalt/beirat nachhaltige-kommune-solingen/.

7 Zu Heidelberg siehe:

Servicestelle Kommunen in der Einen Welt (SKEW): Praxisbeispiel Heidelberg: Weiterentwicklung einer kommunalen Nachhaltigkeitsstrategie anhand der SDG: https://skew.engagement-global.de/praxisbeispiel-heidelberg-agenda-2030.html.

Heidelberg: Stadtentwicklungskonzept – strategisch auf die Agenda 2030 ausgerichtet. In: https://www.werkzeugkasten-wandel.de/kommunale-nachhaltigkeitsstrategien/kommunale-strategische-nachhaltigkeitsprozesse/heidelberg-stadtentwicklungsplan-step.html.

Stadtentwicklungsplan Heidelberg 2015: https://www.heidelberg.de/hd/HD/Rathaus/Stadtentwicklungsplan.html.

Zu **Bluepingu** – SDGs go local und dem Folgeprojekt: https://sdgs-go-local.bluepingu.de/ und https://www.umweltbundesamt.de/das-uba/was-wir-tun/foerdern-beraten/verbaendefoerderung/projektfoerderungen-projekttraeger/sdgs-go-local

sowie https://www.umweltbundesamt.de/das-uba/was-wir-tun/foerdern-beraten/
verbaendefoerderung/projektfoerderungen-projekttraeger/sdgs-go-local-progressive.

Ferner wurden Informationen einer E-Mail vom 19. Oktober 2021 von Sabine Ratzel
(Bluepingu) verwendet.

8 Siehe hierzu allgemein:

RNE – Dialog nachhaltige Stadt: https://www.nachhaltigkeitsrat.de/projekte/dialog-nachhaltige-stadt/ und die genannten Positionspapiere:

Rat für nachhaltige Entwicklung RNE (Hrsg.) (2010): Strategische Eckpunkte für eine
nachhaltige Entwicklung in Kommunen. Erarbeitet im Rahmen des Dialogs »Nachhaltige
Stadt« von den Oberbürgermeistern aus 16 Kommunen, Berlin. Als Download: https://
www.nachhaltigkeitsrat.de/wp-content/uploads/migration/documents/Broschuere_
Nachhaltige_Stadt_Oktober_2010.pdf.

Rat für nachhaltige Entwicklung RNE (Hrsg.) (2015): Strategische Eckpunkte für eine
nachhaltige Entwicklung in Kommunen. Zweite vollständig überarbeitete, erweiterte und
aktualisierte Auflage, Berlin.

Rat für nachhaltige Entwicklung RNE (Hrsg.) (2019): In unserer Hand: Strategische
Eckpunkte für eine nachhaltige Entwicklung in Kommunen. Positionen und Impulse
der am Dialog »Nachhaltige Stadt« beteiligten Oberbürgermeisterinnen und Oberbürgermeister, Berlin. Als Download: https://www.nachhaltigkeitsrat.de/wp-content/
uploads/2019/11/Nachhaltige_Stadt_Strategische_Eckpunkte_November_2019.pdf.

9 Zur Gemeinwohlbilanz für Gemeinden mit Arbeitsbuch und Matrix siehe: https://web.
ecogood.org/de/unsere-arbeit/gemeinwohl-bilanz/gemeinden/.

Ferner:

Butscher, Andrea u. a.: »SDGs und kommunale Gemeinwohl-Bilanz – Wie die Ziele für
eine nachhaltige Entwicklung (Sustainable Development Goals, SDGs) der Vereinten
Nationen mit der Gemeinwohl-Bilanz von Städten, Kreisen und Gemeinden verknüpft
werden können«. Analysen und Konzepte. LebensWerte Kommune – Ausgabe1 – 2021.
Hrsg. Bertelsmann Stiftung, Gütersloh: https://www.bertelsmann-stiftung.de/de/
publikationen/publikation/did/sdgs-und-kommunale-gemeinwohl-bilanz-all.

Zu Kirchanschöring siehe:

Gemeinwohlbericht der Gemeinde Kirchanschöring: https://www.kirchanschoering.
de/fileadmin/Gemeinde/PDF/Weitere/20181112_Gemeinwohlbericht_der_Gemeinde_
Kirchanschring_Optimized.pdf. Zitat S.12. Die Aussage zur Rebilanzierung stammt aus
einer E-Mail des 1. Bürgermeisters der Gemeinde Kirchanschöring, Hans-Jörg Birner vom
7. Oktober 2021.

Berichte zur Gemeinwohlbilanz in Kirchanschöring:

https://web.ecogood.org/de/menu-header/news/die-erste-gemeinde-deutschlands-erhalt-
ihr-testat/.

https://web.ecogood.org/de/menu-header/news/gwo-gemeinde-kirchanschoring-als-
zukunftskommune-ausgezeichnet/.

Berichte zu weiteren **GWÖ-Gemeinden in Deutschland:**

https://web.ecogood.org/de/norddeutschland/bilanzierte-kommunen-im-norden und

https://stiftung-gemeinwohloekonomie.nrw/gemeinwohlregion-kreis-hoexter/
projekt/#kommunen.

Die Zahl der bis dahin neun zertifizierten Kommunen stammt aus einer E-Mail von
Bárbara Calderón (International Federation for the Economy for the Common Good e.V.)
vom 9. November 2021.

10 Siehe zum **Forschungsprojekt i-share** zur Wirkung der Sharing Economy:
https://www.i-share-economy.org/de.

Maurer, Indre/Oberg, Achim (2020): Formen, Steuerung und Verbreitung der Sharing
Economy in Deutschland. i-share Report (Vol. I). Als kostenloser Download bestellbar
über: https://www.i-share-economy.org/veroeffentlichungen/i-share-report-i.

Zum Forschungsprojekt der Hochschule Luzern:

Georgi, Dominik u. a. (2019): ShareCity. Sharing-Ansätze, Sharing-Verhalten, Sharing-
Strategien, Sharing-Cases in Städten, Springer Gabler (EBOOKINSIDE).

Schaffner, Dorothea: Ergebnisse des Forschungsprojekts »Share City« und Implikationen
für Städte. In: RENN.süd: Veranstaltungsdokumentation. Kommune als Aktionsraum
zivilgesellschaftlicher Nachhaltigkeitsinitiativen: https://www.renn-netzwerk.de/
fileadmin/user_upload/sued/Doku_vergangener_Veranstaltungen/RENN.sued_
Veranstaltungsdokumentation_Kommune_als_Aktionsraum_09.07.2019.pdf. Hier S. 3 ff.

Zur **Entwicklung der Sharing Cities,** den Beispielen Seoul und Berlin sowie darüber
hinaus:

**WBGU – Wissenschaftlicher Beirat der Bundesregierung Globale Umweltverände-
rungen (Hrsg.) (2016):** Hauptgutachten. Der Umzug der Menschheit – Die transformative
Kraft der Städte, Berlin. Als Download: https://www.wbgu.de/de/publikationen/
publikation/der-umzug-der-menschheit-die-transformative-kraft-der-staedte. Hier S. 350.

Shareable. People-powered solutions for the common good: https://www.shareable.net/
sharing-cities/.

Sharing Cities Alliance: https://www.sharingcitiesalliance.com/.

Sharing Cities: http://www.sharing-city.de/top-staedte.htm.

Share Hub Seoul: http://sharehub.kr/homeEn/shareHomeEn.do.

Berlin.de: Das offizielle Hauptstadtportal – Sharing: https://www.berlin.de/special/
sharing/.

**Senatsverwaltung für Wirtschaft, Technologie und Forschung Berlin. Geschäftsstelle
Projekt Zukunft (Hrsg.) (2016):** Von der geteilten zur teilenden Stadt – Berlin auf dem
Weg zu einer Sharing City. Potenzialanalyse der Share und Collaborative Economy in
Berlin: https://digital.zlb.de/viewer/resolver?urn=urn:nbn:de:kobv:109-1-8328191.

11 Siehe hierzu:

Raworth, Kate (2018): Die Donut-Ökonomie. Endlich ein Wirtschaftsmodell, das den
Planeten nicht zerstört, Carl Hanser Verlag. Hier S. 75 und 288 f.

Doughnut Economics Action Lab: https://doughnuteconomics.org/.

Kokstad Integrated Sustainable Development Plan – Final Report Published on December 2. 2012: https://issuu.com/city_think_space/docs/kisdp_final_report.

Raworth, Kate: So you want to downscale the Doughnut? Here's how: https://www.kateraworth.com/2020/07/16/so-you-want-to-create-a-city-doughnut/.

Doughnut Economics Action Lab Creating City Portraits: https://doughnuteconomics.org/tools-and-stories/14.

Circle Economy: Creating City Portraits – A methodological guide from the Thriving Cities Initiative https://www.circle-economy.com/resources/creating-city-portraits.

City of Amsterdam: https://www.amsterdam.nl/en/policy/sustainability/circular-economy.

Enorm-magazin: Amsterdam baut auf den Donut: https://enorm-magazin.de/wirtschaft/kreislaufwirtschaft/soziale-kreislaufwirtschaft-das-modell-donut-oekonomie.

12 Siehe hierzu:

Weizsäcker, Ernst Ulrich von / Wijkman, Anders (Hrsg.) (2017): Wir sind dran. Was wir ändern müssen, wenn wir bleiben wollen. Club of Rome: Der große Bericht, Gütersloher Verlagshaus. Hier S. 243 ff.

Girardet, Herbert: Von der Petropolis zur Ökopolis. In: oekom e. V. – Verein für ökologische Kommunikation (Hrsg.) (2011): Post-Oil City. Die Stadt von morgen. Reihe politische ökologie, München. S. 84–90.

World Future Council and HafenCity University Hamburg (HCU) Commission on Cities and Climate Change (Hrsg.) (2010): Regenerative Cities: https://www.worldfuturecouncil.org/wp-content/uploads/2016/01/WFC_2010_Regenerative_Cities.pdf.

INFOsperber: Energiewende – Eine 1,2-Millionen-Stadt macht's vor: https://www.infosperber.ch/gesellschaft/technik/energiewende-eine-12-millionen-stadt-machts-vor/. Dort findet sich auch das erwähnte Konzept von Herbert Girardet.

City of Adelaide. Our sustainable city: https://www.cityofadelaide.com.au/about-adelaide/our-sustainable-city/.

City of Adelaide. Carbon neutral Adelaide: https://www.carbonneutraladelaide.com.au/about.

13 Siehe hierzu insgesamt:

Bundesministerium des Innern, für Bau und Heimat: Smart Cities – Stadtentwicklung im digitalen Zeitalter: https://www.bmi.bund.de/DE/bauen-wohnen/stadt-wohnen/stadtentwicklung/smart-cities/smart-cities-node.html.

European Commission. Smart Cities: https://ec.europa.eu/info/eu-regional-and-urban-development/topics/cities-and-urban-development/city-initiatives/smart-cities_en.

lpb – Landeszentrale für politische Bildung Baden-Württemberg: Smart City – die Stadt der Zukunft? https://www.lpb-bw.de/smart-city#c56722.

Wissenschaftlicher Beirat der Bundesregierung Globale Umweltveränderungen (WBGU) (2019): Hauptgutachten »Unsere gemeinsame digitale Zukunft«: https://www.wbgu.de/de/publikationen/publikation/unsere-gemeinsame-digitale-zukunft. Hier S. 135 ff.

Zu Wolfsburg:

Smart City Wolfsburg: https://www.wolfsburg.de/smartcity.

Stadt Wolfsburg – Referat für Digitalisierung: https://www.wolfsburg.de/rathaus/stadtverwaltung/35-referat-digitalisierung-und-wirtschaft.

14 Siehe hierzu allgemein:

Die Bundesregierung – Innovationsplattform Zukunftsstadt (IPZ): https://www.innovationsplattform-zukunftsstadt.de/zukunftsstadt/de/home/home_node.html.

Bundesministerium für Bildung und Forschung – Zukunftsstadt: https://www.bmbf.de/bmbf/de/forschung/energiewende-und-nachhaltiges-wirtschaften/zukunftsstadt/zukunftsstadt_node.html.

Bundesministerium für Bildung und Forschung – Wettbewerb Zukunftsstadt: https://www.fona.de/de/massnahmen/foerdermassnahmen/wettbewerb-zukunftsstadt.php.

Zu Peenetal-Loitz, hier besonders den Artikel von Peter Lehne:

Zukunftsstadt Peenetal-Loitz: https://zukunftsstadt-peenetal-loitz.de/.

Stadt Loitz – Zukunftsinitiative: https://www.loitz.de/zukunftsinitiative.

Zukunftsstadt Peenetal-Loitz, Phase III, Video: https://www.youtube.com/watch?v=cT6_X9DCkek.

Dehne, Peter (2018): Kooperative Kleinstadtentwicklung. In: Informationen zur Raumentwicklung Heft 6/2018, S. 86–101. Als Download: https://www.bbsr.bund.de/BBSR/DE/veroeffentlichungen/izr/2018/6/downloads/kooperative-kleinstadtentwicklung.pdf?__blob=publicationFile&v=1.

15 Siehe hierzu:

Kopatz, Michael (2021): Wirtschaft ist mehr! Wachstumsstrategien für nachhaltige Geschäftsmodelle in der Region. Das Buch zur »Wirtschaftsförderung 4.0«, oekom verlag. Als freier Download unter: https://www.oekom.de/buch/wirtschaft-ist-mehr-9783962383176. Dies ist nicht nur ein informatives Sach-, sondern auch ein sehr praktisches Handbuch.

Kopatz, Michael (2016): Ökoroutine. Damit wir tun, was wir für richtig halten, oekom verlag. Hier besonders zur Wirtschaftsförderung 4.0 S. 281 ff.

Wirtschaftsförderung 4.0 – Innovative Wirtschaftsformen in Kommunen stärken: https://www.wirtschaftsfoerderungviernull.de. Zu Osnabrück findet sich dort ein ausführlicher Projektbericht.

Wirtschaftsförderung Osnabrück – Nachhaltigkeit & Regionalität: https://www.wfo.de/projekte-netzwerke/nachhaltigkeit-regionalitaet/.

16 Das Manifest und die hier verwendete zusammenfassende Einleitung zur Kongress-dokumentation stammt von den beiden Herausgebern: Brokow-Loga, Anton / Eckardt, Frank (Hrsg.) (2020): Postwachstumsstadt. Konturen einer solidarischen Stadtpolitik, oekom verlag. Als freier Download unter: https://www.oekom.de/buch/postwachstums-stadt-9783962381998. Das Manifest findet sich dort auf S. 8 ff., das Zitat auf S. 17.

Siehe ferner die Homepage **Postwachstumsstadt:** https://postwachstumsstadt.de/.

17 Braungart, Michael/McDonough, William (2015): Cradle to Cradle. Einfach intelligent produzieren, Piper Verlag GmbH, Taschenbuchausgabe, dritte Auflage (Taschenbuchausgabe 2014, Deutsche Erstausgabe 2003, amerikanische Originalausgabe 2002).

Cradle to Cradle NGO: https://c2c.ngo/.

Venlo – Cradle to Cradle in der Region Venlo: https://c2cvenlo.nl/de/homepage/.

Gemeinde Straubenhardt Cradle to Cradle: https://www.straubenhardt.de/verwaltung/cradle/.

18 Siehe hierzu:

Rat der Gemeinden und Regionen Europas – Deutsche Sektion: Kommunale Zukunftscharta. Eine Welt – Unsere Verantwortung. Nachhaltigkeit auf kommunaler Ebene (Oktober 2014), Zitat S. 19: https://www.rgre.de/fileadmin/user_upload/pdf/resolutionen/2015_Kommunale_Zukunftscharta.pdf.

Firmhofer, Angela (2018): Pioniere des Wandels und städtische Kulturen der Nachhaltigkeit. Beispiele für zivilgesellschaftliche Transformation in München, Barcelona und Kopenhagen, oekom verlag, Zitat S. 259.

Schuster, Wolfgang (2013): Nachhaltige Städte – Lebensräume der Zukunft. Kompendium für eine nachhaltige Entwicklung der Stadt Stuttgart, oekom verlag. Hier S. 139 ff.

Zum Projekt von GEN Deutschland und Umweltbundesamt siehe:

Umweltbundesamt UBA – TEXTE 21/2020: Leben in zukunftsfähigen Dörfern. Ökodörfer als Katalysatoren nachhaltiger Entwicklung. Als Download: https://www.umweltbundesamt.de/sites/default/files/medien/1410/publikationen/2020-01-28_texte_21-2020_leben-in-zukunftsfahigen-dorfern_projektstudie.pdf.

GEN Deutschland Global Ecovillage Network: Leben in zukunftsfähigen Dörfern I+II. Lernorte für morGEN: https://gen-deutschland.de/leben-in-zukunftsfaehigen-doerfern/ergebnisse/.

Zu den Augsburger Zukunftsleitlinien siehe:

Leipprand, Eva: Kultur als vierte Nachhaltigkeitsdimension. In: Stamm, Norbert (Hrsg.) (2021): Lessons learnt. Anlässlich 25 Jahren Lokale Agenda 21 – für ein zukunftsfähiges Augsburg. Erkenntnisse für lokale Transformationsprozesse Richtung Nachhaltigkeit, Augsburg. S. 33–39. Als Download: https://www.nachhaltigkeit.augsburg.de/lokale-agenda-21/lessons-learnt-25-jahre.

Stadt Augsburg – Zukunftsleitlinien: https://www.nachhaltigkeit.augsburg.de/zukunftsleitlinien.

19 Siehe hierzu: Leuphana Universität Lüneburg – Nachhaltige Verwaltung: https://www.leuphana.de/institute/insugo/nachhaltigkeitspolitik/nachhaltige-verwaltung.html. Dort finden sich neben dem Handbuch auch viele weitere konkretisierende Arbeitshilfen zur Umsetzung.

Kapitel 12

Praxis und Gegenwart:
Kommune und Region als nachhaltiger Aktionsraum

1 **Bertelsmann-Stiftung (Hrsg.) (2016):** Monitor Nachhaltige Kommune. Bericht 2016 – Teil 1. Ergebnisse der Befragung und der Indikatorenentwicklung, Gütersloh. Hier besonders S. 32–55. Als Download: https://www.bertelsmann-stiftung.de/de/publikationen/publikation/did/monitor-nachhaltige-kommune-bericht-2016-teil-1.

Nachhaltigkeitsbüro der LUBW Landesanstalt für Umwelt Baden-Württemberg (2015): Bausteine für eine nachhaltige Kommunalentwicklung in mittleren und großen Kommunen Baden-Württembergs. Ergebnisse einer Umfrage November 2014 bis Februar 2015: https://www.lubw.baden-wuerttemberg.de/documents/10184/147663/umfrage_ergebnisse_n_kommunalentwicklung_2015.pdf/17cc1e4c-bb1a-4c34-91e0-051ca67647e7.

Institut für den öffentlichen Sektor (2012): Kommunale Nachhaltigkeitssteuerung. Umsetzungsstand bei großen Städten und Landkreisen. Studie, Berlin. Als Download: https://publicgovernance.de/media/Studie_Kommunale_Nachhaltigkeitssteuerung.pdf.

2 **Statista – Anzahl der Gemeinden in Deutschland nach Gemeindegrößenklassen (Stand 31.12.2020):** https://de.statista.com/statistik/daten/studie/1254/umfrage/anzahl-der-gemeinden-in-deutschland-nach-gemeindegroessenklassen/.

3 **Global Nachhaltige Kommune:** https://skew.engagement-global.de/global-nachhaltige-kommune.html.

Global Nachhaltige Kommune im Saarland: https://skew.engagement-global.de/kooperationen/bericht-global-nachhaltige-kommune-saarland.html.

Global Nachhaltige Kommune in Thüringen: https://skew.engagement-global.de/global-nachhaltige-kommune-in-thueringen.html.

Global Nachhaltige Kommune in Nordrhein-Westfalen: https://www.lag21.de/projekte/details/global-nachhaltige-kommune/.

4 Nach Angaben der Gemeinwohlökonomie-Dachorganisation – Ecogood (Mail von Barbara Calderon vom 9. November 2021) gab es in Deutschland zu diesem Zeitpunkt neun zertifizierte Kommunen. Neben dem geschilderten Beispiel Kirchanschöring siehe auch:

Ecogood/Gemeinwohlökonomie – Bilanzierte Kommunen: https://web.ecogood.org/de/norddeutschland/bilanzierte-kommunen-im-norden.

https://stiftung-gemeinwohloekonomie.nrw/gemeinwohlregion-kreis-hoexter/projekt/#kommunen.

Zu Pilotprojekten für eine Donut-Ökonomie in Kommunen siehe:

Next economy lab: Die Donut Ökonomie: https://nexteconomylab.de/projekte/die-donut-oekonomie.

difu – Deutsches Institut für Urbanistik – Starke Städte: https://difu.de/projekte/starke-staedte.

Zu Amsterdam siehe: **City of Amsterdam:** https://www.amsterdam.nl/en/policy/
sustainability/circular-economy/.

5 Diese Aussagen beruhen vor allem auf vielen eigenen und langjährigen Erfahrungen mit
diesen Instrumenten. Siehe hierzu auch:

Nobel, Wilfried (2020): Ökologie. Eine Einführung mit Handlungsanleitungen für eine
nachhaltige Kommunalentwicklung, oekom verlag. Hier besonders S.337f.

6 **Rat für nachhaltige Entwicklung RNE:** Berichtsrahmen nachhaltige Kommune auf Basis
des DNK. Ergebnis eines Stakeholderprozesses des Rats für Nachhaltige Entwicklung.
Handreichung für Kommunen, Berlin: https://www.nachhaltigkeitsrat.de/wp-content/
uploads/2021/03/20210309_Berichtsrahmen-Nachhaltige-Kommune.pdf.

7 **Zur Musterresolution zur Agenda 2030 für Kommunen** siehe: https://skew.engagement-
global.de/musterresolution-agenda-2030.html.

8 **Institut für Zukunftsstudien und Technologiebewertung gemeinnützige GmbH – IZT –
(Hrsg.) (2012):**»Rio+20 vor Ort« Bestandsaufnahme und Zukunftsperspektiven lokaler
Nachhaltigkeitsprozesse in Deutschland – Abschlussbericht. Gefördert von: Bundes-
ministerium für Umwelt, Naturschutz und Reaktorsicherheit (BMU), Umweltbundesamt
(UBA) und Deutsche Bundesumweltstiftung (DBU). Projektleitung und Autoren: Katrin
Nolting, Dr. Edgar Göll, Berlin. Hier besonders S.124f. Als Download: https://projekte.izt.
de/fileadmin/downloads/pdf/projekte/rio/Abschlussbericht_Rio20.pdf.

9 **Deutsche UNESCO-Kommission – BNE-Akteure:** Ausgezeichnete BNE-Kommunen der
UN-Dekade: https://www.unesco.de/bildung/bne-akteure?awards=kommune.

BNE-Kompetenzzentrum Bildung – Nachhaltigkeit – Kommune: https://www.bne-
kompetenzzentrum.de/de.

10 **Ministerium für Umwelt, Klima und Energiewirtschaft Baden-Württemberg
(Hrsg.) (2020):** Statusbericht kommunaler Klimaschutz in Baden-Württemberg.
Erste Fortschreibung 2020, Stuttgart: https://um.baden-wuerttemberg.de/fileadmin/
redaktion/m-um/intern/Dateien/Dokumente/2_Presse_und_Service/Publikationen/Klima/
Statusbericht-kommunaler-Klimaschutz-2020-bf.pdf.

**Städte- und Gemeindebund Nordrhein-Westfalen, Pressemitteilung vom 5. November
2019:** https://www.kommunen.nrw/presse/pressemitteilungen/detail/dokument/
in-kommunen-wird-klimaschutz-konkret.html.

bwgv Baden-Württembergischer Genossenschaftsverband – Energiegenossenschaften:
https://www.wir-leben-genossenschaft.de/de/energiegenossenschaften-45.htm.

11 **Kommunen für biologische Vielfalt:** https://www.kommbio.de/buendnis/mitglieder/.

Deutsche Biostädte: https://www.biostaedte.de/.

cittàslow: https://www.cittaslow.de/.

Fairtrade-Towns: https://www.fairtrade-towns.de/kampagne.

12 Zum **i-share-atlas** siehe: Forschungsprojekt i-share zur Wirkung der Sharing Economy:
https://www.i-share-economy.org/de.

Zu **Urban Gardening und Reparaturinitiativen** siehe: anstiftung: https://anstiftung.de/.

Urbane Gemeinschaftsgärten: https://urbane-gaerten.de/.

Netzwerk Reparaturinitiativen: https://www.reparatur-initiativen.de/seite/ueber-uns.

13 Werkzeugkasten des Wandels: https://www.werkzeugkasten-wandel.de/.

Stiftung Zukunftsfähigkeit FUTURZWEI: https://futurzwei.org/.

Welzer, Harald u. a. (Hrsg.) (2016): Der FUTURZWEI Zukunftsallmanach 2017/18. Geschichten vom guten Umgang mit der Welt. Schwerpunkt Stadt, S. Fischer Verlag GmbH.

14 Zu Transition-Initiativen siehe: https://www.transition-initiativen.org/.

15 Bertelsmann Stiftung (Hrsg.) (2016): Monitor Nachhaltige Kommune. Bericht 2016 – Teil 1. Ergebnisse der Befragung und der Indikatorenentwicklung, Gütersloh. Hier besonders S. 51 ff. Als Download: https://www.bertelsmann-stiftung.de/de/publikationen/publikation/did/monitor-nachhaltige-kommune-bericht-2016-teil-1.

Institut für den öffentlichen Sektor (2012): Kommunale Nachhaltigkeitssteuerung. Umsetzungsstand bei großen Städten und Landkreisen. Studie, Berlin. Hier besonders S. 17 und 20. Als Download: https://publicgovernance.de/media/Studie_Kommunale_Nachhaltigkeitssteuerung.pdf.

16 Siehe hierzu:

Nationale Stadtentwicklungspolitik: https://www.nationale-stadtentwicklungspolitik.de/NSPWeb/DE/Home/home_node.html.

Kooperative Stadt: https://koop-stadt.de/.

Stadt Halle – Nachrichten: Stadt Halle erhält Auszeichnung für Kompetenzzentrum »Freiraumbüro« und Jugendbeteiligungsprogramm: https://www.halle.de/de/Verwaltung/Presseportal/Nachrichten/?NewsId=46519.

Stadt Halle – Freiraumbüro Halle (mit Link zum Freiraumkonzept): https://www.halle.de/de/Kultur/Freizeit/index.aspx?recID=2660&P=32.

17 Siehe hierzu:

Englisch, Felix u. a.: Vernetzung des zivilgesellschaftlichen Engagements auf lokaler Ebene: Herausforderungen, Potentiale und Best Practices. Vorstellung der Ergebnisse unseres studentischen Forschungsprojektes: https://wechange.de/group/inove-bildet-netzwerke/file/herausforderungen-und-best-practices-lokaler/download/Herausforderungen-und-Best-Practices-lokaler-Vernetzungsinitiativen.pdf.

INOVe: https://www.inove.network/wiki/Hauptseite.

RENN.süd – Erste Schritte für lokale bzw. regionale Vernetzungsprozesse zivilgesellschaftlicher Nachhaltigkeitsinitiativen: https://www.renn-netzwerk.de/fileadmin/user_upload/sued/RENN.sued_Infoblaetter/Infoblatt_ErsteSchritteGruendung oertlicherNetzwerkeRENN.pdf.

18 Zu »Lebendiges Lüneburg« siehe

Lebendiges Lüneburg: https://www.lebendiges-lueneburg.de/.

INOVe: https://www.inove.network/wiki/Lebendiges_L%C3%BCneburg.

Zur Lokalen Agenda 21 Ulm siehe:

Lokale Agenda 21 Ulm: https://www.ulm-agenda21.de/.

Werkzeugkasten des Wandels: https://www.werkzeugkasten-wandel.de/nachhaltigkeit-umfassend-gestalten/themenu%CC%88bergreifende-nachhaltigkeitsansaetze-in-der-kommune/lokale-agenda-21-agenda-2030/ulm-lokale-agenda-ulm-21.html.

Zum Forum nachhaltiges Leipzig und zu Bürger für Leipzig siehe:

Forum Nachhaltiges Leipzig: https://www.nachhaltiges-leipzig.de/.

CivixX Werkstatt für Zivilgesellschaft: https://www.civixx.de/.

Stiftung Bürger für Leipzig: https://www.buergerfuerleipzig.de/.

Haerdle, Benjamin: Viel Herz, wenig Geld. In: Süddeutsche Zeitung Nr. 250, Donnerstag 28. Oktober 2021 (SZ-Spezial Zukunft Deutschland V2 11).

Zu Bürgerstiftungen siehe:

Bündnis der Bürgerstiftungen Deutschlands: https://www.buergerstiftungen.org/de/.

19 Zum Thema Treffpunkte und Häuser siehe die Diskussionen und Ergebnisse eines Thementisches auf dem ersten RENN.süd-Forum im Jahr 2017 und der folgenden Fachtagung:

RENN.süd – Regionale Netzstellen Nachhaltigkeitsstrategien / Nachhaltigkeitsbüro der Landesanstalt für Umwelt Baden-Württemberg (LUBW) (Hrsg.) (2019): Veranstaltungsdokumentation. Kommune als Aktionsraum zivilgesellschaftlicher Nachhaltigkeitsinitiativen, Karlsruhe. Hier S. 36 ff. Als Download: https://www.renn-netzwerk.de/fileadmin/user_upload/sued/Doku_vergangener_Veranstaltungen/RENN.sued_Veranstaltungsdokumentation_Kommune_als_Aktionsraum_09.07.2019.pdf.

Zu Freiburg siehe:

Treffpunkt Freiburg – Bürgerschaftliches Engagement: https://treffpunkt-freiburg.de/.

Werkzeugkasten des Wandels: https://www.werkzeugkasten-wandel.de/werkzeuge-des-wandels/gemeinsame-haeuser-und-treffpunkte/freiburg-treffpunkt-freiburg-ev-und-haus-des-engagements-freiburg.html.

Haus des Engagements Freiburg: https://haus-des-engagements.de/.

20 **Agenda 21 Netzwerk Oberösterreich:** https://www.agenda21-ooe.at/.

Marktgemeinde Gutau – Agenda – Gutau taugt guat: https://www.gutau.at/gemeindeamt-buergerservice/agenda-gutau-taugt-guat.html.

Bundesministerium Klimaschutz, Umwelt, Energie, Mobilität, Innovation und Technologie Österreich – Gutau – Prozess des Monats 3/2019: https://www.bmk.gv.at/themen/klima_umwelt/nachhaltigkeit/lokale_agenda21/agenda-vorbilder/2019/gutau.html.

21 **Umweltbundesamt UBA – TEXTE 21/2020:** Leben in zukunftsfähigen Dörfern. Ökodörfer als Katalysatoren nachhaltiger Entwicklung. Als Download: https://www.umweltbundesamt.de/sites/default/files/medien/1410/publikationen/2020-01-28_texte_21-2020_leben-in-zukunftsfahigen-dorfern_projektstudie.pdf.

GEN Deutschland Global Ecovillage Network: Leben in zukunftsfähigen Dörfern I+II. Lernorte für morGEN: https://gen-deutschland.de/leben-in-zukunftsfaehigen-doerfern/ergebnisse/.

22 Engagement Global. Service für Entwicklungsinitiativen: Global nachhaltige Kommune Saarland: https://skew.engagement-global.de/global-nachhaltige-kommunen-im-saarland.html.

Witzenhausen 2030: https://www.witzenhausen2030.de/startseite.

23 UAN. Kommunale Umweltaktion: Projekt KommN Niedersachsen: https://www.uan.de/projekte/kommn-niedersachsen.

24 Zur Dorfmoderation siehe:

Netzwerk Dorfmoderation Niedersachsen: https://www.dorfmoderation-niedersachsen.de/.

RENN.nord / VNB e.V. (Verein Niedersächsischer Bildungsinitiativen e.V. (Hrsg.) (2019): Von der Dorfentwicklung zur nachhaltigen Entwicklung auf dem Land. Der Beitrag ländlicher Räume zur Umsetzung der SDGs, Hamburg/Hannover. Hier S. 9. Als Download: https://www.renn-netzwerk.de/fileadmin/user_upload/nord/docs/materialien/RENN_Leitfaden_SDG_11_Laendliche_Raeume_web.pdf.

Niedersächsisches Ministerium für Ernährung, Landwirtschaft und Verbraucherschutz (ML) – Modellvorhaben Soziale Dorfentwicklung: https://www.ml.niedersachsen.de/modellprojekte/modellvorhaben-soziale-dorfentwicklung-173670.html.

Zu Bayern siehe:

Zentrum für nachhaltige Kommunalentwicklung Bayern: https://www.kommunal-nachhaltig.de/home.

Zu Brandenburg siehe:

Dorfbewegung Brandenburg: https://lebendige-doerfer.de/.

Brandenburg 21: https://www.nachhaltig-in-brandenburg.de/news/index.php?rubrik=1.

Zu Baden-Württemberg siehe:

Gemeindenetzwerk Bürgerengagement: https://www.gemeindenetzwerk-be.de/home.

Allianz für Beteiligung: https://allianz-fuer-beteiligung.de/.

25 Neubauer, Dirk (2021): Rettet die Demokratie! Eine überfällige Streitschrift, Rowohlt Taschenbuch Verlag. Hier S. 147 ff., zu den Bürgerhaushalten und Bürgerbudgets S. 149.

Stadt Augustusburg: https://www.meinaugustusburg.de/de-DE/.

Zu Bürgerbudgets und Bürgerhaushalten siehe:

mitMachen e.V., JUBU – Jugendbeteiligung bei Bürgerbudgets (Hrsg.) (2020): Studie Bürgerbudgets in Brandenburg – Perspektiven für Jugendbeteiligung, Potsdam. Als Download: https://jugend-budget.de/wp-content/uploads/2021/10/JUBU-Buergerbudget_bf-NEUE-ISBN.pdf.

Bundeszentrale für politische Bildung / Servicestelle Kommunen in der Einen Welt von Engagement Global / Bundesnetzwerk Bürgerschaftliches Engagement (BBE) (Hrsg.) (2018): 9. Statusbericht. Bürgerhaushalt in Deutschland (2014–2017), Bonn/Berlin.

Als Download: https://www.buergerhaushalt.org/sites/default/files/9._Statusbericht_
Buergerhaushalt.pdf.

26 Zu Gemeindeverbünden der Lokalen Agenda 21 siehe:

Agenda-Büro der LfU Landesanstalt für Umweltschutz Baden-Württemberg (2000): Arbeitsmaterialie 11: Lokale Agenda im Verbund kleiner Gemeinden, Karlsruhe. Als Download: https://pudi.lubw.de/detailseite/-/publication/47911.

Zu den Nachhaltigkeitsregionen in Baden-Württemberg siehe:

Region 5G – Verbund nachhaltiger Kommunen: https://www.n-region-5g.de/.

N-Region Raum Bad Boll: https://www.direktvermarktung-raum-bad-boll.de/n-region-raum-bad-boll/.

Landkreis Freudenstadt – Nachhaltigkeit im Landkreis Freudenstadt: https://www.landkreis-freudenstadt.de/Startseite/Landkreis/nachhaltigkeitsprojekt.html.

Zu Leader siehe: Deutsche Vernetzungsstelle Ländlicher Räume dvs – Leader: https://www.netzwerk-laendlicher-raum.de/dorf-region/leader/.

27 Region 5G – Verbund nachhaltiger Kommunen: https://www.n-region-5g.de/.

Nobel, Wilfried (2020): Ökologie. Eine Einführung mit Handlungsanleitungen für eine nachhaltige Kommunalentwicklung, oekom verlag. Hier S.359ff.

Bürger Energie Deißlingen eG: https://bed-eg.de/.

Mitfahrbänkle: http://www.mitfahrbaenkle.de/.

28 Initiative Rodachtal: https://www.initiative-rodachtal.de/351/Startseite.html.

Rodachtal Kurier: https://www.rodachtal-kurier.de/. Hier besonders die Ausgaben 53 und 54.

Bad Rodach – Pflück mich: https://www.bad-rodach.de/klima-umwelt/pflueck-mich.

29 Leader Region Coburger Land: https://www.regionalmanagement-coburg.de/leader.html.

Transition Coburg e.V.: https://transition-coburg.de/transition-laden-im-steinweg/.

30 Zu den Beispielen aus Bad Rodach siehe über die Fußnote 28 hinaus:

Bad Rodach – Bürgerstiftung: https://www.bad-rodach.de/unsere-stadt/kennenlernen/buergerstiftung.

Landkreis Coburg – Aktiv im Alter –Die Klamotte: https://www.landkreis-coburg.de/files/artikel_projektboerse_klamotte_heldritt_dez_2016.pdf.

Zur regionalen Nachhaltigkeitstransformation und zur Verbreitung von Beispielen siehe:

Hafner, Sabine / Miosga, Manfred (Hrsg.) (2015): Regionale Nachhaltigkeitstransformation. Wissenschaft, Wirtschaft und Zivilgesellschaft im Dialog, oekom verlag. Hier besonders S.18f.

31 Kreis Unna – LebensWerte. Nachhaltige Entwicklung im Kreis Unna: https://www.kreis-unna.de/hauptnavigation/kreis-region/politik-verwaltung/kreisentwicklung-und-wirtschaft/nachhaltigkeitsberichte/.

Global Nachhaltige Kommune NRW – Gesamtdokumentation der ersten Laufzeit, S.85ff.: https://www.lag21.de/projekte/details/global-nachhaltige-kommune/.

32 **Deine Zukunft 2030 Amberg-Sulzbach:** https://deinezukunft-as.de/.

Ferner zum Leitbild und Nachhaltigkeitsrat die Beiträge im »Werkzeugkasten des Wandels«: https://www.werkzeugkasten-wandel.de/nachhaltigkeit-umfassend-gestalten/ nachhaltigkeitslandkreise/amberg-sulzbach-agenda-leitbild.html

https://www.werkzeugkasten-wandel.de/werkzeuge-des-wandels/kommunale-beiraete/ lk-amberg-sulzbach-rat-fuer-nachhaltige-entwicklung.html.

33 Siehe hierzu allgemein:

INOvE – Übersicht Vernetzungsinitiativen: https://www.inove.network/wiki/ %C3%9Cbersicht_der_Vernetzungsinitiativen.

Zu regionalen Konsumführern und Plattformen siehe:

Nachhaltiger Warenkorb. Nachhaltiger Konsum vor Ort: https://www.nachhaltiger-warenkorb.de/nachhaltiger-konsum/nachhaltiger-konsum-vor-ort/.

Zum Beispiel »wirundjetzt« und weiteren Initiativen siehe:

Wirundjetzt: https://wirundjetzt.org/.

Gemeinsam jetzt: https://gemeinsam.jetzt/.

Wendland im Wandel: http://wendland.imwandel.net/.

Allgäu fairnetzt: https://allgaeu-fairnetzt.org/.

34 Zu den Umfragen siehe:

Nachhaltigkeitsbüro der LUBW Landesanstalt für Umwelt Baden-Württemberg (2015): Bausteine für eine nachhaltige Kommunalentwicklung in mittleren und großen Kommunen Baden-Württembergs. Ergebnisse einer Umfrage November 2014 bis Februar 2015: https://www.lubw.baden-wuerttemberg.de/documents/10184/147663/umfrage_ ergebnisse_n_kommunalentwicklung_2015.pdf/17cc1e4c-bb1a-4c34-91e0-051ca67647e7.

Institut für den öffentlichen Sektor (2012): Kommunale Nachhaltigkeitssteuerung Umsetzungsstand bei großen Städten und Landkreisen. Studie, Berlin. Hier S.15f. und 18. Als Download: https://publicgovernance.de/media/Studie_Kommunale_ Nachhaltigkeitssteuerung.pdf.

Zum allgemeinen Teil dieses Kapitels siehe:

Ministerium für Umwelt, Klima und Energiewirtschaft Baden-Württemberg/LUBW Landesanstalt für Umwelt, Messungen und Naturschutz Baden-Württemberg (Hrsg.) (2017): Nachhaltige Beschaffung konkret. Arbeitshilfe für den umweltfreundlichen und sozialverträglichen Einkauf in Kommunen, Stuttgart/Karlsruhe. Als Download: https://www.lubw.baden-wuerttemberg.de/documents/10184/147663/Nachhaltige+ Beschaffung+konkret+2017.pdf/aa413776-352c-4167-a7e7-5448be7ca817.

35 **Enzkreis – Aus der Region für die Region:** https://www.enzkreis.de/Landratsamt/ %C3%84mter-Dezernate/Dezernat-3-Landwirtschaft-Forsten-%C3%B6ffentliche-Ordnung/ Landwirtschaftsamt/Aus-der-Region-F%C3%BCr-die-Region/.

Landkreis Main-Spessart – Fairtrade-Kreis: https://www.main-spessart.de/themen/ agenda-21/fairtrade-kreis/index.html.

36 Siehe zu bundesweiten Angeboten besonders:

Kompetenzstelle nachhaltige Beschaffung: http://www.nachhaltige-beschaffung.info/DE/Home/home_node.html.

Zu Angeboten des Landes Baden-Württemberg siehe besonders die Materialien des Nachhaltigkeitsbüros der LUBW: https://www.lubw.baden-wuerttemberg.de/nachhaltigkeit/publikationen (siehe: 2. Publikationen zur nachhaltigen Beschaffung). Dort sind auch weitere Informationen zur genannten Schulungsoffensive und zu den Folgeaktivitäten erhältlich. Die hier gemachten Angaben beruhen auf eigenen Auswertungen.

37 **Initiative pro Recyclingpapier:** https://www.papiernetz.de/.

Initiative Pro Recyclingpapier (Hrsg.) (2021): Städtewettbewerb Papieratlas 2021, Berlin. Hier besonders S. 12 ff., 60, 89 und 103. Als Download: https://www.papieratlas.de/wp-content/uploads/papieratlas2021_staedte.pdf.

38 Siehe zu den genannten Zahlen:

Institut für den öffentlichen Sektor (2012): Kommunale Nachhaltigkeitssteuerung. Umsetzungsstand bei großen Städten und Landkreisen. Studie, Berlin. Hier S. 16. Als Download: https://publicgovernance.de/media/Studie_Kommunale_Nachhaltigkeitssteuerung.pdf.

Bertelsmann Stiftung (Hrsg.) (2016): Monitor Nachhaltige Kommune. Bericht 2016 – Teil 1. Ergebnisse der Befragung und der Indikatorenentwicklung, Gütersloh. Hier besonders S. 47. Als Download: https://www.bertelsmann-stiftung.de/de/publikationen/publikation/did/monitor-nachhaltige-kommune-bericht-2016-teil-1.

Zum Pilotprojekt siehe:

Landesarbeitsgemeinschaft Agenda 21 NRW e. V. (Hrsg.) (2021): Der kommunale Nachhaltigkeitshaushalt 2019–2021. Bericht zur 2. Projektphase, Dortmund. Als Download: https://www.lag21.de/files/default/pdf/Themen/nn-transfer-n/NHaushalt/kommunalernachhaltigkeitshaushalt-projektbericht2021.pdf.

Stadt Lüdenscheid – Kommunaler Nachhaltigkeitshaushalt: https://www.luedenscheid.de/buerger/umwelt-natur/klimaschutz/117120100000080852.php.

39 Zu den genannten Zahlen siehe:

Bertelsmann-Stiftung (Hrsg.) (2016): Monitor Nachhaltige Kommune. Bericht 2016 – Teil 1. Ergebnisse der Befragung und der Indikatorenentwicklung, Gütersloh. Hier S. 49. Als Download: https://www.bertelsmann-stiftung.de/de/publikationen/publikation/did/monitor-nachhaltige-kommune-bericht-2016-teil-1.

Nachhaltigkeitsbüro der LUBW Landesanstalt für Umwelt Baden-Württemberg (2015): Bausteine für eine nachhaltige Kommunalentwicklung in mittleren und großen Kommunen Baden-Württembergs. Ergebnisse einer Umfrage November 2014 bis Februar 2015: https://www.lubw.baden-wuerttemberg.de/documents/10184/147663/umfrage_ergebnisse_n_kommunalentwicklung_2015.pdf/17cc1e4c-bb1a-4c34-91e0-051ca67647e7.

Zu früheren Ansätzen siehe:

Agenda-Büro der LfU Landesanstalt für Umweltschutz Baden-Württemberg (2003): Arbeitsmaterialie 20: Nachhaltigkeits-Checks für Gemeinderatsvorlagen in Pleidelsheim

und Rheinfelden, Karlsruhe. Als Download: https://pudi.lubw.de/detailseite/-/
publication/58288.

Internationale Bodensee-Konferenz (IBK) – Projektcheck/Unternehmen 21: https://
www.alexandria.unisg.ch/50980/1/Instrumente%20zur%20Nachhaltigkeitsbewertung%20
von%20Projekten%20_Text.pdf.

Der N!-Check in Kommunen Baden-Württembergs wurde wesentlich von Tillmann
Stottele von der Stadt Friedrichshafen über die Umweltbeauftragten des Städtetags
Baden-Württemberg und in seiner Lehrtätigkeit an der Hochschule für öffentliche
Verwaltung in Kehl vorangetrieben. Siehe hierzu:

Ministerium für Umwelt, Klima und Energiewirtschaft Baden-Württemberg; LUBW
Landesanstalt für Umwelt Baden-Württemberg (Hrsg.) (2019): Kommunaler N!-Check.
Begleitheft zur Mustervorlage für den Nachhaltigkeitscheck, Stuttgart/Karlsruhe.
Als Download: https://pudi.lubw.de/detailseite/-/publication/10053.

Zum Beispiel aus der Stadt Friedrichshafen siehe:

Stottele, Tillmann/Kuntzsch, Ariane: N!-Check für den B-Plan Nr. 179 »Altes
Messegelände – Sportpark« in Friedrichshafen im Vergleich zum Projekt-Check 2007.
Kurzfassung: Vortrag auf dem Workshop des Nachhaltigkeitsbüros der LUBW am
30.01.2018 in Stuttgart: Pilotprojekt N!-Check in Kommunen: https://www.lubw.baden-
wuerttemberg.de/documents/10184/521985/stottele_2018_01_30_n_check_kurz.pdf/
b276f99d-9d96-464d-a098-795d4a1280df.

Zu weiteren Beispielen siehe:

Stadt Augsburg: https://www.nachhaltigkeit.augsburg.de/zukunftsleitlinien/
nachhaltigkeitseinschaetzung.

Stadt Arnsberg: https://www.arnsberg.de/politik/nachhaltigkeitscheck.pdf.

Fachhochschule des Mittelstands – FHM Center for Sustainable Governance/Kreis Lippe
– Der Landrat (2015): Kommunaler Nachhaltigkeitskompass. Leitfaden zur Ermittlung
und Darstellung des nachhaltigen Nutzens, Bielefeld/Lippe. Als Download: https://www.
fh-mittelstand.de/fileadmin/pdf/Sonstiges/00_KNK-Leitfaden_komplett_2015.pdf.

40 Zu den genannten Zahlen zur Nachhaltigkeit in der Verwaltung siehe:

Bertelsmann-Stiftung (Hrsg.) (2016): Monitor Nachhaltige Kommune. Bericht 2016 –
Teil 1. Ergebnisse der Befragung und der Indikatorenentwicklung, Gütersloh. Hier S.44.
Als Download: https://www.bertelsmann-stiftung.de/de/publikationen/publikation/did/
monitor-nachhaltige-kommune-bericht-2016-teil-1.

Nachhaltigkeitsbüro der LUBW Landesanstalt für Umwelt Baden-Württemberg
(2015): Bausteine für eine nachhaltige Kommunalentwicklung in mittleren und großen
Kommunen Baden-Württembergs. Ergebnisse einer Umfrage November 2014 bis Februar
2015: https://www.lubw.baden-wuerttemberg.de/documents/10184/147663/umfrage_
ergebnisse_n_kommunalentwicklung_2015.pdf/17cc1e4c-bb1a-4c34-91e0-051ca67647e7.

Zu den Zahlen zu Smart Cities siehe:

Deutsches Institut für Urbanistik gGmbH (2018): Smart Cities in Deutschland – eine
Bestandsaufnahme. Difu Papers Januar 2018, Berlin. Hier besonders S.6 ff. Als Download:

https://repository.difu.de/jspui/bitstream/difu/248050/1/Difu-Paper_Smart_Cities_fuers_Web.pdf.

Zu bundesweiten Modellvorhaben Smart Cities siehe:

Bundesministerium des Innern, für Bau und Heimat: Smart Cities – Stadtentwicklung im digitalen Zeitalter: https://www.bmi.bund.de/DE/bauen-wohnen/stadt-wohnen/stadtentwicklung/smart-cities/smart-cities-node.html.

Zu den Kernteams der Global Nachhaltigen Kommune siehe:

Global Nachhaltige Kommune NRW – Gesamtdokumentation der ersten Laufzeit, S. 9: https://www.lag21.de/projekte/details/global-nachhaltige-kommune/.

41 Siehe hierzu: **Agenda-Büro der LfU Landesanstalt für Umweltschutz Baden-Württemberg (2001):** Arbeitsmaterialie 16: Moderationshilfe für die Lokale Agenda 21, Karlsruhe. Als Download: https://pudi.lubw.de/detailseite/-/publication/22925.

Kapitel 13

Megathema Klimaschutz:
Lokale Agenda 21, Kommunen und Bürgerenergie

1 Zur difu-Umfrage siehe: **Rösler, Cornelia (2000):** Lokale Agenda 21 in deutschen Städten, in: Heinelt, Hubert / Mühlich, Eberhard (Hrsg.): Lokale »Agenda 21«-Prozesse. Erklärungsansätze, Konzepte und Ergebnisse, Leske + Budrich, S. 13–28. Hier besonders S. 21 ff.

Zu den erwähnten Landesumfragen siehe:

Agenda-Büro der LfU Landesanstalt für Umweltschutz Baden-Württemberg (2002): Arbeitsmaterialie 24: Auswertung der Umfrage zur Lokalen Agenda 21 in Baden-Württemberg, Karlsruhe. Hier S. 5 und 7. Download: https://pudi.lubw.de/detailseite/-/publication/44557.

Bayerisches Ministerium für Umwelt, Gesundheit und Verbraucherschutz (Hrsg.) (2004): Befragung zur Kommunalen Agenda 21. Ergebnisse, Standpunkte und Schlussfolgerungen aus der Evaluierung 2002/2003. Materialien Umwelt & Entwicklung, München. Hier S. 23.

agenda-transfer (2001): Auswertung lokaler Agenda-21-Prozesse in Nordrhein-Westfalen. Untersuchung von 141 nordrhein-westfälischen Kommunen, Bonn. Hier S. 14 f.

Zu den difu-Ergebnissen zehn Jahre nach der Konferenz von Rio 1992 siehe:

Bundesministerium für Umwelt, Naturschutz und Reaktorsicherheit (BMU) / Umweltbundesamt (UBA) (Hrsg.) (2002): Lokale Agenda 21 und Nachhaltige Entwicklung in deutschen Kommunen. 10 Jahre nach Rio: Bilanz und Perspektiven, Berlin. Hier S. 67 ff.

Ferner siehe hierzu:

Agenda-Büro der LfU Landesanstalt für Umweltschutz Baden-Württemberg (2006): Aktionsbörse des Agenda-Büros – Energie, Karlsruhe. Als Download: https://pudi.lubw.de/detailseite/-/publication/43704.

Deutscher Städte- und Gemeindebund/Kommunale Umweltaktion UAN (Hrsg.) (1997): Kommunale Agenda 21. Rathaus und Klimaschutz. Hinweise für die kommunale Praxis. Überarbeitete Neuauflage 1997, Düsseldorf/Hannover.

Deutscher Städte- und Gemeindebund/Kommunale Umweltaktion UAN (Hrsg.) (1998): Lokale Agenda 21. Energieeinsparung. Planungswegweiser für Kommunen, Düsseldorf/Hannover.

2 Siehe hierzu:

Stark, Susanne (1999): Implementation der Lokalen Agenda 21 in Verwaltungshandeln am Beispiel Energie. Wuppertal Spezial 13 – Wuppertal Institut für Klima, Umwelt, Energie; Libri Books on Demand. Hier besonders S. 357 f., Zitat S. 358.

Die Forderung nach eigenen Moderationsschulungen für Klimaschutzbeauftragte und Klimaschutzagenturen war eine wesentliche Schlussfolgerung eines »Expertenworkshops« mit dieser Zielgruppe in Baden-Württemberg und mündete in ein erfolgreiches entsprechendes und mehrstufiges Angebot des dortigen Nachhaltigkeitsbüros. Weitere Informationen: nachhaltigkeitsbuero@lubw.bwl.de.

3 Zu den Akteuren, Beteiligungsformaten und Beispielen siehe besonders:

LUBW Landesanstalt für Umwelt, Messungen und Naturschutz Baden-Württemberg (2013): Zur Beteiligungspraxis beim Erstellen und Umsetzen kommunaler Klimaschutzkonzepte, Karlsruhe. Hier besonders S. 7 und 12. Als Download: https://www.lubw.baden-wuerttemberg.de/documents/10184/143647/arbeitspapier_klimaschutzkonzept_2013_04_17_final.pdf/93a3a6d3-2a9d-43a3-90b1-dace7bof61b3.

difu (2018): Klimaschutz in Kommunen. Praxisleitfaden. 3., aktualisierte und erweiterte Auflage. Hier besonders das Kapitel A 2: Kommunaler Klimaschutz durch Kooperation; S. 36 ff. Als Download: https://repository.difu.de/jspui/handle/difu/248422.

Ministerium für Umwelt, Klima und Energiewirtschaft Baden-Württemberg/LUBW Landesanstalt für Umwelt, Messungen und Naturschutz Baden-Württemberg (Hrsg.) (2012): Bürgermitwirkung im Klimaschutz, Stuttgart/Karlsruhe. Als Download: https://pudi.lubw.de/detailseite/-/publication/64772.

Ministerium für Umwelt und Verkehr Baden-Württemberg (Hrsg.) (2004): Energie und Klimaschutz in der Lokalen Agenda 21. Leitfaden, Stuttgart. Als Download: https://pudi.lubw.de/detailseite/-/publication/93547.

Agenda-Büro der LfU Landesanstalt für Umweltschutz Baden-Württemberg (2006): Aktionsbörse des Agenda-Büros: Energie, Karlsruhe. Als Download: https://pudi.lubw.de/detailseite/-/publication/43704.

4 Siehe hierzu: Stadt Karlsruhe Klimaschutzstrategie (mit Informationen zu Prozess und Klimaschutzbeirat): https://www.karlsruhe.de/b3/natur_und_umwelt/klimaschutz/klima-konzept.de.

Zum Karlsruher Handlungsprogramm Agenda 21 Energie und globaler Klimaschutz von 1999:

Agenda 21 Karlsruhe: https://www.agenda21-karlsruhe.de/ueber-uns/historie-von-rio-bis-karlsruhe.

Anmerkungen

Agenda 21 Karlsruhe – Klimawerkstatt: https://www.agenda21-karlsruhe.de/projekte/
klimawerkstatt.

ParentsForFuture Karlsruhe: https://www.parents4future-ka.de/.

Klimabündnis Karlsruhe: https://www.klimabuendnis-karlsruhe.de/.

Agenda 21 Karlsruhe: https://www.agenda21-karlsruhe.de/home.

5 Siehe hierzu:

Bundesverband Solarindustrie e. V. (Hrsg.) (2004): Kurzstudie: Solarinitiativen in
Deutschland, Berlin.

RWTH Aachen, Lehrstuhl für Wirtschaftsgeographie (2008): Solarinitiativen in Deutschland: Struktur, Aufgabenfelder und gegenwärtige Herausforderungen, Aachen.

Dewald, Ulrich (2012): Energieversorgung im Wandel: Marktformierung im deutschen
Photovoltaik-Innovationssystem, LIT Verlag. Hier Kapitel 8.3. S. 185 ff., das die Studie aus
dem Jahr 2008 enthält.

LUBW Landesanstalt für Umwelt, Messungen und Naturschutz Baden-Württemberg
(Hrsg.) (2013): Ehrenamtliche Energieinitiativen in Baden-Württemberg, Karlsruhe.
Als Download: https://pudi.lubw.de/detailseite/-/publication/35906.

6 Siehe hierzu:

Kahla, Franziska u. a. (2017): Entwicklung und Stand von Bürgerenergiegesellschaften
und Energiegenossenschaften in Deutschland, Leuphana Universität Lüneburg: http://fox.
leuphana.de/portal/files/15393083/wpbl27_BEG_Stand_Entwicklungen.pdf.

WILA Wissenschaftsladen Bonn (2021): Bürgerenergiegenossenschaften als Promotoren
der Energiewende. Die Geschäftsfelder Mieterstrom, kalte Nahwärme und Elektromobilität,
Bonn. Als Download: https://www.wilabonn.de/images/PDFs/Genossenschaften/
Brgerenergiegenossenschaften_als_Promotoren_der_Energiewende_GESAMT_EPaper-
komprimiert.pdf. Hier diente besonders die Einleitung auf S. 1 ff. als Quelle für einige der
genannten Zahlen und Fakten.

Bundesgeschäftsstelle Energiegenossenschaften: https://www.dgrv.de/bundesgeschafts-
stelle-energiegenossenschaften/.

7 Zu den Erfolgsfaktoren siehe:

David, Martin / Schönborn, Sophia (2016): Die Energiewende als Bottom-Up-Innovation.
Wie Pionierprojekte das Energiesystem verändern, oekom verlag. Hier besonders S. 47 ff.

Zur Energiewende siehe:

Ethik-Kommission Sichere Energieversorgung (2011): Deutschlands Energiewende –
Ein Gemeinschaftswerk für die Zukunft, Berlin. Download: https://www.bmu.de/
download/deutschlands-energiewende-ein-gemeinschaftswerk-fuer-die-zukunft.

Bartosch, Ulrich u. a. (2014): Gemeinschaftsprojekt Energiewende. Der Fahrplan zum
Erfolg, oekom verlag.

8 Zu den Beispielen (in die viele eigene Erfahrungen und Beiträge dieser Initiativen auf
Veranstaltungen einflossen) siehe besonders:

Lokale Agenda 21 Heilbronn AK Rat für Klimaschutz: https://www.agenda21-hn.de/de/ueber-uns/abeitskreise/klimarat/.

Solarinitiative Ludwigsburg e.V.: https://www.solarinitiative-lb.de/solarenergie-ludwigsburg/home/.

MetropolSolar: https://www.metropolsolar.de/.

wecf – Women Engage for a Common Future / Regionale Netzstellen Nachhaltigkeits-strategien – RENN.süd (2018): Metropolsolar e.V. In: SDG-Pioniere und Akteure des Wandels vor Ort, München. Hier S. 22 f. Als Download: https://www.renn-netzwerk.de/fileadmin/user_upload/sued/Publikationen/SDG_Booklet_FINAL_ONLINE.pdf.

BürgerSolarBeratung: https://buergersolarberatung.de/.

Energiegemeinschaft Weissacher Tal: http://www.energie-wt.de/.

Weiler Wärme: http://waerme.weilerwaerme.de/.

Genossenschaften in Deutschland – Weiler Wärme eG: https://www.genossenschaften.de/weiler-w-rme-eg.

Zu Ludwigsburg und Weissach im Tal siehe ferner:

Staatsrätin für Zivilgesellschaft und Bürgerbeteiligung, Staatsministerium Baden-Württemberg; Ministerium für Umwelt, Klima und Energiewirtschaft Baden-Württemberg; LUBW Landesanstalt für Umwelt, Messungen und Naturschutz Baden-Württemberg (Hrsg.) (2012): Bürger machen Energie. Rechtsformen und Tipps für Bürgerenergieanlagen, Stuttgart/Karlsruhe. Hier S. 10 und 21. Als Download: https://pudi.lubw.de/detailseite/-/publication/19516.

9 Zu den Projekten und Aktivitäten der Lokalen Agenda 21 im Klimaschutz siehe:

Agenda-Büro der LfU Landesanstalt für Umweltschutz Baden-Württemberg (2006): Aktionsbörse des Agenda-Büros: Energie, Karlsruhe. Als Download: https://pudi.lubw.de/detailseite/-/publication/43704.

Für die Energietage Baden-Württemberg erstellte ich jährlich Beispielsammlungen, die Grundlage der Ausführungen zu den geschilderten Schwerpunkten und Aktionen sind:

Nachhaltigkeitsbüro der Landesanstalt für Umwelt, Messungen und Naturschutz Baden-Württemberg – LUBW: Energiewende und Klimaschutz vor Ort erfahrbar machen – Aktionen und Beispiele für die Nachhaltigkeitstage und die Energiewendetage Baden-Württemberg 2017: https://www.lubw.baden-wuerttemberg.de/documents/10184/143647/infoblatt_energietag_n_tag_2016_04_12.pdf/2acf9822-df9f-4a79-95a1-3efb31193445.

Energiewendetage: https://www.energiewendetage.baden-wuerttemberg.de.

Zu den sehr beliebten Stromwechselpartys siehe:

Gahn, Ulla (2008): Unter Strom. Die Story meiner kleinen Weltrettung oder Wie Ökostrom zur Party wurde, Pendo Verlag GmbH & Co. KG.

10 Zu den drei Beispielen siehe:

Oederan – Stadt des Klein-Erzgebirge: Tag der Erneuerbaren Energien: https://www.oederan.de/tourismus-kultur/veranstaltungen/highlights/tag-der-erneuerbaren-energien.

Tag der Erneuerbaren Energien: https://www.energietag.de/.

Stadt Offenburg – Energietagepartner: https://www.offenburg-klimaschutz.de/kooperationen/energiepartner.html.

Zukunft Altbau – Energietage Offenburg: https://www.zukunftaltbau.de/fileadmin/user_upload/Veranstaltungen/Oberrhein_Messe/Programm_der_Energietage_Offenburg_2019_Web.pdf.

Palmer, Boris (2009): Eine Stadt macht blau. Politik im Klimawandel – das Tübinger Modell, Verlag Kiepenheuer & Witsch. Hier besonders S. 53 f.

Universitätsstadt Tübingen: Tübingen macht blau: https://www.tuebingen.de/tuebingen-macht-blau/.

wecf – Women Engage for a Common Future/Regionale Netzstellen Nachhaltigkeitsstrategien – RENN.süd (2018): Tübingen macht blau, in: SDG-Pioniere und Akteure des Wandels vor Ort, München. S. 26 f. Als Download: https://www.renn-netzwerk.de/fileadmin/user_upload/sued/Publikationen/SDG_Booklet_FINAL_ONLINE.pdf.

11 Zu den Umfragen siehe:

Rösler, Cornelia (2000): Lokale Agenda 21 in deutschen Städten, in: Heinelt, Hubert/Mühlich, Eberhard (Hrsg.): Lokale»Agenda 21« – Prozesse. Erklärungsansätze, Konzepte und Ergebnisse, Leske + Budrich, S. 13–28. Hier besonders S. 21 f.

Agenda-Büro der LfU Landesanstalt für Umweltschutz Baden-Württemberg (2002): Arbeitsmaterialie 24: Auswertung der Umfrage zur Lokalen Agenda 21 in Baden-Württemberg, Karlsruhe. Hier S. 7. Download: https://pudi.lubw.de/detailseite/-/publication/44557.

Bayerisches Ministerium für Umwelt, Gesundheit und Verbraucherschutz (Hrsg.) (2004): Befragung zur Kommunalen Agenda 21. Ergebnisse, Standpunkte und Schlussfolgerungen aus der Evaluierung 2002/2003. Materialien Umwelt & Entwicklung, München. Hier S. 19.

agenda-transfer (2001): Auswertung lokaler Agenda-21-Prozesse in Nordrhein-Westfalen. Untersuchung von 141 nordrhein-westfälischen Kommunen, Bonn. Hier S. 14.

Zu Themen und Projekten der Lokalen Agenda 21 beim Thema Mobilität und Verkehr siehe:

Agenda-Büro der LfU Landesanstalt für Umweltschutz Baden-Württemberg (2003): Arbeitsmaterialie 31: Verkehr und Mobilität in der Lokalen Agenda 21. Ein Leitfaden mit Aktionsbeispielen, Karlsruhe. Als Download: https://pudi.lubw.de/detailseite/-/publication/10643.

Agenda-Büro der LUBW Landesanstalt für Umwelt, Messungen und Naturschutz Baden-Württemberg (2004): Aktionsbörse Verkehr – 41 beispielhafte Projekte für eine nachhaltige Entwicklung vor Ort, Karlsruhe: https://pudi.lubw.de/detailseite/-/publication/43704.

Agenda-Büro der LUBW Landesanstalt für Umwelt, Messungen und Naturschutz Baden-Württemberg (2004): Aktionsbörse: Jugend, Schule und Kinder – 84 beispielhafte

Projekte für eine nachhaltige Entwicklung vor Ort, Karlsruhe: https://pudi.lubw.de/detailseite/-/publication/43704.

Zu den einzelnen Beispielen aus Deutschland siehe:

Bad Boll – Bad Boller Wagen – der bringt's!: https://www.bad-boll.de/de/buerger/wirtschaft/regional-einkaufen/bad-boller-wagen.

Agenda-Büro der LfU Landesanstalt für Umweltschutz Baden-Württemberg (2003): Arbeitsmaterialie 31: Verkehr und Mobilität in der Lokalen Agenda 21. Ein Leitfaden mit Aktionsbeispielen, Karlsruhe. Hier Seite S. 44 ff. Als Download: https://pudi.lubw.de/detailseite/-/publication/10643.

Freies Lastenrad Würzburg: https://lastenrad-wuerzburg.de/.

Ideenportal Werkzeugkasten des Wandels: Würzburg – Freies Lastenrad Würzburg https://www.werkzeugkasten-wandel.de/handlungsfelder-des-wandels/nachhaltige-mobilitaet/wuerzburg-freies-lastenrad-wuerzburg.html.

Lokale Agenda Ulm 21: https://www.ulm-agenda21.de/2021/02/19/green-parking-day/.

Zum Beispiel Barcelona siehe:

Firmhofer, Angela (2018): Pioniere des Wandels und städtische Kulturen der Nachhaltigkeit. Beispiele für zivilgesellschaftliche Transformation in München, Barcelona und Kopenhagen, oekom verlag. Hier besonders S. 107 ff.

Barcelona – Barcelona wird super dank Superblocks! Weniger Verkehr, mehr Grün, mehr Lebensqualität durch das neue Stadtentwicklungsprojekt: https://www.barcelona.de/de/barcelona-superblocks.html.

Allgemeiner Deutscher Fahrrad-Club e. V. (ADFC) – InnoRAD-Factsheet 4/6 – Innovative Radverkehrslösungen auf Deutschland übertragen https://www.adfc.de/fileadmin/user_upload/Expertenbereich/Politik_und_Verwaltung/Download/adfc_innorad_superblocks_web.pdf.

Allgemeiner Deutscher Fahrrad-Club e. V. (ADFC) – Für mehr Lebensqualität: Die Superblocks in Barcelona, 9. November 2020: https://www.adfc.de/artikel/fuer-mehr-lebensqualitaet-die-superblocks-in-barcelona.

Superblocks by Cities for Future: https://www.superblocks.org/.

12 Siehe hierzu:

Boese, Daniel (2011): Wir sind jung und brauchen die Welt. Wie die Generation Facebook den Planeten rettet, oekom verlag. Zitat S. 26.

Thunberg, Greta (2018): Ich will, dass ihr in Panik geratet. Meine Reden zum Klimaschutz. Zweite Auflage 2019, S. Fischer Verlag GmbH. Hier besonders S. 9 ff.

Wetzel, Jakob: Fridays for Future (2019), Süddeutsche Zeitung Edition.

Weinbuch, Deborah (2019): Alle fürs Klima. Kids, Parent und Scientists – Seite an Seite für eine bessere Zukunft, Verlag Komplett Media GmbH.

Neubauer, Luisa / Repenning, Alexander (2019): Vom Ende der Klimakrise. Eine Geschichte der Zukunft, Klett-Cotta/Tropen.

Haunss, Sebastian, Sommer, Moritz (Hrsg.): Fridays for Future – Die Jugend gegen den Klimawandel. Konturen der weltweiten Protestbewegung. Als Download: https://www. otto-brenner-stiftung.de/fileadmin/user_data/stiftung/06_Aktuelles/2020_10_15_FFF/ FFF_Jugend_gegen_Klimawandel_Buch.pdf.

Haunss, Sebastian u. a. (2019) Fridays for Future – Profil, Entstehung und Perspektiven der Protestbewegung in Deutschland. ipb working paper 2/2019, Berlin. Als Download: https://www.boell.de/sites/default/files/fridays_for_future_studie_ipb.pdf?dimension1= division_iupMedia.

Fridays for Future – Eine Bestandsaufnahme zu Ansichten und Meinungen in Zeiten der Corona-Pandemie unter Fridays for Future-Aktiven. Online-Befragung über Fridays for Future-Organisationsgruppen via WhatsApp & Telegram – veröffentlicht im Dezember 2020: https://innosued.de/wp-content/uploads/2020/12/Auswertung-Befragung-Fridays-for-Future_InnoSUeD_HBC_HNU.pdf.

Fridays for Future: https://fridaysforfuture.de/.

Parents for Future: https://parentsforfuture.de/de/.

Zu Beispiel Hamburg siehe:

Fridays for Future – Hamburg for Future: https://fridaysforfuture.de/ortsgruppen/ hamburg/.

Weinbuch, Deborah (2019): Alle fürs Klima. Kids, Parents und Scientists – Seite an Seite für eine bessere Zukunft, Verlag Komplett Media GmbH. Hier S. 14 ff. und 32 ff.

13 German Zero – Initiativen für klimaneutrale Kommunen: https://www.germanzero.de/.

Waiblingen klimaneutral: https://waiblingen-klimaneutral.de/.

Bretzel, Julius: Geht's auch schneller? In: Süddeutsche Zeitung Nr. 250, Donnerstag 28. Oktober 2021 (SZ-Spezial Zukunft Deutschland V2 13).

14 Energieagentur Rheinland-Pfalz: KlikK aktiv. Klimaschutz in kleinen Kommunen durch ehrenamtliche Klimaschutzpaten: https://www.energieagentur.rlp.de/projekte/kommune/ klikk-aktiv. Dort finden sich auch die erwähnten Materialien und ein weiterer Bericht zu Hochspeyer.

Ortgemeinde Hochspeyer: Klimaschutz: https://www.hochspeyer.eu/index.php/ hochspeyer/klimaschutz.

15 Kuhn, Stefan (2021): Der Generationenvertrag. Vom Agendaforum über Fridays for Future zum Local Green Deal. In: Stamm, Norbert (Hrsg.) (2021): Lessons learnt. Anlässlich 25 Jahren Lokale Agenda 21 – für ein zukunftsfähiges Augsburg. Erkenntnisse für lokale Transformationsprozesse Richtung Nachhaltigkeit, Augsburg. S. 8–14. Als Download: https://www.nachhaltigkeit.augsburg.de/lokale-agenda-21/lessons-learnt-25-jahre.

Europäischer Ausschuss der Regionen: Green Deal Going Local. Delivering climate-neutrality, leaving no one behind: https://cor.europa.eu/de/engage/Pages/green-deal.aspx.

European Commission. 100 Intelligent Cities Challenge (ICC): https://www.intelligent-citieschallenge.eu/news/local-green-deals-blueprint-action.

Sustainable Cities Platform: Local Green Deals: https://sustainablecities.eu/mannheim-message/local-green-deals/.

9th European Conference on Sustainable Cities & Towns, Mannheim/Germany, 30. September – 2. October 2020 – Mannheim Message: October 2020: https://conferences. sustainablecities.eu/fileadmin/user_upload/_temp_/Mannheim2020/Message/Mannheim-Message-DE.pdf.

Mannheim: Local Green Deal: https://www.mannheim.de/de/stadt-gestalten/local-green-deal.

16 Siehe hierzu: **Forum 1.5.**: https://forum1punkt5.de/.

17 Siehe hierzu: **Scheer, Hermann (2010):** Der Energethische Imperativ. 100 Prozent jetzt: Wie der vollständige Wechsel zu erneuerbaren Energien zu realisieren ist, Verlag Antje Kunstmann. Hier besonders S. 27 f., 170 ff. und 225 ff.

18 Siehe hierzu: **Neubauer, Luisa/Repenning, Alexander (2019):** Vom Ende der Klimakrise. Eine Geschichte der Zukunft, Klett-Cotta/Tropen. Hier besonders S. 117 ff.

Kapitel 14

Rio plus 30 vor Ort: Was bleibt?
Merkmale, Stellenwert und Impulse der Lokalen Agenda 21

1 Die bundesweiten Zahlen und hier die Angaben zu Baden-Württemberg im Jahr 2005 stammen vom damaligen Agenda-Bundes-Büro und wurden den Landes-Agenda-Büros meist per Fax mitgeteilt. Zur erwähnten Recherche zu Baden-Württemberg siehe:

LUBW Landesanstalt für Umwelt, Messungen und Naturschutz Baden-Württemberg (2016): Lokale Agenda 21 in Baden-Württemberg, Karlsruhe. Als Download: https://www. lubw.baden-wuerttemberg.de/documents/10184/147663/2016_07_18_lokale_agenda_21_kommunen_ap.pdf/2afed0b4-e325-4efa-9825-0bedc6842053?version=1.0&download=false.

Die vertiefte Untersuchung im Jahr 2018 wurde von der Kommunalberatung KlimaKom im Rahmen des Projektes RENN.süd (Regionale Netzstellen Nachhaltigkeitsstrategien) durchgeführt und ist nur intern verfügbar.

2 Die Chroniken und Dokumentationen der drei Agendakommunen finden sich unter:

Allensbach – Lokale Agenda 21: https://www.gemeinde-allensbach.de/lokale-agenda-21/ueber-uns/chronik.

Weitere Informationen zu Allensbach stammen aus E-Mails der dortigen Agenda-beauftragten Brigitte Bautze vom 15. Dezember 2021 und der Gemeindehomepage zum Klimaplan: https://www.gemeinde-allensbach.de/rathaus-service/informationen/klimaplan-fuer-allensbach.

Dortmund – Lokale Agenda 21: https://www.dortmund.de/de/leben_in_dortmund/internationales/buero_fuer_internationale_beziehungen/downloads_bfibune/index.html.

Ferner siehe zu Dortmund:

Dortmund – Nachrichtenportal: International – Dortmund und die ghanaische Stadt Kumasi unterzeichnen »Memorandum of Understandig«, 8. Oktober 2020: https://www. dortmund.de/de/leben_in_dortmund/nachrichtenportal/alle_nachrichten/nachricht. jsp?nid=645964.

Dortmund –Nachrichtenportal: Nachhaltigkeit – Rekordbeteiligung beim Wettbewerb zum Agenda-Siegel – 12.300 Euro Preisgelder bei virtueller Verleihung. 15.12.2020: https://www.dortmund.de/de/leben_in_dortmund/nachrichtenportal/alle_nachrichten/nachricht.jsp?nid=651449.

Falkensee – Lokale Agenda 21: https://www.agenda21-falkensee.de/agenda21/entstehung-erfolge-falkensee.

3   Groeben, Norbert / Schnepf, Julia (2019): Lokale-Agenda 21-Prozesse: Förderliche und hinderliche Faktoren. In: Ökologisches Wirtschaften (Hrsg. Institut für ökologische Wirtschaftsforschung IÖW / Vereinigung fuür ökologische Wirtschaftsforschung VÖW, Berlin), Nr. 1/2019, S. 41–46.

4   Töpfer, Klaus (2006): Vom Rhein nach Rio – Umweltpolitik wird global. In: Vahrenholt, Fritz (Hrsg.) (2006): Die Umweltmacher. 20 Jahre BMU-Geschichte und Zukunft der Umweltpolitik, Hoffmann und Campe Verlag. S. 23–33, hier besonders S. 28 f., Zitat S. 29.

5   Radkau, Joachim (2011): Die Ära der Ökologie. Eine Weltgeschichte, Verlag C.H. Beck OHG. Hier S. 585 und 610.

6   Siehe hierzu: Hofmann, Albrecht: Bürgerbeteiligung in der Lokalen Agenda 21. In: Agenda-Transfer, Agentur für Nachhaltigkeit GmbH/Stiftung Mitarbeit (Hrsg.) (2003): Praxis Bürgerbeteiligung. Ein Methodenhandbuch. Arbeitshilfen für Selbsthilfe- und Bürgerinitiativen Nr. 30, Bonn. S. 41 f. Als Download: https://d-nb.info/969737319/04.

7   Brand, Karl-Werner: Kapitel 10 – Umweltbewegung. In: Roth, Roland / Rucht, Dieter (Hrsg.) (2008): Die sozialen Bewegungen in Deutschland. Ein Handbuch, Campus Verlag GmbH. S. 219–244, hier S. 229 f. und 241 ff., Zitat S. 242.

8   Als Übersicht zu den verschiedenen Modellen der Partizipationsstufen siehe:

Allianz für Demokratie / Bertelsmann Stiftung (2016): Grundlagen der Bürgerbeteiligung. Materialsammlung für die Allianz Vielfältige Demokratie, zusammengestellt von Andreas Paust, Bertelsmann Stiftung, Gütersloh. Hier S. 15 ff. Als Download: https://www.bertelsmann-stiftung.de/fileadmin/files/Projekte/Vielfaeltige_Demokratie_gestalten/Materialsammlung_Buergerbeteiligung.pdf.

Zu den verschiedenen Stufenmodellen wurde besonders verwendet:

Hilpert, Jörg (Hrsg.) (2011): Nutzen und Risiken öffentlicher Großprojekte: Bürgerbeteiligung als Voraussetzung für eine größere gesellschaftliche Akzeptanz (Abschlussbericht). Stuttgarter Beiträge zur Risiko- und Nachhaltigkeitsforschung, Nr. 19/Juni 2011. Universität Stuttgart, Institut für Sozialwissenschaften. Hier besonders die Abbildung auf S. 39. Als Download: https://elib.uni-stuttgart.de/bitstream/11682/5560/1/AB019_Hilpert_et_al.pdf.

9   Institut für Zukunftsstudien und Technologiebewertung gemeinnützige GmbH – IZT – (Hrsg.) (2012): »Rio+20 vor Ort« Bestandsaufnahme und Zukunftsperspektiven lokaler Nachhaltigkeitsprozesse in Deutschland – Abschlussbericht. Gefördert von: Bundesministerium für Umwelt, Naturschutz und Reaktorsicherheit (BMU), Umweltbundesamt (UBA) und Deutsche Bundesumweltstiftung (DBU). Projektleitung und Autoren: Katrin Nolting, Dr. Edgar Göll, Berlin. Hier besonders S. 124 ff. Als Download: https://projekte.izt.de/fileadmin/downloads/pdf/projekte/rio/Abschlussbericht_Rio20.pdf.

10 WBGU – Wissenschaftlicher Beirat der Bundesregierung Globale Umweltveränderungen (Hrsg.) (2016): Hauptgutachten. Der Umzug der Menschheit – Die transformative Kraft der Städte, Berlin. Hier besonders Kapitel 3, S. 127 ff. Als Download: https://www.wbgu.de/de/publikationen/publikation/der-umzug-der-menschheit-die-transformative-kraft-der-staedte.

11 Siehe hierzu: Roth, Roland / Rucht, Dieter: Kapitel 29 – Soziale Bewegungen und Protest – eine theoretische und empirische Bilanz. In: Roth, Roland / Rucht, Dieter (Hrsg.) (2008): Die sozialen Bewegungen in Deutschland. Ein Handbuch, Campus Verlag GmbH. S. 635–668. Hier besonders S. 656 ff.

12 Siehe zur möglichen Verknüpfung verschiedener Prozesse:
Agenda-Büro der Landesanstalt für Umweltschutz Baden-Württemberg (LfU) (2003): Arbeitsmaterialie 25: Verknüpfung der Lokalen Agenda 21 mit anderen kommunalen Prozessen. Ergebnisse einer Untersuchung in Friedrichshafen, Geislingen an der Steige, Öhringen und Rottenburg am Neckar, Karlsruhe. Download: https://pudi.lubw.de/detailseite/-/publication/39693.

Zur Verknüpfung von Nachhaltigkeitsberichten und Stadtentwicklungsprozessen siehe:
Nobel, Wilfried (2020): Ökologie. Eine Einführung mit Handlungsanleitungen für eine nachhaltige Kommunalentwicklung, oekom verlag. Hier S. 333 ff.

13 Zu den Modellen und Szenarien siehe auch die Kapitel drei und fünf. Hier besonders:
Technische Universität München, Lehrstuhl für Bodenordnung und Landentwicklung, Univ.-Prof. Dr.-Ing Holger Magel (2003): Evaluierung der Kommunalen Agenda 21 in Bayern. Endbericht (Textband). Forschungsvorhaben im Auftrag des Bayerischen Staatsministeriums für Landesentwicklung und Umweltfragen, München. Hier besonders S. 155 ff.

Münchner Projektgruppe für Sozialforschung e. V. (MPS)Universität Bremen, ZWE Arbeit und Region, B.A.U.M. Consult GmbH (2001): Bedingungen institutioneller Stabilisierung Lokaler Agenda-21-Prozesse – Modellhafte Stabilisierungspfade. Bericht einer von der Deutschen Bundesstiftung Umwelt finanzierten Studie, München / Bremen. Hier besonders S. 238 ff. Als Download: http://www.sozialforschung.org/wordpress/wp-content/uploads/2009/09/kwbrand_loag_21.pdf.

14 Kuhn, Stefan: Der Generationenvertrag – Vom Agendaforum über Fridays for Future zum Local Green Deal. In: Stamm, Norbert (Hrsg.) (2021): Lessons learnt. Anlässlich 25 Jahren Lokale Agenda 21 – für ein zukunftsfähiges Augsburg. Erkenntnisse für lokale Transformationsprozesse Richtung Nachhaltigkeit, Augsburg. S. 8–14, Zitat S. 13. Als Download: https://www.nachhaltigkeit.augsburg.de/lokale-agenda-21/lessons-learnt-25-jahre.

Auch Stefan Kuhn hat zusammen mit seiner ICLEI-Kollegin Ania Rok die beiden genannten Grundtypen kommunaler Nachhaltigkeitsprozesse aufgrund internationaler Erfahrungen schon 2011 herausgearbeitet:
ICLEI – Local Governments for Sustainability – Europasekretariat (Hrsg.) (2011): Rio+20 vor Ort. Überblick über die Ausprägungen lokaler Nachhaltigkeitsprozesse weltweit im Rahmen der Studie »Rio+20 vor Ort«. Gefördert durch das Bundesministerium für Umwelt,

Naturschutz und Reaktorsicherheit sowie die Deutsche Bundesstiftung Umwelt. Freiburg. Hier S. 17 ff. Als Download: https://www.izt.de/fileadmin/downloads/pdf/projekte/rio/ LA21globalIZT_finalDez2011_2.pdf.

Kapitel 15

Schlussfolgerungen Rio 30 plus:
Treiber, Prozesse und Rahmen kommunaler Nachhaltigkeit

1 Die wichtigsten Beiträge aus der Transformationsforschung sind für dieses Unterkapitel:

Schneidewind, Uwe (2018): Die große Transformation. Eine Einführung in die Kunst gesellschaftlichen Wandels, S. Fischer Verlag GmbH. Die zitierten Begriffe stammen aus den Überschriften der Kapitel 18 und 21 auf den Seiten 301 ff. bzw. 452 ff., Zitat S. 452.

BUND Bund für Umwelt und Naturschutz Deutschland / Misereor (Hrsg.) (1996): Zukunftsfähiges Deutschland – Ein Beitrag zu einer global nachhaltigen Entwicklung. Studie des Wuppertal Instituts für Klima, Umwelt, Energie, Birkhäuser Verlag.

Wissenschaftlicher Beirat der Bundesregierung Globale Umweltveränderungen WBGU (Hrsg.) (2016): Hauptgutachten. Der Umzug der Menschheit – Die transformative Kraft der Städte, Berlin. Als Download: https://www.wbgu.de/de/publikationen/publikation/ der-umzug-der-menschheit-die-transformative-kraft-der-staedte.

Göpel, Maja (2020): Unsere Welt neu denken – Eine Einladung, 8. Auflage, Ullstein Buch-verlage GmbH.

Welzer, Harald (2013): Selbst denken. Eine Anleitung zum Widerstand, S. Fischer Verlag GmbH.

Welzer, Harald (2019): Alles könnte anders sein. Eine Gesellschaftsutopie für freie Menschen, S. Fischer Verlag GmbH.

Ferner die Beiträge in den folgenden Fußnoten zwei, drei und vier.

2 Leggewie, Claus / Welzer, Harald (2009): Das Ende der Welt, wie wir sie kannten. Klima, Zukunft und die Chancen der Demokratie, S. Fischer Verlag GmbH. Zitat S. 207.

3 Loske, Reinhard (2016): Politik der Zukunftsfähigkeit. Konturen einer Nachhaltigkeits-wende, S. Fischer Verlag GmbH. Zitat S. 251.

4 Zu den Pionieren des Wandels in diesem Kapitel siehe:

Kristof, Kora (2010): Wege zum Wandel. Wie wir gesellschaftliche Veränderungen erfolg-reicher gestalten können, oekom verlag.

Kristof, Kora (2020): Wie Transformation gelingt – Erfolgsfaktoren für den gesellschaft-lichen Wandel, oekom verlag.

David, Martin / Schönborn, Sophia (2016): Die Energiewende als Bottom-Up-Innovation. Wie Pionierprojekte das Energiesystem verändern, oekom verlag.

Umweltbundesamt UBA (Hrsg.) (2015): Von der Nische in den Mainstream – Wie gute Beispiele nachhaltigen Handelns in einem breiten gesellschaftlichen Kontext verankert werden können, Texte 86/2015, Berlin. Als Download: https://www.umweltbundesamt.de/ publikationen/von-der-nische-in-den-mainstream.

Wissenschaftlicher Beirat der Bundesregierung Globale Umweltveränderungen WBGU (Hrsg.) (2011): Hauptgutachten. Welt im Wandel – Gesellschaftsvertrag für eine Große Transformation, Berlin. Hier Kapitel 6, S. 255 ff. Als Download: https://www.wbgu. de/de/publikationen/publikation/welt-im-wandel-gesellschaftsvertrag-fuer-eine-grosse-transformation.

Engel, Toya u.a. (2019): Transformationspioniere für eine klimafreundliche Stadt. In: Ökologisches Wirtschaften Nr.1/2019 (Nr. 34). Hrsg. Institut für ökologische Wirtschafts-forschung (IÖW) und Vereinigung für ökologische Wirtschaftsforschung (VÖW), S. 30–34.

5   Siehe hierzu:

Kartoffelkombinat – München ist ein Dorf: https://www.kartoffelkombinat.de/blog/.

Kopatz, Michael (2021): Wirtschaft ist mehr! Wachstumsstrategien für nachhaltige Geschäftsmodelle in der Region. Das Buch zur »Wirtschaftsförderung 4.0«, oekom verlag. Hier S.154f. Als freier Download unter: https://www.oekom.de/buch/wirtschaft-ist-mehr-9783962383176.

Welzer, Harald u.a. (Hrsg.) (2013): Der FUTURZWEI Zukunftsallmanach 2015/16. Geschichten vom guten Umgang mit der Welt. Schwerpunkt Material, S. Fischer Verlag GmbH. Hier S.106 ff.

6   Wissenschaftlicher Beirat der Bundesregierung Globale Umweltveränderungen WBGU (Hrsg.) (2016): Hauptgutachten. Der Umzug der Menschheit – Die transformative Kraft der Städte, Berlin. Hier S.398 ff. Als Download: https://www.wbgu.de/de/publikationen/publikation/der-umzug-der-menschheit-die-transformative-kraft-der-staedte.

7   Zur »vitalen Bürgergesellschaft« siehe:

Habermas, Jürgen (1998): Faktizität und Geltung. Beiträge zur Diskurstheorie, des Rechts und des demokratischen Rechtsstaats. Suhrkamp Taschenbuch Wissenschaft 1361. Suhrkamp Verlag. Hier S.448 ff.

Reese-Schäfer, Walter (2001): Jürgen Habermas, Campus Einführungen, 3., vollständig überarbeitete Auflage, Campus-Verlag. Hier S.110 ff.

Auf den Beitrag einer aktiven Bürgerschaft und die Rolle der Förderungen von Bürgerpro-jekten gegen Populismus und Verdrossenheit weist vor allem der Bürgermeister aus dem sächsischen Augustusburg hin:

Neubauer, Dirk (2021): Rettet die Demokratie! Eine überfällige Streitschrift, Rowohlt Taschenbuch Verlag. Hier S.165 ff.

8   Von Jeremy Rifkins zahlreichen Publikationen siehe hierzu besonders:

Rifkin, Jeremy (2014): Die Null-Grenzkosten-Gesellschaft. Das Internet der Dinge, kollabo-ratives Gemeingut und der Rückzug des Kapitalismus, Campus Verlag GmbH. Zitate S.9 und 36.

Zu Commons, solidarischer Ökonomie und dem Boom der Genossenschaften in Deutsch-land siehe auch:

Gellenbeck, Konny (Hrsg.) (2017): Gewinn für alle – Wie wir mit Genossenschaften den Kapitalismus überwinden, Westend Verlag GmbH.

9   Leggewie, Claus/Welzer, Harald (2009): Das Ende der Welt, wie wir sie kannten. Klima, Zukunft und die Chancen der Demokratie, S. Fischer Verlag GmbH. Zitat S. 204.

10 Siehe hierzu:

Kopatz, Michael (2021): Wirtschaft ist mehr! Wachstumsstrategien für nachhaltige Geschäftsmodelle in der Region. Das Buch zur »Wirtschaftsförderung 4.0«, oekom verlag. Als freier Download unter: https://www.oekom.de/buch/wirtschaft-ist-mehr-9783962383176.

Kopatz, Michael (2016): Ökoroutine. Damit wir tun, was wir für richtig halten, oekom verlag.

Zur Rolle der Kommunen auch: Loske, Reinhard (2013): Eine wirkmächtige Förderin der Veränderung – Die Rolle der Kommunen. In: politische ökologie, Juni 2013, 31. Jahrgang: Hrsg.: oekom e. V. – Verein für ökologische Kommunikation.

11 Siehe hierzu:

Komiko – Konsum mit Köpfen – Bremen: https://www.komiko-bremen.de/Ueber-KomiKo.html.

Bremen – frauenseiten bremen: https://frauenseiten.bremen.de/blog/komiko-neue-plattform-fuer-nachhaltigen-konsum-ist-ab-sofort-online/.

Der nachhaltige Warenkorb: Nachhaltiger Konsum vor Ort: https://www.nachhaltiger-warenkorb.de/nachhaltiger-konsum/nachhaltiger-konsum-vor-ort/#karte.

Karte von morgen: https://blog.vonmorgen.org/.

12 Siehe hierzu:

Umweltbundesamt UBA: Klimaneutral leben – Persönliche CO_2-Bilanz im Blick: UBA-Experte Dr. Michael Bilharz über die Möglichkeiten und Big Points beim CO_2-Sparen: https://www.umweltbundesamt.de/klimaneutral-leben-persoenliche-co2-bilanz-im-blick.

Umweltbundesamt UBA: Konsum und Umwelt: Zentrale Handlungsfelder: https://www.umweltbundesamt.de/themen/wirtschaft-konsum/konsum-umwelt-zentrale-handlungs-felder#ma%C3%9Fnahmen.

Bilharz, Michael (2008): Key Points nachhaltigen Konsums – Ein strukturpolitisch fundierter Strategieansatz für die Nachhaltigkeitskommunikation im Kontext aktivierender Verbraucherpolitik. Dissertation der Universität St. Gallen, Dissertation Nr. 3420 Metropolis-Verlag. Hier besonders S. 333. Als Download: https://jimdo-storage.global.ssl.fastly.net/file/83421181-3cf7-41f9-8136-352a486621bb/Bilharz_2008_Key-Points-nachhaltigen-Konsums.pdf.

13 Die im folgenden genannten Zahlen samt den Quellen finden sich größtenteils in Kapitel zwölf und dreizehn und wurden hier teilweise aggregiert. Bei den themenüber-greifenden Nachhaltigkeitsnetzwerken von Kommunen ist zu beachten, dass Mehrfach-mitgliedschaften von Kommunen hier berücksichtigt werden sollten, da sie denselben Sachverhalt Nachhaltigkeit betreffen. Bei kommunalen Themennetzwerken beziehen sich die Angaben auf die jeweiligen Mitglieder und die dort bearbeiteten Themen. Mehrfachmitgliedschaften von Kommunen in verschiedenen Netzwerken sind hier deshalb nicht von Bedeutung. Bei den Nachhaltigkeitsnetzwerken wird deshalb stärker

die Anzahl der Kommunen insgesamt, bei den Themennetzwerken die Anzahl aller Kommunen als Mitglieder in diesen Netzwerken berücksichtigt. Es handelt sich auch nur um Größenordnungen und keine genauen Zahlen.

Die Quellen sind in dieser Reihenfolge:

Kommunen für biologische Vielfalt: https://www.kommbio.de/buendnis/mitglieder/.

Deutsche Biostädte: https://www.biostaedte.de/.

Fairtrade Towns: https://www.fairtrade-towns.de/kampagne.

Forschungsprojekt i-share zur Wirkung der Sharing Economy: https://www.i-share-economy.org/de.

Urbane Gemeinschaftsgärten: https://urbane-gaerten.de/.

Netzwerk Reparaturinitiativen: https://www.reparatur-initiativen.de/seite/ueber-uns.

Servicestelle Kommunen in der Einen Welt: https://skew.engagement-global.de/ zeichnungskommunen-agenda-2030.html und https://skew.engagement-global.de/global-nachhaltige-kommune.html.

Rat für nachhaltige Entwicklung RNE – Dialog »Nachhaltige Stadt« – Oberbürgermeister für eine nachhaltige Entwicklung in Kommunen: https://www.nachhaltigkeitsrat.de/ projekte/dialog-nachhaltige-stadt/.

Gemeinwohlökonomie: Die Zahl der bis dahin neun zertifizierten Kommunen stammt aus einer E-Mail von Bárbara Calderón (International Federation for the Economy for the Common Good e.V.) vom 9. November 2021.

ICLEI Local Governments für Sustainibility – Our Network: https://www.iclei.org/en/ our_members.html.

Transition-Town-Initiativen in Deutschland: https://www.transition-initiativen.org.

Zahlen zu Bürgerenergiegenossenschaften: Bundesgeschäftsstelle Energiegenossenschaften: https://www.dgrv.de/bundesgeschaftsstelle-energiegenossenschaften/.

Bürgerenergieanlagen – Zahlen zu anderen Rechtsformen: Kahla, Franziska u. a. (2017): Entwicklung und Stand von Bürgerenergiegesellschaften und Energiegenossenschaften in Deutschland, Leuphana Universität Lüneburg: http://fox.leuphana.de/portal/files/ 15393083/wpbl27_BEG_Stand_Entwicklungen.pdf.

Klima-Bündnis – Mitgliederkommunen in Deutschland: https://www.klimabuendnis.org/ kommunen/das-netzwerk.html.

eea-Kommunen in Deutschland: https://www.european-energy-award.de/kommunen.

Fridays for Future: https://fridaysforfuture.de/about/.

Parents for Future 300 Ortsgruppen: https://parentsforfuture.de/de/.

Scientists for Future: https://de.scientists4future.org/.

Nationale Klimaschutzinitiative – Zahlen und Fakten: https://www.klimaschutz.de/de/ ueber-die-initiative/zahlen-und-fakten.

Anmerkungen

14 Firmhofer, Angela (2018): Pioniere des Wandels und städtische Kulturen der Nachhaltigkeit – Beispiele für zivilgesellschaftliche Transformation in München, Barcelona und Kopenhagen, oekom verlag. Hier besonders S. 214.

15 Siehe hierzu auch:

Wissenschaftlicher Beirat der Bundesregierung Globale Umweltveränderungen WBGU (Hrsg.) (2016): Hauptgutachten. Der Umzug der Menschheit – Die transformative Kraft der Städte, Berlin. Hier S. 381 ff. Download: https://www.wbgu.de/de/publikationen/publikation/der-umzug-der-menschheit-die-transformative-kraft-der-staedte.

Stamm, Norbert: Leitbild Kooperative Stadt. In: Stamm, Norbert (Hrsg.) (2021): Lessons learnt. Anlässlich 25 Jahren Lokale Agenda 21 – für ein zukunftsfähiges Augsburg. Erkenntnisse für lokale Transformationsprozesse Richtung Nachhaltigkeit, Augsburg. S. 40–45. Als Download: https://www.nachhaltigkeit.augsburg.de/lokale-agenda-21/lessons-learnt-25-jahre.

16 Siehe hierzu:

Haigis, Thomas (2011): Filderstadt – Der Weg der Bürgerbeteiligung, ein Prozess in Schritten. In: Die Gemeinde BWGZ 21/2011. Zeitschrift für die Städte und Gemeinden, Organ des Gemeindetags Baden-Württemberg, Stuttgart.

Filderstadt – Bürgerbeteiligung: https://www.filderstadt.de/start/alltag/buergerbeteiligung.html.

17 Siehe hierzu: RENN.süd u. a. (Hrsg.) (2021): Meine Kommune weiter.Denken – Ein Praxisleitfaden für Entscheidungsträger*innen aus Kommunen. Publikationsreihe – Wandel gemeinsam gestalten. Nürnberg/Karlsruhe. Als PDF-Datei verfügbar unter: https://www.renn-netzwerk.de/fileadmin/user_upload/sued/Publikationsreihe_Wandel_gemeinsam_gestalten/Publikationsreihe_MeineKommuneweiterdenken_1_2021__002_.pdf.

18 Zur Nachhaltigkeit in Verwaltungen und konkreten Vorschlägen hierzu siehe besonders:

Ministerium für Umwelt, Klima und Energiewirtschaft Baden-Württemberg/Nachhaltigkeitsbüro der LUBW Landesanstalt für Umwelt, Messungen und Naturschutz Baden-Württemberg (Hrsg.) (2016): Verankerung von Nachhaltigkeit in der Kommunalverwaltung, Stuttgart/Karlsruhe. Als Download: https://um.baden-wuerttemberg.de/fileadmin/redaktion/m-um/intern/Dateien/Dokumente/2_Presse_und_Service/Publikationen/Umwelt/Nachhaltigkeit/Nachhaltige_Kommunalverwaltung.pdf.

Ferner: Leuphana Universität Lüneburg – Nachhaltige Verwaltung: https://www.leuphana.de/institute/insugo/nachhaltigkeitspolitik/nachhaltige-verwaltung.html.

19 Zu ehrenamtlichen Klimaschutzbeauftragten siehe:

Energieagentur Rheinland-Pfalz: KlikK aktiv. Klimaschutz in kleinen Kommunen durch ehrenamtliche Klimaschutzpaten: https://www.energieagentur.rlp.de/projekte/kommune/klikk-aktiv.

Zur Dorfmoderation siehe:

Netzwerk Dorfmoderation Niedersachsen: https://www.dorfmoderation-niedersachsen.de/.

RENN.nord/VNB e. V. (Verein Niedersächsischer Bildungsinitiativen e. V.) (Hrsg.) (2019): Von der Dorfentwicklung zur nachhaltigen Entwicklung auf dem Land. Der Beitrag ländlicher Räume zur Umsetzung der SDGs, Hamburg/Hannover. Hier S. 9. Als Download: https://www.renn-netzwerk.de/fileadmin/user_upload/nord/docs/materialien/RENN_ Leitfaden_SDG_11_Laendliche_Raeume_web.pdf.

Niedersächsisches Ministerium für Ernährung, Landwirtschaft und Verbraucherschutz (ML) – Modellvorhaben Soziale Dorfentwicklung: https://www.ml.niedersachsen.de/ modellprojekte/modellvorhaben-soziale-dorfentwicklung-173670.html.

Zur Ausbildung von ehrenamtlichen Moderatoren in der Lokalen Agenda 21 in Baden-Württemberg siehe:

Agenda-Büro der LfU Landesanstalt für Umweltschutz Baden-Württemberg (2001): Arbeitsmaterialie 16: Moderationshilfe für die Lokale Agenda 21, Karlsruhe. Als Download: https://pudi.lubw.de/detailseite/-/publication/22925.

20 **Wissenschaftlicher Beirat der Bundesregierung Globale Umweltveränderungen WBGU (Hrsg.) (2016):** Hauptgutachten. Der Umzug der Menschheit – Die transformative Kraft der Städte, Berlin. Hier Kapitel 3: Der normative Kompass, S. 137 ff. Download: https://www.wbgu.de/de/publikationen/publikation/der-umzug-der-menschheit-die-transformative-kraft-der-staedte.

21 Zur Initiative »Bauhaus der Erde« siehe:

Bauhaus der Erde: https://www.bauhausdererde.org/. Und hier besonders: Pressemeldung: Baustelle Weltklima – Aufruf zu einer grünen Bauhaus-Bewegung für das 21. Jahrhundert: https://www.bauhausdererde.org/_files/ugd/a3500e_771a5f6b07ac44e7ba8056685d11d582. pdf.

Pressemeldung vom 17. 9. 2021 – Neue Bauhaus-Bewegung im Zeichen des Klima-schutzes: https://www.bauhausdererde.org/_files/ugd/07e599_f5a7c6901fbc4b07a6b2276 1c2a9289b.pdf.

Ferner: Martin, Anja: Mission Baumhaus. In Süddeutsche Zeitung Nr. 293, 18./19. Dezember 2021 (mit dem Zitat Schellnhubers).

22 Zum digital-modularen Holzbaubaukonzept siehe:

Uhlmann, Steffen: Schnell, smart, nachhaltig: In: Süddeutsche Zeitung Nr. 17, 22./23. Januar 2022.

Imti: https://imti.enterprises/de/.

Zu Berlin siehe neben dem in der vorherigen Fußnote erwähnten Artikel von Anja Martin:

Bauchmüller, Michael: Das Klima baut mit. In: Süddeutsche Zeitung Nr. 12, 17. Januar 2022.

Schuhmacher Quartier Berlin: https://www.schumacher-quartier.de/.

ubm magazin – New Kiez on the Block: https://www.ubm-development.com/magazin/ woho-berlin/.

Zum HoHo Wien siehe:

HoHo Wien: https://www.hoho-wien.at/.

Wikipedia. Die freie Enzyklopädie – Fünf-Elemente-Lehre: https://de.wikipedia.org/ wiki/F%C3%BCnf-Elemente-Lehre.

Anmerkungen

Borries, Friedrich von / Kasten, Benjamin (2019): Stadt der Zukunft – Wege in die Globalopolis, Fischer Verlag GmbH. Hier S. 172. In dem Buch finden sich viele weitere Beispiele.

23 Zu Witzenhausen – Beschaffung 2030 siehe: https://www.witzenhausen2030.de/projekte/beschaffung2030.

Hinzu kommen Informationen aus Telefonaten mit der dafür in der Verwaltung verantwortlichen Valentina Binder.

24 Zu den kommunalen Ansätzen bei Nachhaltigkeitsprüfungen und einer nachhaltigen Beschaffung siehe Kapitel zwölf. Als Ansätze auf Bundesebene seien hier nur die Kompetenzstelle für nachhaltige Beschaffung sowie der Parlamentarische Beirat für Nachhaltigkeit der Bundesregierung und die Nachhaltigkeitsprüfung genannt:

https://www.nachhaltige-beschaffung.info/DE/Home/home_node.html.

https://www.bundestag.de/resource/blob/560888/f22d0f4280514ae7766bad6e07068461/verfahrensordnung-data.pdf.

25 Siehe hierzu:

Schneidewind, Uwe (2014): Von der nachhaltigen zur transformativen Hochschule – Perspektiven einer »True University Sustainability«. UWF-Beitrag zur Bürgerhochschule (im Nachgang zur Tagung in Eberswalde am 20.01.2014): https://epub.wupperinst.org/frontdoor/deliver/index/docId/5343/file/5343_Schneidewind.pdf.

Schneidewind, Uwe (2018): Die große Transformation. Eine Einführung in die Kunst gesellschaftlichen Wandels, S. Fischer Verlag GmbH. Hier besonders S. 271 ff. und 429 ff.

Wuppertal Institut: Nachhaltigkeitsforschung in und für Wuppertal: https://wupperinst.org/themen/stadtwandel/wuppertal.

Bergische Universität Wuppertal – transzent: https://transzent.uni-wuppertal.de/.

Wuppertalbewegung e. V.: https://wuppertalbewegung.de/Startseite.

Circular Valley: https://circular-valley.org/.

26 Siehe zu Reallaboren:

Schneidewind, Uwe (2018): Die große Transformation. Eine Einführung in die Kunst gesellschaftlichen Wandels, S. Fischer Verlag GmbH. Hier S. 447 ff.

Wissenschaftlicher Beirat der Bundesregierung Globale Umweltveränderungen WBGU (Hrsg.) (2016): Hauptgutachten. Der Umzug der Menschheit – Die transformative Kraft der Städte, Berlin. Hier S. 471 f. Als Download: https://www.wbgu.de/de/publikationen/publikation/der-umzug-der-menschheit-die-transformative-kraft-der-staedte.

Zur regionalen Ausrichtung von Hochschulen und Wissenschaft siehe:

Hafner, Sabine / Miosga, Manfred (Hrsg.) (2015): Regionale Nachhaltigkeitstransformation. Wissenschaft, Wirtschaft und Zivilgesellschaft im Dialog, oekom verlag. Hier besonders Kapitel eins und vier.

27 Siehe hierzu:

Raworth, Kate (2018): Die Donut-Ökonomie. Endlich ein Wirtschaftsmodell, das den Planeten nicht zerstört, Carl Hanser Verlag. Hier besonders S. 60 ff. und 358 ff. (Zitat und Indikatoren).

Rockström, Johan/Klum, Mattias (2016): Big World, Small Planet. Wie wir die Zukunft unseres Planeten gestalten, Ullstein Buchverlage GmbH. Hier Kapitel 2: Planetare Grenzen S. 75 ff., besonders S. 92 ff.

28 Kehnel, Annette (2021): Wir konnten auch anders – Eine kurze Geschichte der Nachhaltigkeit. 2. Auflage 2021, Karl Blessing Verlag.

29 Zur Übertragung aus der Tierwelt beim Coronavirus siehe:

Süddeutsche Zeitung Nr. 74, 28./29. März 2020: Tödlicher Kontakt/Sprung über die Artengrenze.

Baier, Tina: Abstand halten! In: Süddeutsche Zeitung Nr. 74, 28./29. März 2020.

Eichhorn, Christopher von: Wenn die Barrieren fallen. In: Süddeutsche Zeitung Nr. 78, 2. April 2020.

Zu Resilienz siehe:

Renn, Ortwin (2014): Das Risikoparadox. Warum wir uns vor dem Falschen fürchten, S. Fischer Verlag GmbH.

Zu Transition Towns siehe:

Hopkins, Ron (2008): Energiewende. Das Handbuch. Anleitung für zukunftsfähige Lebensweisen, Zweitausendeins. Hier Kapitel 3, S. 55 ff.

30 Siehe hierzu:

Brand, Ulrich/Wissen, Markus (2017): Imperiale Lebensweise. Zur Ausbeutung von Mensch und Natur im globalen Kapitalismus, oekom verlag.

Acosta, Alberto/Brand, Ulrich (2018): Radikale Alternativen. Warum man den Kapitalismus nur mit vereinten Kräften überwinden kann, oekom verlag (Originalausgabe Rosa-Luxemburg-Stiftung 2017).

Lessenich, Stephan (2016): Neben uns die Sintflut. Die Externalisierungsgesellschaft und ihr Preis. Hanser Berlin im Carl Hanser Verlag.

31 Siehe hierzu:

Assmann, Aleida (2018): Auf wieviel Säulen ruht die Nachhaltigkeit? In: Giesecke, Dana u. a. (Hrsg.) (2018): Welzers Welt. Störungen im Betriebsablauf, S. Fischer Verlag GmbH. S. 145–150.

Firmhofer, Angela (2018): Pioniere des Wandels und städtische Kulturen der Nachhaltigkeit – Beispiele für zivilgesellschaftliche Transformation in München, Barcelona und Kopenhagen, oekom verlag. Zitat S. 243.

Horx, Matthias (2020): Die Zukunft nach Corona. Wie eine Krise die Gesellschaft, unser Denken und unser Handeln verändert, Ullstein Buchverlage GmbH. Hier S. 99 ff.

32 Zur Kultur der Verantwortung diente besonders als Grundlage:

Glück, Alois (2000): Verantwortung übernehmen. Mit der aktiven Bürgergesellschaft wird Deutschland leistungsfähiger und menschlicher, Deutsche Verlags-Anstalt. Hier S. 99 ff., Zitat S. 107.

Zu einem nachhaltigen Menschenbild siehe:

Göpel, Maja (2020): Unsere Welt neu denken – Eine Einladung, 8. Auflage, Ullstein Buchverlage GmbH. Hier S. 55 ff.

Raworth, Kate (2018): Die Donut-Ökonomie. Endlich ein Wirtschaftsmodell, das den Planeten nicht zerstört, Carl Hanser Verlag. Hier Kapitel drei, S. 117 ff.

»Moralische Revolution« als Begriff und Zitat nach Schneidewind, Uwe (2018): Die große Transformation. Eine Einführung in die Kunst gesellschaftlichen Wandels, S. Fischer Verlag GmbH. Hier S. 42.

»Kulturelle Revolution« und »Kultur der Achtsamkeit« als Begriffe und Zitate nach Leggewie, Claus / Welzer, Harald (2009): Das Ende der Welt, wie wir sie kannten. Klima, Zukunft und die Chancen der Demokratie, S. Fischer Verlag GmbH. Hier S. 142 und 197 ff.

33 Siehe hierzu:

Folkers, Manfred / Paech, Niko (2020): All you need is less. Eine Kultur des Genug aus ökonomischer und buddhistischer Sicht, oekom verlag. Hier S. 30 ff und 225 ff.

Lemke, Bettina (2009): Der kleine Taschenbuddhist, 11. Auflage 2020, dtv Verlagsgesellschaft mbH & Co. KG.

Alt, Franz und Dalai Lama (2020): Der Klima Appell des Dalai Lama an die Welt – Schützt unsere Umwelt, Benevento Verlag bei Benevento Publishing. Zitate S. 29.

Schuhmacher, Ernst F. (1973): Small ist beautiful. Die Rückkehr zum menschlichen Maß, Deutsche Neuauflage 2019, oekom verlag. Hier S. 64 ff.

34 Siehe hierzu:

Braungart, Michael / McDonough, William (2015): Cradle to Cradle. Einfach intelligent produzieren, Piper Verlag GmbH, Taschenbuchausgabe, dritte Auflage (Taschenbuchausgabe 2014, Deutsche Erstausgabe 2003, amerikanische Originalausgabe 2002). Hier S. 14.

Horx, Matthias (2021): Die Hoffnung nach der Krise. Wohin die Welt jetzt geht oder wie die Zukunft sich immer wieder neu erfindet, Ullstein Buchverlage GmbH. Hier S. 141.

Techtag – Sharing City Seoul: Eine ganze Stadt lebt die Sharing Economy: https://www.techtag.de/it-und-hightech/share-economy/die-sharing-city-beispiel-von-seoul/.

Zitat nach: Grober, Ulrich (2010): Die Entdeckung der Nachhaltigkeit. Kulturgeschichte eines Begriffs, Verlag Antje Kunstmann. S. 266.

35 Zu Narrativen siehe hier besonders:

Umweltbundesamt UBA (Hrsg.) (2021): UBA-Texte 26/2021: Narrative einer erfolgreichen Transformation zu einem ressourcenschonenden und treibhausgasneutralen Deutschland – Erster Zwischenbericht, Dessau-Roßlau: https://www.umweltbundesam t.de/sites/default/files/medien/5750/publikationen/2021-02-19_texte_26-2021_narrative-rtd2050.pdf.

Schloemann, Johan: Schöner als Argumente. In: Süddeutsche Zeitung Nr. 246, 23./24. Oktober 2021.

Kapitel 15

Zu den »Geschichten des Gelingens«:

Sie sind ein wesentliches Element bei Harald Welzer. Siehe hierzu: **Sznaider, Natan (2018):** Die Welt der Geschichten – Willkommen in Welzers Welt. In: Giesecke, Dana u. a. (Hrsg.) (2018): Welzers Welt. Störungen im Betriebsablauf, S. Fischer Verlag GmbH. S. 19–23.

36 »Vom Ende der Welt« ist der Titel eines Buches, das für solche Negativszenarien steht: **Oreskes, Naomi / Conway, Erik M.** (2015): Vom Ende der Welt – Chronik eines angekündigten Untergangs, oekom verlag.

Zu positiven Realutopien siehe hier:

Radkau, Joachim (2017): Geschichte der Zukunft – Prognosen, Visionen, Irrungen in Deutschland von 1945 bis heute, Carl Hanser Verlag. Zitat S. 435.

Welzer, Harald / Wiegandt, Klaus (2017): Entwürfe für eine Welt mit Zukunft. In: Welzer, Harald (Hrsg.) (2017): Die nachhaltige Republik. Umrisse einer anderen Moderne, S. Fischer Verlags GmbH. S. 7 f.

Wright, Erik Olin (2017): Reale Utopien – Wege aus dem Kapitalismus. 3. Auflage 2020, Suhrkamp Verlag (amerikanische Originalausgabe 2010, deutsche Erstauflage 2017). Hier S. 11 und 39 ff.

Bachmann, Günther: Visionen und Politik: Wissen, Angst, Wagnis. In: Jahrbuch Ökologie (2013): Mut zu Visionen. Brücken in die Zukunft, S. Hirzel Verlag. S. 11–23.

37 **Hebert, Saskia:** Ein Reisebericht. Oder: Eine Reise durch Raum und Zeit. In: Welzer, Harald u. a. (Hrsg.) (2016): Der FUTURZWEI Zukunftsallmanach 2017/18. Geschichten vom guten Umgang mit der Welt. Schwerpunkt Stadt, S. Fischer Verlag GmbH. S. 259–340, Zitat S. 338.

Borries, Friedrich von / Kasten, Benjamin: Die offene Stadt der nachhaltigen Republik. Ein Entwurf. In: Welzer, Harald (Hrsg.) (2017): Die nachhaltige Republik. Umrisse einer anderen Moderne, S. Fischer Verlag GmbH. S. 40–62, Zitat S. 60.

Loske, Reinhard (2016): Politik der Zukunftsfähigkeit. Konturen einer Nachhaltigkeitswende, S. Fischer Verlag GmbH. Hier S. 251 ff.

38 Siehe hierzu:

Beck, Gabriela: Die Stadt der Zukunft. In: Süddeutsche Zeitung Nr. 281, 4./5. Dezember 2021.

Beck, Gabriela: Stadt ohne Herz. In: Süddeutsche Zeitung Nr. 5, 8./9. Januar 2022.

Masdar City: https://masdarcity.ae/.

Toyota Woven City: https://www.woven-city.global/.

The Line: https://www.neom.com/de-de/regions/whatistheline.

Future Living Berlin: https://future-living-berlin.com/.

Tomorrow City: https://tomorrow.city/a/fujisawa-sustainable-smart-town.

Zu Vauban siehe:

Stadt Freiburg – Quartier Vauban: Nachhaltiges Wohnen für 5.300 Menschen: https://www.freiburg.de/pb/208736.html.

Steffen, Alex (Hrsg.) (2008): World Changing – Das Handbuch der Ideen für eine bessere Zukunft, von dem Knesebeck GmbH & Co. Verlag KG. Amerikanische Originalausgabe 2006. Hier S. 208.

39 taz FUTURZWEI – Magazin für Zukunft und Politik: Nr. 19/2022 – Schwerpunkt: Machen. Hier S. 21.

Horx, Matthias (2021): Die Hoffnung nach der Krise. Wohin die Welt jetzt geht oder wie die Zukunft sich immer wieder neu erfindet, Ullstein Buchverlage GmbH. Hier S. 103.

40 Siehe hierzu: Wissenschaftlicher Beirat der Bundesregierung Globale Umweltveränderungen WBGU (Hrsg.) (2016): Hauptgutachten. Der Umzug der Menschheit – Die transformative Kraft der Städte, Berlin. Hier S. 215 f. und 442 zu den genannten Trends sowie S. 137 ff. zum normativen Kompass. Als Download: https://www.wbgu.de/de/publikationen/publikation/der-umzug-der-menschheit-die-transformative-kraft-der-staedte.

Weiter dienten für den kommunalen Nachhaltigkeitskompass als Grundlagen:

The New Urban Agenda (2016): https://habitat3.org/the-new-urban-agenda/.

Neue Leipzig-Charta (2020): Die transformative Kraft der Städte für das Gemeinwohl: https://www.nationale-stadtentwicklungspolitik.de/NSPWeb/DE/Initiative/Leipzig-Charta/Neue-Leipzig-Charta-2020/neue-leipzig-charta-2020_node.html.

Heinrich-Böll-Stiftung (Hrsg.) (2009): Urban Futures 2030. Visionen künftigen Städtebaus und urbaner Lebensweisen. Band 5 der Reihe Ökologie. Als Download: https://www.boell.de/sites/default/files/Urban-Future-i.pdf.

Hebert, Saskia: Ein Reisebericht. Oder: Eine Reise durch Raum und Zeit. In: Welzer, Harald u. a. (Hrsg.) (2016): Der FUTURZWEI Zukunftsallmanach 2017/18. Geschichten vom guten Umgang mit der Welt. Schwerpunkt Stadt, S. Fischer Verlag GmbH. S. 259–340.

Borries, Friedrich von / Kasten, Benjamin: Die offene Stadt der nachhaltigen Republik. Ein Entwurf. In: Welzer, Harald (Hrsg.) (2017): Die nachhaltige Republik. Umrisse einer anderen Moderne, S. Fischer Verlags GmbH. S. 40–62.

Borries, Friedrich von / Kasten, Benjamin (2019): Stadt der Zukunft – Wege in die Globalopolis, Fischer Verlag GmbH.

Umweltbundesamt (Hrsg.) (2017): Die Stadt für Morgen. Umweltschonend mobil – lärmarm – grün – kompakt – durchmischt. 2. Auflage, Berlin. Als Download: https://www.umweltbundesamt.de/sites/default/files/medien/421/publikationen/20170505_stadt_von_morgen_2_auflage_web.pdf.

Brokow-Loga, Anton / Eckardt, Frank (Hrsg.) (2020): Postwachstumsstadt. Konturen einer solidarischen Stadtpolitik, oekom verlag. Hier besonders S. 8 ff. (Das Manifest der Postwachstumsstadt) und S. 274 ff. (Beitrag von Saskia Hebert: Call me trimtab…). Als freier Download unter: https://www.oekom.de/buch/postwachstumsstadt-9783962381998.

World Future Council and HafenCity University Hamburg (HCU) Commission on Cities and Climate Change (Hrsg.) (2010): Regenerative Cities: https://www.worldfuturecouncil.org/wp-content/uploads/2016/01/WFC_2010_Regenerative_Cities.pdf.

Hall, Peter/Pfeiffer, Ulrich (2000): Urban 21. Der Expertenbericht zur Zukunft der Städte, Deutsche Verlags-Anstalt. Hier besonders S. 29 ff. (Urbane Essentials: Dimensionen der nachhaltigen Stadt) und S. 215 ff. (Leitlinien für eine Steuerung der Kommunalentwicklung).

Lesch, Harald/Kamphausen, Klaus (2018): Wenn nicht jetzt, wann dann – Handeln für eine Welt, in der wir leben wollen, Penguin Verlag. Hier S. 238 f.

Lutz, Rüdiger (1987): Ökopolis – Eine Anstiftung zur Zukunfts- und Umweltgestaltung, Droemersche Verlagsanstalt Th. Knaur Nachf. Hier S. 360 ff.

Literatur- und Linkverzeichnis

Soweit angegebene und ältere Dokumente noch als Downloads verfügbar sind, werden dafür entsprechende Quellen wie beispielsweise Bundestagsdrucksachen genannt. Bei allen Materialien des Agenda- (und später: Nachhaltigkeits-)Büros Baden-Württemberg hilft auch meist der Suchdienst: https://pudi.lubw.de/.

Da vor allem die Links zu den Downloads oft sehr lang und unhandlich sind, ist das Literatur- und Linkverzeichnis zum direkten Anklicken online verfügbar:
https://www.renn-netzwerk.de/sued.
(▷ Infothek ▷ Publikationen ▷ Literatur- und Linkliste Buch *Nachhaltigkeitstreiber*).
Direkter Link: https://www.renn-netzwerk.de/sued/infothek#c3730.
(Literatur- und Linkliste Buch *Nachhaltigkeitstreiber*).

Dort werden die Links, die sich (beispielsweise durch neue Bezeichnungen und Zuschnitte von Bundesministerien, Behörden und Einrichtungen) ändern können, auch regelmäßig überprüft und aktualisiert.

Zunächst werden Publikationen, Artikel und Dokumente aufgelistet, allgemeine Links folgen anschließend als eigene Rubrik.

Literatur

A

Acosta, Alberto (2015): Buen vivir. Vom Recht auf ein gutes Leben, oekom verlag.

Acosta, Alberto / Brand, Ulrich (2018): Radikale Alternativen. Warum man den Kapitalismus nur mit vereinten Kräften überwinden kann, oekom verlag (Originalausgabe Rosa-Luxemburg-Stiftung 2017).

Agenda-Büro der Landesanstalt für Umweltschutz Baden-Württemberg (LfU) (1998): Lokale Agenda 21 Baden-Württemberg, Dokumentation des Kongresses vom 17. November 1998, Arbeitsmaterialie 3, Karlsruhe. Download: https://pudi.lubw.de/detailseite/-/publication/42642.

Agenda-Büro der Landesanstalt für Umweltschutz Baden-Württemberg (LfU) (1998): Lokale Agenda 21 – Ein Einstieg für Kommunen, aktualisierte Fassung 2000. Download: https://pudi.lubw.de/detailseite/-/publication/69251.

Agenda-Büro der Landesanstalt für Umweltschutz Baden-Württemberg (LfU) (1998): Lokale Agenda 21 in kleinen Gemeinden – Ein Praxisleitfaden mit Beispielen, überarbeitete Fassung 2001, Karlsruhe. Download: https://pd.lubw.de/55588.

Agenda-Büro der Landesanstalt für Umweltschutz Baden-Württemberg (LfU) (1998): Arbeitsmaterialie 1: Übertragung des Öko-Audits auf Kommunen und Verwaltungen. Erfahrungen des Modellprojekts Kommunales Öko-Audit Baden-Württemberg, Karlsruhe. Als Download: https://pudi.lubw.de/detailseite/-/publication/61395.

Agenda-Büro der Landesanstalt für Umweltschutz Baden-Württemberg (LfU) (1998): Arbeitsmaterialie 6: Einstieg in die Lokale Agenda 21 in Weissach im Tal, Karlsruhe. Download: https://pudi.lubw.de/detailseite/-/publication/85616.

Agenda-Büro der Landesanstalt für Umweltschutz Baden-Württemberg (LfU) (1998): Arbeitsmaterialie 7: Einstieg in die Lokale Agenda 21 in der kleinen Gemeinde Pleidelsheim, Karlsruhe. Download https://pudi.lubw.de/detailseite/-/publication/29840.

Agenda-Büro der Landesanstalt für Umweltschutz Baden-Württemberg (LfU) (2000): Arbeitsmaterialie 9: Erste Erfahrungen: Lokale Agenda in kleinen Gemeinden, Karlsruhe. Download: https://pudi.lubw.de/detailseite/-/publication/61269.

Agenda-Büro der Landesanstalt für Umweltschutz Baden-Württemberg (LfU) (2000): Arbeitsmaterialie 11: Lokale Agenda im Verbund kleiner Gemeinden, Karlsruhe. Download: https://pudi.lubw.de/detailseite/-/publication/47911.

Agenda-Büro der Landesanstalt für Umweltschutz Baden-Württemberg (LfU) (2000): Arbeitsmaterialie 14: Öko-Audit für Tourismusgemeinden. Das Beispiel Uhldingen-Mühlhofen, Karlsruhe. Als Download: https://pudi.lubw.de/detailseite/-/publication/49171.

Agenda-Büro der Landesanstalt für Umweltschutz Baden-Württemberg (LfU) (2000): Arbeitsmaterialie 15: Einbindung der Wirtschaft in die Lokale Agenda 21. Ein Leitfaden mit Beispielen aus der Praxis. Als Download: https://pudi.lubw.de/detailseite/-/publication/36761.

Agenda-Büro der Landesanstalt für Umweltschutz Baden-Württemberg (LfU) (2000): Arbeitsmateralie 17: Weiterentwicklung der Lokalen Agenda 21 – Beispiel Aalen und »Nachhaltige Bürgerkommune«, Karlsruhe. Download: https://pudi.lubw.de/detailseite/-/publication/24022.

Agenda-Büro der LfU Landesanstalt für Umweltschutz Baden-Württemberg (2001): Arbeitsmaterialie 16: Moderationshilfe für die Lokale Agenda 21, Karlsruhe. Als Download: https://pudi.lubw.de/detailseite/-/publication/22925.

Agenda-Büro der Landesanstalt für Umweltschutz Baden-Württemberg (LfU) (2001): Arbeitspapier: Bürgerschaftliches Engagement und Lokale Agenda 21 – Thesen zur Verknüpfung von Förderung Bürgerschaftlichen Engagements und Lokaler Agenda 21 in Baden-Württemberg, Karlsruhe. Download: https://pudi.lubw.de/detailseite/-/publication/87308.

Agenda-Büro der Landesanstalt für Umweltschutz Baden-Württemberg (LfU) (2002): Arbeitsmaterialie 22: Aktionsinfo Rio + 10: Eine Welt und faire Produkte ins Rathaus, Karlsruhe. Als Download: https://pudi.lubw.de/detailseite/-/publication/23208.

Agenda-Büro der Landesanstalt für Umweltschutz Baden-Württemberg (LfU) (2002): Arbeitsmaterialie 24: Auswertung der Umfrage zur Lokalen Agenda 21 in Baden-Württemberg, Karlsruhe. Download: https://pudi.lubw.de/detailseite/-/publication/44557.

Agenda-Büro der Landesanstalt für Umweltschutz Baden-Württemberg (LfU) (2002): Arbeitsmaterialie 26: Der Weltgipfel von Johannesburg: Ergebnisse & Umsetzung bei uns, Karlsruhe. Als Download: https://pudi.lubw.de/detailseite/-/publication/44007.

Agenda-Büro der LfU Landesanstalt für Umweltschutz Baden-Württemberg (2003): Arbeitsmaterialie 20: Nachhaltigkeits-Checks für Gemeinderatsvorlagen in Pleidelsheim und Rheinfelden, Karlsruhe. Als Download: https://pudi.lubw.de/detailseite/-/publication/58288.

Agenda-Büro der Landesanstalt für Umweltschutz Baden-Württemberg (LfU) (2003): Arbeitsmaterialie 25: Verknüpfung der Lokalen Agenda 21 mit anderen kommunalen Prozessen. Ergebnisse einer Untersuchung in Friedrichshafen, Geislingen an der Steige, Öhringen und Rottenburg am Neckar, Karlsruhe. Download: https://pudi.lubw.de/detailseite/-/publication/39693.

Agenda-Büro der Landesanstalt für Umweltschutz Baden-Württemberg (LfU) (2003): Arbeitsmaterialie 28: Übersicht Kommunales Öko-Audit in Baden-Württemberg – Einrichtungen, Ansprechpartner, Aktivitäten, Karlsruhe.

Agenda-Büro der LfU Landesanstalt für Umweltschutz Baden-Württemberg (2003): Arbeitsmaterialie 31: Verkehr und Mobilität in der Lokalen Agenda 21. Ein Leitfaden mit Aktionsbeispielen, Karlsruhe. Als Download: https://pudi.lubw.de/detailseite/-/publication/10643.

Agenda-Büro der LUBW Landesanstalt für Umwelt, Messungen und Naturschutz Baden-Württemberg (2004): Aktionsbörse Verkehr – 41 beispielhafte Projekte für eine nachhaltige Entwicklung vor Ort, Karlsruhe: https://pudi.lubw.de/detailseite/-/publication/43704.

Agenda-Büro der LUBW Landesanstalt für Umwelt, Messungen und Naturschutz Baden-Württemberg (2004): Aktionsbörse: Jugend, Schule und Kinder – 84 beispielhafte Projekte für eine nachhaltige Entwicklung vor Ort, Karlsruhe: https://pudi.lubw.de/detailseite/-/publication/43704.

Agenda-Büro der Landesanstalt für Umweltschutz Baden-Württemberg (LfU) (2004): Arbeitsmaterialie 32: Einstiegsinfo Kommunale Nachhaltigkeits-Indikatoren, Karlsruhe. Als Download: https://pudi.lubw.de/detailseite/-/publication/45685.

Agenda-Büro der Landesanstalt für Umweltschutz Baden-Württemberg (LfU) (2004): Arbeitsmaterialie 34: Agenda-Vereine und Nachhaltigkeits-Vereine, Karlsruhe. Als Download: https://pudi.lubw.de/detailseite/-/publication/25398.

Agenda-Büro der LfU Landesanstalt für Umweltschutz Baden-Württemberg (2005): Arbeitsmaterialie 37: Bürgerstiftungen. Förderung von Engagement in der nachhaltigen Bürgerkommune, Karlsruhe. Als Download: https://pudi.lubw.de/detailseite/-/publication/23727.

Agenda-Büro der LfU Landesanstalt für Umweltschutz Baden-Württemberg (2005): Arbeitsmaterialie 38: Bürger- und Beteiligungshaushalt. Erfahrungen und Beispiele aus Baden-Württemberg, Karlsruhe. Als Download: https://pudi.lubw.de/detailseite/-/publication/51339.

Literatur

Agenda-Büro der Landesanstalt für Umweltschutz Baden-Württemberg (LfU) (2005): Arbeitsmaterialie 40: Kirchen und Lokale Agenda 21 – Der Beitrag von Kirchengemeinden für eine nachhaltige Entwicklung, Karlsruhe. Als Download: https://pudi.lubw.de/detailseite/-/publication/63411.

Agenda-Büro der Landesanstalt für Umwelt, Messungen und Naturschutz Baden-Württemberg – LUBW (2007): Arbeitspapier: Neubelebung und Weiterführung der Lokalen Agenda 21, Karlsruhe. Als Download: https://pudi.lubw.de/detailseite/-/publication/12331.

Agenda-Büro der LfU Landesanstalt für Umweltschutz Baden-Württemberg (2006): Aktionsbörse des Agenda-Büros: Energie und Klimaschutz, Karlsruhe. Als Download: https://pudi.lubw.de/detailseite/-/publication/43704.

Agenda-Büro der LfU Landesanstalt für Umweltschutz Baden-Württemberg (2010): Arbeitspapier: Nachhaltigkeitsprozesse in kleinen Kommunen, Karlsruhe. Als Download: https://pudi.lubw.de/detailseite/-/publication/54574.

Agenda-Büro der Landesanstalt für Umwelt, Messungen und Naturschutz Baden-Württemberg (LUBW) (2011): Arbeitspapier Zukunftswerkstätten – Beispiele aus der Praxis, Karlsruhe. Als Download: https://pudi.lubw.de/detailseite/-/publication/71817.

agenda-transfer (2001): Auswertung lokaler Agenda-21-Prozesse in Nordrhein-Westfalen. Untersuchung von 141 nordrhein-westfälischen Kommunen, Bonn.

agenda-transfer. Agentur für Nachhaltigkeit GmbH. Bundesweite Servicestelle Lokale Agenda 21 (Hrsg.) (2002): Johannesburg und die Kommunen – wie geht es weiter? Bonn. Als Download: http://archiv.la21wien.at/la-21-plus/geschichte-der-la-21/Empfehlungen%20Johannssburg%20UNU.pdf.

agenda-transfer, Agentur für Nachhaltigkeit GmbH, Bundesweite Servicestelle Lokale Agenda 21 (2003): Anknüpfungspunkte für die lokale Agenda 21 in Deutschland, Bonn.

agenda-transfer, Agentur für Nachhaltigkeit GmbH / InWent / Servicestelle Kommunen in der Einen Welt (Hrsg.) (2007): Nachhaltigkeit, das Plus vor Ort!, Bonn.

agenda-transfer. Agentur für Nachhaltigkeit GmbH / Bundesweite Servicestelle Lokale Agenda 21 (2003): Gemeinsam empfohlene Indikatoren zur kommunalen Nachhaltigkeit, Bonn. Als Download: http://databases.eucc-d.de/files/documents/00000205_Gemeinsame_Indikatoren_03.pdf.

agenda-transfer, Agentur für Nachhaltigkeit GmbH / Stiftung Mitarbeit (Hrsg.) (2003): Praxis Bürgerbeteiligung. Ein Methodenhandbuch. Arbeitshilfen für Selbsthilfe- und Bürgerinitiativen Nr.30, Bonn. Als Download: https://d-nb.info/969737319/04.

agenda-transfer, Agentur für Nachhaltigkeit GmbH / Bundesweite Servicestelle Lokale Agenda 21 (2003): Beteiligung von MigrantInnen in der Lokalen Agenda 21, Bonn.

Akademie für Natur und Umwelt des Landes Schleswig-Holstein (2002): Lokale Agenda 21 in Schleswig-Holstein. Ergebnisse einer Umfrage in den Kommunen, Städten und Gemeinden Schleswig-Holsteins. Akademie intern – Berichte – Texte – Materialien 2/02, Neumünster.

Allgemeiner Deutscher Fahrrad-Club e.V. (ADFC) – InnoRAD-Factsheet 4/6 – Innovative Radverkehrslösungen auf Deutschland übertragen: https://www.adfc.de/fileadmin/user_upload/Expertenbereich/Politik_und_Verwaltung/Download/adfc_innorad_superblocks_web.pdf.

Allianz für Demokratie/Bertelsmann Stiftung (2016): Grundlagen der Bürgerbeteiligung. Materialsammlung für die Allianz Vielfältige Demokratie, zusammengestellt von Andreas Paust, Bertelsmann Stiftung, Gütersloh. Als Download: https://www.bertelsmann-stiftung. de/fileadmin/files/Projekte/Vielfaeltige_Demokratie_gestalten/Materialsammlung_Buergerbeteiligung.pdf.

Alt, Franz/Dalai Lama (2020): Der Klima Appell des Dalai Lama an die Welt – Schützt unsere Umwelt, Benevento Verlag bei Benevento Publishing.

Anstiftung – gemeinnützige Stiftung bürgerlichen Rechts/Netzwerk Reparatur-Initiativen (Hrsg.) (2018): REPARIEREN. Projekte, Orte und Akteure einer Bewegung, München. Als Download: https://www.reparatur-initiativen.de/files/kcfinder/posts/4242/reparieren-broschuere-2018-RZ-2-download.pdf.

Anton, Jürgen (2000): Lokale Agenda 21: Chance für eine nachhaltige Kommunalentwicklung? Eine vergleichende Analyse der Fallbeispiele Köpenick, München und Aschaffenburg. Hrsg: caf-agenda-transfer, Bonn.

Assmann, Aleida (2018): Auf wieviel Säulen ruht die Nachhaltigkeit? In: Giesecke, Dana u.a. (Hrsg.) (2018): Welzers Welt. Störungen im Betriebsablauf, S. Fischer Verlag GmbH. S.145–150.

B

Baier, Andrea u.a. (Hrsg.) (2016): Die Welt reparieren. Open Source und Selbermachen als postkapitalistische Praxis, transcript-Verlag. Als Download: https://www.transcript-verlag. de/978-3-8376-3377-1/die-welt-reparieren/.

Baier, Tina: Abstand halten! In: Süddeutsche Zeitung Nr. 74, 28./29. März 2020.

Barber, Benjamin (2017): Essay. Wenn Bürgermeister die Welt regieren. Unsere Städte müssen sich global vernetzen, um die Demokratie zu retten. In: Internationale Politik 6, November–Dezember 2017, S.112–125. Als Download: https://internationalepolitik.de/ system/files/article_pdfs/ip_06-2017_barber_s-112-125_0.pdf.

Bartosch, Ulrich u.a. (2014): Gemeinschaftsprojekt Energiewende. Der Fahrplan zum Erfolg, oekom verlag.

Bauchmüller, Michael: Das Klima baut mit. In: Süddeutsche Zeitung Nr. 12, 17. Januar 2022.

Bauersch, Dominik: Die Umsetzung der lokalen Agenda 21 in Nordrhein-Westfalen unter besonderer Berücksichtigung der Städte und Gemeinden des ländlich geprägten Raumes. Hrsg: caf/agenda-transfer, Bonn.

Bayerisches Landesamt für Umweltschutz (LfU)/Komma 21 Bayern (Hrsg.): KOMMA 21 AKTUELL 4/2001 – Agenda 21 Baustein Nr. 6, Augsburg: Bedingungen institutioneller Stabilisierung Lokaler Agenda-21-Prozesse – Modellhafte Stabilisierungspfade (2001).

Kurzfassung einer Studie der Münchner Projektgruppe für Sozialforschung e. V. (MPS) – in Zusammenarbeit mit B. A. U. M. Consult GmbH und der Universität Bremen (ZWE Arbeit und Region), gefördert von der Deutschen Bundesstiftung Umwelt.

Bayerisches Landesamt für Umweltschutz/Forschungsstätte der Evangelischen Studiengemeinschaft e. V. (Hrsg.) (2003): Arbeitspapier: Nachhaltigkeitsindikatoren in der kommunalen Praxis, Heidelberg. Als Download: https://pudi.lubw.de/detailseite/-/publication/70003.

Bayerisches Ministerium für Umwelt, Gesundheit und Verbraucherschutz (Hrsg.) (2004): Befragung zur Kommunalen Agenda 21. Ergebnisse, Standpunkte und Schlussfolgerungen aus der Evaluierung 2002/2003. Materialien Umwelt & Entwicklung, München.

Bayerisches Staatsministerium für Landesentwicklung und Umweltfragen (Hrsg.) (1996): Die umweltbewusste Gemeinde – Leitfaden für eine nachhaltige Kommunalentwicklung, München.

Bayerisches Staatsministerium für Landesentwicklung und Umweltfragen (Hrsg.) (1998): Der Weg zu einer kommunalen Agenda 21, München.

Bayerisches Staatsministerium für Landesentwicklung und Umweltfragen (Hrsg.) (1998): Der zukunftsbewusste Landkreis – Leitfaden für eine nachhaltige Entwicklung, München.

Beck, Gabriela: Die Stadt der Zukunft. In: Süddeutsche Zeitung Nr. 281, 4./5. Dezember 2021.

Beck, Gabriela: Stadt ohne Herz. In: Süddeutsche Zeitung Nr. 5, 8./9. Januar 2022.

Beck, Ulrich (1986): Risikogesellschaft – Auf dem Weg in eine andere Moderne, Suhrkamp-Verlag.

Bertelsmann Stiftung (Hrsg.) (2016): Monitor Nachhaltige Kommune. Bericht 2016 – Teil 1. Ergebnisse der Befragung und der Indikatorenentwicklung, Gütersloh: https://www.bertelsmann-stiftung.de/de/publikationen/publikation/did/monitor-nachhaltige-kommune-bericht-2016-teil-1.

Bertelsmann Stiftung u. a. (Hrsg.) (2020): SDG-Indikatoren für Kommunen. Indikatoren zur Abbildung der Sustainable Development Goals der Vereinten Nationen in deutschen Kommunen, 2., vollständige überarbeitete Auflage, Gütersloh. Als Download: https://www.bertelsmann-stiftung.de/de/publikationen/publikation/did/sdg-indikatoren-fuer-kommunen-all.

Bilharz, Michael (2008): Key Points nachhaltigen Konsums – Ein strukturpolitisch fundierter Strategieansatz für die Nachhaltigkeitskommunikation im Kontext aktivierender Verbraucherpolitik. Dissertation der Universität St. Gallen, Dissertation Nr. 3420 Metropolis-Verlag. Als Download: https://jimdo-storage.global.ssl.fastly.net/file/83421181-3cf7-41f9-8136-352a486621bb/Bilharz_2008_Key-Points-nachhaltigen-Konsums.pdf.

Bischöfliches Hilfswerk Misereor (Hrsg.) (1999): Eine-Welt-Aktivitäten im lokalen Agenda-Prozess in Deutschland. Eine quantitative und qualitative Untersuchung des caf/agenda-transfer-Büros Bonn im Auftrag von MISEREOR, Aachen.

Boese, Daniel (2011): Wir sind jung und brauchen die Welt. Wie die Generation Facebook den Planeten rettet, oekom verlag.

Borries, Friedrich von/Kasten, Benjamin (2019): Stadt der Zukunft – Wege in die Globalopolis, Fischer Verlag GmbH.

Brand, Karl-Werner u.a. (2000): Lassen sich lokale »Agenda 21«-Prozesse auf Dauer stabilisieren? In: Heinelt, Hubert/Mühlich, Eberhard (Hrsg.): Lokale »Agenda 21«-Prozesse. Erklärungsansätze, Konzepte und Ergebnisse, Leske + Budrich, S. 241–256.

Brand, Karl-Werner/Warsewa, Günter (2003): Lokale Agenda 21: Perspektiven eines neuen Politiktypus. In: GAIA – Ökologische Perspektiven für Wissenschaft und Gesellschaft, Nr. 12/2003, oekom verlag.

Brand, Ulrich/Wissen, Markus (2017): Imperiale Lebensweise. Zur Ausbeutung von Mensch und Natur im globalen Kapitalismus, oekom verlag.

Braungart, Michael/McDonough, William (2015): Cradle to Cradle. Einfach intelligent produzieren, Piper Verlag GmbH, Taschenbuchausgabe, dritte Auflage (Taschenbuchausgabe 2014, deutsche Erstausgabe 2003, amerikanische Originalausgabe 2002).

Bretzel, Julius: Geht's auch schneller? In: Süddeutsche Zeitung Nr. 250, Donnerstag 28. Oktober 2021 (SZ-Spezial Zukunft Deutschland V2 13).

Brokow-Loga, Anton/Eckardt, Frank (Hrsg.) (2020): Postwachstumsstadt. Konturen einer solidarischen Stadtpolitik, oekom verlag. Als freier Download unter: https://www.oekom. de/buch/postwachstumsstadt-9783962381998.

Brot für die Welt (Hrsg.) (2016): Bewertung – Das Pariser Klimaabkommen. Auftrag für eine klimagerechte Zukunft. Als Download: https://www.brot-fuer-die-welt.de/fileadmin/ mediapool/2_Downloads/Fachinformationen/Profil/profil_21_paris_abkommen.pdf.

Bundesministerium für Raumordnung, Bauwesen und Städtebau (1996): Lokale Agenda 21 – A: Stand und Umsetzung von Kapitel 28 in Deutschland, B: Übersicht über internationale Programme und Strategien, Bonn. Als Download: http://www.gbv.de/dms/ goettingen/233605932.pdf.

Bundesministerium für Umwelt, Naturschutz und Reaktorsicherheit (BMU) (Hrsg.) (o.J.): Umweltpolitik. Konferenz der Vereinten Nationen für Umwelt und Entwicklung im Juni 1992 in Rio de Janeiro – Dokumente – Agenda 21, Bonn. Die Agenda 21 als Download: https://www.bmu.de/fileadmin/Daten_BMU/Download_PDF/Nachhaltige_Entwicklung/ agenda21.pdf oder https://www.un.org/Depts/german/conf/agenda21/agenda_21.pdf.

Bundesministerium für Umwelt, Naturschutz und Reaktorsicherheit (BMU) (Hrsg.) (o.J.): Umweltpolitik. Konferenz der Vereinten Nationen für Umwelt und Entwicklung im Juni 1992 in Rio de Janeiro – Dokumente – Klimakonvention, Konvention über biologische Vielfalt, Rio-Deklaration, Walderklärung, Bonn. Rio-Deklaration als Download: https:// www.un.org/depts/german/conf/agenda21/rio.pdf.

Bundesministerium für Umwelt, Naturschutz und Reaktorsicherheit (BMU) und Bundesvereinigung der kommunalen Spitzenverbände: »Gemeinsame Erklärung vom 10. September 1997 – Bedeutung einer nachhaltig umweltgerechten Entwicklung in Deutschland unterstrichen«: https://www.bmuv.de/pressemitteilung/bedeutung-einer-nachhaltig-umweltgerechten-entwicklung-in-deutschland-unterstrichen/.

Bundesministerium für Umwelt, Naturschutz und Reaktorsicherheit (BMU) (Hrsg.) (1998): Nachhaltige Entwicklung in Kommunen – Lokale Agenda 21 – Dokumentation zum Kongress am 2. und 3. Juni in Bonn, Bonn.

Bundesministerium für Umwelt, Naturschutz und Reaktorsicherheit (1998) (BMU): Nachhaltige Entwicklung in Deutschland – Entwurf eines umweltpolitischen Schwerpunktprogramms, Bonn.

Bundesministerium für Umwelt, Naturschutz und Reaktorsicherheit (2003) (BMU): Weltgipfel für nachhaltige Entwicklung 26. August bis 4. September 2002 in Johannesburg – Dokumente, Bonn. Als Download: https://www.bmuv.de/fileadmin/Daten_BMU/Download_PDF/Nachhaltige_Entwicklung/johannesburg_declaration.pdf.

Bundesministerium für Umwelt, Naturschutz und Reaktorsicherheit (BMU) (Hrsg.) (2006): EMAS – Praxisleitfaden für die Behörde: Umsetzungshilfe für die Einführung eines Umweltmanagementsystems nach EMAS in Behörden, Berlin. Als Download: https://www.bmuv.de/fileadmin/bmu-import/files/pdfs/allgemein/application/pdf/emas_leitfaden__behoerden.pdf.

Bundesumweltministerium/Umweltbundesamt (Hrsg.) (1998): Handbuch lokale Agenda 21 – Wege zur nachhaltigen Entwicklung in Kommunen, Bonn. Als Download: https://www.umweltbundesamt.de/sites/default/files/medien/378/publikationen/handbuch_lokale_agenda_21_komplett.pdf.

Bundesministerium für Umwelt, Naturschutz und Reaktorsicherheit (BMU)/Umweltbundesamt (UBA) (Hrsg.) (1999): Lokale Agenda 21 im europäischen Vergleich, Bonn. Als Download: https://www.umweltbundesamt.de/publikationen/lokale-agenda-21-im-europaeischen-vergleich.

Bundesministerium für Umwelt, Naturschutz und Reaktorsicherheit (BMU)/Umweltbundesamt (UBA) (Hrsg.) (2002): Lokale Agenda 21 und Nachhaltige Entwicklung in deutschen Kommunen. 10 Jahre nach Rio: Bilanz und Perspektiven, Berlin. Eine Zusammenfassung findet sich als Download unter: https://difu.de/sites/difu.de/files/archiv/publikationen/zeitschriften/difu-berichte/difu-berichte-2003_1.pdf.

Bundesministerium für Umwelt, Naturschutz und Reaktorsicherheit (BMU)/Umweltbundesamt (UBA) (Hrsg.) (2005): Schritt für Schritt ins Umweltmanagement. Beispiel Grüner Gockel für Kirchengemeinden, Berlin.

Bundesministerium für Umwelt, Naturschutz und Reaktorsicherheit (BMU)/Umweltbundesamt (UBA) (Hrsg.) (2008): Kooperieren – aber wie? Ein Leitfaden zum Aufbau von Kooperationsbeziehungen zwischen Lokalen-Agenda-21-Initiativen und Akteuren aus Wirtschaft und Wissenschaft. Als Download: https://www.umweltbundesamt.de/sites/default/files/medien/publikation/long/3507.pdf.

Bundesministerium für Verkehr, Bau und Stadtentwicklung (Hrsg.) (2014): Lokale Qualitäten, Kriterien und Erfolgsfaktoren nachhaltiger Entwicklung kleiner Städte – Cittàslow, Berlin. https://www.cittaslow.de/files/upload/PDF/Cittaslow_Studie_nachhaltige_Entwicklung.pdf.

Bundeszentrale für politische Bildung/Servicestelle Kommunen in der Einen Welt von Engagement Global/Bundesnetzwerk Bürgerschaftliches Engagement (BBE) (Hrsg.) (2018): 9. Statusbericht. Bürgerhaushalt in Deutschland (2014–2017), Bonn/Berlin. Als Download: https://www.buergerhaushalt.org/sites/default/files/9._Statusbericht_Buergerhaushalt.pdf.

Bundesverband Solarindustrie e. V. (Hrsg.) (2004): Kurzstudie: Solarinitiativen in Deutschland, Berlin.

BUND Bund für Umwelt und Naturschutz Deutschland / Misereor (Hrsg.) (1995): Zukunfts-fähiges Deutschland – Ein Beitrag zu einer global nachhaltigen Entwicklung. Eine Studie des Wuppertal Instituts im Auftrag von BUND und MISEREOR. Kurzfassung, Bonn.

BUND Bund für Umwelt und Naturschutz Deutschland / Misereor (Hrsg.) (1996): Zukunftsfähiges Deutschland – Ein Beitrag zu einer global nachhaltigen Entwicklung. Studie des Wuppertal Instituts für Klima, Umwelt, Energie, Birkhäuser Verlag.

BUND Bund für Umwelt und Naturschutz Deutschland / Misereor (Hrsg.) (2002): Wegweiser für ein zukunftsfähiges Deutschland, Riemann-Verlag.

BUND Bund für Umwelt und Naturschutz Deutschland / Brot für die Welt / Evangelischer Entwicklungsdienst (eed) (Hrsg.) (2008): Zukunftsfähiges Deutschland in einer globalisierten Welt. Ein Anstoß zur gesellschaftlichen Debatte. Eine Studie des Wuppertal Instituts für Klima, Umwelt, Energie, Fischer-Verlag.

Butscher, Andrea u. a.: »SDGs und kommunale Gemeinwohl-Bilanz – Wie die Ziele für eine nachhaltige Entwicklung (Sustainable Development Goals, SDGs) der Vereinten Nationen mit der Gemeinwohl-Bilanz von Städten, Kreisen und Gemeinden verknüpft werden können«. Analysen und Konzepte. LebensWerte Kommune – Ausgabe 1 – 2021. Hrsg. Bertelsmann Stiftung, Gütersloh: https://www.bertelsmann-stiftung.de/de/publikationen/publikation/did/sdgs-und-kommunale-gemeinwohl-bilanz-all.

C

caf/agenda-transfer (2001): Ländlicher Raum im Lokalen Agenda 21-Prozess, Bonn.

caf / agenda-Transfer / LAG3W (Hrsg.) (2000): Vor Ort aktiv – global vernetzt. Agenda-Partnerschaften in NRW, Bonn/Münster.

Charta der Europäischen Städte und Gemeinden auf dem Weg zur Zukunftsbeständigkeit (Charta von Aalborg): Download: https://oekosiedlungen.de/downloads/dokumente/ChartaAalborg.pdf.

Circle Economy: Creating City Portraits – A methodological guide from the Thriving Cities Initiative https://www.circle-economy.com/resources/creating-city-portraits.

City of Copenhagen (2013): A Greener and Better Everyday Life – Local Agenda 21 Plan for Copenhagen 2012–2015. https://kk.sites.itera.dk/apps/kk_pub2/index.asp?mode=detalje&id=1012.

City of Copenhagen (2014): Solutions for sustainable cities. http://www.cleancluster.dk/wp-content/uploads/2017/06/5942682600c24.pdf.

City of Copenhagen: Eco-Metropolis, Our vision for Copenhagen 2015: https://kk.sites.itera.dk/apps/kk_pub2/index.asp?mode=detalje&id=674.

D

D'Alisa, Giacomo / Demaria, Federico / Kallis, Giorgios (Hrsg.) (2016): DEGROWTH. Handbuch für eine neue Ära, oekom verlag.

David, Martin / Schönborn, Sophia (2016): Die Energiewende als Bottom-Up-Innovation. Wie Pionierprojekte das Energiesystem verändern, oekom verlag.

De Haan, Gerhard / Kuckartz, Udo / Rheingans-Heintze, Anke (2000): Bürgerbeteiligung in Lokale Agenda 21-Initiativen. Analyse zu Kommunikations- und Organisationsformen. Herausgegeben vom Umweltbundesamt, Leske + Budrich.

Dehne, Peter (2018): Kooperative Kleinstadtentwicklung. In: Informationen zur Raumentwicklung Heft 6/2018, S. 86–101. Als Download: https://www.bbsr.bund.de/BBSR/DE/veroeffentlichungen/izr/2018/6/downloads/kooperative-kleinstadtentwicklung.pdf?__blob=publicationFile&v=1.

Der Aufruf von Johannesburg (Johannesburg Call) 30. August 2002. Eine Erklärung von Kommunen der Welt beim Weltgipfel für nachhaltige Entwicklung, Johannesburg/Südafrika, August 2002: https://www.globaleslernen.de/sites/default/files/files/link-elements/johannesburg_20call.pdf.

Der Lissaboner Aktionsplan – Von der Charta zum Handeln. Download: https://www.nachhaltigkeit.info/media/1292321867phpXi2i07.pdf.

Deutscher Bundestag, Enquete-Kommission »Schutz des Menschen und der Umwelt – Ziele und Rahmenbedingungen einer nachhaltig zukunftsverträglichen Entwicklung« des 13. Deutschen Bundestages, Öffentliche Anhörung zum Thema »Kommunen und nachhaltige Entwicklung – Beiträge zur Umsetzung der Agenda 21«, Wortprotokoll der 30. Sitzung vom 18. November 1996: Bundestagsarchiv PA DBT 3415, EK Umweltschutz, Nr. 170, Protokoll-Nr. 30, 34_170.

Deutscher Bundestag, Enquete-Kommission »Schutz des Menschen und der Umwelt – Ziele und Rahmenbedingungen einer nachhaltig zukunftsverträglichen Entwicklung« des 13. Deutschen Bundestages, Öffentliche Anhörung zum Thema »Nichtregierungsorganisationen und nachhaltige Entwicklung – Beiträge und Perspektiven«, Wortprotokoll der 46. Sitzung vom 29. September 1997: Bundestagsarchiv PA DBT 3415, EK Umweltschutz, Nr. 172, Protokoll Nr. 46, 3415_172.

Deutscher Bundestag, Enquete-Kommission »Schutz des Menschen und der Umwelt – Ziele und Rahmenbedingungen einer nachhaltig zukunftsverträglichen Entwicklung« des 13. Deutschen Bundestages, Abschlussbericht (1998): Konzept Nachhaltigkeit – Vom Leitbild zur Umsetzung. Download: Deutscher Bundestag, 13. Wahlperiode Drucksache 13/11200, 26.06.98 https://dserver.bundestag.de/btd/13/112/1311200.pdf.

Deutscher Städtetag (1995): Städte für eine umweltgerechte Entwicklung – Materialien für eine »Lokale Agenda 21«, DST-Beiträge zur Stadtentwicklung und zum Umweltschutz, Reihe E Heft 24, Köln.

Deutscher Städtetag: Nachhaltigkeit auf kommunaler Ebene gestalten. Musterresolution für Mitglieder des Deutschen Städtetages: https://www.staedtetag.de/themen/nachhaltigkeit-auf-kommunaler-ebene-gestalten.

Deutsches Institut für Entwicklungspolitik (DIE) (2015): Universelle Verantwortung: die Bedeutung der 2030-Agenda für eine nachhaltige Entwicklung der deutschen Bundesländer, Bonn. Als Download: https://www.die-gdi.de/discussion-paper/article/universelle-verantwortung-die-bedeutung-der-2030-agenda-fuer-eine-nachhaltige-entwicklung-der-deutschen-bundeslaender/.

Deutsches Institut für Urbanistik Difu (2018): Smart Cities in Deutschland – eine Bestandsaufnahme. Difu Papers Januar 2018, Berlin. Als Download: https://repository.difu.de/jspui/bitstream/difu/248050/1/Difu-Paper_Smart_Cities_fuers_Web.pdf.

Deutsches Institut für Urbanistik Difu u. a. (Hrsg.) (2018): Klimaschutz in Kommunen. Praxisleitfaden. 3., aktualisierte und erweiterte Auflage. Als Download: https://repository.difu.de/jspui/handle/difu/248422.

Deutscher Städte- und Gemeindebund / Kommunale Umweltaktion UAN (Hrsg.) (1997): Kommunale Agenda 21. Rathaus und Klimaschutz. Hinweise für die kommunale Praxis. Überarbeitete Neuauflage 1997, Düsseldorf / Hannover.

Deutscher Städte- und Gemeindebund / Kommunale Umweltaktion UAN (Hrsg.) (1998): Lokale Agenda 21. Energieeinsparung. Planungswegweiser für Kommunen, Düsseldorf / Hannover.

Deutsche Umwelthilfe e. V. (Hrsg.) (2004): Indikatoren-Set »Zukunftsfähige Kommune«. Als Download: http://www.duh.de/uploads/tx_duhdownloads/Indikatorenset.pdf.

Deutsche UNESCO-Kommission e. V. (2011): Zukunftsfähige Kommunen: Chancen durch Bildung für nachhaltige Entwicklung. Zukunftsfähige Kommunen: Gemeinsame Erklärung der Deutschen UNESCO-Kommission mit den Bürgermeisterinnen und Bürgermeistern der von der UN-Dekade »Bildung für nachhaltige Entwicklung« ausgezeichneten Kommunen, Berlin.

Dewald, Ulrich (2012): Energieversorgung im Wandel: Marktformierung im deutschen Photovoltaik-Innovationssystem, LIT Verlag.

Die Bundesregierung (2002): Perspektiven für Deutschland. Unsere Strategie für eine nachhaltige Entwicklung, Berlin. Download: https://www.nachhaltigkeit.info/media/1326188329phpYJ8KrU.pdf oder als Drucksache des Deutschen Bundestags, 14. Wahlperiode, Drucksache 14/8953 vom 25. 04. 2002: https://dserver.bundestag.de/btd/14/089/1408953.pdf.

Die Bundesregierung (2004): Fortschrittsbericht 2004. Unsere Strategie für eine nachhaltige Entwicklung. Perspektiven für Deutschland, Berlin. Als Download: https://www.bundesregierung.de/resource/blob/974430/418638/dfe29981ad718652c877c93f6b2fc1a0/fortschrittsbericht-2004-data.pdf?download=1.

Die Bundesregierung (2008): Fortschrittsbericht 2008 zur nationalen Nachhaltigkeitsstrategie. Für ein nachhaltiges Deutschland, Berlin. Als Download: https://www.bundesregierung.de/resource/blob/974430/418604/d485cdb8c8c35da2ea3af74942e299fc/2008-11-17-fortschrittsbericht-2008-data.pdf?download=1.

Die Bundesregierung (2012): Nationale Nachhaltigkeitsstrategie. Fortschrittsbericht 2012, Berlin. Als Download: https://www.bundesregierung.de/resource/blob/974430/370072/95ae87c6f9fe118c0ce324a4aff05d85/2012-05-21-fortschrittsbericht-2012-barrierefrei-data.pdf?download=1.

Die Bundesregierung (2016): Deutsche Nachhaltigkeitsstrategie, Neuauflage 2016, Berlin: Als Download: https://www.bundesregierung.de/resource/blob/975292/730844/ 3d30c6c2875a9a08d364620ab7916af6/deutsche-nachhaltigkeitsstrategie-neuauflage-2016-download-bpa-data.pdf.

Die Bundesregierung (2018): Deutsche Nachhaltigkeitsstrategie, Aktualisierung 2018, Berlin: https://www.bundesregierung.de/resource/blob/975292/1559082/a9795692a667605f65298 1aa9b6cab51/deutsche-nachhaltigkeitsstrategie-aktualisierung-2018-download-bpa-data. pdf.

Die Bundesregierung (2021): Deutsche Nachhaltigkeitsstrategie. Weiterentwicklung 2021, Berlin. Als Download: https://www.bundesregierung.de/resource/blob/992814/1875176/ 3d3b15cd92d0261e7a0bcdc8f43b7839/deutsche-nachhaltigkeitsstrategie-2021-langfassung-download-bpa-data.pdf?download=1.

Die Landesregierung Nordrhein-Westfalen (2016): heute handeln. Gemeinsam für nachhaltige Entwicklung in NRW. Nachhaltigkeitsstrategie für Nordrhein-Westfalen. Als Download: https://www.nachhaltigkeit.nrw.de/nrw-nachhaltigkeitsstrategie-2016.

Die Landesregierung Nordrhein-Westfalen (2020): NRW 2030 – Gemeinsam.Nachhaltig. Handeln: Die globalen Nachhaltigkeitsziele konsequent umsetzen. Weiterentwicklung der Strategie für ein nachhaltiges Nordrhein-Westfalen. Als Download: https://www. nachhaltigkeit.nrw.de/nrw-nachhaltigkeitsstrategie-2020.

E

Eichhorn, Christopher von: Wenn die Barrieren fallen. In: Süddeutsche Zeitung Nr. 78, 2. April 2020.

Eigenständige Regionalentwicklung Baden-Württemberg e.V. (Hrsg.) (2000): Lokale Agenda 21 im ländlichen Raum – zwischen Nachhaltigkeit und Modernisierung. Pro Regio, Zeitschrift für eigenständige Regionalentwicklung Nr. 24–25.

Engel, Toya u.a. (2019). Transformationsplonlere für eine klimafreundliche Stadt. In: Ökologisches Wirtschaften Nr. 1/2019 (Nr. 34), Hrsg: Institut für ökologische Wirtschaftsforschung (IÖW) und Vereinigung für ökologische Wirtschaftsforschung (VÖW) S. 30–34.

Engelhardt, Wolfgang/Weinzierl, Hubert (Hrsg.) (1993): Der Erdgipfel. Perspektiven für die Zeit nach Rio, Economica Verlag.

Englisch, Felix u.a.: Vernetzung des zivilgesellschaftlichen Engagements auf lokaler Ebene: Herausforderungen, Potentiale und Best Practices. Vorstellung der Ergebnisse unseres studentischen Forschungsprojektes: https://wechange.de/group/inove-bildet-netzwerke/ file/herausforderungen-und-best-practices-lokaler/download/Herausforderungen-und-Best-Practices-lokaler-Vernetzungsinitiativen.pdf.

»Enzkreis – Stabsstelle Klimaschutz und Kreisentwicklung«: In: Ideenportal Werkzeugkasten des Wandels, RENN.süd: https://www.werkzeugkasten-wandel.de/nachhaltigkeit-umfassend-gestalten/nachhaltigkeitslandkreise/enzkreis-stabsstelle-klimaschutz-und-kreisentwicklung.html.

Eppler, Erhard (1974): Maßstäbe für eine humane Gesellschaft: Lebensstandard oder Lebensqualität? Verlag W. Kohlhammer.

Eppler, Erhard (1975): Ende oder Wende. Von der Machbarkeit des Notwendigen. Vom Autor für die Taschenbuchausgabe überarbeitete Fassung, 6. Auflage 1982, Deutscher Taschenbuch Verlag GmbH.

Eppler, Erhard (1981): Wege aus der Gefahr, Rowohlt Verlag GmbH.

Eppler, Erhard / Paech, Niko (2016): Was Sie da vorhaben, wäre ja eine Revolution. Ein Streitgespräch über Wachstum, Politik und eine Ethik des Genug, oekom verlag.

Erklärung der Kommunen an den Weltgipfel für nachhaltige Entwicklung (2002): http://www. aktion21.at/_data/local_action_21_Erklaerung_der_KommunenJohannesburg2002.pdf.

Ethik-Kommission Sichere Energieversorgung (2011): Deutschlands Energiewende – Ein Gemeinschaftswerk für die Zukunft, Berlin. Download: https://www.bmuv.de/ download/deutschlands-energiewende-ein-gemeinschaftswerk-fuer-die-zukunft.

F

Fachhochschule des Mittelstands – FHM Center for Sustainable Governance / Kreis Lippe – Der Landrat (2015): Kommunaler Nachhaltigkeitskompass: Leitfaden zur Ermittlung und Darstellung des nachhaltigen Nutzens, Bielefeld/Lippe. Als Download: https://www. fh-mittelstand.de/fileadmin/pdf/Sonstiges/00_KNK-Leitfaden_komplett_2015.pdf.

Fachhochschule Erfurt, Fachbereich Verkehrs- und Transportwesen, Fachgebiet Verkehrs-politik und Raumplanung (2001): Prozessindikatoren für die Lokale Agenda 21, Erfurt. Als Download: https://eucc-d-inline.databases.eucc-d.de/files/documents/00000206_ Prozessindikatoren_LA21_Th_ringen.pdf.

Felber, Christian (2010, 2012 und 2014): Gemeinwohlökonomie. Eine demokratische Alter-native wächst. Aktualisierte und erweiterte Neuausgabe, Deuticke im Paul Zsolnay Verlag.

Firmhofer, Angela (2018): Pioniere des Wandels und städtische Kulturen der Nachhaltigkeit – Beispiele für zivilgesellschaftliche Transformation in München, Barcelona und Kopenhagen, oekom verlag.

Folkers, Manfred / Paech, Niko (2020): All you need is less. Eine Kultur des Genug aus ökonomischer und buddhistischer Sicht, oekom verlag.

Forschungsstätte der Evangelischen Studiengemeinschaft e. V. (FEST) Institut für interdisziplinäre Forschung (Hrsg.) (2016): Die Nachhaltigkeitsstrategien der Bundesländer im Kontext der 2030-Agenda und ihre Relevanz für Kommunen, Heidelberg. Als Download: https://skew.engagement-global.de/files/2_Mediathek/ Mediathek_Microsites/SKEW/Publikationen/6_Publikationen_in_Kooperation/SKEW_ FEST_Nachhaltigkeitsstrategien_Bundeslaender_Agenda_2030.pdf.

Forum Umwelt & Entwicklung – Projektstelle (Hrsg.) (1995): Drei Jahre nach Rio – Bilanz 1995, Bonn.

Forum Umwelt & Entwicklung (Hrsg.) (1996): Lokale Agenda 21 – Ein Leitfaden, 2. Auflage Bonn.

Forum Umwelt & Entwicklung (Hrsg.) (1997): Fünf Jahre nach dem Erdgipfel – Umwelt und Entwicklung. Eine Bilanz, Bonn.

Literatur

Forum Umwelt & Entwicklung/Servicestelle Kommunen in der Einen Welt (Hrsg.) (2002): Nachhaltigkeit Lokal. Lokale Agenda 21 in Deutschland. Eine Zwischenbilanz 10 Jahre nach Rio, Bonn. Als Download: http://www.rio-10.de/rioprozess/bilanzpapiere/bilanzpapier_agenda21.PDF.

Forum Umwelt & Entwicklung (Hrsg.) (2002): 10 Punkte für nachhaltige Entwicklung. Als Download: http://www.rio-10.de/pdfs/10_punkte_einzel.pdf.

Forum Umwelt & Entwicklung (2002): Das war der Gipfel. Rundbrief 3/2002, Bonn. Als Download: http://forumue.de/wp-content/uploads/2015/05/Rundbrief200203.pdf.

Forum Umwelt & Entwicklung (2002): Umwelt, Entwicklung und Globalisierung. Eine Bilanz 10 Jahre nach Rio, Bonn. Als Download: https://www.forumue.de/wp-content/uploads/2017/06/bilanzpapier_gesamt-1.pdf.

Fridays for Future – Eine Bestandsaufnahme zu Ansichten und Meinungen in Zeiten der Corona-Pandemie unter Fridays for Future-Aktiven. Online-Befragung über Fridays for Future-Organisationsgruppen via WhatsApp & Telegram – veröffentlicht im Dezember 2020: https://innosued.de/wp-content/uploads/2020/12/Auswertung-Befragung-Fridays-for-Future_InnoSUeD_HBC_HNU.pdf.

G

Gahn, Ulla (2008): Unter Strom. Die Story meiner kleinen Weltrettung oder Wie Ökostrom zur Party wurde, Pendo Verlag GmbH & Co. KG.

Gellenbeck, Konny (Hrsg.) (2017): Gewinn für alle – Wie wir mit Genossenschaften den Kapitalismus überwinden, Westend Verlag GmbH.

Gemeinde Kirchanschöring: Gemeinwohlbericht: https://www.kirchanschoering.de/fileadmin/Gemeinde/PDF/Weitere/20181112_Gemeinwohlbericht_der_Gemeinde_Kirchanschring_Optimized.pdf.

Gemeinde- und Städtebund Thüringen, GET 21 (Hrsg.) (1999): Kommunen auf dem Weg zu einer nachhaltigen Entwicklung – Leitfaden für eine kommunale Agenda 21, Erfurt.

Georgi, Dominik u.a. (2019): ShareCity. Sharing-Ansätze, Sharing-Verhalten, Sharing-Strategien, Sharing-Cases in Städten, Springer Gabler (EBOOKINSIDE).

Giesecke, Dana u.a. (Hrsg.) (2018): Welzers Welt. Störungen im Betriebsablauf, S. Fischer Verlag GmbH.

Global Policy Forum (Hrsg.) (2017): Ländersache Nachhaltigkeit. Die Umsetzung der 2030-Agenda für nachhaltige Entwicklung durch die Bundesländer, Bonn. Als Download: https://archive.globalpolicy.org/images/pdfs/Laendersache_Nachhaltigkeit.pdf.

Global Policy Forum/terre des hommes (Hrsg.) (2016): Martens, Jens/Oberland, Wolfgang: Die 2030-Agenda. Globale Zukunftsziele für nachhaltige Entwicklung, Bonn/Osnabrück. Als Download: https://www.2030agenda.de/sites/default/files/Agenda_2030_online.pdf.

Glück, Alois (2000): Verantwortung übernehmen. Mit der aktiven Bürgergesellschaft wird Deutschland leistungsfähiger und menschlicher, Deutsche Verlags-Anstalt.

Glück, Alois/Magel, Holger (Hrsg.) (2000): Neue Wege in der Kommunalpolitik: Durch eine neue Bürger- und Sozialkultur zur Aktiven Bürgergesellschaft, Verlagsgruppe Hüthig Jehle Rehm.

Göpel, Maja (2020): Unsere Welt neu denken – Eine Einladung, 8. Auflage, Ullstein Buchverlage GmbH.

Görgen, Benjamin/Wendet, Björn (Hrsg.) (2020): Sozial-ökologische Utopien. Diesseits oder jenseits von Wachstum und Kapitalismus? oekom verlag.

Grober, Ulrich (2010): Die Entdeckung der Nachhaltigkeit. Kulturgeschichte eines Begriffs, Verlag Antje Kunstmann.

Groeben, Norbert/Schnepf, Julia (2019): Lokale-Agenda 21-Prozesse: förderliche und hinderliche Faktoren. In: Ökologisches Wirtschaften (Hrsg. Institut für ökologische Wirtschaftsforschung IÖW/Vereinigung für ökologische Wirtschaftsforschung VÖW, Berlin), Nr.1/2019, S.41–46.

H

Habermas Jürgen (1998): Faktizität und Geltung. Beiträge zur Diskurstheorie, des Rechts und des demokratischen Rechtsstaats. Suhrkamp Taschenbuch Wissenschaft 1361. Suhrkamp Verlag.

Haerdle, Benjamin: Viel Herz, wenig Geld. In: Süddeutsche Zeitung Nr.250, Donnerstag 28. Oktober 2021 (SZ-Spezial Zukunft Deutschland V2 11).

Hafner, Sabine/Miosga, Manfred (Hrsg.) (2015): Regionale Nachhaltigkeitstransformation. Wissenschaft, Wirtschaft und Zivilgesellschaft im Dialog, oekom verlag.

Haigis, Thomas (2011): Filderstadt – Der Weg der Bürgerbeteiligung, ein Prozess in Schritten. In: Die Gemeinde BWGZ 21/2011. Zeitschrift für die Städte und Gemeinden, Organ des Gemeindetags Baden-Württemberg, Stuttgart.

Hall, Peter/Pfeiffer, Ulrich (2000): Urban 21. Der Expertenbericht zur Zukunft der Städte, Deutsche Verlags-Anstalt.

Häusler, Richard (2004): Nachhaltiges Qualitätsmanagement. Strategien für Agenda-Prozesse, oekom verlag.

Hauff, Volker (Hrsg.) (1987): Unsere Gemeinsame Zukunft. Der Brundtland-Bericht der Weltkommission für Umwelt und Entwicklung, Eggenkamp Verlag.

Haunss, Sebastian u.a. (2019): Fridays for Future – Profil, Entstehung und Perspektiven der Protestbewegung in Deutschland. ipb working paper 2/2019, Berlin. Als Download: https://www.boell.de/sites/default/files/fridays_for_future_studie_ipb. pdf?dimension1=division_iupMedia.

Haunss, Sebastian/Sommer, Moritz (Hrsg.) (2020): Fridays for Future – Die Jugend gegen den Klimawandel. Konturen der weltweiten Protestbewegung. Als Download: https:// www.otto-brenner-stiftung.de/fileadmin/user_data/stiftung/06_Aktuelles/2020_10_15_ FFF/FFF_Jugend_gegen_Klimawandel_Buch.pdf.

Heinelt, Hubert/Mühlich, Eberhard (Hrsg.) (2000): Lokale »Agenda 21«-Prozesse. Erklärungsansätze, Konzepte und Ergebnisse, Leske + Budrich.

Heinrich-Böll-Stiftung (Hrsg.) (2002): Das Jo'burg-Memo. Memorandum zum Weltgipfel für nachhaltige Entwicklung. Ökologie – die neue Farbe der Gerechtigkeit. Berlin. Als Download: https://www.boell.de/de/2002/05/10/das-joburg-memo.

Heinrich-Böll-Stiftung (Hrsg.) (2009): Urban Futures 2030. Visionen künftigen Städtebaus und urbaner Lebensweisen. Band 5 der Reihe Ökologie. Als Download: https://www.boell.de/sites/default/files/Urban-Future-i.pdf.

Hermann, Winfried u.a. (2002): Lokale Agenda 21 – Anstöße zur Zukunftsfähigkeit, Kohlhammer-Verlag.

Hessisches Ministerium für Umwelt, Energie, Jugend, Familie und Gesundheit (Hrsg.) (1998): Lokale Agenda 21 – Arbeitshilfe zur Umsetzung, Wiesbaden.

Hessisches Ministerium für Umwelt, Landwirtschaft und Forsten/Hessisches Landesamt für Umwelt und Geologie (Hrsg.) (2000): Lokale Agenda 21 in Hessen. Eine Zwischenbilanz des Förderprogramms, Wiesbaden.

Hilpert, Jörg (Hrsg.) (2011): Nutzen und Risiken öffentlicher Großprojekte: Bürgerbeteiligung als Voraussetzung für eine größere gesellschaftliche Akzeptanz (Abschlussbericht). Stuttgarter Beiträge zur Risiko- und Nachhaltigkeitsforschung, Nr. 19/Juni 2011. Universität Stuttgart, Institut für Sozialwissenschaften. Als Download: https://elib.uni-stuttgart.de/bitstream/11682/5560/1/AB019_Hilpert_et_al.pdf.

Hopkins, Ron (2008): Energiewende. Das Handbuch. Anleitung für zukunftsfähige Lebensweisen, Zweitausendeins.

Hopkins, Ron (2014): Einfach. Jetzt. Machen! Wie wir unsere Zukunft selbst in die Hand nehmen, oekom verlag.

Horx, Matthias (2020): Die Zukunft nach Corona. Wie eine Krise die Gesellschaft, unser Denken und unser Handeln verändert, Ullstein Buchverlage GmbH.

Horx, Matthias (2021): Die Hoffnung nach der Krise. Wohin die Welt jetzt geht oder wie die Zukunft sich immer wieder neu erfindet, Ullstein Buchverlage GmbH.

I

ICLEI – International Council for Local Environmental Initiatives (1995): European Local Agenda 21 Planning Guide, Freiburg.

ICLEI – International Council for Local Environmental Initiatives (ICLEI) (1996): The Local Agenda 21 Planning Guide: An Introduction to Sustainable Development Planning, Toronto. Download: https://www.idrc.ca/en/book/local-agenda-21-planning-guide-introduction-sustainable-development-planning.

ICLEI – Local Governments for Sustainability, Europasekretariat (Hrsg.) (2007): Handbuch Projekt21. Einstieg in ein zyklisches Nachhaltigkeitsmanagement. Im Auftrag des Ministeriums für Umwelt, Forsten und Verbraucherschutz Rheinland-Pfalz, Freiburg. Als Download: https://www.edoweb-rlp.de/resource/edoweb:3992042/data.

ICLEI – Local Governments for Sustainability, Europasekretariat/Bodenseestiftung (2008): Managing urban europe 25.Demonstrationsvorhaben. Schritte zum Kommunalen Nachhaltigkeitsmanagement. Abschlussbericht Band 1, Freiburg.

ICLEI – Local Governments for Sustainability, Europasekretariat (Hrsg.) (2008): Gute Gründe für Nachhaltigkeitsmanagement. Nachhaltige Stadtentwicklung in Deutschland, Freiburg.

ICLEI – Local Governments for Sustainability – Europasekretariat (Hrsg.) (2011): Rio+20 vor Ort. Überblick über die Ausprägungen lokaler Nachhaltigkeitsprozesse weltweit im Rahmen der Studie »Rio+20 vor Ort«. Gefördert durch das Bundesministerium für Umwelt, Naturschutz und Reaktorsicherheit sowie die Deutsche Bundesstiftung Umwelt. Freiburg. Als Download: https://www.izt.de/fileadmin/downloads/pdf/projekte/rio/LA21globalIZT_finalDez2011_2.pdf.

IFOK/ZKE (Hrsg.) (1999): Was heißt hier Agenda? Analysen – Erfahrungen – Beispiele, Verlag J.H. Röll.

IFOK GmbH (2010): Gemeinsam Fahrt aufnehmen! Kommunale Politik- und Nachhaltigkeitsprozesse integrieren. Unterstützt von Umweltbundesamt (UBA) und Bundesministerium für Umwelt, Naturschutz und Reaktorsicherheit (BMU), Berlin. Als Download: https://www.umweltbundesamt.de/publikationen/gemeinsam-fahrt-aufnehmen.

Institut für angewandte Wirtschaftsforschung (IAW) (2000): Nachhaltige Entwicklung und kommunale Verwaltungsmodernisierung. Entlastungspotenziale und Durchsetzungschancen eines integrativen Ansatzes. Forschungsberichte Serie B, Nr. 14, Tübingen. Als Download: https://d-nb.info/960145958/04.

Institut für den öffentlichen Sektor (2012): Kommunale Nachhaltigkeitssteuerung. Umsetzungsstand bei großen Städten und Landkreisen. Studie, Berlin: https://publicgovernance.de/media/Studie_Kommunale_Nachhaltigkeitssteuerung.pdf.

Institut für Zukunftsstudien und Technologiebewertung gemeinnützige GmbH – IZT (Hrsg.) (2012): »Rio+20 vor Ort«. Bestandsaufnahme und Zukunftsperspektiven lokaler Nachhaltigkeitsprozesse in Deutschland – Abschlussbericht. Gefördert von: Bundesministerium für Umwelt, Naturschutz und Reaktorsicherheit (BMU), Umweltbundesamt (UBA) und Deutsche Bundesumweltstiftung (DBU). Projektleitung und Autoren: Katrin Nolting, Dr. Edgar Göll, Berlin. Als Download: https://projekte.izt.de/fileadmin/downloads/pdf/projekte/rio/Abschlussbericht_Rio20.pdf.

Institut für Zukunftsstudien und Technologiebewertung gemeinnützige GmbH – IZT (Hrsg.) (2012): »Rio+20 vor Ort«. Kommunen auf dem Weg zur Nachhaltigkeit. Beispiele aus Deutschland., Berlin. Als Download: https://www.umweltbundesamt.de/sites/default/files/medien/5750/publikationen/03-2012_rio20-vor-ort-de.pdf.

Institut Futur der Freien Universität Berlin (2011): Kurzexpertise zum Thema »Bildung für nachhaltige Entwicklung« für das Forschungsvorhaben »Rio+20 vor Ort Bestandsaufnahme und Zukunftsperspektiven lokaler Nachhaltigkeitsprozesse in Deutschland, Projektphase I«, Berlin. Als Download: https://www.umweltbildung.de/uploads/tx_anubfne/expertise_bildung_rio_20_vor_ort_09_11.pdf.

Isuf, Institut für Sozial- und Umweltforschung Dr. Kleinmann GmbH/Zukunftswerkstatt Saar e.V. (2002): Zwischenbericht des Projektes zur Unterstützung der weiteren Umsetzung der Agenda 21 im Saarland vom 1. Juni 2000 bis 31. Mai 2002, Weiskirchen/Dillingen.

Literatur

J

Jahrbuch Ökologie (2013): Mut zu Visionen. Brücken in die Zukunft. S. Hirzel Verlag.

Jungk, Robert/Müllert, Norbert R. (1983): Zukunftswerkstätten. Wege zur Wiederbelebung der Demokratie. Taschenbuchausgabe, Wilhelm Goldmann Verlag.

K

Kahla, Franziska u.a. (2017): Entwicklung und Stand von Bürgerenergiegesellschaften und Energiegenossenschaften in Deutschland, Leuphana Universität Lüneburg: http://fox.leuphana.de/portal/files/15393083/wpbl27_BEG_Stand_Entwicklungen.pdf.

Kehnel, Annette (2021): Wir konnten auch anders – Eine kurze Geschichte der Nachhaltigkeit. 2. Auflage 2021, Karl Blessing Verlag.

Klein, Naomi (2019): Warum nur ein Green New Deal unseren Planeten retten kann, Hoffmann und Campe Verlag.

Klein, Naomi/Stefoff, Rebecca (2021): How to change everything. Wie wir alles ändern können und die Zukunft retten, Hoffmann und Campe Verlag.

Koch, Florian/Krellenberg, Kerstin (2021): Nachhaltige Stadtentwicklung. Die Umsetzung der Sustainable Development Goals auf kommunaler Ebene, Springer VS. Open access: https://link.springer.com/content/pdf/10.1007%2F978-3-658-33927-2.pdf.

Kokstad okstad Integrated Sustainable Development Plan – Final Report Published on December 2, 2012: https://issuu.com/city_think_space/docs/kisdp_final_report.

»Kommunale Rio + 10 – Erklärung von Berlin« – Deutsche Städte auf dem Weg zur Nachhaltigkeit. Erkenntnisse und Empfehlungen zur Lokalen Agenda 21 in Deutschland. Verabschiedet am 13. April 2002 von den Teilnehmer/-innen der Tagung »Zukunftsfähige Kommunen durch Lokale Agenda 21« in Berlin. Als Download: http://www.rio-10.de/rioprozess/texte/berliner_erklaerung.pdf.

Konzeptwerk Neue Ökonomie e.V./DFG-Kolleg Postwachstumsgesellschaften (Hrsg.) (2017): Degrowth in Bewegung(en) 32 alternative Wege zur sozial-ökologischen Transformation, oekom verlag. Als Download: https://www.oekom.de/buch/degrowth-in-bewegung-en-9783865818522.

Kopatz, Michael (2016): Ökoroutine. Damit wir tun, was wir für richtig halten, oekom verlag.

Kopatz, Michael (2021): Wirtschaft ist mehr! Wachstumsstrategien für nachhaltige Geschäftsmodelle in der Region. Das Buch zur »Wirtschaftsförderung 4.0«, oekom verlag. Als freier Download unter: https://www.oekom.de/buch/wirtschaft-ist-mehr-9783962383176.

Krambach, Kurt (2001): Ländlicher Raum, nachhaltige Dorfentwicklung und lokale Agenda 21. Einsichten und praktische Erfahrungen. Rosa-Luxemburg-Stiftung, Manuskripte 27, Berlin. Als Download: https://www.rosalux.de/fileadmin/rls_uploads/pdfs/manuskripte27.pdf.

Kristof, Kora (2010): Wege zum Wandel. Wie wir gesellschaftliche Veränderungen erfolgreicher gestalten können, oekom verlag.

Kristof, Kora (2020): Wie Transformation gelingt – Erfolgsfaktoren für den gesellschaftlichen Wandel, oekom verlag.

Kuhn, Thomas u. a. (ICLEI) (Hrsg.) (1998): Lokale Agenda 21 Deutschland. Kommunale Strategien für eine zukunftsbeständige Entwicklung, Springer-Verlag.

L

Landesanstalt für Umwelt, Messungen und Naturschutz Baden-Württemberg LUBW (Hrsg.) (2007): Aktionsbörse Extra: Geförderte Projekte 1999–2006, Karlsruhe. Als Download: https://pudi.lubw.de/detailseite/-/publication/37264.

Landesanstalt für Umwelt, Messungen und Naturschutz Baden-Württemberg LUBW (Hrsg.) (2013): Zur Beteiligungspraxis beim Erstellen und Umsetzen kommunaler Klimaschutzkonzepte, Karlsruhe. Als Download: https://www.lubw.baden-wuerttemberg. de/documents/10184/143647/arbeitspapier_klimaschutzkonzept_2013_04_17_final. pdf/93a3a6d3-2a9d-43a3-90b1-dace7b0f61b3.

Landesanstalt für Umwelt, Messungen und Naturschutz Baden-Württemberg LUBW (Hrsg.) (2013): Ehrenamtliche Energieinitiativen in Baden-Württemberg. Arbeitspapier: Ergebnisse einer Umfrage zu Strukturen, Arbeitsweisen und Vernetzung, Karlsruhe. Als Download: https://pudi.lubw.de/detailseite/-/publication/35906.

Landesanstalt für Umwelt, Messungen und Naturschutz Baden-Württemberg LUBW (Hrsg.) (2013): Ehrenamtliche Energieinitiativen in Baden-Württemberg: Zusammenfassende Ergebnisse einer Untersuchung 2012/2013, Karlsruhe.

Landesanstalt für Umwelt, Messungen und Naturschutz Baden-Württemberg LUBW (2016): Lokale Agenda 21 in Baden-Württemberg, Karlsruhe. Als Download: https://www.lubw. baden-wuerttemberg.de/documents/10184/147663/2016_07_18_lokale_agenda_21_ kommunen_ap.pdf/2afed0b4-e325-4efa-9825-0bedc6842053?version=1.0&download=false.

Landesanstalt für Umweltschutz Baden-Württemberg (LfU)/Bayerisches Landesamt für Umweltschutz (Hrsg.) (2003): Tagungsdokumentation. 10 Jahre EMAS – 5 Jahre Kommunales Öko-Audit: Bilanz und Perspektiven, Karlsruhe/Augsburg.

Landesarbeitsgemeinschaft Agenda 21 NRW e.V. (Hrsg.) (2021): Der kommunale Nachhaltigkeitshaushalt 2019–2021. Bericht zur 2. Projektphase, Dortmund. Als Download: https://www.lag21.de/files/default/pdf/Themen/nn-transfer-n/NHaushalt/ kommunalernachhaltigkeitshaushalt-projektbericht2021.pdf.

Landesarbeitsgemeinschaft Agenda 21 NRW e.V. (LAG 21 NRW) (Hrsg.) (2012): Rio + 20 NRW. Länderstudie zur Lokalen Agenda 21 und zu Nachhaltigkeitsprozessen in Nordrhein-Westfalen. Dokumentation mit Handlungsempfehlungen, Dortmund. Als Download: https://www.lag21.de/files/default/pdf/Themen/Forschung/ Abschlussdokumentation_Rio_20_NRW_Final.pdf.

Landesinstitut für Schule und Weiterbildung des Landes Nordrhein-Westfalen (Hrsg.) in Zusammenarbeit mit Bund für Umwelt und Naturschutz Deutschland (BUND), »Brot für die Welt«, Bischöfliches Hilfswerk Misereor (1997): Die Zukunft denken – die Gegenwart gestalten. Handbuch für Schule, Unterricht und Lehrerbildung zur Studie »Zukunftsfähiges Deutschland«, Beltz-Verlag.

Landesstiftung Baden-Württemberg (2009): Zukunft gestalten – Nachhaltigkeit lernen. Handbuch zur außerschulischen Bildung für nachhaltige Entwicklung. Als Download: https://www.oekostation.de/docs/BNE_Handbuch_Zukunft_gestalten_Nachhaltigkeit_ lernen.pdf.

Leggewie, Claus/Welzer, Harald (2009): Das Ende der Welt, wie wir sie kannten. Klima, Zukunft und die Chancen der Demokratie, S. Fischer Verlag GmbH.

Lehmann, Manfred (2017): Kollaborativ wirtschaften. Mit der Methode des Community Organizing zu einer zukunftsfähigen Ökonomie, oekom verlag.

Lehmann-Reupert, Susanne (2013): Von New York lernen. Mit Stuhl, Tisch und Sonnenschirm, Hatje-Cantz Verlag.

Lehndorff, Steffen (2020): New Deal heißt Mut zum Konflikt. Was wir von Roosevelts Reformpolitik der 1930er Jahre heute lernen können. Eine Flugschrift, VSA Verlag.

Lemke, Bettina (2009): Der kleine Taschenbuddhist, 11. Auflage 2020, dtv Verlagsgesellschaft mbH & Co. KG.

Lesch, Harald/Kamphausen, Klaus (2018): Wenn nicht jetzt, wann dann – Handeln für eine Welt, in der wir leben wollen, Penguin Verlag.

Lessenich, Stephan (2016): Neben uns die Sintflut. Die Externalisierungsgesellschaft und ihr Preis, Hanser Berlin im Carl Hanser Verlag.

Loske, Reinhard (2013): Eine wirkmächtige Förderin der Veränderung – Die Rolle der Kommunen. In: politische ökologie, Juni 2013, 31. Jahrgang: Baustelle Zukunft. Die Große Transformation von Wirtschaft und Gesellschaft. Hrsg.: oekom e.V. – Verein für ökologische Kommunikation. S. 94–101.

Loske, Reinhard (2016): Politik der Zukunftsfähigkeit. Konturen einer Nachhaltigkeitswende, S. Fischer Verlag GmbH.

Lutz, Rüdiger (1987): Ökopolis – Eine Anstiftung zur Zukunfts- und Umweltgestaltung, Droemersche Verlagsanstalt Th. Knaur Nachf.

M

Maier, Jürgen: Das war der Gipfel in: Forum Umwelt & Entwicklung (2002), Rundbrief 3/2002, Bonn. Hier S. 3. Als Download: http://forumue.de/wp-content/uploads/2015/05/ Rundbrief200203.pdf.

Maier, Jürgen: Die neue Nachhaltigkeitsagenda der UN: Meilenstein oder alter Wein in neuen Schläuchen? In: Anja Papenfuß, Jürgen Maier, Norman Weiß, Thomas Fitschen: Die Rolle der Vereinten Nationen in der multilateralen Entwicklungszusammenarbeit: 13. Potsdamer UNO-Konferenz am 25. Juni 2016 (Potsdamer UNO-Konferenzen; 12), Potsdam, Universitätsverlag Potsdam, 2017, S. 21–28. Als Download: https://publishup. uni-potsdam.de/opus4-ubp/frontdoor/deliver/index/docId/43094/file/puk12_21-28.pdf.

Martin, Anja: Mission Baumhaus. In: Süddeutsche Zeitung Nr. 293, 18./19. Dezember 2021.

Maurer, Indre/Oberg, Achim (2020): Formen, Steuerung und Verbreitung der Sharing Economy in Deutschland. i-share Report (Vol. I). Als kostenloser Download bestellbar über https://www.i-share-economy.org/veroeffentlichungen/i-share-report-i.

Literatur- und Linkverzeichnis

Meadows, Denis u. a. (1972): Die Grenzen des Wachstums. Bericht des Club of Rome zur Lage der Menschheit, Deutsche Verlags-Anstalt.

Ministerium für Bau, Landesentwicklung und Umwelt des Landes Mecklenburg-Vorpommern (Hrsg.) (1998): Lokale Agenda 21. Erste Bestandsaufnahme in Mecklenburg-Vorpommern, Schwerin.

Ministerium für Umwelt, Raumordnung und Landwirtschaft des Landes Nordrhein-Westfalen (Hrsg.) (1997): Kongress »Lokale Agenda 21 in NRW« – Dokumentation, Öko-Zentrum Hamm, 22. Mai 1997, Düsseldorf.

Ministerium für Umweltschutz Baden-Württemberg, Bayerisches Staatsministerium für Landesentwicklung und Umweltfragen (STMLU), Hessisches Ministerium für Umwelt, Landwirtschaft und Forsten (HMULF) und Thüringer Ministerium für Landwirtschaft, Naturschutz und Umwelt (TMLNU) (Hrsg.) (2000): Indikatoren im Rahmen einer Lokalen Agenda 21. Inhaltsverzeichnis und Liste der Kernindikatoren als Download unter: http://www.agenda21-treffpunkt.de/archiv/01/pdf/Link21Leitfaden.pdf.

Ministerium für Umweltschutz Baden-Württemberg, Landesanstalt für Umweltschutz Baden-Württemberg (LfU) (Hrsg.) (1998): Umweltmanagement für kommunale Verwaltungen – Leitfaden zur Anwendung der EG-Öko-Audit-Verordnung. Karlsruhe.

Ministerium für Umwelt und Verkehr Baden-Württemberg (Hrsg.) (2004): Energie und Klimaschutz in der Lokalen Agenda 21. Leitfaden, Stuttgart. Als Download: https://pudi.lubw.de/detailseite/-/publication/93547.

Ministerium für Umwelt, Klima und Energiewirtschaft Baden-Württemberg/Landesanstalt für Umwelt, Messungen und Naturschutz Baden-Württemberg (2012): Bildung für nachhaltige Entwicklung: Lokale Netzwerke und Praxisbeispiele aus sechs Kommunen in Baden-Württemberg, Stuttgart/Karlsruhe.

Ministerium für Umwelt, Klima und Energiewirtschaft Baden-Württemberg/LUBW Landesanstalt für Umwelt, Messungen und Naturschutz Baden-Württemberg (Hrsg.) (2012): Bürgermitwirkung im Klimaschutz, Stuttgart/Karlsruhe. Als Download: https://pudi.lubw.de/detailseite/-/publication/64772.

Ministerium für Umwelt, Klima und Energiewirtschaft Baden-Württemberg/Nachhaltig-keitsbüro der LUBW Landesanstalt für Umwelt, Messungen und Naturschutz Baden-Württemberg (Hrsg.) (2016): Verankerung von Nachhaltigkeit in der Kommunalverwaltung, Stuttgart/Karlsruhe. Als Download: https://um.baden-wuerttemberg.de/fileadmin/redaktion/m-um/intern/Dateien/Dokumente/2_Presse_und_Service/Publikationen/Umwelt/Nachhaltigkeit/Nachhaltige_Kommunalverwaltung.pdf.

Ministerium für Umwelt, Klima und Energiewirtschaft Baden-Württemberg/LUBW Landesanstalt für Umwelt, Messungen und Naturschutz Baden-Württemberg (Hrsg.) (2017): Nachhaltige Beschaffung konkret Arbeitshilfe für den umweltfreundlichen und sozialverträglichen Einkauf in Kommunen, Stuttgart/Karlsruhe. Als Download: https://www.lubw.baden-wuerttemberg.de/documents/10184/147663/Nachhaltige+Beschaffung+konkret+2017.pdf/aa413776-352c-4167-a7e7-5448be7ca817.

Ministerium für Umwelt, Klima und Energiewirtschaft Baden-Württemberg (Hrsg.) (2018): 10 Jahre Nachhaltigkeitsstrategie Baden-Württemberg. Bilanz – Fazit – Ausblick, Stuttgart. Als Download: https://oekomedia.com/wp-content/uploads/2018/07/Bilanz_10-Jahre-N_DIN-A4_web.pdf.

Ministerium für Umwelt, Klima und Energiewirtschaft Baden-Württemberg / LUBW Landesanstalt für Umwelt Baden-Württemberg (Hrsg.) (2019): Kommunaler N!-Check. Begleitheft zur Mustervorlage für den Nachhaltigkeitscheck, Stuttgart/Karlsruhe. Als Download: https://pudi.lubw.de/detailseite/-/publication/10053.

Ministerium für Umwelt, Klima und Energiewirtschaft Baden-Württemberg (Hrsg.) (2020): Statusbericht kommunaler Klimaschutz in Baden-Württemberg. Erste Fortschreibung 2020, Stuttgart: https://um.baden-wuerttemberg.de/fileadmin/redaktion/m-um/intern/Dateien/Dokumente/2_Presse_und_Service/Publikationen/Klima/Statusbericht-kommunaler-Klimaschutz-2020-bf.pdf.

Ministerium für Umwelt, Klima und Energiewirtschaft Baden-Württemberg (Hrsg.) (2021): N!-Berichte für Kommunen. Leitfaden zur Erstellung von Nachhaltigkeitsberichten in kleinen und mittleren Kommunen, Stuttgart. Als Download: https://www.nachhaltigkeitsstrategie.de/fileadmin/Downloads/Publikationen/Kommunen/KIN_N-Berichte-fuer-Kommunen_LF_2021.pdf.

mitMachen e.V., JUBU – Jugendbeteiligung bei Bürgerbudgets (Hrsg.) (2020): Studie Bürgerbudgets in Brandenburg – Perspektiven für Jugendbeteiligung, Potsdam. Als Download: https://jugend-budget.de/wp-content/uploads/2021/10/JUBU-Buergerbudget_bf-NEUE-ISBN.pdf.

Müller, Christa (Hrsg.) (2011): Urban Gardening. Über die Rückkehr der Gärten in die Stadt, oekom verlag. Open access / Download: https://www.oekom.de/buch/urban-gardening-9783865812445.

Münchner Projektgruppe für Sozialforschung e.V. (MPS)Universität Bremen, ZWE Arbeit und Region, B.A.U.M. Consult GmbH (2001): Bedingungen institutioneller Stabilisierung Lokaler Agenda-21-Prozesse – Modellhafte Stabilisierungspfade. Bericht einer von der Deutschen Bundesstiftung Umwelt finanzierten Studie, München/Bremen. Als Download: http://www.sozialforschung.org/wordpress/wp-content/uploads/2009/09/kwbrand_loag_21.pdf.

Muraca, Barbara (2014): Gut leben. Eine Gesellschaft jenseits des Wachstums, Wagenbach Verlag. Lizenzausgabe für die Bundeszentrale für politische Bildung, Bonn 2015.

N

Nachhaltigkeitsbüro der Landesanstalt für Umwelt, Messungen und Naturschutz Baden-Württemberg – LUBW: Energiewende und Klimaschutz vor Ort erfahrbar machen – Aktionen und Beispiele für die Nachhaltigkeitstage und die Energiewendetage Baden-Württemberg 2017: https://www.lubw.baden-wuerttemberg.de/documents/10184/143647/infoblatt_energietag_n_tag_2016_04_12.pdf/2acf9822-df9f-4a79-95a1-3efb31193445.

Nachhaltigkeitsbüro der LUBW Landesanstalt für Umwelt Baden-Württemberg (2015): Bausteine für eine nachhaltige Kommunalentwicklung in mittleren und großen Kommunen Baden-Württembergs. Ergebnisse einer Umfrage: November 2014 bis

Februar 2015: https://www.lubw.baden-wuerttemberg.de/documents/10184/147663/
umfrage_ergebnisse_n_kommunalentwicklung_2015.pdf/17cc1e4c-bb1a-4c34-91e0-
051ca67647e7.

Neubauer, Dirk (2021): Rettet die Demokratie! Eine überfällige Streitschrift, Rowohlt
Taschenbuch Verlag.

Neubauer, Luisa / Repenning, Alexander (2019): Vom Ende der Klimakrise. Eine Geschichte
der Zukunft, Klett-Cotta / Tropen.

Neue Leipzig-Charta (2020): Die transformative Kraft der Städte für das Gemeinwohl:
https://www.bmi.bund.de/SharedDocs/downloads/DE/veroeffentlichungen/2020/eu-rp/
gemeinsame-erklaerungen/neue-leipzig-charta-2020.pdf?__blob=publicationFile&v=6.
und https://www.nationale-stadtentwicklungspolitik.de/NSPWeb/DE/Initiative/Leipzig-
Charta/Neue-Leipzig-Charta-2020/neue-leipzig-charta-2020_node.html.

Ninth European Conference on sutainable cities and towns Mannheim / Germany,
30. September – 2. October 2020 – Mannheim Message October 2020: https://conferences.
sustainablecities.eu/fileadmin/user_upload/_temp_/Mannheim2020/Message/Mannheim-
Message-DE.pdf.

Nobel, Wilfried (2020): Ökologie. Eine Einführung mit Handlungsanleitungen für eine
nachhaltige Kommunalentwicklung, oekom verlag.

Nolting, Katrin/Göll, Edgar (2014): Lokale Nachhaltigkeitsprozesse. Zukunftsperspektiven
der Lokalen Agenda in Deutschland. In: Ökologisches Wirtschaften Nr. 2/2014, S. 36–41.
Institut für ökologische Wirtschaftsforschung (IÖW) GmbH. Als Download: https://www.
oekologisches-wirtschaften.de/index.php/oew/article/view/1343/1329.

O

oekom e. V. – Verein für ökologische Kommunikation (Hrsg.) (1997): Zukunftsfähiges
Deutschland – Wann, wenn nicht jetzt? Mitherausgegeben vom wissenschaftlichen Beirat
des BUND, oekom verlag.

oekom e. V. – Verein für ökologische Kommunikation (Hrsg.) (2011): Post-Oil City. Die Stadt
von morgen. Reihe politische ökologie, München.

Öko-Institut e. V. (Hrsg.) (2015): Working Paper – Vom »Nutzen statt Besitzen« zur Sharing
Economy: Eine Systematisierung der Ansätze, Öko-Institut Working Paper 1/2015,
Freiburg: https://www.oeko.de/oekodoc/2375/2015-538-de.pdf.

Oreskes, Naomi/Conway, Erik M. (2015): Vom Ende der Welt – Chronik eines angekündigten
Untergangs, oekom verlag.

P

Paech, Niko (2012): Befreiung vom Überfluss. Auf dem Weg in eine Postwachstumsökonomie.
4. Auflage 2013, oekom verlag.

Palmer, Boris (2009): Eine Stadt macht blau. Politik im Klimawandel – das Tübinger Modell,
Verlag Kiepenheuer & Witsch.

Papst Franziskus (2015): Laudato si'. ENZYKLIKA – Über die Sorge für das gemeinsame Haus,
St. Benno Verlag GmbH.

Pariser Klimaabkommen (Text in deutscher Sprache): https://www.bmuv.de/fileadmin/ Daten_BMU/Download_PDF/Klimaschutz/paris_abkommen_bf.pdf.

Projekt Wohnmobil (2018) – Factsheet Repaircafé: https://www.ioew.de/fileadmin/ user_upload/BILDER_und_Downloaddateien/Publikationen/2018/WohnMobil_Factsheet_ Repaircafe.pdf.

Pufé, Iris (2017): Nachhaltigkeit, 3., überarbeitete und erweiterte Auflage, UVK Verlagsgesell- schaft mbH.

R

Radkau, Joachim (2011): Die Ära der Ökologie. Eine Weltgeschichte, Verlag C.H. Beck OHG.

Radkau, Joachim (2017): Geschichte der Zukunft – Prognosen, Visionen, Irrungen in Deutschland von 1945 bis heute, Carl Hanser Verlag.

Rat der Gemeinden und Regionen Europas – Deutsche Sektion: Kommunale Zukunfts- charta. Eine Welt – Unsere Verantwortung. Nachhaltigkeit auf kommunaler Ebene (Oktober 2014): https://www.rgre.de/fileadmin/user_upload/pdf/resolutionen/2015_ Kommunale_Zukunftscharta.pdf.

Rat für nachhaltige Entwicklung RNE (Hrsg.) (2010): Strategische Eckpunkte für eine nachhaltige Entwicklung in Kommunen. Erarbeitet im Rahmen des Dialogs »Nachhaltige Stadt« von den Oberbürgermeistern aus 16 Kommunen, Berlin. Als Download: https:// www.nachhaltigkeitsrat.de/wp-content/uploads/migration/documents/Broscuere_ Nachhaltige_Stadt_Oktober_2010.pdf.

Rat für nachhaltige Entwicklung RNE (Hrsg.) (2011): Städte für ein nachhaltiges Deutschland. Gemeinsam mit Bund und Ländern für eine Zukunftsfähige Entwicklung. Erarbeitet vom Deutschen Institut für Urbanistik (difu) im Rahmen des Dialogs »Nachhaltige Stadt«, Berlin. Als Download: https://www.nachhaltigkeitsrat.de/wp-content/ uploads/migration/documents/Broschuere_Staedte_fuer_ein_nachhaltiges_Deutschland_ texte_Nr_36_Juni_2011.pdf.

Rat für nachhaltige Entwicklung RNE (Hrsg.) (2015): Strategische Eckpunkte für eine nachhaltige Entwicklung in Kommunen. Zweite vollständig überarbeitete, erweiterte und aktualisierte Auflage, Berlin.

Rat für nachhaltige Entwicklung RNE (Hrsg.) (2019): In unserer Hand: Strategische Eckpunkte für eine nachhaltige Entwicklung in Kommunen. Positionen und Impulse de am Dialog »Nachhaltige Stadt« Oberbürgermeisterinnen und Oberbürgermeister, Berlin. Als Download: https://www.nachhaltigkeitsrat.de/wp-content/uploads/2019/11/ Nachhaltige_Stadt_Strategische_Eckpunkte_November_2019.pdf.

Rat für nachhaltige Entwicklung RNE (Hrsg.) (2021): Berichtsrahmen nachhaltige Kommune auf Basis des DNK. Ergebnis eines Stakeholderprozesses des Rats für Nachhaltige Entwicklung. Handreichung für Kommunen, Berlin: https://www. nachhaltigkeitsrat.de/wp-content/uploads/2021/03/20210309_Berichtsrahmen- Nachhaltige-Kommune.pdf.

Rat von Sachverständigen für Umweltfragen (SRU): Umweltgutachten 1996: Zur Umsetzung einer dauerhaft-umweltgerechten Entwicklung. Download: Deutscher Bundestag 13. Wahlperiode Drucksache 13/4108, 14.03.96: https://dserver.bundestag.de/btd/13/041/1304108.pdf.

Raworth, Kate (2018): Die Donut-Ökonomie. Endlich ein Wirtschaftsmodell, das den Planeten nicht zerstört, Carl Hanser Verlag.

Raworth, Kate: So you want to downscale the Doughnut? Here's how: https://www.kateraworth.com/2020/07/16/so-you-want-to-create-a-city-doughnut/.

Reese-Schäfer, Walter (1995): Was ist Kommunitarismus? 2. Auflage, Campus-Verlag (Reihe Campus Einführungen, Band 1078).

Reese-Schäfer, Walter (2001): Jürgen Habermas, Campus Einführungen, 3., vollständig überarbeitete Auflage, Campus-Verlag.

Renn, Ortwin (2014): Das Risikoparadox. Warum wir uns vor dem Falschen fürchten, S. Fischer Verlag GmbH.

RENN.nord / VNB e.V. (Verein Niedersächsischer Bildungsinitiativen e.V. (Hrsg.) (2019): Von der Dorfentwicklung zur nachhaltigen Entwicklung auf dem Land. Der Beitrag ländlicher Räume zur Umsetzung der SDGs, Hamburg / Hannover. Als Download: https://www.renn-netzwerk.de/fileadmin/user_upload/nord/docs/materialien/RENN_Leitfaden_SDG_11_Laendliche_Raeume_web.pdf.

RENN – Regionale Netzstellen Nachhaltigkeitsstrategien (2019): Netzwerkbericht 2019. Als Download: https://www.renn-netzwerk.de/fileadmin/user_upload/leitstelle/docs/RNE_RENN_Netzwerkbericht_2019_DE_ebook_Geschuetzt.pdf.

RENN.süd – Regionale Netzstellen Nachhaltigkeitsstrategien: Erste Schritte für lokale bzw. regionale Vernetzungsprozesse zivilgesellschaftlicher Nachhaltigkeitsinitiativen: https://www.renn-netzwerk.de/fileadmin/user_upload/sued/RENN.sued_Infoblaetter/Infoblatt_ErsteSchritteGruendungoertlicherNetzwerkeRENN.pdf.

RENN.süd – Regionale Netzstellen Nachhaltigkeitsstrategien / Nachhaltigkeitsbüro der Landesanstalt für Umwelt Baden-Württemberg (LUBW) (Hrsg.) (2019): Veranstaltungsdokumentation. Kommune als Aktionsraum zivilgesellschaftlicher Nachhaltigkeitsinitiativen, Karlsruhe: https://www.renn-netzwerk.de/fileadmin/user_upload/sued/Doku_vergangener_Veranstaltungen/RENN.sued_Veranstaltungsdokumentation_Kommune_als_Aktionsraum_09.07.2019.pdf.

RENN.süd u.a. (Hrsg.) (2021): Meine Kommune weiter.Denken – Ein Praxisleitfaden für Entscheidungsträger*innen aus Kommunen. Publikationsreihe – Wandel gemeinsam gestalten. Nürnberg/Karlsruhe. Als PDF-Datei verfügbar unter: https://www.renn-netzwerk.de/fileadmin/user_upload/sued/Publikationsreihe_Wandel_gemeinsam_gestalten/Publikationsreihe_MeineKommuneweiterdenken_1_2021__002_.pdf.

Rheingans-Heintze, Anke (2003): Lokale Akteursnetzwerke als lernende Organisationen. Analysen am Beispiel von »Lokale Agenda 21«-Prozessen, oekom verlag.

Rheinisch-Westfälische Technische Hochschule RWTH Aachen, Lehrstuhl für Wirtschaftsgeographie (2008): Solarinitiativen in Deutschland: Struktur, Aufgabenfelder und gegenwärtige Herausforderungen, Aachen.

Rifkin, Jeremy (2011): Die dritte industrielle Revolution. Die Zukunft der Wirtschaft nach dem Atomzeitalter, Campus Verlag GmbH.

Rifkin, Jeremy (2014): Die Null-Grenzkosten-Gesellschaft. Das Internet der Dinge, kollaboratives Gemeingut und der Rückzug des Kapitalismus, Campus Verlag GmbH.

Rifkin, Jeremy (2019): Der globale Green New Deal. Warum die fossil befeuerte Zivilisation um 2028 kollabiert – und ein kühner ökonomischer Plan das Leben auf der Erde retten kann, Campus Verlag GmbH.

Rockström, Johan / Klum, Mattias (2016): Big World, Small Planet. Wie wir die Zukunft unseres Planeten gestalten, Ullstein Buchverlage GmbH.

Rosa-Luxemburg-Stiftung (2021): Einsichten und praktische Erfahrungen. Manuskripte 27, Berlin. Als Download: https://www.rosalux.de/fileadmin/rls_uploads/pdfs/manuskripte27.pdf.

Rösler, Cornelia (2000): Lokale Agenda 21 in deutschen Städten, in: Heinelt, Hubert / Mühlich, Eberhard (Hrsg.): Lokale »Agenda 21«-Prozesse. Erklärungsansätze, Konzepte und Ergebnisse, Leske + Budrich, S. 13–28.

Rösler Cornelia / Kallen, Carlo (1999): Die Umsetzung der Lokalen Agenda 21 in Deutschland. In: IFOK/ZKE (Hrsg.) (1999): Was heißt hier Agenda? Analysen – Erfahrungen – Beispiele, Verlag J.H. Röll. S. 23–38.

Roth, Roland / Rucht, Dieter (Hrsg.) (2008): Die sozialen Bewegungen in Deutschland. Ein Handbuch, Campus Verlag GmbH.

S

Scheer, Hermann (2010): Der Energethische Imperativ. 100 Prozent jetzt: Wie der vollständige Wechsel zu erneuerbaren Energien zu realisieren ist, Verlag Antje Kunstmann.

Schloemann, Johan: Schöner als Argumente. In: Süddeutsche Zeitung Nr. 246, 23./24. Oktober 2021.

Schmelzer, Matthias / Vetter, Andrea (2019): Degrowth / Postwachstum zur Einführung. 2., ergänzte Auflage, Junius Verlag GmbH.

Schneidewind, Uwe (2014): Von der nachhaltigen zur transformativen Hochschule – Perspektiven einer »True University Sustainability«. UWF-Beitrag zur Bürgerhochschule (im Nachgang zur Tagung in Eberswalde am 20.01.2014): https://epub.wupperinst.org/frontdoor/deliver/index/docId/5343/file/5343_Schneidewind.pdf.

Schneidewind, Uwe (2018): Die große Transformation. Eine Einführung in die Kunst gesellschaftlichen Wandels, S. Fischer Verlag GmbH.

Schneidewind, Uwe / Zahrnt, Angelika (2013): Damit gutes Leben einfacher wird. Perspektiven einer Suffizienzpolitik, oekom verlag.

Schuhmacher, Ernst F. (1973): Small ist beautiful. Die Rückkehr zum menschlichen Maß, Deutsche Neuauflage 2019, oekom verlag.

Schuster, Wolfgang (2013): Nachhaltige Städte – Lebensräume der Zukunft. Kompendium für eine nachhaltige Entwicklung der Stadt Stuttgart, oekom verlag.

SDG-Lokalbericht aus Bonn: https://www.bonn.de/sdg-bericht.

Seidl, Irmi / Zahrnt, Angelika (Hrsg.) (2010): Postwachstumsgesellschaft: Konzepte für die Zukunft, Metropolis-Verlag.

Seidl, Irmi / Zahrnt, Angelika (2012): Postwachstumsgesellschaft: Verortung innerhalb aktueller wachstumskritischer Diskussionen (Ethik und Gesellschaft 1 / 2012: Postwachstumsgesellschaft). Download unter: https://www.ethik-und-gesellschaft.de/ojs/index.php/eug/article/view/1-2012-art-1/79.

Senatsverwaltung für Wirtschaft, Technologie und Forschung Berlin. Geschäftsstelle Projekt Zukunft (Hrsg.) (2016): Von der geteilten zur teilenden Stadt – Berlin auf dem Weg zu einer Sharing City. Potenzialanalyse der Share und Collaborative Economy in Berlin: https://digital.zlb.de/viewer/resolver?urn=urn:nbn:de:kobv:109-1-8328191.

Servicestelle Kommunen in der Einen Welt (Hrsg.) (2002): Erklärung der Kommunen an den Weltgipfel für nachhaltige Entwicklung und Der Aufruf von Johannesburg. Johannesburg 2002. Info Nr.1, Bonn.

Servicestelle Kommunen in der Einen Welt / InWEnt gGmbh (2002): Give me hope Jo'hanna. Von Rio in die deutschen Kommunen nach Johannesburg – von Schwierigkeiten und Erfolgen der Agenda-Prozesse in Deutschland. Reihe Dialog Global Nr. 1, Bonn.

Servicestelle Kommunen in der Einen Welt / InWEnt gGmbh (2005): Es geht! Kommunal nachhaltig handeln. Tipps und Ideen. Reihe Dialog Global Nr. 25, Bonn.

Sommer Bernd, Welzer Harald (2014): Transformationsdesign. Wege in eine zukunftsfähige Moderne, oekom verlag.

Staatsrätin für Zivilgesellschaft und Bürgerbeteiligung, Staatsministerium Baden-Württemberg; Ministerium für Umwelt, Klima und Energiewirtschaft Baden-Württemberg; LUBW Landesanstalt für Umwelt, Messungen und Naturschutz Baden-Württemberg (Hrsg.) (2012): Bürger machen Energie. Rechtsformen und Tipps für Bürgerenergieanlagen, Stuttgart/Karlsruhe. Als Download: https://pudi.lubw.de/detailseite/-/publication/19516.

Städtetag Baden-Württemberg (2012): Hinweise und Empfehlungen zur Bürgermitwirkung in der Kommunalpolitik, Stuttgart. Als Download: https://www.staedtetag-bw.de/media/custom/1198_71253_1.PDF.

Stadt Heidelberg (1997): Nachhaltiges Heidelberg. Für eine lebenswerte Umwelt. Darstellung und Bewertung bisheriger Aktivitäten der Stadtverwaltung und Vorschläge für eine »Lokale Agenda 21«. Eine Studie des ifeu-instituts für Energie- und Umweltforschung Heidelberg GmbH, Heidelberg.

Stadt Heidelberg (1997): Nachhaltiges Heidelberg. Für eine lebenswerte Umwelt. Darstellung und Bewertung bisheriger Aktivitäten der Stadtverwaltung und Vorschläge für eine »Lokale Agenda 21«. Kurzfassung: Eine Studie des ifeu-instituts für Energie- und Umweltforschung Heidelberg GmbH, Heidelberg. Als Download: https://www.hs-pforzheim.de/fileadmin/user_upload/uploads_redakteur/Forschung/INEC/Dokumente/Publikationen/NachhaltigesHeidelberg.pdf.

Stadt Heidelberg (1997): Stadtentwicklungsplan Heidelberg 2010 – Leitlinien und Ziele. Schriften zur Stadtentwicklung, Heidelberg.

Stadt Ludwigsburg, Referat Nachhaltige Stadtentwicklung (Hrsg.) (2018): ZUKUNFTS-KONFERENZ 2018: 22. und 23. Juni 2018. Konferenzband, Indikatorengestützter Bericht, Ludwigsburg. Als Download: https://www.ludwigsburg.de/site/Ludwigsburg-Internet-2020/get/params_E-1643039235/18579359/Zukunftskonferenz_2018_web.pdf.

Literatur

Stamm, Norbert (Hrsg.) (2021): Lessons learnt. Anläßlich 25 Jahren Lokale Agenda 21 – für ein zukunftsfähiges Augsburg. Erkenntnisse für lokale Transformationsprozesse Richtung Nachhaltigkeit, Augsburg. Als Download: https://www.nachhaltigkeit.augsburg. de/lokale-agenda-21/lessons-learnt-25-jahre.

Stark, Susanne (1999): Implementation der Lokalen Agenda 21 in Verwaltungshandeln am Beispiel Energie. Wuppertal Spezial 13 – Wuppertal Institut für Klima, Umwelt, Energie; Libri Books on Demand.

Stark, Susanne (2000): Lokale »Agenda 21«-Prozesse in den vier Städten Duisburg, Leverkusen, Hamm und Wuppertal. In: Heinelt, Hubert/Mühlich, Eberhard (Hrsg.): Lokale »Agenda 21«-Prozesse. Erklärungsansätze, Konzepte und Ergebnisse, Leske + Budrich, S. 201–215.

Steffen, Alex (Hrsg.) (2008): World Changing – Das Handbuch der Ideen für eine bessere Zukunft, von dem Knesebeck GmbH & Co. Verlag KG. Amerikanische Originalausgabe 2006.

Steuerungsgruppe Bürgerschaftliche Mitwirkung im Enzkreis (Hrsg.) (2000): Enzkreis-Info, Forum für Bürgerschaftliche Mitwirkung und Lokale Agenda 21. Ausgabe 4, Pforzheim.

Stiftung Entwicklung und Frieden SEF (Hrsg.) (1992): Nach dem Erdgipfel. Global verantwortliches Verhalten für das 21. Jahrhundert. Kommentare und Dokumente, Bonn-Bad Godesberg.

Stiftung Oekumene: Rio 1992, NGO-Verträge: https://www.ecunet.de/fileadmin/mediapool/ gemeinden/E_stiftungoekumene/Rio_1992_NGO_Vertraege.pdf.

Stottele, Tillmann/Kuntzsch, Ariane: N!-Check für den B-Plan Nr. 179 »Altes Messegelände – Sportpark« in Friedrichshafen im Vergleich zum Projekt-Check 2007. Kurzfassung: Vortrag auf dem Workshop des Nachhaltigkeitsbüros der LUBW am 30.01.2018 in Stuttgart: Pilotprojekt N!-Check in Kommunen: https://www.lubw.baden-wuerttemberg.de/ documents/10184/521985/stottele_2018_01_30_n_check_kurz.pdf/b276f99d-9d96-464d-a098-795d4a1280df.

Studie »Tourismus und Lebensqualität in Cittaslow-Städten« (2018): https://www.cittaslow. de/files/upload/PDF/Cittaslow_IMT_Studie_2018.pdf.

Süddeutsche Zeitung Nr. 74, 28./29. März 2020: Tödlicher Kontakt/Sprung über die Artengrenze.

Sznaider, Natan (2018): Die Welt der Geschichten – Willkommen in Welzers Welt. In: Giesecke, Dana u. a. (Hrsg.) (2018): Welzers Welt. Störungen im Betriebsablauf, S. Fischer Verlag GmbH. S. 19–23.

T

taz FUTURZWEI – Magazin für Zukunft und Politik: Nr. 19/2022 – Schwerpunkt: Machen.

Technische Universität München, Lehrstuhl für Bodenordnung und Landentwicklung, Univ.-Prof. Dr.-Ing. Holger Magel (2003): Evaluierung der Kommunalen Agenda 21 in Bayern. Endbericht (Textband). Forschungsvorhaben im Auftrag des Bayerischen Staatsministeriums für Landesentwicklung und Umweltfragen, München. Eine kurze Beschreibung der Studie und ihrer Methodik gibt es noch als Download: http://www. sozialforschung.org/wordpress/forschung/eval_kommunale_agenda21/.

The New Urban Agenda: https://habitat3.org/the-new-urban-agenda/.

Thunberg, Greta (2018): Ich will, dass ihr in Panik geratet. Meine Reden zum Klimaschutz. 2. Auflage 2019, S. Fischer Verlag GmbH.

Thüringer Institut für Nachhaltigkeit und Klimaschutz ThINK (Hrsg.) (2012): Rio+20 vor Ort. Bestandsaufnahme und Zukunftsperspektiven lokaler Nachhaltigkeitsprozesse in Deutschland. Länderstudie Thüringen – Abschlussbericht, Jena. Als Download: https:// www.izt.de/fileadmin/downloads/pdf/projekte/rio/Laenderstudie_Thueringen_Rio_20vor_ Ort.pdf.

Transfair e.V. (o.J.) (Hrsg.): Fairen Handel gestalten. Leitfaden für Kommunen, Landkreise und Regionen: https://www.fairtrade-towns.de/fileadmin/user_upload/ft-towns/03_ Mitmachen/FTT-Broschu__re.pdf.

Transition-Initiativen – Ein Leitfaden Version 1.4 vom 8. Juni 2011: https://www.yumpu.com/ de/document/view/51505029/transition-initiativen-leitfaden-kaufungen-gestaltet-zukunft.

U

Uhlmann, Steffen: Schnell, smart, nachhaltig. In: Süddeutsche Zeitung Nr. 17, 22./23. Januar 2022.

Umweltbriefe (2012): Nr. 22 vom 8. November 2012, Walhalla u. Praetoria Verlag GmbH & Co. KG. Interview von Martin Bopp mit Katrin Nolting auf S.13.

Umweltbundesamt (UBA) (Hrsg.) (1998): Der Prozess zu einer Lokalen Agenda 21 für Berlin-Köpenick. Teil I: Bericht zur Prozessbegleitung (Texte 41/98). Teil II: Arbeitsblätter (Texte 42/98), Berlin.

Umweltbundesamt (UBA) (2002): Besser leben durch Umweltschutz – die Zukunft dauerhaft umweltgerecht gestalten – Kernpunkte der Studie »Nachhaltige Entwicklung in Deutschland«, Berlin. Download: https://www.umweltbundesamt.de/sites/default/files/ medien/publikation/long/2114.pdf.

Umweltbundesamt (UBA) (Hrsg.) (2002): Lokale Agenda 21 im Kontext der kommunalen Steuerungsinstrumente auf kommunaler Ebene. Texte 34/02, Berlin. Download der Kurzfassung: https://www.umweltbundesamt.de/sites/default/files/medien/publikation/ short/k2151.pdf.

Umweltbundesamt (UBA) (Hrsg.) (2003): Die Lokale Agenda 21 zeigt Profil – Projektbausteine für die Schnittstelle Lokale Agenda 21/Betriebliches Umweltmanagement, Berlin. Als Download: https://www.umweltbundesamt.de/publikationen/lokale-agenda-21-zeigt-profil.

Umweltbundesamt – UBA (2003): Indikatoren zur Zielkonkretisierung und Erfolgskontrolle im Rahmen der Lokalen Agenda 21. Texte 67/03, Berlin. Als Download: https://www. umweltbundesamt.de/publikationen/indikatoren-zur-zielkonkretisierung.

Umweltbundesamt UBA/Bundesministerium für Umwelt, Naturschutz, Bau und Reaktorsicherheit (Hrsg.) (2015): Nutzen statt Besitzen: Neue Ansätze für eine Collaborative Economy, Berlin. Als Download: https://www.umweltbundesamt.de/sites/ default/files/medien/378/publikationen/uib_03_2015_nutzen_statt_besitzen_0.pdf.

Literatur

Umweltbundesamt UBA (Hrsg.) (2015): Von der Nische in den Mainstream – Wie gute Beispiele nachhaltigen Handelns in einem breiten gesellschaftlichen Kontext verankert werden können, Texte 86/2015, Berlin. Als Download: https://www.umweltbundesamt.de/publikationen/von-der-nische-in-den-mainstream.

Umweltbundesamt UBA (Hrsg.) (2017): Auswertung der Agenda 2030 und Folgeaktivitäten hinsichtlich ihres kommunalen Bezugs. Texte 105/2017, Berlin. Als Download: https://www.umweltbundesamt.de/sites/default/files/medien/1410/publikationen/2017-11-28_texte_105-2017_agenda-2030.pdf.

Umweltbundesamt UBA (Hrsg.) (2017): Die Stadt für Morgen. Umweltschonend mobil – lärmarm – grün – kompakt – durchmischt. 2. Auflage, Berlin. Als Download: https://www.umweltbundesamt.de/sites/default/files/medien/421/publikationen/20170505_stadt_von_morgen_2_auflage_web.pdf.

Umweltbundesamt UBA (Hrsg.) (2018): Transformationsstrategien und Models of Change für nachhaltigen gesellschaftlichen Wandel – Wie Transformationen und gesellschaftliche Innovationen gelingen können, Berlin. Als Download: https://www.umweltbundesamt.de/sites/default/files/medien/376/publikationen/wie_transformationen_und_gesellschaftliche_innovationen_gelingen_koennen.pdf.

Umweltbundesamt UBA – TEXTE 21/2020: Leben in zukunftsfähigen Dörfern. Ökodörfer als Katalysatoren nachhaltiger Entwicklung. Als Download: https://www.umweltbundesamt.de/sites/default/files/medien/1410/publikationen/2020-01-28_texte_21-2020_leben-in-zukunftsfahigen-dorfern_projektstudie.pdf.

Umweltbundesamt UBA (Hrsg.) (2021): UBA-Texte 26/2021: Narrative einer erfolgreichen Transformation zu einem ressourcenschonenden und treibhausgasneutralen Deutschland. Erster Zwischenbericht, Dessau-Roßlau: https://www.umweltbundesamt.de/sites/default/files/medien/5750/publikationen/2021-02-19_texte_26-2021_narrative-rtd2050.pdf.

Umweltministerium Baden-Württemberg (Hrsg.) (2007): Umweltplan 2007–2012, Stuttgart. (Druckfassung). Als Download: Umweltplan Baden-Württemberg Fortschreibung 2007. https://www.nachhaltigkeit.info/media/1234781455phpZu8QnQ.pdf.

Umweltministerium Mecklenburg-Vorpommern (2006): Perspektiven der Lokalen Agenda 21 in dörflichen Gemeinden, Schwerin.

United Nations (UN) (2000): The Millennium Development Goals: https://www.un.org/millenniumgoals/. Siehe auch Download: https://www.ndi.org/sites/default/files/Handout%207%20-%20Millennium%20Development%20Goals.pdf.

United Nations (Hrsg.) (2019): GSDR 2019. Global Sustainable Development Report 2019. The future is now. Science for achieving sustainable development. Als Download: https://sustainabledevelopment.un.org/gsdr2019.

Universität Bayreuth: Abteilung für Stadt- und Regionalentwicklung (Hrsg.) (2012): Rio plus 20 vor Ort in Bayern und Oberfranken, Bayreuth. Als Download: https://www.izt.de/fileadmin/downloads/pdf/projekte/rio/Rio20_vor_Ort_Teilstudie_Bayern.pdf.

UN-Preparatory Committee for the World Summit of Sustainable Development (Hrsg.) (2002): Second local Agenda 21 survey / submitted by the International Council for Local Environmental Initiatives. New York. Siehe: https://digitallibrary.un.org/record/459673.

V

Vahrenholt, Fritz (Hrsg.) (2006): Die Umweltmacher. 20 Jahre BMU – Geschichte und Zukunft der Umweltpolitik, Hoffmann und Campe Verlag.

Vereinte Nationen: Resolution der Generalversammlung. 66/288. Die Zukunft, die wir wollen. Verabschiedet auf der 123. Plenarsitzung am 27. Juli 2012. Als Download: https://www. un.org/depts/german/gv-66/band3/ar66288.pdf.

Vereinte Nationen: Resolution der Generalversammlung, verabschiedet am 25. September 2015. 70/1. Transformation unserer Welt: die Agenda 2030 für nachhaltige Entwicklung. Als Download: https://www.un.org/depts/german/gv-70/band1/ar70001.pdf.

Vereinte Nationen (2016): Neue Urbane Agenda: Erklärung von Quito zu nachhaltigen Siedlungen und Städten für alle (Dokument der UN-Konferenz »Habitat III« zu Wohnen und nachhaltiger Stadtentwicklung): https://www.habitat3.org/the-new-urban-agenda.

Vester, Frederic (1983): Unsere Welt – ein vernetztes System, Deutscher Taschenbuch Verlag.

Vester, Frederic (1991): Ballungsgebiete in der Krise – Vom Verstehen und Planen menschlicher Lebensräume, aktualisierte Neuausgabe, Deutscher Taschenbuch Verlag.

W

Walter, Michael (2002): Akteure, Ansätze und Rahmenbedingungen einer nachhaltigen Regionalentwicklung im Ländlichen Raum. Die Modellregion Hohenlohe? Peter Lang, Europäischer Verlag der Wissenschaften.

Weinbuch, Deborah (2019): Alle fürs Klima. Kids, Parent und Scientists – Seite an Seite für eine bessere Zukunft, Verlag Komplett Media GmbH.

Weizsäcker, Ernst Ulrich von / Wijkman, Anders (Hrsg.) (2017): Wir sind dran. Was wir ändern müssen, wenn wir bleiben wollen. Club of Rome: Der große Bericht, Gütersloher Verlagshaus.

Welzer, Harald (2013): Selbst denken. Eine Anleitung zum Widerstand, S. Fischer Verlag GmbH.

Welzer, Harald (Hrsg.) (2017): Die nachhaltige Republik. Umrisse einer anderen Moderne, S. Fischer Verlags GmbH.

Welzer, Harald (2019): Alles könnte anders sein. Eine Gesellschaftsutopie für freie Menschen, S. Fischer Verlag GmbH.

Welzer, Harald / Remmler, Stephan (Hrsg.) (2012): Der FUTURZWEI Zukunftsallmanach 2013. Geschichten vom guten Umgang mit der Welt, S. Fischer Verlag GmbH.

Welzer, Harald u. a. (Hrsg.) (2014): Der FUTURZWEI Zukunftsallmanach 2015/16. Geschichten vom guten Umgang mit der Welt. Schwerpunkt Material, S. Fischer Verlag GmbH.

Welzer, Harald u. a. (Hrsg.) (2016): Der FUTURZWEI Zukunftsallmanach 2017/18. Geschichten vom guten Umgang mit der Welt. Schwerpunkt Stadt, S. Fischer Verlag GmbH.

Wetzel, Jakob: Fridays for Future (2019), Süddeutsche Zeitung Edition.

WILA Wissenschaftsladen Bonn (2021): Bürgerenergiegenossenschaften als Promotoren der Energiewende. Die Geschäftsfelder Mieterstrom, kalte Nahwärme und Elektromobilität, Bonn. Als Download: https://www.wilabonn.de/images/PDFs/Genossenschaften/ Brgerenergiegenossenschaften_als_Promotoren_der_Energiewende_GESAMT_EPaper-komprimiert.pdf.

Wirtschaftsministerium Baden-Württemberg/Ministerium für Umwelt und Verkehr Baden-Württemberg (Hrsg.) (2002): Lokale Agenda und Eine Welt. Leitfaden zur global fairen Kommune in Baden-Württemberg. Anregungen und Empfehlungen anhand von Beispielen aus der Praxis, Stuttgart.

Wissenschaftlicher Beirat der Bundesregierung Globale Umweltveränderungen WBGU (Hrsg.) (2011): Hauptgutachten. Welt im Wandel – Gesellschaftsvertrag für eine Große Transformation, Berlin. Als Download: https://www.wbgu.de/de/publikationen/publikation/ welt-im-wandel-gesellschaftsvertrag-fuer-eine-grosse-transformation.

Wissenschaftlicher Beirat der Bundesregierung Globale Umweltveränderungen WBGU (Hrsg.) (2016): Hauptgutachten. Der Umzug der Menschheit – Die transformative Kraft der Städte, Berlin. Als Download: https://www.wbgu.de/de/publikationen/publikation/ der-umzug-der-menschheit-die-transformative-kraft-der-staedte.

Wissenschaftlicher Beirat der Bundesregierung Globale Umweltveränderungen WBGU (Hrsg.) (2016): Der urbane Planet. Wie Städte unsere Zukunft sichern, Berlin. Als Download: https://www.wbgu.de/fileadmin/user_upload/wbgu/publikationen/comics/ comic_2016/Der_urbane_Planet_160920_web.pdf.

Wissenschaftlicher Beirat der Bundesregierung Globale Umweltveränderungen (WBGU) (2019): Hauptgutachten »Unsere gemeinsame digitale Zukunft«, Berlin. Als Download: https://www.wbgu.de/de/publikationen/publikation/unsere-gemeinsame-digitale-zukunft.

Wissenschaftlicher Beirat der Bundesregierung Globale Umweltveränderungen (WBGU) (2014): Sondergutachten Klimaschutz als Weltbürgerbewegung, Berlin. Als Download: https://www.wbgu.de/fileadmin/user_upload/wbgu/publikationen/sondergutachten/ sg2014/wbgu_sg2014.pdf.

Women Engage for a Common Future wecf/Regionale Netzstellen Nachhaltigkeits-strategien – RENN.süd (2018): SDG-Pioniere und Akteure des Wandels vor Ort, München. Als Download: https://www.renn-netzwerk.de/fileadmin/user_upload/sued/Publikationen/ SDG_Booklet_FINAL_ONLINE.pdf.

World Future Council and HafenCity University Hamburg (HCU) Commission on Cities and Climate Change (Hrsg.) (2010): Regenerative Cities: https://www.worldfuturecouncil.org/ wp-content/uploads/2016/01/WFC_2010_Regenerative_Cities.pdf.

Wright, Erik Olin (2017): Reale Utopien – Wege aus dem Kapitalismus. 3. Auflage 2020, Suhrkamp Verlag (amerikanische Originalausgabe 2010, deutsche Erstauflage 2017).

Z

Zahrnt, Angelika (8.12.2010): Postwachstumsgesellschaft. Ringvorlesung Postwachstums-ökonomie, Universität Oldenburg. Als Download: http://www.postwachstumsoekonomie. de/wp-content/uploads/2010-12-08_Zahrnt-Postwachstumsgesellschaft.pdf.

Links

A

Agenda 21 Karlsruhe: https://www.agenda21-karlsruhe.de/home.

Agenda 21 Netzwerk Oberösterreich: https://www.agenda21-ooe.at/.

Allensbach am Bodensee: https://www.gemeinde-allensbach.de/startseite.

Allensbach – Lokale Agenda 21: https://www.gemeinde-allensbach.de/lokale-agenda-21/ueber-uns/chronik.

Allgäu fairnetzt: https://allgaeu-fairnetzt.org/.

Allgemeiner Deutscher Fahrrad-Club e. V. (ADFC) – Für mehr Lebensqualität: Die Superblocks in Barcelona, 9. November 2020: https://www.adfc.de/artikel/fuer-mehr-lebensqualitaet-die-superblocks-in-barcelona.

Allianz für Beteiligung: https://allianz-fuer-beteiligung.de/.

Anstiftung: https://anstiftung.de/.

B

Bad Boll – Bad Boller Wagen – der bringt's!: https://www.bad-boll.de/de/buerger/wirtschaft/regional-einkaufen/bad-boller-wagen.

Baden-Württembergischer Genossenschaftsverband bwgv – Energiegenossenschaften: https://www.wir-leben-genossenschaft.de/de/energiegenossenschaften-45.htm.

Bad Rodach – Pflück mich: https://www.bad-rodach.de/klima-umwelt/pflueck-mich.

Barcelona – Barcelona wird super dank Superblocks! Weniger Verkehr, mehr Grün, mehr Lebensqualität durch das neue Stadtentwicklungsprojekt: https://www.barcelona.de/de/barcelona-superblocks.html.

Bauhaus der Erde: https://www.bauhausdererde.org/.

Bergische Universität Wuppertal – transzent: https://transzent.uni-wuppertal.de.

Berlin.de, das offizielle Hauptstadtportal – Sharing: https://www.berlin.de/special/sharing/.

Biostadt Nürnberg: https://www.biostaedte.de/bio-staedte/nuernberg.

Blog Postwachstum: https://www.postwachstum.de/alle-artikel.

Bluepingu – SDGs go local: https://sdgs-go-local.bluepingu.de/.

BNE-Kompetenzzentrum Bildung – Nachhaltigkeit – Kommune: https://www.bne-kompetenzzentrum.de/de.

Brandenburg 21: https://www.nachhaltig-in-brandenburg.de/news/index.php?rubrik=1.

Bremen – frauenseiten bremen: https://frauenseiten.bremen.de/blog/komiko-neue-plattform-fuer-nachhaltigen-konsum-ist-ab-sofort-online/.

Bundesgeschäftsstelle Energiegenossenschaften: https://www.dgrv.de/bundesgeschaftsstelle-energiegenossenschaften/.

Bundesministerium des Innern, für Bau und Heimat: Smart Cities – Stadtentwicklung im digitalen Zeitalter: https://www.bmi.bund.de/DE/bauen-wohnen/stadt-wohnen/stadtentwicklung/smart-cities/smart-cities-node.html.

Bundesministerium für Bildung und Forschung – BNE-Portal: Kommunen: https://www.bne-portal.de/bne/de/bundesweit/kommunen/kommunen.html.

Bundesministerium für Bildung und Forschung – Wettbewerb Zukunftsstadt: https://www.fona.de/de/massnahmen/foerdermassnahmen/wettbewerb-zukunftsstadt.php.

Bundesministerium für Bildung und Forschung – Zukunftsstadt: https://www.bmbf.de/bmbf/de/forschung/energiewende-und-nachhaltiges-wirtschaften/zukunftsstadt/zukunftsstadt_node.html.

Bundesministerium für Umwelt, Naturschutz und Reaktorsicherheit BMU: Nachhaltigkeit: https://www.bmuv.de/themen/nachhaltigkeit-digitalisierung/nachhaltigkeit.

Bundesministerium Klimaschutz, Umwelt, Energie, Mobilität, Innovation und Technologie Österreich: Gutau – Prozess des Monats 3/2019: https://www.bmk.gv.at/themen/klima_umwelt/nachhaltigkeit/lokale_agenda21/agenda-vorbilder/2019/gutau.html.

Bundeszentrum für Ernährung – Biostädte: https://www.bzfe.de/nachhaltiger-konsum/netzwerke-bilden/bio-staedte/.

BUNDjugend – WELTBEWUSST: https://www.bundjugend.de/projekte/weltbewusst/.

Bündnis der Bürgerstiftungen Deutschlands: https://www.buergerstiftungen.org/de/.

Bürger Energie Deißlingen eG: https://bed-eg.de/.

Bürgermeisterdialog Thüringen: https://nhz-th.de/buergermeisterdialog.html.

BürgerSolarBeratung: https://buergersolarberatung.de/.

C

Café Friederico: https://weltladen.bclr.de/laden/kaffee-aus-aller-welt/.

Circular Valley: https://circular-valley.org/.

Cittàslow: https://www.cittaslow.de/.

Cittàslow Deidesheim: https://www.deidesheim.de/cittaslow-nachhaltigkeit.html.

City of Adelaide. Carbon neutral Adelaide: https://www.carbonneutraladelaide.com.au/about.

City of Adelaide. Our sustainable city: https://www.cityofadelaide.com.au/about-adelaide/our-sustainable-city/.

City of Amsterdam – Policy: Circular economy: https://www.amsterdam.nl/en/policy/sustainability/circular-economy.

CivixX Werkstatt für Zivilgesellschaft: https://www.civixx.de/.

Cradle to Cradle NGO: https://c2c.ngo/.

D

Das neue europäische Bauhaus: https://europa.eu/new-european-bauhaus/about/about-initiative_de.

Deine Zukunft 2030 Amberg-Sulzbach: https://deinezukunft-as.de/.

Der nachhaltige Warenkorb: Nachhaltiger Konsum vor Ort: https://www.nachhaltiger-warenkorb.de/nachhaltiger-konsum/nachhaltiger-konsum-vor-ort/#karte.

Deutsche Biostädte: https://www.biostaedte.de/.

Deutsche Gesellschaft für die Vereinten Nationen e. V. – DGNV: Agenda 2030 für nachhaltige Entwicklung: https://nachhaltig-entwickeln.dgvn.de/agenda-2030/agenda-2030-fuer-nachhaltige-entwicklung/.

Deutscher Bundestag – Parlamentarischer Beirat für nachhaltige Entwicklung, Nachhaltigkeitsprüfung: https://www.bundestag.de/resource/blob/560888/f22d0f4280514ae7766bad6e07068461/verfahrensordnung-data.pdf.

Deutsches Institut für Urbanistik difu – Starke Städte: https://difu.de/projekte/starke-staedte.

Deutsche UNESCO-Kommission – BNE-Akteure: Ausgezeichnete BNE-Kommunen der UN-Dekade https://www.unesco.de/bildung/bne-akteure?awards=kommune.

Deutsche Vernetzungsstelle Ländlicher Räume dvs – Leader: https://www.netzwerk-laendlicher-raum.de/dorf-region/leader/.

Deutschlands Biostädte: https://www.biostaedte.de/ueber-uns.

Die Bundesregierung: Deutsche Nachhaltigkeitsstrategie: https://www.bundesregierung.de/breg-de/themen/nachhaltigkeitspolitik/die-deutsche-nachhaltigkeitsstrategie-318846.

Die Bundesregierung – Innovationsplattform Zukunftsstadt (IPZ): https://www.innovationsplattform-zukunftsstadt.de/zukunftsstadt/de/home/home_node.html.

Dorfbewegung Brandenburg: https://lebendige-doerfer.de/.

Dortmund.de: https://www.dortmund.de/de/index.html.

Dortmund – Lokale Agenda 21: https://www.dortmund.de/de/leben_in_dortmund/internationales/buero_fuer_internationale_beziehungen/downloads_bfibune/index.html.

Doughnut Economics Action Lab: https://doughnuteconomics.org/.

E

EMAS – Register, Kommunen in Baden-Württemberg 2021: https://www.emas-register.de/recherche?a=suche&registernummer=DE-&bundesland=Baden-W%C3%BCrttemberg&managementzentrale=on&nace_codes=84&p=1&erweitert=true.

Energieagentur Rheinland-Pfalz: KlikK aktiv. Klimaschutz in kleinen Kommunen durch ehrenamtliche Klimaschutzpaten https://www.energieagentur.rlp.de/projekte/kommune/klikk-aktiv.

Energiegemeinschaft Weissacher Tal: http://www.energie-wt.de/.

Enorm-magazin: Amsterdam baut auf den Donut: https://enorm-magazin.de/wirtschaft/kreislaufwirtschaft/soziale-kreislaufwirtschaft-das-modell-donut-oekonomie.

Enzkreis – Aus der Region für die Region: https://www.enzkreis.de/Landratsamt/%C3%84mter-Dezernate/Dezernat-3-Landwirtschaft-Forsten-%C3%B6ffentliche-Ordnung/Landwirtschaftsamt/Aus-der-Region-F%C3%BCr-die-Region/.

Erdcharta: https://erdcharta.de/.

Erfurt: https://www.erfurt.de/ef/de/engagiert/agenda21/lokale_agenda_erfurt/index.html.

Essbare Stadt Kassel: https://essbare-stadt.de/wp/konzept/.

Europäischer Ausschuss der Regionen: Green Deal Going Local. Delivering climate-neutrality, leaving no one behind: https://cor.europa.eu/de/engage/Pages/green-deal.aspx.

Europäischer Green Deal: https://www.nuernberg.de/internet/eu_buero/greendeal.html.

Europäischer Grüner Deal: https://ec.europa.eu/info/strategy/priorities-2019-2024/european-green-deal_de#documents.

European Commission. Smart Cities: https://ec.europa.eu/info/eu-regional-and-urban-development/topics/cities-and-urban-development/city-initiatives/smart-cities_en.

European Commission. 100 Intelligent Cities Challenge (ICC): https://www.intelligent citieschallenge.eu/news/local-green-deals-blueprint-action.

European Energy Award: https://www.european-energy-award.de/.

Evangelische Landeskirche in Württemberg, Grüner Gockel: https://www.umwelt.elk-wue.de/arbeitsfelder/umweltmanagement-der-gruene-gockel/.

F

Fairtrade Towns: https://www.fairtrade-towns.de/aktuelles.

Fairtrade Town Saarbrücken: https://faires.saarbruecken.de/.

Fairtrade Towns – Über die Kampagne: https://www.fairtrade-towns.de/kampagne.

Falkensee-Lokale Agenda 21: https://www.agenda21-falkensee.de/agenda21/entstehung-erfolge-falkensee.

Fifty-fifty-Modell an Schulen: https://www.fifty-fifty.eu/kontakt/.

Filderstadt – Bürgerbeteiligung: https://www.filderstadt.de/start/alltag/buergerbeteiligung.html.

Forum Nachhaltiges Leipzig: https://www.nachhaltiges-leipzig.de/.

Forum Umwelt & Entwicklung: https://www.forumue.de/.

Forum 1.5.: https://forum1punkt5.de/.

Forschungsprojekt i-share zur Wirkung der Sharing Economy: https://www.i-share-economy.org/de.

Freies Lastenrad Würzburg: https://lastenrad-wuerzburg.de/.

Fridays for Future: https://fridaysforfuture.de/.

Fridays for Future – Hamburg for Future: https://fridaysforfuture.de/ortsgruppen/hamburg/.

Future Living Berlin: https://future-living-berlin.com/.

FUTURZWEI – Stiftung Zukunftsfähigkeit: https://futurzwei.org/.

G

Gehl: https://gehlpeople.com/.

Gemeinde Bodnegg – Reparaturinitiative: https://bodnegg.de/files/20_bodnegg_1.pdf.

Gemeindenetzwerk Bürgerengagement: https://www.gemeindenetzwerk-be.de/home.

Gemeinde Straubenhardt Cradle to Cradle: https://www.straubenhardt.de/verwaltung/cradle/.

Gemeinde Weyarn – Aktive Bürger: https://gemeinde-weyarn.de/aktive-buerger/.

Gemeinsam jetzt: https://gemeinsam.jetzt/.

Gemeinwohlökonomie: https://web.ecogood.org/de/.

Gemeinwohlökonomie – Gemeinwohlbilanz für Gemeinden: https://web.ecogood.org/de/unsere-arbeit/gemeinwohl-bilanz/gemeinden/.

Gemeinwohlökonomie – Norddeutschland e.V. Bilanzierte Kommunen: https://web.ecogood.org/de/norddeutschland/bilanzierte-kommunen-im-norden.

GEN Deutschland Global Ecovillage Network: Leben in zukunftsfähigen Dörfern I + II. Lernorte für morGEN: https://gen-deutschland.de/leben-in-zukunftsfaehigen-doerfern/ergebnisse/.

Genossenschaften in Deutschland – Weiler Wärme eG: https://www.genossenschaften.de/weiler-w-rme-eg.

German Zero – Initiativen für klimaneutrale Kommunen: https://www.germanzero.de/.

Global Nachhaltige Kommune: https://skew.engagement-global.de/global-nachhaltige-kommune.html.

Global Nachhaltige Kommune im Saarland: https://skew.engagement-global.de/kooperationen/bericht-global-nachhaltige-kommune-saarland.html.

Global Nachhaltige Kommune in Nordrhein-Westfalen: https://www.lag21.de/projekte/details/global-nachhaltige-kommune.

Global Nachhaltige Kommune in Thüringen: https://skew.engagement-global.de/global-nachhaltige-kommune-in-thueringen.html.

H

Hauptstadt des fairen Handels 2009: https://skew.engagement-global.de/wettbewerb-2009.html.

Haus des Engagements Freiburg: https://haus-des-engagements.de/.

Hochschule für Wirtschaft und Umwelt Nürtingen Geisslingen HFWU – Institut für Landschaft und Umwelt (ILU):Erste Datenbank kommunaler Nachhaltigkeitsberichte Baden-Württembergs: https://www.hfwu.de/forschung-und-transfer/institute-und-einrichtungen/institut-fuer-landschaft-und-umwelt-ilu/erste-datenbank-kommunaler-nachhaltigkeitsberichte/.

HoHo Wien: https://www.hoho-wien.at/.

I

Ideenportal Werkzeugkasten des Wandels: https://www.werkzeugkasten-wandel.de/.

Imti: https://imti.enterprises/de/.

INFOsperber: Energiewende – Eine 1,2-Millionen-Stadt macht's vor: https://www.infosperber.
ch/gesellschaft/technik/energiewende-eine-12-millionen-stadt-machts-vor/.

Initiative pro Recyclingpapier: https://www.papiernetz.de/.

Initiative Pro Recyclingpapier (Hrsg.) (2021): Städtewettbewerb Papieratlas 2021, Berlin.
https://www.papieratlas.de/wp-content/uploads/papieratlas2021_staedte.pdf.

Initiative Rodachtal: https://www.initiative-rodachtal.de/351/Startseite.html.

INOVe: https://www.inove.network/wiki/Hauptseite.

International Council for Local Environmental Initiatives ICLEI: https://www.iclei.org./.

Internationale Bodensee-Konferenz (IBK) – Projektcheck/Unternehmen 21: https://www.
alexandria.unisg.ch/50980/1/Instrumente%20zur%20Nachhaltigkeitsbewertung%20
von%20Projekten%20_Text.pdf.

Internationale Gärten Göttingen: http://internationale-gaerten.de/.

K

Karte von morgen: https://blog.vonmorgen.org/.

Kartoffelkombinat – München ist ein Dorf: https://www.kartoffelkombinat.de/blog/.

Klima-Bündnis: https://www.klimabuendnis.org/home.html.

Klimabündnis Karlsruhe: https://www.klimabuendnis-karlsruhe.de/.

Kolleg Postwachstumsgesellschaften: http://www.kolleg-postwachstum.de/.

Komiko – Konsum mit Köpfen – Bremen: https://www.komiko-bremen.de/Ueber-KomiKo.html.

Kommunen für biologische Vielfalt: https://www.kommbio.de/home/.

Kommunen für biologische Vielfalt – Mitglieder: https://www.kommbio.de/buendnis/
mitglieder/.

Kompetenzstelle nachhaltige Beschaffung: http://www.nachhaltige-beschaffung.info/DE/
Home/home_node.html.

Konzeptwerk neue Ökonomie: https://konzeptwerk-neue-oekonomie.org/themen/degrowth/.

Kooperative Stadt: https://koop-stadt.de/.

Kreis Unna – LebensWerte. Nachhaltige Entwicklung im Kreis Unna: https://www.kreis-
unna.de/hauptnavigation/kreis-region/politik-verwaltung/kreisentwicklung-und-wirtschaft/
nachhaltigkeitsberichte/.

L

Landesarbeitsgemeinschaft Agenda 21 NRW e.V. (LAG 21 NRW): https://www.lag21.de/.

Landesnetzwerk Bürgerschaftliches Engagement Bayern: https://www.lbe.bayern.de/.

Landesnetzwerke Bürgerschaftliches Engagement Baden-Württemberg: https://
sozialministerium.baden-wuerttemberg.de/de/soziales/buergerengagement/netzwerke/.

Landeszentrale für politische Bildung Baden-Württemberg lpb: Smart City – die Stadt der
Zukunft? https://www.lpb-bw.de/smart-city#c56722.

Landkreis Coburg – Aktiv im Alter – Die Klamotte: https://www.landkreis-coburg.de/files/
artikel_projektboerse_klamotte_heldritt_dez_2016.pdf.

Landkreis Freudenstadt – Nachhaltigkeit im Landkreis Freudenstadt: https://www.
landkreis-freudenstadt.de/Startseite/Landkreis/nachhaltigkeitsprojekt.html.

Landkreis Main-Spessart-Fairtrade-Kreis: https://www.main-spessart.de/themen/agenda-21/
fairtrade-kreis/index.html.

Leader Region Coburger Land: https://www.regionalmanagement-coburg.de/leader.html.

Lebendiges Lüneburg: https://www.lebendiges-lueneburg.de/.

Leuphana Universität Lüneburg – Nachhaltige Verwaltung: https://www.leuphana.de/
institute/insugo/nachhaltigkeitspolitik/nachhaltige-verwaltung.html.

Lexikon der Nachhaltigkeit: Weltgipfel Rio +20, Rio 2012: https://www.nachhaltigkeit.info/
artikel/weltgipfel_rio_20_rio_de_janeiro_2012_1419.htm.

Lokale Agenda Ulm 21: https://www.ulm-agenda21.de/.

Lokale Agenda Ulm 21 – Green Parking Day: https://www.ulm-agenda21.de/2021/02/19/
green-parking-day/.

Lokale Agenda 21 Augsburg: https://www.nachhaltigkeit.augsburg.de/lokale-agenda-21.

Lokale Agenda 21 Dresden: https://la-dresden.de/.

Lokale Agenda 21 Heilbronn AK Rat für Klimaschutz: https://www.agenda21-hn.de/de/
ueber-uns/abeitskreise/klimarat/.

Lokale Agenda 21 Trier: https://la21-trier.de/.

M

Managing Urban Europe Projekt 25 in Donaueschingen: https://www.gvv-umweltbuero.de/
projekte/managing-urban-europe/.

Managing Urban Europe 25-Project: https://iclei-europe.org/projects/?c=search&uid=
rJpEP9eT.

Mannheim: Local Green Deal: https://www.mannheim.de/de/stadt-gestalten/local-green-deal.

Marktgemeinde Gutau – Agenda – Gutau taugt guat: https://www.gutau.at/gemeindeamt-
buergerservice/agenda-gutau-taugt-guat.html.

Masdar City: https://masdarcity.ae/.

MetropolSolar: https://www.metropolsolar.de/.

Mitfahrbänkle: http://www.mitfahrbaenkle.de/.

N

Nachhaltiger Warenkorb. Nachhaltiger Konsum vor Ort: https://www.nachhaltiger-warenkorb.de/nachhaltiger-konsum/nachhaltiger-konsum-vor-ort/.

Nachhaltigkeit NRW: https://www.nachhaltigkeit.nrw.de/.

Nachhaltigkeitsbericht der Stadt Bonn: https://www.bonn.de/nachhaltigkeitsbericht.

Nachhaltigkeitsbüro der LUBW (Landesanstalt für Umwelt Baden-Württemberg): https://www.lubw.baden-wuerttemberg.de/nachhaltigkeit/n-buero.

Nachhaltigkeitsbüro der LUBW (Landesanstalt für Umwelt Baden-Württemberg): Förderungen: https://www.lubw.baden-wuerttemberg.de/nachhaltigkeit/foerderungen. (▷ Förderungen von Projekten für Bildung für nachhaltige Entwicklung).

Nachhaltigkeitsbüro der LUBW (Landesanstalt für Umwelt Baden-Württemberg) – Materialien: https://www.lubw.baden-wuerttemberg.de/nachhaltigkeit/publikationen.

Nachhaltigkeitsstrategie Baden-Württemberg: https://www.nachhaltigkeitsstrategie.de/.

Nationale Klimaschutzinitiative – Zahlen und Fakten: https://www.klimaschutz.de/de/ueber-die-initiative/zahlen-und-fakten.

Nationale Stadtentwicklungspolitik: https://www.nationale-stadtentwicklungspolitik.de/NSPWeb/DE/Home/home_node.html.

Netzwerk Dorfmoderation Niedersachsen: https://www.dorfmoderation-niedersachsen.de/.

Netzwerk Reparatur-Initiativen: https://www.reparatur-initiativen.de/.

Netzwerk Wachstumswende: https://wachstumswende.de/.

Netzwerk 21 Camp und Netzwerk Initiativen: https://www.netzwerk21kongress.de/netzwerk-nachhaltigkeit/lokale-initiativen/.

Netzwerk 21 Kongress: https://www.netzwerk21kongress.de/kongress/archiv/.

Next economy lab: Die Donut-Ökonomie https://nexteconomylab.de/projekte/die-donut-oekonomie.

Niedersächsisches Ministerium für Ernährung, Landwirtschaft und Verbraucherschutz (ML): Modellvorhaben Soziale Dorfentwicklung: https://www.ml.niedersachsen.de/modellprojekte/modellvorhaben-soziale-dorfentwicklung-173670.html.

Norderstedt als Kommune für biologische Vielfalt: https://www.kommbio.de/mitglieder/norderstedt/.

N-Region Raum Bad Boll: https://www.direktvermarktung-raum-bad-boll.de/n-region-raum-bad-boll/.

Nürnberg, die Biometropole: https://www.die-biometropole.de/auftrag.

O

Oederan Stadt des Kleinerzgebirge: Tag der Erneuerbaren Energien https://www.oederan.de/tourismus-kultur/veranstaltungen/highlights/tag-der-erneuerbaren-energien.

ÖKOPROFIT Graz: https://www.umwelt.graz.at/cms/ziel/4850005/DE/.

ÖKOPROFIT München: https://stadt.muenchen.de/infos/oekoprofit.html.

Ortgemeinde Hochspeyer: Klimaschutz https://www.hochspeyer.eu/index.php/hochspeyer/klimaschutz.

P

Parents for Future: https://parentsforfuture.de/de/.

ParentsForFuture Karlsruhe: https://www.parents4future-ka.de/.

Pariser Klimakonferenz 2015: https://www.bmuv.de/themen/klimaschutz-anpassung/klimaschutz/internationale-klimapolitik/pariser-abkommen.

Planetare Grenzen (Potsdam-Institut für Klimafolgenforschung): https://www.pik-potsdam.de/de/aktuelles/nachrichten/planetare-grenzen-wechselwirkungen-im-erdsystem-verstaerken-menschgemachte-veraenderungen.

Postwachstumsstadt: https://postwachstumsstadt.de/.

R

Rat für nachhaltige Entwicklung: https://www.nachhaltigkeitsrat.de/.

Rat für nachhaltige Entwicklung-RNE: Dialog Nachhaltige Stadt: https://www.nachhaltigkeitsrat.de/projekte/dialog-nachhaltige-stadt/.

Region 5G. Verbund nachhaltiger Kommunen: https://www.n-region-5g.de.

RENN – Regionale Netzstellen Nachhaltigkeitsstrategien: https://www.renn-netzwerk.de/.

REPAIR CAFE: https://repaircafe.org/de/.

Rodachtal Kurier: https://www.rodachtal-kurier.de/.

S

Schuhmacher Quartier Berlin: https://www.schumacher-quartier.de/.

Servicestelle Kommunen in der Einen Welt SKEW: https://skew.engagement-global.de/ueber-uns.html.

Servicestelle Kommunen in der Einen Welt SKEW: Länderansatzkommunen und SDG-Modellkommunen: https://skew.engagement-global.de/global-nachhaltige-kommune-landkarte.html.

Servicestelle Kommunen in der Einen Welt SKEW: Global Nachhaltige Kommune: https://skew.engagement-global.de/global-nachhaltige-kommune.html.

Servicestelle Kommunen in der Einen Welt SKEW: Zeichnungskommunen der Agenda 2030-Resolution: https://skew.engagement-global.de/zeichnungskommunen-agenda-2030.html.

Shareable. People-powered solutions for the common good: https://www.shareable.net/sharing-cities/.

Share Hub Seoul: http://sharehub.kr/homeEn/shareHomeEn.do.

Sharing Cities Alliance: https://www.sharingcitiesalliance.com/.

Sharing City: http://www.sharing-city.de/top-staedte.htm.

Smart City Wolfsburg: https://www.wolfsburg.de/smartcity.

Solarinitiative Ludwigsburg e.V.: https://www.solarinitiative-lb.de/solarenergie-ludwigsburg/home/.

Stadt Aalen: Bildung für nachhaltige Entwicklung: https://www.aalen.de/bildung-fuer-nachhaltige-entwicklung.35796.25.htm.

Stadt Arnsberg: https://www.arnsberg.de/politik/nachhaltigkeitscheck.pdf.

Stadt Augsburg – Nachhaltigkeitseinschätzung für Stadtratsbeschlüsse: https://www.nachhaltigkeit.augsburg.de/zukunftsleitlinien/nachhaltigkeitseinschaetzung.

Stadt Augsburg – Zukunftsleitlinien: https://www.nachhaltigkeit.augsburg.de/zukunftsleitlinien.

Stadt Augustusburg: Für Dich. Für Deine Stadt. Für alle: https://www.meinaugustusburg.de/de-DE.

Stadtentwicklungskonzept Ludwigsburg: https://www.ludwigsburg.de/start/stadt+entwickeln/stadtentwicklungskonzept.html.

Stadtentwicklungsplan Heidelberg: https://www.heidelberg.de/hd/HD/Rathaus/Stadtentwicklungsplan.html.

Städte- und Gemeindebund Nordrhein-Westfalen, Pressemitteilung vom 5.11.2019: https://www.kommunen.nrw/presse/pressemitteilungen/detail/dokument/in-kommunen-wird-klimaschutz-konkret.html.

Stadt Freiburg – Quartier Vauban: Nachhaltiges Wohnen für 5.300 Menschen: https://www.freiburg.de/pb/208736.html.

Stadt Halle – Freiraumbüro Halle (mit Link zum Freiraumkonzept): https://www.halle.de/de/Kultur/Freizeit/index.aspx?recID=2660&P=32.

Stadt Halle – Nachrichten: Stadt Halle erhält Auszeichnung für Kompetenzzentrum »Freiraumbüro« und Jugendbeteiligungsprogramm: https://www.halle.de/de/Verwaltung/Presseportal/Nachrichten/?NewsId=46519.

Stadt Karlsruhe – Klimaschutzstrategie: https://www.karlsruhe.de/b3/natur_und_umwelt/klimaschutz/klimakonzept.de.

Stadt Loitz – Zukunftsinitiative: https://www.loitz.de/zukunftsinitiative.

Stadt Lüdenscheid – Kommunaler Nachhaltigkeitshaushalt: https://www.luedenscheid.de/buerger/umwelt-natur/klimaschutz/117120100000080852.php.

Stadtmarketing Öhringen: https://www.oehringen.de/buerger/stadtverwaltung/stadtmanagement/konzept.html.

Stadt Norderstedt: Biologische Vielfalt/Biodiversität: https://www.norderstedt.de/Leben-Wohnen/Wohnen/Umwelt/Biologische-Vielfalt-Biodiversit%C3%A4t.

Stadt Offenburg – Energietagepartner: https://www.offenburg-klimaschutz.de/kooperationen/energiepartner.htm.

Stadt Solingen: Nachhaltigkeitsstrategie: https://www.solingen.de/de/inhalt/gemeinsam-fuer-die-zukunft-wirken-nachaltigkeitsstrategie/.

Stadt Witzenhausen: Witzenhausen – Beschaffung 2030: https://www.witzenhausen2030.de/projekte/beschaffung2030.

Stadt Witzenhausen: Witzenhausen 2030: https://www.witzenhausen2030.de/startseite.

Stadt Wolfsburg – Referat für Digitalisierung: https://www.wolfsburg.de/rathaus/stadtverwaltung/35-referat-digitalisierung-und-wirtschaft.

Statista: Anzahl der Gemeinden in Deutschland nach Gemeindegrößenklassen (Stand 31.12.2020): https://de.statista.com/statistik/daten/studie/1254/umfrage/anzahl-der-gemeinden-in-deutschland-nach-gemeindegroessenklassen/.

Stiftung Bürger für Leipzig: https://www.buergerfuerleipzig.de/.

Stiftung Gemeinwohlökonomie NRW: https://stiftung-gemeinwohloekonomie.nrw/.

Stiftung NRW – Gemeinwohlökonomie Kreis Höxter: https://stiftung-gemeinwohloekonomie.nrw/gemeinwohlregion-kreis-hoexter/projekt/#kommunen.

Stiftung Wissenschaft und Politik: Rio+20 UN-Konferenz: https://www.swp-berlin.org/themen/dossiers/globale-nachhaltigkeitspolitik/rio-20-un-konferenz.

Stiftung Zukunftsfähigkeit FUTURZWEI: https://futurzwei.org/.

Superblocks by Cities for Future: https://www.superblocks.org/.

Sustainable Cities Platform: Local Green Deals: https://sustainablecities.eu/mannheim-message/local-green-deals/.

T

Tag der Erneuerbaren Energien: https://www.energietag.de/.

Techtag – Sharing City Seoul: Eine ganze Stadt lebt die Sharing Economy: https://www.techtag.de/it-und-hightech/share-economy/die-sharing-city-beispiel-von-seoul/.

Teningen – Öko-Audit (Umwelterklärung): https://teningen.de/site/Teningen/get/params_E1807528177/264533/Umwelterklaerung%202015.pdf.

The Line: https://www.neom.com/de-de/regions/whatistheline.

Tomorrow City: https://tomorrow.city/a/fujisawa-sustainable-smart-town.

Toyota Woven City: https://www.woven-city.global/.

Transition Coburg e.V.: https://transition-coburg.de/transition-laden-im-steinweg/.

Transition-Initiativen D-AT-CH: https://www.transition-initiativen.org/.

Transition-Network.org: https://transitionnetwork.org/.

Treffpunkt Freiburg – Bürgerschaftliches Engagement: https://treffpunkt-freiburg.de/.

U

ubm magazin – New Kiez on the Block: https://www.ubm-development.com/magazin/woho-berlin/.

Umweltbundesamt UBA: Klimaneutral leben – Persönliche CO_2-Bilanz im Blick: UBA-Experte Dr. Michael Bilharz über die Möglichkeiten und Big Points beim CO_2-Sparen: https://www.umweltbundesamt.de/klimaneutral-leben-persoenliche-co2-bilanz-im-blick.

Umweltbundesamt UBA: Konsum und Umwelt: Zentrale Handlungsfelder: https://
www.umweltbundesamt.de/themen/wirtschaft-konsum/konsum-umwelt-zentrale-
handlungsfelder#ma%C3%9Fnahmen.

Umweltbundesamt UBA: New Urban Agenda – Werkzeugkasten für moderne Städte: https://
www.umweltbundesamt.de/themen/new-urban-agenda-werkzeugkasten-fuer-moderne.

Umweltbundesamt UBA – SDGs go local: https://www.umweltbundesamt.de/das-uba/
was-wir-tun/foerdern-beraten/verbaendefoerderung/projektfoerderungen-projekttraeger/
sdgs-go-local.

Umweltbundesamt UBA – SDGs go local – progressive: https://www.umweltbundesamt.
de/das-uba/was-wir-tun/foerdern-beraten/verbaendefoerderung/projektfoerderungen-
projekttraeger/sdgs-go-local-progressive.

United Nations: Conferences – Environment and Sustainable Development: https://www.
un.org/en/conferences/environment/rio1992.

Universitätsstadt Tübingen – Tübingen macht blau: https://www.tuebingen.de/tuebingen-
macht-blau/.

Unterhaching – Agenda 21: https://www.agenda21-unterhaching.de/.

Urbane Gemeinschaftsgärten: https://urbane-gaerten.de/.

V

Venlo – Cradle to Cradle in der Region Venlo: https://c2cvenlo.nl/de/homepage/.

Vereinigung für Ökologische Ökonomie: https://www.voeoe.de/.

W

Waiblingen klimaneutral: https://waiblingen-klimaneutral.de/.

Weiler Wärme: http://waerme.weilerwaerme.de/.

Weltladen-Dachverband: https://www.weltladen.de/.

Wendland im Wandel: http://wendland.imwandel.net/.

Werkzeugkasten des Wandels: https://www.werkzeugkasten-wandel.de/.

Wikipedia. Die freie Enzyklopädie – Fünf-Elemente-Lehre: https://de.wikipedia.org/wiki/
F%C3%BCnf-Elemente-Lehre.

Wirtschaftsförderung Osnabrück – Nachhaltigkeit & Regionalität: https://www.wfo.de/
projekte-netzwerke/nachhaltigkeit-regionalitaet/.

Wirtschaftsförderung 4.0 – Innovative Wirtschaftsformen in Kommunen stärken: https://
www.wirtschaftsfoerderungviernull.de/.

Wirundjetzt: https://wirundjetzt.org/.

Wuppertalbewegung e.V.: https://wuppertalbewegung.de/Startseite.

Wuppertal Institut: Nachhaltigkeitsforschung in und für Wuppertal https://wupperinst.org/
themen/stadtwandel/wuppertal.

Z

Zentrum für nachhaltige Kommunalentwicklung Bayern: https://www.kommunal-nachhaltig.de/home.

Zukunft Altbau – Energietage Offenburg: https://www.zukunftaltbau.de/fileadmin/user_upload/Veranstaltungen/Oberrhein_Messe/Programm_der_Energietage_Offenburg_2019_Web.pdf.

Zukunftsfähige Kommune (Wettbewerb): https://www.duh.de/zukunftsfkommune/.

Zukunftsfähiges Thüringen: https://zukunftsfaehiges-thueringen.de/.

Zukunftsrat Hamburg: https://www.zukunftsrat.de/.

Zukunftsstadt Peenetal-Loitz: https://zukunftsstadt-peenetal-loitz.de/.

Zukunftsstadt Peenetal-Loitz – Phase III – Video: https://www.youtube.com/watch?v=cT6_X9DCkek.

Gute Mobilität für alle

Für eine gerechte Welt und für ein gutes Leben für alle sind andere Verkehrsverhältnisse nötig. Es reicht nicht, mehr Bahn, öffentlichen Personennahverkehr oder Radverkehr zu organisieren. Wenn Lkw-, Auto- und Flugverkehr nicht reduziert werden, bleibt die Klimagerechtigkeit auf der Strecke. Es geht um Mobilität und Versorgung für alle – mit weniger Verkehr.

S. Leidig (Hrsg.)

LINKSVERKEHR
Projekte und Geschichten, Beton und Bewegung
240 Seiten, Broschur, 20 Euro
ISBN 978-3-96238-304-6
Auch als E-Book erhältlich

Geschichten vom Aufbruch

Das Geschichtenerzählen ist tief in der Menschheitsgeschichte verankert. In Geschichten erleben wir, wie Figuren Herausforderungen begegnen und Erlebnisse verarbeiten. Kann das Geschichtenerzählen (hier: Storytelling) auch den Wandel zur Nachhaltigkeit unterstützen? Der Band untersucht dafür die Potenziale von Storytelling für Praxisfelder wie Wissenschafts- und Unternehmenskommunikation, Journalismus und Hochschulbildung.

D. Fischer, S. Fücker, H. Selm, A. Sundermann (Hrsg.)

Nachhaltigkeit erzählen
Durch Storytelling besser kommunizieren?
180 Seiten, Broschur, 29 Euro
ISBN 978-3-96238-275-9
Auch als E-Book erhältlich

DIE GUTEN SEITEN DER ZUKUNFT /⫴ oekom

Auf die Kommunen kommt es an

Nachhaltige Entwicklung findet auch und vor allem auf kommunaler Ebene statt. Der Agrarbiologe Willfried Nobel führt in einem ersten Buchteil zunächst umfassend in ökologische Fragestellungen ein – und liefert in Teil 2 in der kommunalen Praxis erprobte Empfehlungen und Handlungsanleitungen für eine zukunftstaugliche Entwicklung von Städten, Gemeinden, Landkreisen und Regionalverbänden.

W. Nobel

Ökologie
Eine Einführung mit Handlungsanleitungen für eine nachhaltige
Kommunalentwicklung
392 Seiten, Broschur, 32 Euro
ISBN 978-3-96238-262-9
Auch als E-Book erhältlich

Die Energiewende – eine Erfolgsgeschichte

Die Autorinnen und Autoren dieses Buches stellen wesentliche Ideen und wissenschaftliche Konzepte von Peter Hennicke entlang gemeinsamer beruflicher und wissenschaftlicher Aktivitäten vor. So entsteht ein Band, der sowohl 40 Jahre Energiewende und Transformation zur Nachhaltigkeit nachzeichnet als auch Impulse und eine Agenda für die zweite Phase der Energiewende setzt.

S. Lechtenböhmer, W. Irrek, H. Luhmann, D. Seifried, S. Thomas (Hrsg.)

Bewegende Energie
Die Energiewende als Treiber der Großen Transformation im
Rück- und Ausblick. Festschrift zum 80. Geburtstag von Peter Hennicke.
256 Seiten, Broschur, 28 Euro
ISBN 978-3-96238-358-9
Auch als E-Book erhältlich

Die Wärmewende sozial gerecht gestalten

Die Wärmewende hat im Gegensatz zur Energiewende bisher nur langsam Fahrt aufgenommen. Dabei sind Gebäudesanierung und Wärmepumpen kein Hexenwerk. Die Politik muss sozial gerechte Regelungen zügig auf den Weg bringen, damit finanziell schwächer Gestellte nicht übermäßig belastet werden.

R. Klopfleisch

Saubere Wärme für alle
Plädoyer für eine sozial gerechte Klimapolitik
296 Seiten, Broschur, 32 Euro
ISBN 978-3-96238-314-5
Auch als E-Book erhältlich

Gesundheit in Städten

Immer mehr Menschen leben in Städten. Städtische Wohnquartiere werden für die menschliche Gesundheit also immer wichtiger. Das Buch untersucht beispielhaft die gesundheitliche Lage in ausgewählten Stadtquartieren Hamburgs aus einer interdisziplinären Perspektive und stellt Ansätze zur Gesundheitsförderung vor.

J. Westenhöfer, S. Busch, J. Pohlan, O. von dem Knesebeck, E. Swart (Hrsg.)

Gesunde Quartiere
Gesundheitsförderung und Prävention im städtischen Kontext
310 Seiten, Broschur, 34 Euro
ISBN 978-3-96238-306-0
Auch als E-Book erhältlich

DIE GUTEN SEITEN DER ZUKUNFT

Die Chancen der Verkehrswende

Das Leitbild der autogerechten Stadt hat längst ausgedient – längst planen viele Städte eine menschengerechtere Mobilität: in Paris, Kopenhagen, Freiburg und anderswo. Eine sozialökologische Transformation des Verkehrssystems braucht Ausbau und Förderung des Umweltverbundes aus ÖPNV, Schiene, Sharing-Systemen, Rad- und Fußverkehr – und deutlich weniger Autoverkehr.

P. Hennicke, T. Koska, J. Rasch, O. Reutter, D. Seifried

Nachhaltige Mobilität für alle
Ein Plädoyer für mehr Verkehrsgerechtigkeit
432 Seiten, Broschur, 28 Euro
ISBN 978-3-96238-279-7
Auch als E-Book erhältlich

Verkehrswende sozial gedacht

Der Klimawandel verlangt eine fast vollständige Reduktion der CO_2-Emissionen bis 2050 – auch und vor allem im Mobilitätssektor: Ein Weiter-so kann es nicht geben, schnelle Anpassungen sind nötig. Eine nachhaltige Mobilität ist dabei nur im Einklang mit zukunftsfähigen Perspektiven für Beschäftigung und »Gute Arbeit« möglich – und umgekehrt.

M. Flore, U. Kröcher, C. Czycholl (Hrsg.)

Unterwegs zur neuen Mobilität
Perspektiven für Verkehr, Umwelt und Arbeit
320 Seiten, Broschur, 28 Euro
ISBN 978-3-96238-288-9
Auch als E-Book erhältlich